山西省情智库丛书

A SERIES OF RESEARCH REPORTS
ON PROVINCIAL CONDITIONS OF SHANXI

山西省情报告

(2016)

ANNUAL REPORT ON PROVINCIAL CONDITIONS
OF SHANXI (2016)

主　编／李茂盛　李劲民　张志仁
执行主编／冯林平

社会科学文献出版社
SOCIAL SCIENCES ACADEMIC PRESS (CHINA)

《山西省情报告（2016）》
编 委 会

主　　　任　李茂盛　张志仁

委　　　员　李劲民　赵群虎　刘益龄

主　　　编　李茂盛　李劲民　张志仁

执 行 主 编　冯林平

编　　　委　田振兴　石德亮　冯翠兰　刘　澎　刘瑞花

　　　　　　李小伟　李　刚　杨建中　吴晓峰　陈培文

　　　　　　张兴毅　高生记　高利佳　郭秀兰　崔云朋

　　　　　　崔晋生　崔鸿雁　谭克俭

主编简介

李茂盛　山西省地方志办公室主任，研究员，《山西省志》总主编，山西大学经济学博士生导师，国务院政府特殊津贴专家，长期从事山西史志文化、区域经济、省情研究。著有《华北抗日根据地经济研究》《华北抗战史》《阎锡山大传》等十余部著作，发表《国史研究的几个问题》《山西产业结构变动分析》等论文近百篇，主编出版《山西改革发展30年》（14卷）、《当代山西概览》、《21世纪的辉煌》、《光辉的历程》等数十部。近年来，主持了山西省情智库丛书《山西省情报告》的研创，组织编写了《山西通史》（21卷）等。

李劲民　山西省人民政府发展研究中心主任、党组书记，研究员，曾在美国、加拿大做访问学者，长期从事经济、政策、山西省情研究。著有《市场经济下的社会保障》《德国鲁尔区经济结构调整》《欧美国家煤炭产业政策析读》等专著，主编出版《山西发展研究》系列丛书等。近年来，主持的研究课题成果主要有《煤炭资源整合和煤矿兼并重组研究》《推进山西煤炭产业循环发展研究》《山西装备制造业发展战略研究》《山西就业和社会保障问题研究》《山西省情报告》等，多次荣获山西省社会科学优秀成果奖、山西省科技进步和国务院发展研究奖等。

张志仁　山西省地方志办公室党组书记，武汉大学新闻学系文学学士，北京大学政府管理学院公共管理硕士。曾在新闻、外事、宣传、政府等多个部门和岗位工作。撰写发表《山西旅游业发展思考》《彰显文化特色提升城市品位》等论文和研究报告数十篇，主编出版《晋城史话》《让晋城因文化更美丽》等。

前　言

山西地处中部内陆黄河流域，位居华北南端，山河表里、物华天宝，历史久远、人文荟萃。新中国成立后，特别是改革开放以来，山西是国家现代化建设的重要能源基地和工业基地，是国家资源型经济转型发展的试验区，为全国建设做出了重大贡献，也不断书写了区域发展的新篇章。

正确认识发展变化的山西省情状况，是不断创新发展思路和进行科学决策的重要前提，也是不断推进发展的重要基础。

山西省情状况是地理历史与现实经济、政治、文化、社会等方面的综合反映。地理是历史与现实的基础，历史是现实的累进，现实是历史的发展。

山西省情是不断发展变化的，是动态的，认识山西省情需要在不断比较、分析、研究和提炼中深化。基于此，也基于省情研究的比较优势，由省地方志办公室牵头，联合省政府发展研究中心、省社科院、省发改委宏观研究院、省统计局和各市有关部门的专家、专业工作者，于2014年启动了按年度序列研究省情的"创新工程"，研创出版山西省情智库丛书《山西省情报告》蓝皮书，旨在从动态发展变化的角度不断深化对省情的研究，及时为人们认识省情提供参考读物。蓝皮书报告以上年度为单元，以年度经济社会发展变化的现实状况及地理历史发展变化的累进基础为研究对象，是按年度序列、动态研究山西省情状况的开拓性的重大课题。2014年，成功研创出版了首部《山西省情报告（2014）》蓝皮书，不仅迈出了创新省情研究的艰难步伐，而且初步构架起按年度序列、动态研究省情的基本框架和范式。在2014年研创工作基础上，2015年课题组团队继续合作攻关，进一步深化认识省情、开阔研究思路、完善框架体系、拓展研究范式，推出了质量更高的第二部《山西省情报告（2015）》蓝皮书，不仅为人们与时俱进地认识山西省情提供了重要读本，而且树立了良好的品牌形象。

在2014年和2015年研创工作的基础上，2016年课题组团队进一步合作攻关，推出了第三部《山西省情报告（2016）》蓝皮书。该蓝皮书报告高站位、大视野，对上年度时空范围内山西省情状况作了较为全面系统的梳理和分析。第一篇"地理历史"，凝练概括了山西省情发展变化的地理和历史的累进基础状况，包括地理概貌、自然物产、历史发展、历史文化等。第二篇"发展现状"，全面系统地展述和分析了上年度山西经济建设、政治建设、文化建设、社会建设、生态建设和居民生活发展变化的基本状况。第三篇"发展比较"，对上年度山西经济社会的发展与全国、周边省区、中部地区省份的发展，作了全面的比较分析。第四篇"区域发展"，展述和分析了上年度山西11个市域经济社会发展变化的基本状况。第五篇"大事纪要"，较为翔实地记述了上年度山西经济、政治、文化、社会、生态等各个方面发展变化的大事要事。其中，第二、四、五篇是多角度对山西年度性经济社会发展变化的省情的研究和展述；第三篇是对山西在全国大局、周边省区和中部地区的区域格局中发展状况及所处方位的研究和审视。概而言之，《山西省情报告（2016）》蓝皮书是及时跟进以研究上年度时空范围内山西现实省情、比较省情、地理省情、历史省情为内容的一部创新之作，也是最新成果。

《山西省情报告（2016）》蓝皮书主要资料来源于权威的党政部门年度工作报告、统计公报及学界研究成果等，是在对这些海量资料信息进行深入研究分析的基础上研创的，持之有据，言之成理。有关数据，涉及山西全省及11个市的，大多采用统计公报，部分来源于部门统计数据及《山西统计年鉴（2016）》；涉及全国及周边省区、中部其他省的，绝大部分采用统计公报，个别来源于《中国统计年鉴（2016）》及其他资料。考虑到山西的部分数据之间存在统计口径的差异，因而特地附录了"2015年山西省国民经济和社会发展统计公报"，供读者查阅参考。

《山西省情报告（2016）》蓝皮书对省情的研究是主线主题式的，有的方面未作涉及，加之资料和研究者水平有限，缺陷和不足在所难免，敬请读者批评指正，以便在下一步的研究中改进和提高。

希望第三部《山西省情报告（2016）》蓝皮书的出版，能为有关部门和广大读者提供有益的帮助。

课题组
2016年11月

目 录

第三篇　发展比较

第四篇　区域发展

第五篇　大事纪要

第一篇
地理历史

山西省情是地理历史与现实的综合反映，地理是历史与现实的基础，历史是现实的累进，现实是历史的发展。研究和认识山西省情，首先要从研究和认识山西区域地理状况和历史发展变化开始，它既是山西省情发展变化的来源与基础，也是省情现状的重要组成部分。

一 政区地理

1. 区域方位

山西省是中华人民共和国省级行政区之一。山西因居太行山之西而得名。但是，在古代很长一段历史时期，"山西"概念是泛指"山之西"的区域，并非指今山西这一特定区域，直到辽金时期，燕山及太行山脉之西雁门关以北区域才统称"山西"。元代承袭并调整区域而建河东山西道，"山西"作为国家政区概念即始于此；明代改元代河东山西道为山西行中书省，清代及今山西省即源于此。春秋时期，山西大部分地区为晋国所有，所以简称"晋"；战国初期，韩、赵、魏三家分晋，史称"三晋"，"三晋"历久便成了山西的又一代称。秦代在黄河以东的今山西临汾、运城地域置河东郡，唐代在黄河以东的今山西全部及河北、内蒙古一带地域置河东道，后来一直到元代称今山西为"河东"。古代地图为上南下北，左东右西，因山西地理位置在古地图上为太行山的右方，明代、清代和民国时期，山西还别称"山右"。

山西省地理坐标，南北界于北纬 34°34.8′~40°43.4′之间，东西界于东经

110°14.6′~114°33.4′之间。境域南北最长距离约 682 千米，东西最宽距离约 385 千米。全省总面积 15.6 万平方千米，占全国总面积的 1.6%，在 34 个省级行政区中居第 19 位。

在我国政区版图上，山西境界轮廓略呈东北斜向西南的平行四边形，东与河北、河南两省相邻，西、西南与陕西省交界，南与河南省接壤，北与内蒙古自治区相连。

在我国地理位置上，山西属于我国北方的华北地区和黄河中游地区，地处内陆腹地。

在我国区域经济板块中，山西地处中部地区，是唯一一个与东部以京津塘为核心的环渤海经济圈地区和西部大开发地区毗邻的省份，具有承东启西、连南贯北的独特区位优势。

山西省省会太原市，是全省政治、经济、文化、交通和国际交流中心，也是华北地区和中部地区区域性中心城市。以省会太原市为中心，山西直线距离北方东部沿海地区北京、天津、济南、青岛、大连等经济发达城市在 400~800 千米，直线距离西部地区省会（首府）城市西安、呼和浩特、银川、兰州、西宁在 300~1000 千米，直线距离中部地区省会城市郑州、合肥、武汉、长沙、南昌在 300~1100 千米，直线距离长江三角洲地区南京、上海、杭州、宁波等经济发达城市在 800~1200 千米，区位优势明显。

2. 行政区划

截至 2015 年底，山西省共辖 11 个地级市。省会太原市居省境中部，其余 10 个市从北到南分别是：大同、朔州、忻州、阳泉、吕梁、晋中、长治、晋城、临汾、运城。11 个地级市共辖 119 个县、市、区（23 个市辖区、11 个县级市、85 个县）。

太原市，位于省境中央腹地，辖区面积 6959 平方千米，辖 6 区 3 县 1 市，包括小店区、迎泽区、杏花岭区、尖草坪区、万柏林区、晋源区、清徐县、阳曲县、娄烦县、古交市。区（县、市）共辖街道 53 个、镇 21 个、乡 31 个，合计 105 个。

大同市，位于省境最北端，辖区面积 14176 平方千米，辖 4 区 7 县，包括城区、矿区、南郊区、新荣区、阳高县、天镇县、广灵县、灵丘县、浑源县、左云县、大同县。区（县）共辖街道 40 个、镇 33 个、乡 66 个，合计

139 个。

朔州市，位于省境西北部，辖区面积 10662 平方千米，辖 2 区 4 县，包括朔城区、平鲁区、山阴县、应县、右玉县、怀仁县。区（县）共辖街道 4 个、镇 19 个、乡 50 个，合计 73 个。

忻州市，位于省境北中部，辖区面积 25180 平方千米，辖 1 区 12 县 1 市，包括忻府区、定襄县、五台县、代县、繁峙县、宁武县、静乐县、神池县、五寨县、岢岚县、河曲县、保德县、偏关县、原平市。区（县、市）共辖街道 6 个、镇 59 个、乡 126 个，合计 191 个。

阳泉市，位于省境中部东侧，辖区面积 4451 平方千米，辖 3 区 2 县，包括城区、矿区、郊区、平定县、盂县。区（县）共辖街道 12 个、镇 20 个、乡 12 个，合计 44 个。

吕梁市，位于省境中部西侧，辖区面积 21143 平方千米，辖 1 区 10 县 2 市，包括离石区、文水县、交城县、兴县、临县、柳林县、石楼县、岚县、方山县、中阳县、交口县、孝义市、汾阳市。区（县、市）共辖街道 13 个、镇 81 个、乡 67 个，合计 161 个。

晋中市，位于省境中东部，辖区面积 16408 平方千米，辖 1 区 9 县 1 市，包括榆次区、榆社县、左权县、和顺县、昔阳县、寿阳县、太谷县、祁县、平遥县、灵石县、介休市。区（县、市）共辖街道 17 个、镇 59 个、乡 59 个，合计 135 个。

长治市，位于省境东南部，辖区面积 13864 平方千米，辖 2 区 10 县 1 市，包括城区、郊区、长治县、襄垣县、屯留县、平顺县、黎城县、壶关县、长子县、武乡县、沁县、沁源县、潞城市。区（县、市）共辖街道 14 个、镇 68 个、乡 64 个，合计 146 个。

晋城市，位于省境东南端，辖区面积 9484 平方千米，辖 1 区 4 县 1 市，包括城区、沁水县、阳城县、陵川县、泽州县、高平市。区（县、市）共辖街道 10 个、镇 48 个、乡 26 个，合计 84 个。

临汾市，位于省境西南部，辖区面积 20589 平方千米，辖 1 区 14 县 2 市，包括尧都区、曲沃县、翼城县、襄汾县、洪洞县、古县、安泽县、浮山县、吉县、乡宁县、大宁县、隰县、永和县、蒲县、汾西县、侯马市、霍州市。区（县、市）共辖街道 20 个、镇 75 个、乡 76 个，合计 171 个。

运城市，位于省境西南端，辖区面积 14106 平方千米，辖 1 区 10 县 2 市，包括盐湖区、临猗县、万荣县、闻喜县、稷山县、新绛县、绛县、垣曲县、夏县、平陆县、芮城县、永济市、河津市。区（县、市）共辖街道 13 个、镇 81 个、乡 55 个，合计 149 个。

全省 11 个地级市，辖区最大的是忻州市，最小的是阳泉市；119 个县（市、区），辖区面积最大县、市、区分别是吕梁兴县、忻州原平市、朔州平鲁区，最小的县、市、区分别是临汾曲沃县、临汾侯马市、阳泉矿区。

全省 119 个县（市、区），共辖 1398 个镇、乡、街道（564 个镇、632 个乡、202 个街道），乡镇（街道）共辖建制村 28079 个。

山西境域范围内东西南北方向最边缘的 4 个建制行政区域，即"四极"行政村，分别是：最东端的位于与河北省交界的东北处，是大同市广灵县柳科乡南坑村，该村东接河北省保定市涞源县；最西端的位于与陕西省隔黄河相望的西南角，是运城永济市韩阳镇长旺村，该村西与陕西省渭南市大荔县隔黄河相望；最南端的位于与河南省隔黄河相望的西南处，是运城市芮城县永乐镇南张村，该村南与河南省三门峡市灵宝市隔黄河相望；最北端在与河北省、内蒙古自治区交界的东北角，是大同市天镇县新平堡镇远头村，该村东北接河北省张家口市怀安县、西北接内蒙古自治区乌兰察布市兴和县。

3. 人口民族

按照国家的统一部署，山西以 2015 年 11 月 1 日零时为标准时点进行了全省 1% 人口抽样调查。这次调查以省为总体，县为次总体，采用分层、二阶段、概率比例、整群抽样方法抽取样本，在全省抽取了 11 个市、119 个县（市、区）的 1260 个乡（镇、街道）、4000 个村（居）委会。根据抽样调查推算，2015 年山西人口状况如下：

年末全省常住人口为 3664.12 万人，比 2014 年末增加了 16.16 万人。全年全省人口出生率为 9.98‰，比 2014 年下降了 0.94‰；人口死亡率为 5.56‰，比 2014 年下降了 0.37‰，人口自然增长率为 4.42‰，比 2014 年下降了 0.57‰。

全省常住人口中，男性为 1879.09 万人，占常住人口的 51.28%；女性为 1785.03 万人，占常住人口的 48.72%；性别比为 105.27，下降 0.25。

全省共有家庭户 1111.49 万户，家庭户人口为 3423.39 万人，占常住人口的 93.43%，平均每个家庭户人口为 3.08 人。

全省常住人口中，居住在城镇的人口为 2016.37 万人，占常住人口的 55.03%；居住在乡村的人口为 1647.75 万人，占常住人口的 44.97%。

全省常住人口中，0～14 岁人口为 567.94 万人，占常住人口的 15.50%；15～64 岁人口为 2762.75 万人，占常住人口的 75.40%，其中 15～59 岁人口为 2566.72 万人，占常住人口的 70.05%；60 岁及以上人口为 529.47 万人，占常住人口的 14.45%，其中 65 岁及以上人口为 333.43 万人，占常住人口的 9.10%。

全省 11 个地级市，常住人口最多的是运城市，最少的是阳泉市。各市常住人口分布情况是：太原市 431.87 万人、大同市 340.64 万人、朔州市 176.22 万人、忻州市 314.13 万人、阳泉市 139.83 万人、吕梁市 383.22 万人、晋中市 333.57 万人、长治市 342.04 万人、晋城市 231.5 万人、临汾市 443.57 万人、运城市 527.53 万人。

山西是民族种类较多的省份。2010 年山西省人口普查，全省共有 54 个民族。除汉族是主体民族外，山西还有 53 个少数民族。山西少数民族人口很少，但分布很广，每个县（市、区）都有少数民族人口，属散杂居分布。少数民族人口在万人以上的有回族、满族。山西没有自治县、民族乡，只有 42 个少数民族聚居村，分布在大同、晋城、运城、长治、临汾、阳泉 6 市的 22 个县。

二　自然环境

1. 地形地貌

山西省地处黄河中游东岸、华北平原西侧的黄土高原上，境域四周山环水绕，与邻省（区）自然界线分明，东、东南倚太行山脉与河北、河南两省接壤，西、西南隔黄河与陕西、河南两省相望，北以古长城及黄河与内蒙古相邻。地貌从总体来看是一个被黄土广泛覆盖的山地高原，整个轮廓略呈由东北斜向西南的平行四边形。地貌类型复杂多样，有山地、丘陵、高原、盆地、台地等，其中山地、丘陵约占 80.1%，高原、盆地、台地等平川河谷约占 19.9%。大部分地区海拔在 1000 米以上，与其东部华北大平原相对比，呈现为强烈的隆起形势。最高处为东北部的五台山叶头峰，海拔达3061.1米，是华北最高峰；最低处为南部边缘运城垣曲县东南蒲掌乡马蹄窝村西阳河入黄河处，海拔仅176.7米。境域地势高低起伏异常显著。

山西境域周边和境内山峦叠嶂，丘陵起伏，沟壑纵横，总的地势是"两山夹一川"，东、西两侧为山地和丘陵隆起，中部为一列串珠式盆地沉陷，平原分布其间。东部是大太行山脉西侧和西南侧形成的块状山地，山脉总体呈东北—西南走向，由北往南分北、中、南三段，北段主要有六棱山、恒山、太白维山、五台山等支脉和山峦，中段主要有系舟山、阳曲山、北天池山、太岳山等支脉和山峦，南段主要有风子岭山、王莽岭山、王屋山、中条山等支脉和山峦，山势北高南低，海拔多在1500米以上，北段五台山海拔最高达3061.1米，中段太岳山海拔最高达2566.6米，南段中条山海拔最高达2321米。其中，北段支脉恒山、五台山横亘北部，中段支脉系舟山纵贯中北部、太岳山纵贯中南部，南段支脉中条山横耸西南部边缘、王屋山居晋豫交界处。西部是古长城和黄河以东以吕梁山脉为主干的黄土高原，山脉总体呈东北—西南走向，自北向南分北、中、南三段，北段主要有桦林山、黄花山、七峰山、洪涛山、人马山、黑驼山、管涔山、芦芽山、云中山等支脉和山峦，中段主要有黑茶山、紫金山、关帝山、北武当山、石千峰山、石楼山等支脉和山峦，南段主要有紫荆山、五鹿山、人祖山、高天山、云台山、龙门山等支脉和山峦，山势中北部高、北南两翼低，海拔多在1500米以上，北段支脉管涔山海拔最高达2784米，中段支脉关帝山海拔最高达2831米，南段支脉五鹿山海拔最高达1961.6米。其中，北段支脉管涔山与芦芽山、洪涛山与云中山西东两列纵贯北部，中段支脉关帝山纵横中部，南段末端支脉龙门山近东西走向被黄河穿切成晋陕两段。东西太行吕梁两山之间的中部，由北而南珠串着彼此相隔的大同、忻州、太原、临汾、运城等"多"字形断陷盆地，在东西太行吕梁山两山之间还分布有中小盆地及河流谷地，东南部还有较为独特的长治高原断陷盆地。此外，北部边缘地带东西横陈有阴山南支余脉，海拔多在1500米以上，主要有黑龙背山、大梁山、采凉山、云门山、五路山、马头山、红家山、东团山、牛心山等支脉和山峦，支脉采凉山海拔最高达2144.6米。全省主体地貌截面轮廓很像一个"凹"字形。

境内从北到南分布的大同、忻州、太原、临汾、长治、运城六大盆地，以及分布在东、西太行吕梁山两山之间的中小盆地及河流谷地，为省内人口密集和经济发达的地区。大同盆地面积约5000平方千米，忻州盆地面积约2100平方千米，太原盆地面积约5000平方千米，临汾盆地面积约5000平方千米，长治盆地面积约1000平方千米，运城盆地面积约3000平方千米。

2. 河流水系

山西省境内河流众多，共有大小河流1000余条，分属黄河、海河两大水系。我国第二大河流黄河，沿山西西界与内蒙古和陕西、沿山西南界与河南流程965千米。黄河流域在山西境内的面积有97138平方千米，占全省总面积的62%；海河流域在山西境内的面积为59133平方千米，占全省总面积的38%。属于黄河水系的较大河流主要有汾河、沁河、涑水河、昕水河和三川河等；属于海河水系的较大河流主要有桑干河、滹沱河和漳河等。汾河发源于吕梁山北部支脉管涔山南麓，是省内最大河流，全长695千米，由北向南纵贯省境中南部，在省境西南汇入黄河。三川河发源于吕梁山脉中段，干流长143千米，昕水河发源于吕梁山脉南段，干流长174千米，两河分别在吕梁山脉西侧东西向流经而汇入黄河。涑水河发源于中条山北麓，西南向流经省境南部运城盆地，在省境西南端汇入黄河，全长193千米。沁河发源于太岳山脉北部主脉东麓，是省内第二大河流，由北向南纵贯省境东南部，在东南省界切穿太行山出省而流入河南省境，后在河南境域注入黄河，省内干流长326千米。桑干河发源于吕梁北部支脉管涔山北麓，西南—东北向流经大同盆地中部，在省境东北出省流入河北省境，省内流长252千米。滹沱河发源于恒山与五台山之间，东北—西南向流经恒山、五台山和云中山间的忻定盆地，后折转向东流，切穿系舟山和太行山出省流入河北省境，省内长330千米。漳河包括清漳河、浊漳河两支。清漳河发源于太行山脉中段西侧，有东、西两个源头，大体上北向南在太行山山石地区流经，水色澄清，在省境东南部太行山出省流入河北省境，以东源为主流省内河长146千米。浊漳河发源于太行山脉中段西侧和太岳山脉东部，有南、北、西三个源头，总体由西向东在长治盆地（上党盆地）黄土地区流经，水色浑浊，在省境东南部太行山出省成为河北与河南两省界河，以北源为主流省内河长237千米。清漳河、浊漳河在河北省境内相会，统称漳河。山西境内河流基本上属于自产外流型，且以季节性河流为主。

河流是重要的水资源，也是洪涝灾害易发地区。新中国成立以来，山西因地制宜，不断对河流进行治理和开发，修建了一大批水库工程和水利设施。近年来，大力推进山西大水网建设，又新开工推进了多项大型水利设施建设，水资源开发利用进一步增强。到 2015 年，山西境内实有水库 600 座，其中大型水库 12 座，中型水库 68 座，小型水库 520 座，总库容达 69.3 亿立方米。大型水库主要有黄河万家寨水库、黄河龙口水库、汾河水库、汾河二库、桑干河册田水库、浊漳河南源漳泽水库、浊漳河北源关河水库、浊漳河西源后湾水库、文峪河水库、文峪河柏叶口水库、沁河张峰水库、松塔河松塔水库等。这些散布在全省各个河流流域内的数百处大大小小的水库，是治理流域内下游地区洪涝灾害和保护上游地区生态环境的重要基础设施，也是流域内地区工农业生产、城镇居民和周边农村人畜饮水的重要水源保障基地。

3. 气候气象

山西省地处中纬度地带的内陆，东距海洋 400～500 千米，大气环流的季节性变化明显，属温带大陆性季风气候。由于地形南北狭长及境内山脉起伏连绵、沟壑纵横、高低悬殊，气候南北差异和垂直变化显著。境内气候，按冷暖程度分，北部属中温带气候，南部属暖温带气候，北南之间是中温带向暖温带过渡的准暖温带气候；按干湿度分，大部分地区属半干旱气候，仅中高山区和晋东南地区属半湿润气候。

年平均气温介于 4℃～14℃之间。气温地区分布总趋向是自南向北、自平川向山地递减。北部和中部山地，年平均温度一般在 5℃～7℃之间，五台山最低，仅 -4℃。西部黄河谷地、太原盆地和晋东南的大部分地区年平均温度在 8℃～10℃之间，临汾、运城盆地年均温达 12℃～14℃。全省 1 月份最冷，平均气温介于 -2℃～-16℃间；7 月份最热，平均气温介于 19.5℃～27.5℃间。

常年降水量在 400～650 毫米之间，各地区分布不均，由东南向西北递减，山区较多，盆地较少。多雨中心是：中条山东段、太行山中南段、太岳山、五台山及吕梁山较高山区，年降雨量为 600～700 毫米；少雨区是：大同盆地、忻州盆地及晋西北地区，年降雨量为 350～450 毫米。降水量主要分布在夏季，占全年降水量的 60% 以上。冬季降水量仅占 2%～3%。

总的气候特点是：冬季较长，寒冷干燥；春季气候多变，风沙较大；夏季高温多雨；秋季短暂，天气温和。

特殊的气候特征和地形条件，使得山西气象灾害频发。境内主要气象灾害有干旱、暴雨洪涝、冰雹、寒潮、霜冻、大风等。气象灾害造成的损失占所有自然灾害损失的70%以上。

2015年，全省年平均气温为10.7℃，较常年值（9.8℃）偏高0.9℃；年平均气温居历史第5位。除夏季气温略偏低外，其余季节均偏高。全年全省各地年均气温介于5.3℃~14.9℃，温度空间分布为由北向南逐渐升高，且中部盆地高于同纬度东、西两侧山区。北部大部分地区年均气温在9℃以下；运城市以及临汾中南部地区气温较高，在13℃以上；其余大部分地区平均气温在9℃~13℃。全省除个别县市的年平均气温略偏低外，其余大部分地区气温均偏高常年0.5℃以上。

2015年，受超强厄尔尼诺影响，全省年平均降水量为439.9毫米，较常年值（468.3毫米）偏少28.4毫米（偏少6%）；年平均降水近10年来第三少；年降水量分布极为不均，夏季平均降水量为180毫米，异常偏少，比常年同期偏少88.2毫米，为自1961年以来历史第三少；秋季降水为近10年第二多。全年全省各地年降水量介于290~634.1毫米。大同中部、朔州东部、忻州西北部、太原大部、晋中西部、吕梁南部和临汾大部年降水量在400毫米以下，其余地区年降水量基本介于400~600毫米。全年全省大部分地区年降水量较常年偏少，但北、中部部分地区以及长治局部和运城南部较常年偏多。全年全省降水资源量约为686.2亿立方米，较累年值偏少43.8亿立方米，较2014年偏少144.2亿立方米。根据降水资源及丰枯标准，全年全省降水资源总量属正常年份，11个市中有8个市属正常年份、3个为枯水年份。

2015年，全省主要气象灾害有干旱、暴雨、冰雹、霜冻、高温、大风、寒潮等，其中干旱、暴雨、冰雹和霜冻给农业生产造成的影响较为严重。主要特点是：各地降水量时空分布不均，造成区域性、阶段性的干旱和局部洪涝共存；春季气温起伏变化大，部分地区出现寒潮和霜冻灾害。据统计，2015年全省以气象灾害为主的各类自然灾害造成直接经济损失102.2亿元，比2014年增长100.2%；农作物受灾面积142.1万公顷，比2014年增长97.5%，其中绝收面积29.8万公顷，比2014增长162.4%。

4. 资源物产

山西省自然资源丰富，尤以能源、矿产、生物、旅游资源得天独厚，最具特色。

山西能源资源富集，主要由煤炭、煤层气及风力、水力资源组成。山西煤炭资源富集，分布广，开发历史悠久。明代时期，山西就是全国产煤最多的地区；到清代，山西煤炭产品除供本省外，还销往河南、河北、陕西、内蒙古、北京等地。民国时期，山西煤炭产品除供本省外，还销往北京、天津、上海、河北、河南、陕西、内蒙古、广东以及香港和日本等地。1949年，新中国成立后，在国家的支持下，山西煤炭资源的探测和开采持续大规模展开和推进，探明煤炭资源储量长期居全国首位。1974～1980年，我国进行了第二次全国煤田预测，山西约有40%的国土面积富含煤炭资源，90多个县（市、区）地下有煤，自北向南分布有大同、宁武、西山、河东、沁水、霍西六大煤田。1992～1995年，国家进行了第三次全国煤田预测，其中预测煤炭资源量居前三位的分别是新疆维吾尔自治区19000多亿吨、内蒙古自治区14000多亿吨、山西6400多亿吨，山西有40%的国土面积富含煤炭资源。2006年，山西探明煤炭资源储量2650多亿吨，占全国的26%，仍居全国首位。2007年，内蒙古自治区探明煤炭资源储量达6760多亿吨，超过山西。2011年，新疆维吾尔自治区探明煤炭资源储量达2700多亿吨，超过山西。至此，山西已探明煤炭资源储量先后被内蒙古、新疆两地超越，退居全国第三。2012年，内蒙古自治区探明煤炭资源储量突破8000亿吨，新疆维吾尔自治区探明煤炭资源储量已近5000亿吨。而新的预测显示，新疆煤炭预测储量又有所增加，达到2.19万亿吨，约占全国的40%。长期以来，山西年度原煤产量居全国首位，全省119个县（市、区）中产煤县（市、区）有90多个，形成了晋北、晋中、晋东三大产煤基地。2010年，内蒙古自治区原煤产量首次超过山西，山西退居第二。2014年山西原煤产量又重返全国第一，2015年山西原煤产量仍保持全国第一。至2015年末，山西探明煤炭资源储量为2680多亿吨，仍居全国第三位。与煤炭资源相伴，山西煤层气资源也十分富集，总量达10万亿立方米，约占全国的1/3，居全国首位。风能资源，山西在全国仅次于东南沿海、内蒙古、甘肃河西走廊、东北和西北地区，总储量达5800万千瓦，可开发的风能资源近1000万千瓦。水能资源，山西的理论水能蕴藏量为511.45万千瓦，占全国的0.8%；可开发的水能资源量为263.98万千瓦，占全国的0.6%；理论蕴藏量和可开发量均排华北地区第一、中部地区第

四、全国第十八。

山西矿产资源丰富，已发现120多种矿产，其中查明资源储量的矿产60余种。除上述能源矿产煤和煤层气外，具有资源优势并在经济社会发展中占有重要地位的矿产有铝土、铁、铜、金红石、冶金用白云岩、耐火黏土、水泥用灰岩、熔剂用灰岩、芒硝、石膏、硫铁等11种；具有开发利用前景的矿产有锰、银、金、石墨、膨润土、高岭岩、石英岩（优质硅石）、含钾岩石、花岗岩、沸石等10种。铝土、耐火黏土、铁矾土、含钾岩石4种矿产资源储量居全国第一位，铁矿资源储量居全国第四位。

山西是北方地区生物资源较为丰富的省份之一。植物资源包括森林、草地、野生经济植物、珍稀植物等。历史上山西曾是一个森林广覆盖的地区，远古时期森林覆盖率达60%以上，但是由于自然原因和人为破坏，到1949年全省森林覆盖率仅为2.4%。经过新中国成立60多年来不懈努力，到2010年森林覆盖率上升到18%，但还低于全国20.36%的水平，森林资源较为贫乏。2011～2015年，全省新营造林2252万亩，森林覆盖率显著增加。天然林地主要集中分布在管涔山、关帝山、太岳山、中条山、五台山、吕梁山、太行山、黑茶山八大山地林区，占全省天然林地面积的80%以上。山西草地资源较为丰富，天然草地面积约占国土面积的23.7%，是北方农区草地面积较大的省份之一。草地主要分布在东、西两侧的中高山、低山、丘陵及河流的两岸。在森林、草地等地，生长着高等植物（除苔藓外）约有160多科、3000多种，其中草本植物约占2/3、木本植物约占1/3。这其中，野生经济植物（除苔藓外）约有2600多种，包括野生绿化观赏植物约500多种，野生药用植物约1000多种，野生油脂植物约200多种，野生果树植物约130多种，野生蜜源植物约160多种，野生淀粉植物约50多种，野生纤维植物约140多种，野生鞣料植物约80多种，野生芳香油植物约70多种等。在全省众多的野生植物中，有中国特有属植物22种，国家一级保护植物有南方红豆杉，国家二级保护植物有连香树、翅果油树、水曲柳、核桃楸、紫椴等。山西野生动物以陆栖类为主，有439种，属于国家重点保护的珍稀动物有71种，其中一级保护动物有褐马鸡、金钱豹等17种、二级保护动物有54种。褐马鸡为我国特有珍禽，是山西的省鸟。为了保护特殊生态系统和生物资源，山西从1980年开始开辟建设森林生态和野生动物类型、湿地类型、草地类型自然保护区。

到 2015 年末，全省先后开辟建设了各类自然保护区 46 处，其中国家级自然保护区有 8 处、省级自然保护区有 38 处。8 处国家级自然保护区包括森林生态和野生动物类型、草地类型两种，其中森林生态和野生动物类型有 7 处，分别是庞泉沟（吕梁交城与方山两县交界地带，1986 年升级）、历山（临汾翼城、垣曲和晋城阳城、沁水两市四县交界地带，1988 年升级）、芦芽山（忻州宁武、五寨、岢岚三县交界地带，1997 年升级）、蟒河（晋城阳城县东南，1998 年升级）、五鹿山（临汾蒲县、隰县两县交界地带，2006 年升级）、黑茶山（吕梁兴县东南，2012 年升级）、灵空山（长治沁源县西北，2013 年升级），草地类型有 1 处，即是五台山（忻州五台县）。同时，为了保护湿地生态系统和自然景观的保护与修复，山西从 2007 年开始开辟建设湿地公园。到 2015 年末，全省先后开辟建设了湿地公园 48 处，其中国家级湿地公园 16 处，省级湿地公园 32 处。国家级湿地公园包括试点 15 处和国家城市湿地公园 1 处，15 处试点湿地公园分别是：大同浑源县神溪、大同县桑干河，朔州右玉县苍头河，忻州静乐县汾河川，吕梁文水县文峪河、孝义市孝河，晋中祁县昌源河、介休市汾河，长治沁源县沁河源、长子县精卫湖，晋城沁县千泉湖，临汾襄汾县双龙湖、洪洞县汾河，运城垣曲县古城、稷山县汾河；1 处国家城市湿地公园，即是长治国家城市湿地公园。全省自然保护区面积达 110.08 万公顷（1651.2 万亩），占国土面积的 7.06%。全省湿地总面积 15.19 万公顷（227.85 万亩），有约 37.9% 的湿地纳入了自然保护区和湿地公园范围。与此同时，为了保护培育森林风景资源、自然文化资源和重点生物多样性区域，山西从 1992 年开始开辟建设森林公园。到 2015 年末，先后开辟建设了省级以上森林公园 70 处，其中国家级森林公园 19 处、省级森林公园 51 处，此外还有县级森林公园 57 处，总面积达 56.77 万公顷（851.55 万亩），占全省面积的 3.64%。19 处国家森林公园分别是：天龙山（太原晋源区）、云岗（大同市区）、恒山（大同浑源县）、赵杲观（忻州代县）、五台山（忻州五台县）、管涔山（忻州宁武、五寨、神池、岢岚、静乐等县一带）、禹王洞（忻州忻府区）、关帝山（吕梁交城、方山两县之间）、交城山（吕梁交城县）、方山（晋中寿阳县）、乌金山（晋中榆次区）、龙泉（晋中左权县）、太岳山（晋中、临汾、长治三市的霍州、灵石、古县、安泽、沁源、介休、洪洞等县市交界地带）、太行峡谷（长治壶关县）、老顶山（长治郊区与壶关县交界处)、黄崖洞(长治黎城县)、棋子山(晋城陵川县)、中条山(运城、临汾、晋城三市的夏县、垣曲、翼城、沁水、阳城等县的交界地带)、五老峰(运城永济市)。其中,太岳山国家森林公园为山西最大的国家级森林公园。

山西自然旅游资源之丰富位列全国前列。境域边界四周山环水秀,境内高山峻岭、黄土丘陵纵横交错、河流纵多穿梭、森林草甸分布广,复杂多变的地貌造就了许多名山大川、峡谷溶洞、森林生态、河湖泉瀑等丰富多彩且特征突出的自然景观。除了海洋、沙漠以外,山西几乎拥有所有的自然景观,自然旅游资源遍及全省且独具特色,而且还有许多绝大部分省份所没有的奇特景观。据专家考证,山西的山、水、林、洞四项综合指标水平居全国前列。除上述丰富多样的各类自然保护区、湿地公园和森林公园外,山西境内山岳峡谷、河湖泉瀑、地貌地质、气象等自然旅游资源也十分丰富多彩。山西不仅山多,而且名山众多。山西是全国唯一一个拥有"五岳"之一北岳恒山、"五镇"之一中镇霍山(今太岳山)和"四大佛教名山"之首五台山的省份,还有北方道教名山北武当山、"东华山"五老峰、"华北南部之巅"历山等。恒山、五台山、北武当山、五老峰还是国家级风景名胜区。此外,从北到南较有名的山,北部边缘阴山南支余脉有摩天岭、采凉山、红家山、牛心山等,东部太行山脉有六棱山、太白维山、藏山、翠枫山、仙堂山、天脊山、老顶山、王莽岭、珏山、棋子山等,西部吕梁山脉有桦林山、黄花山、七峰山、洪涛山、黑驼山、管涔山、芦芽山、关帝山、卦山、崛围山、天龙山、云梦山、姑射山、五鹿山、云丘山等,中部太岳山脉有绵山、石膏山、霍山、灵空山、菩提山等,南部边缘中条山脉有百梯山、雪花山等,南端运城盆地中部有孤峰山。其中,摩天岭、六棱山、翠枫山、仙堂山、天脊山、老顶山、珏山、芦芽山、卦山、崛围山、天龙山、云梦山、姑射山、云丘山、绵山、石膏山、菩提山、百梯山、孤峰山还是省级风景名胜区。与大山众多相伴,山西的峡谷旅游资源自然丰富。太行山脉境域险峻幽深的峡谷资源最为丰富,其中平顺通天峡谷和神龙湾峡谷、壶关太行山大峡谷、陵川锡崖沟峡谷是省级风景名胜区。晋陕黄河大峡谷是黄河干流上最长的连续峡谷,深切于黄土高原之中,谷深皆在100米以上,两岸秀峰林立,形态万千,其间由北而南分布着黄河入晋第一湾——老牛湾、黄河第一岛——娘娘滩、天下黄河第一湾——乾坤湾、中国第二大瀑布——黄河壶口瀑布等黄河奇观、晋陕两岸"悬崖相对，形如闸口，扼黄河咽喉，水流急湍，汹涌澎湃"的禹门口。黄河壶口瀑布是国家级风景名胜区，黄河乾坤湾是省级风景名胜区。壶关太行山大峡谷和晋陕黄河大峡谷均是"中国十大最美峡谷"之一。此外，太岳山脉境域有红崖峡谷、沁河源峡谷、七里峪峡谷、陶唐峪峡谷等，中条山脉东部历山境域有东峡、西峡，太行山南端与王屋山、中条山三山交界地带有莽河峡谷等。除了众所周知的著名的晋蒙陕豫间的黄河外，山西境内较大的河流有汾河、沁河、涑水河、昕水河、三川河、桑干河、滹沱河、漳河等，流经穿梭于山川峡谷间，形成风格各异的山河景观。在黄河及省内众多河流上兴建的600处大中小人工水库，形成各具特色高峡出平湖的湖光山色。大型水库湖泊主要有黄河万家寨水库、黄河龙口水库、汾河水库、汾河二库、桑干河册田水库、浊漳河南源漳泽水库、浊漳河北源关河水库、浊漳河西源后湾水库、文峪河水库、文峪河柏叶口水库、沁河张峰水库、松塔河松塔水库等。山西天然湖泊少而独特，运城盐湖被誉为"中国死海"，永济伍姓湖是山西最大的淡水湖，宁武的管涔山天池湖泊群是我国北方罕见的高山湖群。由于山地多，高差大，山西境域的泉流瀑布、激流瀑布险峻壮丽的景观特别多。名气较大的瀑布有黄河壶口瀑布、平定娘子关瀑布、平顺虹霓瀑布、永济王官谷瀑布、阳城蟒河瀑布。黄河壶口瀑布以壮阔著称，娘子关瀑布以秀美闻名。晋西北和晋西地区连片分布着典型的黄土高原地貌，不仅有馒头状黄土峁、绵延数十千米的长梁，还有地屲如镜的塬面，呈现千沟万壑、梁峁纵横、丘陵起伏、波澜起伏、无边无际的辽阔的黄土高原自然景观。加之气候的季节变化十分明显，使这里的黄土高原在不同的季节条件下，呈现不同风格的景观特色。大同土林，由裸露的黄土地被大自然的鬼斧神工造化而成，堪称奇迹。山西地质结构独特，太行、吕梁、中条山还有发育最典型的喀斯特地貌，形成了别具特色地质地貌景观。溶洞、怪石景观造型奇特、丰富集中。宁武万年冰洞、忻州禹王洞、沁水白云洞、壶关紫团洞、盂县万花洞、离石白马仙洞等，大都保存完好、千姿百态、引人入胜。五台山中台巨石堆积，名曰"龙翻石"，是冰川地貌的大课堂；北武当的"风动石"、宁武的"一品石"、灵石县的"灵石"殊为奇特；而太行山晋冀豫交界一线的奇峰峻岭、险崖峭壁、峥嵘怪石，则更为集中，令世人惊叹不已。已建成和正在建设的国家级、省级地质公园有几十处，其中国家级地质公园11处。11处国家级地质公园分别是：黄河壶口瀑布国家地质公园、五台山国家地质公园、壶关峡谷国家地质公园、宁武冰洞国家地质公园、陵川王莽岭国家地质公园、大同火山群国家地质公园、平顺天脊山地质公园、永和黄河蛇曲地质公园、榆社古生物化石地质公园、大同晋华宫矿国家矿山公园、太原西山国家矿山地质公园。这几处国家级地质公园，均具有特殊的地质科学意义、稀有的自然属性、较高的美学观赏价值，并融合其他自然景观与人文景观，构成一座座独特的自然区域奇观。其中，宁武万年冰洞、大同火山群，是全国极其罕见地质旅游景观。宁武万年冰洞是全国最大的地下冰洞，在三层溶洞中发育了琳琅满目的冰钟乳景观，造型异常奇特。该冰洞发育形成原因至今仍是个谜，被誉为"中华一绝""世界奇观"。大同火山群是华北地区保存最完好、出露最完整、规模最大的第四纪火山群，也是世界上唯一发育在黄土高原上、板内裂谷系火山盆地内的火山群，有"东亚大陆稀有的自然遗产"的美誉。山西气候季节性强，南北气候区域差异明显，山峰气候垂直差异大，使全省南部与北部、山峦与盆地、高山与低山等不同地域，在从春到冬的不同季节内，甚至在同一地点、同一季节、同一天，从山顶到山谷，呈现各种不同类型的景观。名山之巅的大气景观更是奇丽壮观。五台山东台顶、霍山老爷顶、历山舜王坪、王莽岭等地的日出、朝晖、云海、雾凇、夕阳、彩霞等景观，甚是奇异。上述种类丰富的自然旅游资源，大多相互组合、相互融合，而且还与历史人文旅游资源交织渗透，使得各处景观更加大放异彩。

山西物产丰富，在历史传承与现代科技进步中，特色农林牧业、农产品加工业、传统手工业不断革新发展，富有地域特色和品牌的土特产品愈加丰富。知名的有小杂粮、鲜干果、中药材、食醋、酒类、果汁饮料、奶肉等系列农牧林土产品和加工特产品，以及陶瓷、纺织、雕刻、金属等传统手工特产品系列。山西杂粮在全国乃至世界都享有极高的美誉度，有"小杂粮王国"之称，主要作物有豆、麦、粟、薯、黍等小杂粮二十多种，其中谷子、荞麦、燕麦、马铃薯总产量分别居全国第二、三、四、五位。山西已成为我国北方果品主要生产基地，水果种类多、品质优，主要有苹果、梨、红枣、核桃、葡萄、桃、柿子、杏、李子、沙棘果、海红、山楂等。其中，苹果、梨、红枣、核桃种植面积、产量均居全国前列。自古以来山西是我国多种中药材的主要产出地，黄芪、黄芩、党参、柴胡、远志、地黄、连翘等有较大产量和知名度，龟龄集、定坤丹是知名的中成药特产。山西老陈醋是我国四大名醋之一，其质量居全国食用陈醋系列首位，素有"天下第一醋"的盛誉，以色、香、醇、浓、酸五大特征著称于世。中国白酒源于山西，根在汾酒。汾酒是我国清香型白酒的典型代表，竹叶青酒是古老的传统保健名酒，还有潞酒、梨花春、汾阳王等数十款地方历史名酒。新兴的饮品有果汁类、葡萄酒类、蜂蜜类等，果汁饮品有梨、苹果、红枣、核桃、沙棘、海红果等，葡萄酒有干红、白葡萄酒、红葡萄酒等系列，蜂蜜有枣蜜、荆条蜜、槐蜜等。山西地处我国农牧业交汇地带，羊牛肉、牛奶等畜牧产品区域特色明显。此外，富有地域特色的传统手工特产品，如陶瓷、纺织、雕刻、金属等产品，也适应时代的发展，展现出新的面貌。至2014年，山西先后有二十多个土特产品成为"国家地理标志保护产品"，涉及老陈醋、小米、苦荞、芦笋、黄芪、连翘、核桃、红枣、酥梨、牛肉、羊肉、豆腐干、胡油、葡萄酒、蚕茧、黄梨等；有九十多种土特农产品成为"国家农产品地理标志保护产品"，数量居全国前列，产品主要涉及苹果、红枣、葡萄、杏仁、核桃、山楂、柿子、鲜桃、桑葚、翅果、大米、小米、胡麻、糯玉米、苦荞、绿豆、驴肉、羊肉、莲藕、大葱、木耳、辣椒、长山药、百合、蜂蜜、樱桃、芦笋、马铃薯、芥菜等；有生铁冶铸、推光漆、琉璃烧制、羊皮鞣制、响铜乐器、澄泥砚、铜器、砂器、潞绸织、桃木雕等三十多种地域传统手工特产品技艺，入选国家非物质文化遗产保护名录。

三　历史文化

1. 沿革变迁

　　山西是人类和华夏文明发祥的最早起源地和中心区域之一。考古表明，远古时代，山西南部是人类初曙的起源地。运城垣曲县"世纪曙猿"化石的发现，把类人猿出现的时间向前推进了1000万年。考古还表明：最早约在180万年以前的旧石器时代早期，原始人群就在山西晋南地区繁衍生息，其中运城芮城县西侯度文化遗址发现的火烧骨，把我国范围内发现的人类用火历史向前推进了100万年；在10万年~2万年以前的旧石器时代中期，在山西汾河两岸和大同、朔州一带，已经出现了比较集中的原始人群和村落。进入新石器时代，约在 7000 年前的新石器时代中期，山西南部的农业、畜牧业和手工业已达到相当发达的水平；约在 4500 年前的新石器时代晚期，山西南部已经成为当时诸多邦国的中心。史传"尧都平阳（今临汾尧都区），舜都蒲坂（今运城永济市西南），禹都安邑（今运城夏县西北）"，记载的是新石器时代晚期中华民族最早的英雄们在汾河下游创业建都的历史。今临汾市尧都区南部有尧庙、东部有尧陵，运城市盐湖区北中部有舜帝陵庙。《禹贡》载夏禹治水"导河积石，至于龙门"，龙门又叫禹门口，在今山西河津市西北和陕西韩城市东北一带。近年来，对临汾襄汾县陶寺遗址新的发现和研究成果表明，这里是帝尧都城所在地，也是最早的中国所在区域。这使大致在距今 4500 年前后我国史前传说的尧舜禹时代由传说成为信史，中华五千年文明史由此得到证实。

约公元前 2070 年，禹去世后，其子启继位，建立了中国历史上第一个世袭的氏族奴隶制的夏王朝。它的建立标志着中国古代原始公社的解体和奴隶社会的开始，开启了中华文明发展的新纪元。夏朝早期的统治中心在今山西运城夏县一带，后随着地域扩大，统治中心才转入河南豫西一带。山西南部是夏人聚居和活动的重要地区，今夏县东下冯遗址是重要的夏墟。

商朝时，山西南部在其"邦畿千里"之内，中北部等地则散布着土方（今太原以北地带）、𡧈方（今吕梁一带）、箕（今晋中太谷县东）、唐（今临汾翼城县东）等十几个大小方国和部落。今运城垣曲县古城南关和夏县东下冯等地发现有商代前期完整城址，以及运城平陆县和长治长子县等地出土的商代早期青铜重器，表明这里是商王朝的经略要地。

西周初期大规模分封诸侯、封邦建国，山西中南部为十余个诸侯的领地，北部游牧着一些戎狄部落。主要诸侯国有晋（今临汾翼城东南）、贾（今临汾襄汾西）、潞（今长治潞城东北）等。春秋时期，晋国发展强大，逐步兼并了周边小国和北部戎狄部落，成为春秋五霸之一。晋国极盛时期的疆域，大约包括今山西中南部、河北西南部、河南西北部和陕西东部，设置有五十余县，其中山西境内有十余县。晋国前期国都在翼（今临汾翼城县东南），后期迁都于新田（今临汾侯马市）。1956 年在临汾侯马市晋国遗址考古发掘的《侯马盟书》，是反映当时晋国强大、号令诸侯的重要佐证。晋国是郡县制的起源地，后来秦将这种制度推广到全国。在今临汾曲沃县建有晋国博物馆，陈展着考古发掘的晋国国君晋侯墓地"曲村—天马遗址"的文化历史；在今临汾侯马市建有晋国古都博物馆，陈展着晋都新田考古发掘的文物及其文化历史。

公元前453年，晋国卿族赵、魏、韩三家三分晋国，史称"三家分晋"。赵、魏、韩三分晋国，成为实际上的三家诸侯国。在山西，赵国辖中部、东北部、东南部少部，魏国辖西南部、东南部少部，韩国辖东南部大部和西南部少部。起初，赵国的都城在晋阳（今太原晋源区东北），韩国的都城在平阳（今临汾尧都区），魏国的都城在安邑（今运城夏县北），后来随着疆域的扩大移向河南、河北。公元前403年，东周天子正式承认赵、魏、韩三家为诸侯，中国历史由此开始进入封建社会的战国时期。齐、楚、燕、韩、赵、魏、秦为战国七雄，山西分属赵、魏、韩三国领地。山西是战国时期赵国君主赵武灵王推行"胡服骑射"改革的重要的地区，也是秦国统一六国过程中取得加速统一进程的决战赵国的战略之地。在今大同灵丘县东南有赵武灵王墓遗存，在今晋城高平市西北有秦国决战赵国的长平之战古战场遗址。

公元前221年，秦统一六国后，定都咸阳（今陕西咸阳东北），建立了中央集权制度，地方实行郡县制，把全国划分为36郡，后又不断增设到40余郡。今山西及周边河北、内蒙古一带为河东、太原、上党、雁门、代、云中6郡分辖，其中代、云中2郡治所不在山西，山西境内置有70余县。

汉代时基本沿袭秦代郡县制。西汉（都长安，今陕西西安西北）初一度还实行"郡国并行制"，今山西及周边河北、内蒙古一带为河东、上党、太原、雁门、代5郡分辖，其中代郡治所不在山西，太原、雁门、代及北部云中4郡归代国所辖。后来又实行州郡县制。西汉版图极盛时，全国划分为13州。今山西及周边陕西、河北、内蒙古一带为并、司隶（京畿长安范围）、朔方3州（刺史部）领属，并归太原、上党、雁门、代、河东、西河（治西河，今陕西榆林东南）6郡分辖，其中西河、代2郡治所不在山西，山西境内置有90余县。东汉（都洛阳，今河南洛阳东）地方建制基本沿袭西汉，山西境域为并、司隶、冀、幽5州领属，并归太原、上党、定襄（治善无）、代（治高柳，今大同阳高）、雁门（治阴馆，今朔州东南）、河东、西河（治离石，今吕梁离石）7郡及常山国（都元氏，今河北元氏县境）分辖，山西境内置70多县。西汉末东汉时期，北方少数民族匈奴、羌、鲜卑逐步内迁进入山西，并发展强盛起来。到东汉中期，山西北部、中部、西部成为多民族聚居地区。

魏晋南北朝初期的三国时期，今山西全境属魏国（都洛阳，今河南洛阳东），境内匈奴人散居分布在并州兹氏（今吕梁汾阳市）、祁（今晋中祁县）、蒲子（今临汾隰县）、新兴（今忻州忻府区）、大陵（今吕梁文水县）等地。此外，在山西境内今长治武乡县还居住着羯族，今忻州代县和大同还居住着鲜卑族拓跋部。山西境内的三个少数民族与居住在陕、甘一带的氐、羌族，史称"五胡"。西晋（都洛阳，今河南洛阳东）末年，公元304年匈奴酋长刘渊起兵左国城（今吕梁离石区）建国"汉"，不久迁都平阳（今临汾尧都区），建立北方第一个少数民族政权。随后其子刘聪打下长安（今陕西西安西北）灭西晋，由此开始中国历史上一百多年的"五胡十六国"割据一方的局面。"十六国"，包括前凉、后凉、南凉、西凉、北凉、前赵、后赵、前秦、后秦、西秦、前燕、后燕、南燕、北燕、夏国、成汉等。在此期间，山西境域为刘渊族侄刘曜创建的前赵（先都平阳、今临汾尧都区，后迁都长安、今陕西西安西北）、羯族首领石勒创建的后赵（先都襄国、今河北邢台，后迁邺、今河北临漳西南）、鲜卑族首领慕容皝创建的前燕（先都龙城、今辽宁朝阳，后迁都蓟、今北京城西南，后再迁邺、今河北临漳县西）、氐族首领苻洪创建的前秦（都长安，今陕西西安西北）、氐族贵族姚苌创建的后秦（都长安，今西安西北）、鲜卑族首领慕容泓创建的西燕（先都长安、今陕西西安西北，后迁都长子、今山西长治长子西）、鲜卑族首领慕容垂创建的后燕（先都中山、今河北定州，后迁都龙城、今辽宁朝阳）、匈奴部族首领赫连勃勃建立的夏国（都统万城，今陕西靖边县东北）、鲜卑族首领拓跋珪创建的北魏（先都盛乐、今内蒙古和林格尔北，后迁都平城、今大同市）等国的领地。公元439年，北魏统一黄河流域，结束了北方四分五裂的局面。公元494年，北魏孝文帝把都城由平城迁到洛阳（今河南洛阳东）。公元534年，北魏分裂为东魏（都邺，今河北临漳县西）、西魏（都长安，今陕西西安西北），山西绝大部分为东魏领地，南部余部为西魏领地。后来，北齐取代了东魏，北周取代了西魏。公元577年北周灭北齐，山西统一为北周领地。从刘渊起兵一直到北周灭北齐的270多年间，山西境内平阳（今临汾尧都区）、平城（今大同市）、晋阳（今太原市晋源区东北）都是全国很重要的政治军事中心。其中，平阳为"汉"国、前赵的都城，平城为北魏的都城，晋阳为东魏和北齐的

"别都""陪都"。

隋朝建立和统一全国后，起初在地方取消了郡一级建制，在要冲诸州设总管府，以州刺史兼总管，统领邻近数州。山西境内并、代、隰、朔 4 州设总管府。后来隋又改州为郡，地方实行郡县两级制，最多时全国置 190 郡。山西及周边河北、内蒙古一带为太原、定襄、马邑、雁门、娄烦、西河、离石、上党、长平、临汾、龙泉、文城、河东、正平 14 郡分辖，其中 14 郡治所均在山西，山西境内置有 90 余县。隋代，曾于北魏时期兴起于蒙古高原的突厥汗国其疆域已抵今山西与内蒙古交界地带，并数次入侵山西雁门关以北地区。

公元 617 年，在太原郡留守的李渊趁隋末各地反隋大乱于晋阳城起兵，于公元 618 年建立唐朝。"唐"之国号，源于太原郡治所晋阳县为古"唐"国领地之称。在李渊起兵反隋的同时，马邑郡（今朔州市等地）将领刘武周也起兵反隋，在突厥汗国出兵的支持下称帝，并率部占据了山西大部。公元 620 年，秦王李世民率军征伐，刘武周兵败，双方在山西境内持续几年的争夺战才得以结束。此后一段时期，山西北部地区是唐出兵征讨突厥的重要基地。唐初地方实行州（府）、县两级建制，后又改为道、州（府）、县三级建制。山西境域除南部少部分为河南道（先治洛阳，今河南洛阳东北）所领外，其余山西境域及周边内蒙古、河北一带为河东道（治河东县，今永济西）统领。其中，河东道统领山西境域，归太原、河中 2 府和晋、绛、慈、隰、汾、沁、辽、岚、宪、石、忻、代、云、朔、蔚、潞、泽 17 州分辖，府州治所均在山西，山西境内置有 103 县；河南道统领山西境域，为陕州 1 州所辖，州治所不在山西，山西境内置有 3 县。唐代，太原府晋阳城（今太原晋源区东）被定为"北都""北京"，是黄河流域仅次于长安、洛阳的第三大政治中心。唐中后期"安史之乱"期间，山西是叛军进军都城长安和唐军抵抗的重要阵地。

"安史之乱"后，地方上形成了藩镇割据的局面，中央集权受到严重削弱，唐王朝走向衰落。公元 895 年，坐镇太原府统兵的唐河东节度使沙陀族首领李克用率部占领山西大部地区后，以太原为中心晋爵晋王，建立了唐末时代的割据政权晋国（都晋阳，今太原晋源区东）。公元 907 年，坐镇开封的唐宣武节度使朱温篡唐建立后梁（先都汴州、今河南开封，后迁都洛阳、今河南洛阳东），历史进入"五代十国"时期（"五代"，即北方后梁、后唐、后晋、后汉与后周依次更替的 5 个政权，"十国"即北方的北汉 1 个割据政权和南方前蜀、后蜀、吴、南唐、吴越、闽、楚、南汉、南平 9 个割据政权）。后梁建立，晋国自立，成为北方最大的割据政权。公元 923 年，李克用之子李存勖在魏州（今河北大名县）称帝，改国号唐，史称后唐，同年底灭后梁，定都洛阳。公元 936 年，坐镇太原府统兵的后唐河东节度使沙陀族人石敬瑭勾结"契丹"国，在晋阳城称帝，国号为晋，史称后晋，后灭后唐，定都洛阳（后迁东京，今河南开封）。公元 947 年，契丹军攻陷后晋国都开封，后晋灭亡。公元 948 年初，契丹主耶律德光称帝于开封，改国号辽，同时后晋大将沙陀族人刘知远也在太原府晋阳城称帝，后出兵攻克开封并定都于此，国号汉，史称后汉。公元 951 年，后汉将领郭威篡汉建立后周。同年，后汉高祖刘知远的弟弟、镇守太原府统兵的河东节度使刘崇在晋阳建立北汉。"五代十国"时期，五个政权中，后唐、后晋、后汉三个政权都是由沙陀人以山西为根据地而建立的；十国中唯一的北方之国北汉，也是由沙陀人据山西而建的。在此期间，随着政权的更迭，山西境域先后为后唐全领，后晋统领除北部少部分之外的绝大部分，后汉统领除南部少部分之外的绝大部分，后周与北汉南北分割属领，北部少部分地区为契丹国（辽国）领地。此间，太原府晋阳城为后唐"北都"、后晋"北京"、北汉国都，是各方势力角逐的中心。

公元 960 年，后周大将赵匡胤发动兵变，建立宋朝（都汴京，今河南开封），史称北宋。北宋初年，山西境内的北汉与其长期对峙。宋太祖赵匡胤曾两次派大军攻打割据山西的北汉，两次兵临晋阳城下，但都未成功。直到公元 979 年其弟宋太宗赵光义亲征，才攻下晋阳，灭了北汉。千年晋阳古城，在宋军的火烧水灌之下，毁于一旦。北宋时期，今山西北部为辽国领地，其余大部为北宋属领。北宋在地方实行路、州（府、军）、县三级建制，其山西领地及周边陕西、河南一带为河东路（治阳曲县，今太原市老城区）、永兴军路（治京兆府，今陕西西安）统领。其中，河东路统辖山西中北部境域，归太原、隆德、平阳 3 府和降、泽、代、忻、汾、宪、辽、岚、石、隰、慈 11 州及庆祚、威胜、平定、岢岚、宁化、火山、保德、晋宁 8 军分辖，府州军治所均在山西，山西境内置有 79 县。辽国在地方实行道、府（州）、县三级建制，其今山西北部领地为西京道统领，并归大同府 1 府和蔚、应、朔 3 州分辖，其中蔚州治所不在山西，山西境内置有 15 县。大同府是辽国五个都城

（上京临潢府、今内蒙古巴林左旗东南波罗城，中京大定府、今内蒙古宁城西大明城，东京辽阳府、今辽宁辽阳市，南京幽都府、今北京市，西京大同府，今山西大同市）之一。

北宋中后期，山西是北宋抵御契丹辽国入侵的前沿阵地，也是今东北地区女真族兴起建立的金国（先都上京会宁府、今黑龙江省哈尔滨市阿城区，后迁都中都燕京、今北京市，再迁都汴梁、今河南开封市）入侵中原灭宋的重要通道和基地。

公元1125年金灭辽，1127年灭北宋，山西全境为金所统辖。金代地方实行路、州（府、军）、县三级建制。今山西及周边内蒙古、河北、陕西、河南一带为西京路（治大同，今大同市城区）、河东北路（治阳曲县，今太原市老城区）、河东南路（治临汾县，今临汾市尧都区）统领。其中，西京路统领山西北部境域，归大同府1府和朔、应、蔚3州分辖，蔚州治所不在山西，山西境内置有6县；河东北路统领山西中北境域，归太原府1府和晋、忻、平定、汾、石、代、隩、宁化、岢岚、保德、管11州分辖，府州治所均在山西，山西境内置有34县；河东南路统领山西南部境域，归河平阳、河中2府和隰、吉、绛、解、泽、潞、辽、沁8州分辖，府州治所均在山西，山西境内置有60县。金朝末年，地处蒙古高原的蒙古族兴起，统一了漠北，建立了大蒙古国，并不断南下攻金。1212年蒙古国军队进入山西北部。此后，山西成为蒙古国和金国双方争夺的重要战场，也成为蒙古国军队南下中原、西出陕西的重要通道和基地。1271年，大蒙古国可汗忽必烈改国号为大元，建立元朝（都大都，今北京）。1233年，元与南宋联兵灭金。

1279年元灭南宋，统一中国。元代地方实行省、路、府（州）、县四级制。山西、山东、河北及内蒙古部分地区是元朝的腹里地区，统归中书省直辖。山西境域在中书省统领之下，又归冀宁路（治阳曲县，今太原市老城区）、晋宁路（治临汾县，今临汾市尧都区）及上都路（治开平府，今内蒙古正蓝旗境内）、大同路（治大同县，今大同市城区）分领。其中，冀宁路统辖山西中北部境域，置直辖县10个，下辖汾、石、忻、平定、临、保德、崞、管、代、台、兴、坚、岚、盂14州，其中汾、石、忻、平定4州分辖置有9县。晋宁路统辖山西南部境域，置直辖县6个，下辖河中府1府和绛、潞、泽、解、霍、隰、沁、辽、吉9州，分辖置有45县。上都路统辖山西、河北、北京和内蒙古一带境域，其中山西境域为顺宁府（治今河北宣化）蔚州（治今河北蔚县）所领，置有 2 县。大同路统辖山西北部及周边内蒙古、河北一带，其中山西境域置有直辖 3 县，下辖浑源、应、朔、武 4 州，应、朔 2 州分辖置有 4 县。

公元 1368 年，朱元璋在应天（今南京）称帝，建立明朝。同年明军攻占元都大都，元朝退出中原。当年，北伐的明军进入山西，从南到北消灭了元朝在山西的主要势力。此后，明洪武初起，明军在晋北、晋西与元朝残余势力进行了近二十年的较量，才最终消灭之。明初地方沿袭元行省制，后改行省为承宣布政使司，在稳定的统治区域设"两京（北直隶北京、南直隶南京）十三布政司"。十三布政司地域实行布政使司、州（府）、县三级建制。布政司下辖府、直隶州，府下辖属州、县，属州大多还下辖有县。山西是明代十三布政司之一，辖区为今山西全境及周边内蒙古、河北一带。山西布政使司（治阳曲县，今太原市老城区）辖太原、汾州、潞安、平阳、大同 5 府和泽、沁、辽 3 直隶州，5 府之下辖平定、忻、代、岢岚、保德、永宁、蒲、解、绛、霍、吉、隰、浑源、应、朔、蔚 16 属州，其中除蔚州治所不在山西外，其余府、直隶州、属州治所均在山西，山西境内置有 79 县。

金元以来尤其是元末明初，由于所受战争创伤较小，山西成为华北地区经济发达、人口稠密的地区。明王朝以平阳府洪洞县广济寺为山西各地移民的重要集散地，先后 18 次从山西移民，人口约百万以上，分布于全国今河南、山东、河北、北京、天津、陕西、甘肃、宁夏、安徽、江苏、湖北、湖南、广西、内蒙古、山西、辽宁、吉林、黑龙江等 18 个省、市、区的 600 余县（市），是中国历史上规模最大的移民活动。迄今 600 多年来，反映明代山西移民的"问我祖先来何处，山西洪洞大槐树"的民谣，广为海内外移民和后裔世代传诵。在明代洪洞移民遗址，今兴建有"大槐树寻根祭祖园"。

明代，山西是明王朝防御北元（元朝后在漠北草原存在的地方性蒙古族政权）南下侵扰和出征讨伐北元的重要地区。明朝在沿长城一线所设的九个军事重镇（辽东镇、蓟州镇、宣府镇、大同镇、山西镇、延绥镇、宁夏镇、固原镇、甘肃镇），山西有其二。明政府为了给驻边塞的军士筹集粮食，实行"开中法"，即政府利用食盐专卖，鼓励商人输运粮食到边塞换取盐引，商人再凭盐引到指定的盐场和地区贩盐获利。此间，山西商人得天时地利，晋商崛起，此后雄霸国内商界 500 年之久，创造了不朽的辉煌，成为重要的历史现象。

明末清初，山西是明军与起义军对抗作战的主要战场，也是抗清斗争的重要战场。1644 年（明崇祯十七年）1 月，农民起义首领李自成在陕西西安府称帝，建国号"大顺"。同年 2 月中旬，李自成即率领大顺军渡过黄河，在山西境内由南向北一路攻城略地，向明王朝都城北京进军，4 月初即抵大同。4 月 24 日占领明都北京，灭明。清军入关后，李自成又率军经山西返回陕西。清军进占北京后，随即又向山西进军，于 11 月占据全境，但反清势力直到 1671 年（清康熙十年）才被平息。

清代改明布政司为行省，简称省，在全国地方政区先置 18 省，后增为 23 省。省下辖府和直隶州，府、直隶州下辖县、散州；在新开发地区或者具有特殊地位的地区设厅，分为直隶厅和散厅。山西是清代最初置的省区之一，辖区最大时包括今山西全境及周边内蒙古、河北一带，由太原、汾州、潞安、平阳、泽州、蒲州、大同、宁武、朔平 9 府和平定、沁、辽、绛、解、霍、隰、忻、代、保德 10 直隶州及 12 直隶厅分辖，其中 12 直隶厅尽在内蒙古境内，其余府州治所均在山西，山西境内置有 6 散州 86 县。清代，山西晋商进一步发展兴盛，其中晋商创造的经营汇兑业的"山西票号"影响甚广，在清代后期基本上控制了全国金融。山西的票商在清代是同盐商、行商（广东十三行）齐名的全国最富有的商人。清末，山西是太平天国北伐部队进军的重要区域，是义和团活动兴起和发展的中心区域。

1911 年 10 月 10 日，湖北武昌起义，辛亥革命爆发，拉开了推翻了清王朝统治的序幕。山西是继湖北首义后，再继湖南、江西、陕西起义之后，全国第五个起义的省份，也是北方地区继陕西起义后起义的第二个省份。1912 年，中华民国建立。民国初年，地方政区废除府，改州为县，省下辖道，由道辖县，为三级建制。山西境内设雁门道（治大同县，今大同市城区）、冀宁道（治阳曲县，今太原市老城区）、河东道（治运城县，今运城盐湖区）3 道，分辖北部、中部和东南部、南部地区，共辖 105 县。清代时归山西省的今内蒙古一带地区，脱离山西，归绥远特别区。1927 年，撤道建制，县直辖于省。民国期间，阎锡山统治山西 38 年，山西曾一度是全国关注的"模范省"。在中国共产党初创和开展革命的进程中，山西是传播马克思主义较早的省份之一，也是建立团组织和党组织较早的省份之一。在中国共产党领导的土地革命战争时期，山西是北方地区创建工农红军最早的省份之一，也是中央红军东征北上抗日的前进阵地和中国共产党革命战略实现重大转变实践之地。抗日战争时期、解放战争时期，山西省内地方政区有所变化，但保持了基本总体格局。抗日战争时期，山西是中国共产党领导全民族抗战的战略要地，是华北敌后抗战的主阵地、前线指挥中心和主战场之一，为抗日战争胜利做出了重大贡献和巨大牺牲。

1949 年 10 月，中华人民共和国成立，开辟了中国历史的新纪元。新中国成立时，雁北地区划归察哈尔省，其余归山西省辖。后来，雁北地区又划归山西省。新中国成立至今，山西省内政区曾多次调整，形成 11 个市、119 个县（市、区）的现状。社会主义革命和建设时期，山西是全国农业合作化运动的主要发兴之地，是国家工业化战略的重要实施基地，是全国农业学大寨运动的起源之地。改革开放以来，山西是国家实施现代化建设战略的重要能源基地和资源型经济转型发展的试验区。新中国成立 60 多年来，在社会主义革命、建设和改革的各个时期，山西为全国建设做出了重大贡献，也绘就了区域发展的新的历史画卷。

2. 文化遗存

山西是中华民族的重要发祥地，历史悠久。在迄今几千年的历史发展长河中，山西积累沉淀下信息丰富和价值丰厚的历史文化遗存，有物质文化遗产和非物质文化遗产，物质文化遗产又有不可移动文物、可移动文物、历史文化名城（街区、村镇）、古村落。这些文化遗存是当代山西人民的宝贵财富，也是中华民族、中华文明的瑰宝。

2007 年到 2011 年，国家开展了历时 5 年的第三次全国文物普查。这次全国文物普查，是新中国成立后国家最大规模的一次不可移动文物资源普查。通过普查，摸清了全国不可移动文物的家底，全国共登记不可移动文物近 77 万处。山西登记不可移动文物总数量 5.3 万多处，有各级各类文物保护单位6780 余处。山西登记不可移动文物总数量，排浙江、河南、四川之后，居全国第四。

在山西众多的不可移动文物中，全国重点文物保护单位数量不仅多年来居全国第一，而且旧石器文化遗址、古代建筑、古代戏剧舞台数量更是冠居全国，古代民居、古长城关隘、红色革命遗址十分独特。旧石器文化遗址（年代最早的是芮城县西侯度遗址）已发现460多处，数量居全国第一，而且早中晚自成序列，为全国仅有，在中国考古文化编年序列中占有突出位置。各类古建筑现存2.8万余处，是中国现存古建筑最多的省份。古建筑上起魏晋，下至民国，时代连续、品类齐全，构成中国古建筑史上独一无二的标本体系，特别是宋辽金以前的木构建筑占全国同期同类建筑的75%以上。其中，中国现存最早的唐代建筑是五台山南禅寺大殿、佛光寺东大殿，最古老最高大的木构塔式建筑是应县木塔。古代戏剧舞台保存有2888座，数量居全国之冠，其中1座金代戏台（高平市王报村二郎庙戏台）、8座元代戏台（规模最大的是翼城县南梁镇武池村乔泽庙戏台），为全国仅有。这些戏台和反映金、元时期的壁画、陶俑、砖雕等戏曲文物，是研究中国戏曲历史及当时的社会、经济、文化、艺术等的重要实物资料。古代民居保存有11134处，其中高平市中庄村元代姬氏民居是中国现存最早的民居实例；襄汾丁村、灵石王家、祁县乔家、太谷曹家等晋商大院及定襄阎锡山旧居等，集中反映了中国明、清和民国时期北方民居的建筑布局、装饰特点和文化。山西境内长城关隘连绵不断，是中国保存长城朝代跨度最大的省份。现存战国至清代长城2500多千米，涉及战国、汉、东魏、北齐、隋、宋、元、明、清等9个朝代，其中特别是东魏、北齐、隋、宋4个朝代的长城，为山西省独有。山西是重要的革命老区，留下了许多重要的红色革命遗迹遗址，普查统计有3490处。其中，全国重点文物保护单位有十多处，第一批国家级抗战纪念设施、遗址5处，具有独特的历史价值，是非常珍贵的文化资源。

到2015年，在全国数量众多的不可移动文物中，全国重点文物保护单位总数为4295处。各省（市、区）拥有全国重点文物保护单位，数量排全国前五的，分别为山西、河南、河北、陕西、四川。山西有全国重点文物保护单位多达452处，占全国总数的10.5%，以绝对多数居全国第一。

在山西众多的不可移动文物中，先后有平遥古城（1997年）、云冈石窟（2001年）、五台山（2009年）3处集群性的重要文化遗产入选世界文化遗产名录，成为世界性的文化遗产。平遥古城迄今已有2700多年的历史，仍完好地保留着明清时期县城的基本风貌，是中国境内汉民族地区保存最为完整的一座古代县城，承载非同寻常的文化、社会、经济及宗教发展的历史信息。

云冈石窟，开凿于公元5世纪至6世纪，有窟龛252个、造像51000余尊，其雕刻艺术具有中国传统特色又吸取和融合印度犍陀罗艺术及波斯艺术的精华，代表了当时中国杰出的佛教石窟艺术。其中的昙曜五窟，布局设计严谨统一，是中国佛教艺术第一个巅峰时期的经典杰作。五台山是中国四大佛教名山（山西五台山、四川峨眉山、安徽九华山、浙江普陀山）之一，且居首位。山上保存有从公元4世纪到19世纪（北魏、唐、宋、元、明、清）的佛教建筑及独特的圣山环境景观，荟萃了各个时期建筑、彩塑、壁画等艺术的杰出成就和特点，展现了悠久的佛教文化传统以及人与自然的和谐统一。其中，南禅寺是世界上现存最古老的木结构建筑，被誉为"中华瑰宝"；佛光寺被世人誉为"东方古建筑明珠""亚洲佛光"。

历史文化名城（名镇、名村）和传统村落（古村落）是重要的物质文化遗产。历史文化名城是保存文物特别丰富，具有重大历史文化价值和革命意义的城市。历史文化名镇名村是保存文物特别丰富，且具有重大历史价值或纪念意义的，能较完整地反映一些历史时期传统风貌和地方民族特色的镇和村。传统村落是指聚居年代久远，具有历史、文化、科学、艺术、社会、经济价值的历史村落。到2015年，山西境内有省级以上历史文化名城12座，其中太原市、大同市、平遥县、新绛县、代县、祁县6座城市（县城）为国家级历史文化名城，浑源县、太谷县、孝义市、介休市、左云县、汾阳市6座县城（城市）为省级历史文化名城；有省级以上历史文化名镇名村101个，省级以上传统村落286个，其中灵石县静升镇、临县碛口镇、襄汾县汾城镇、平定县娘子关镇、泽州县大阳镇、天镇县新平堡镇、阳城县润城镇8个为国家级历史文化名镇，临县碛口镇西湾村、阳城县北留镇皇城村、介休市龙凤镇张壁村、沁水县土沃乡西文兴村等32个为国家级历史文化名村，太原市晋源区晋源街道店头村、大同市天镇县新平堡镇新平堡村、临汾市襄汾县陶寺乡陶寺村等129个为国家级传统村落。山西国家级历史文化名镇、名村的总数（40个），排浙江（48个）、福建（42个）之后，位居全国第三；国家级传统村落总数，排云南（502个）、贵州（426个）、浙江（176个）之后，居全国第四。在山西众多的国家级传统村落中，截至2015年末，先后有13个村落荣获"中国景观村落"称号，分别是：吕梁临县碛口镇李家山村、晋中榆次区东赵乡后沟村、长治沁源县王和镇古寨村、晋城阳城县润城镇上庄村、晋城沁水县郑村镇湘峪村、太原晋源区风峪沟镇店头村、阳泉郊区义井镇小河村、晋中介休市龙凤镇南庄村、晋城阳城县润城镇屯城村、晋城阳城县润城镇上伏村、晋城阳城县润城镇中庄村、晋城阳城县凤城镇南安阳村、晋城泽州县周村镇石淙头村。

　　非物质文化遗产是山西历史文化遗存的重要组成部分。非物质文化遗产，是指各种以非物质形态存在的与群众生活密切相关、世代相承的传统文化表现形式，包括口头传统、传统表演艺术、民俗活动和礼仪与节庆、有关自然界和宇宙的民间传统知识和实践、传统手工艺技能等以及与上述传统文化表现形式相关的文化空间。到 2015 年，山西拥有国家级非物质文化遗产代表性项目 116 项（2006 年第一批 30 项、2008 年第二批 46 项、2011 年第三批 29 项、2014 年第四批 11 项），保护单位 168 个；省级"非遗"项目名录达到 403 项，保护单位 723 个。全省非物质文化遗产包括民间文学、传统音乐、传统舞蹈、传统戏剧、曲艺、传统体育、游艺杂技、传统美术、传统手工技艺、传统医药、民俗等多个类别，其中入列国家级非物质文化遗产代表性名录项目、项目保护单位位列全国前三。全省 11 个地市、109 个县（市、区）的国家和省市县四级非物质文化遗产项目总数近万项，传承人近万名，其中省级传承人总数达到 816 人。山西国家级非物质文化遗产中，民间文学有董永传说、民间传唱史诗《杨家将》、牛郎织女传说、万荣笑话、赵氏孤儿传说等 10 项，传统音乐有左权开花调、五台山佛乐、晋南威风锣鼓等 11 项，传统舞蹈有襄汾狮舞、稷山走兽高跷、原平凤秧歌等 8 项，传统戏剧有晋剧、蒲州梆子、皮影戏等 19 项，曲艺有潞安大鼓、阳泉评说、沁州三弦书等 9 项，传统体育杂技有忻州挠羊赛、晋中（形）意拳 5 项，传统美术有广灵染色剪纸、平阳木版画、山西面塑艺术等 11 项，传统手工技艺有阳城生铁冶铸技艺、平遥推光漆器髹饰技艺、杏花村汾酒酿制技艺、山西老陈醋传统酿制技艺等 23 项，传统医药有傅山养生健身术、龟龄集酒药传统制作工艺 4 项，民俗有潞城民间社火、关公文化、寒食节、洪洞大槐树根祖文化等 16 项。2009 年，山西省广灵剪纸，作为中国剪纸子项目，入选人类非物质文化遗产代表作名录。2011 年，山西孝义碗碗腔皮影戏，作为中国皮影戏子项目，入选人类非物质文化遗产代表作名录。

　　可移动文物同不可移动文物一样，也是山西历史文化的重要遗产。山西作为文物大省，可移动文物为各级各类文物、博物、图书、档案等机关和部门保存，种类丰富、数量庞大。历代留存下来的各类古志、典籍，是山西历史文化传承的重要载体。其中，明代嘉靖年间编纂的《山西通志》是留存最古老的山西省级旧志；民国年间编纂留存的《山右丛书初编》是反映自唐迄清历代山西学人学术成果的大型古籍丛书。2013 年，根据国家的统一部署，山西启动第一次全省可移动文物普查。到 2015 年，调查统计，全省国有单位保存可移动文物有 63 万套（件），新增文物 293726 套（件），其中三级以上珍贵文物 59086 套（件），有不少重要文物是首次发现。如，在运城稷山县青龙寺发现佛教大藏经系统中非常重要的一部明代藏经《永乐南藏》，有 800～900 册。该藏经内容较宋元藏经多近一倍，国内收藏十部左右，其珍稀程度仅次于宋元藏经。山西可移动文物数量位居全国第 12 位。

丰富而厚重的历史文化遗产，是山西发展文化旅游产业的重要资源宝藏。经过多年发掘和开发建设，许多重要文化遗产地已成为闻名中外的文化旅游景区，如晋中平遥古城、忻州五台山、大同云冈石窟、晋中介休绵山、晋中晋商大院、晋城阳城皇城相府、吕梁临县碛口古镇、阳泉平定娘子关镇、忻州雁门关关隘长城、临汾洪洞大槐树移民遗址、长治黎城黄崖洞抗战遗址等。此外，还有很多历史文化资源有待进一步发掘其价值，展现其魅力。

3. 历史人物

山西表里山河，地灵人杰。从远古人类徙居生息到有文字记载的沧桑历史进程中，山西这块热土孕育出无数杰出的历史人物，他们对三晋文化的塑造、对整个中华文化的发展都产生了深远的影响。留存在三晋大地上的诸多重要历史名人遗迹和传说，是山西历史文化的重要组成部分。

传说中的华夏人文始祖女娲、伏羲，民族先祖炎帝、黄帝，在山西境内都留下了丰富的踪迹和大量美丽的传说。今晋城泽州县有女娲补天的"娲皇窟"传说，临汾洪洞县有规模宏大的"女娲陵"遗迹，临汾吉县有"伏羲故宫"传说和遗迹，晋城高平市有神农的故迹和"炎帝陵"遗迹。传说今运城盐湖区盐池源于"黄帝擒蚩尤"的血化的卤水，黄帝的元妃嫘祖传说养蚕于今运城夏县。新石器时代晚期黄河流域部落联盟的杰出首领尧、舜、禹，曾在山西晋南地区建都，史载"尧都平阳（今临汾），舜都蒲坂（今永济），禹都安邑（今夏县）"。今临汾尧都区有尧庙尧陵，运城盐湖区有舜帝陵庙，运城夏县有禹王城遗址。夏、商、周三代，辅佐商王武丁开创商代后期"武丁中兴"的名臣傅说，是中国历史上最早具有"圣人"称号的杰出人物；西周时期以"桐叶封侯"的唐叔虞，是晋国立国创业的始祖和三晋文化的创始人。

春秋战国时期，诸侯纷争。著名君主有开创晋国霸业的晋文公，先行变法的魏文侯，推行"胡服骑射"的赵武灵王。名臣有辅佐晋文公"割股奉君"的介子推、"不失德义"的赵衰，有辅佐秦穆公称霸的"五羖大夫"百里奚，有"完璧归赵"美誉的赵国上卿蔺相如。名将有被尊称为"中国第一位战神、兵法祖师爷"的晋国卿大夫先轸，有"尚能饭否"的赵国名将廉颇，有力抗匈奴的杰出军事家李牧。思想文化艺术领域，有被尊称为"后圣"的儒家先贤荀子，有开我史秉笔直书先河的晋国太史董狐，有创造五音六律、被尊称为"乐圣"的晋国乐师师旷。程婴是保护赵氏孤儿的"救孤义士"，其义举广为世人称颂。猗顿是战国时期由布衣而成富商巨贾的著名大商人，是"晋商鼻祖"，与范蠡并称"中华商圣"。

秦汉以降，国家大一统。西汉时期，名臣有因"治盗有方"而被称为"三辅第一贤能"的尹翁归，切谏废黜荒淫无度小皇帝昌邑王刘贺的张敞，执法无私的"酷吏"郅都，辅佐君王营造西汉"昭宣中兴"的政治家霍光；名将有横扫匈奴的大将军卫青，远征匈奴而"封狼居胥"的青年将领霍去病，威慑西域的宿将冯奉世。东汉时期，名士有被尊为"有道先生""东国人伦"的郭泰；名将有被后世神化、尊称"武圣"的关羽，有被称为曹魏"五子良将"的张辽。班婕妤是西汉著名女辞赋家，名著《三国演义》中的美女貂蝉、大将吕布传说也是山西人。

魏晋南北朝时期，民族政权风起云涌。著名的帝王有匈奴汉国开国君主刘渊，推行鲜卑族汉化改革的北魏孝文帝拓跋宏，前赵国的开国君主刘曜，从奴隶到皇帝的后赵国建立者石勒。名臣有西晋开国权臣贾充，魏晋"名公"、地图学家裴秀，被誉为"栋梁之材"的东晋政治家温峤。佛学高僧有净土宗之始祖、东晋著名佛学家慧远，中国第一位到海外取经求法的大师、东晋高僧法显。此外，郭璞是东晋著名的文学家、训诂学家，东晋卫夫人被誉为"中国历史上第一位有成就有影响的女书法家"。

隋唐五代十国时期，盛世离乱相继。唐代基业肇始晋地，李渊太原起兵成就帝业，唐太宗李世民开创"贞观盛世"，武则天成为中国历史上唯一的女皇帝。五代十国，李克用割据晋地，其子李存勖改国号建后唐；石敬瑭建后晋，刘知远建后汉，刘崇建北汉。名臣数不胜数，隋朝有政治家裴蕴、裴矩，唐代有名相温彦博、政治家裴行检、狄仁杰、裴度，后唐有重臣郭崇韬。唐代名将有被尊为"中华门神"的尉迟敬德、远征高丽的薛仁贵、戍边大将张守圭、"汾阳王"郭子仪。文学艺术领域，有"初唐四杰"之冠的王勃、"诗佛"王维、"唐宋八大家之一"的柳宗元、善写花间词的温庭筠，有边塞诗人王之涣、王昌龄、王翰，有"诗魔"和"诗王"之称的大诗人和文学家白居易，有"文中子"美誉的儒学大才王通。此外，还有"三千宠爱集一身"的绝代贵妃杨玉环。

宋辽金元时期，区域抗衡激荡。名臣有北宋政治家、书法家文彦博，廉臣毕世（士）安，开创编年通史体例的著名史学家司马光；有南宋政治家、词人赵鼎；有元初辅佐忽必烈南征北战的政治家、名儒郝经。名将有北宋大将杨业、呼延赞、狄青；有南宋大将杨沂中、王彦。文化艺术领域，有北宋著名书画家米芾、郭若虚、高克明、王诜等名流，古代韵律宫调的发明者北宋艺人孔三传，金末元初被尊为"北方文雄""一代文宗"的著名大诗人和历史学家、文坛盟主元好问，元代"元曲四大家"之三的关汉卿、白朴、郑光祖。此外，孙复是北宋初年理学的奠基人之一，王溥是北宋初年五代典章史《五代会要》编著者，许国祯是元代著名宫廷医士。

明清时期，民族大一统。明代名臣有享有"三孤三辅"美誉的权臣王琼，辅助张居正改革的重臣王国光。清代名臣有编修《康熙字典》的帝师陈廷敬，"天下第一廉史"于成龙，"三代帝师""四朝文臣"祁隽藻，直谏第一人孙嘉淦，著有《瀛寰志略》、中国近代开眼看世界的先驱徐继畬。名将有明代守边将领王崇古、"第一良将"曹文诏。思想文化领域，有明初程朱理学的代表人物、河东学派创始人薛瑄，明清易代之际的思想家、文学家、医学家、书画家傅山，被誉为"理学宗盟"的清初大儒白胤谦，清初考据学家阎若璩，编著《弟子规》的教育家李毓秀。文学艺术领域，有明代小说家、戏曲家、中国章回小说的鼻祖罗贯中，著名的书法家杨笃。商贸领域，晋商崛起，雷履泰是晋商票号的创始人，渠本翘是晋商中的著名实业家，常万达、曹三喜是晋商中著名外贸家。此外，杨深秀是晚清著名的"戊戌六君子"之一。明清时期，历任山西巡抚有上百人，知名的主要有明前期"千锤百炼出深山，烈火焚烧若等闲，粉身碎骨浑不怕，要留清白在人间"写照的首任巡抚于谦，明中期守卫山西边防和复苏民力有功的巡抚杨巍，明晚期减免税赋赢得"万民欢腾"的巡抚侯于赵，清初安定山西秩序和安抚民众的巡抚马国柱，晚清"丁丑奇荒"期间赈灾抚民的巡抚曾国荃，清晚时期创办山西第一家官办近代企业和开山西近代化先河的巡抚张之洞，兴起山西近代工业、兴办学堂的巡抚胡聘之，创办当时全国第三个现代高等教育学府——山西大学堂的巡抚岑春煊，支持山西民众与洋人抗争进行保矿运动的巡抚丁宝铨。

民国时期，社会动荡，民族觉醒。重要政治人物，阎锡山统治山西长达38年，孔祥熙曾长期任民国政府要职，赵戴文曾长期担任民国政府和山西省政府要职辅弼阎锡山。著名的军事将领，张树帜、南桂馨、姚以价、张培梅参与领导太原辛亥首义，续范亭中山陵剖腹明志，傅作义指挥绥远抗战、率部北平起义，徐永昌代表中国政府于密苏里号军舰上接受日本政府投降。此外，郭象升是著名学者和教育家；张民觉是从山西走出去的"生殖生理学大师"，是发明"张氏—奥斯汀"原理的"试管婴儿之父"。

从古代到近代民国时期，在中国历史曾发挥过重大作用的历史人物，诸如中国封建帝王中有特殊影响力的秦皇、汉武、唐宗、宋祖，近代中国民主革命的先驱孙中山，都在山西留下了他们的文治武功。

在中国共产党领导人民进行新民主主义革命的历史进程中，山西是全国重要的革命老区。新中国的开国领袖、开国元勋、开国将帅等老一辈无产阶级革命家曾长期在山西这片热血土地上从事革命斗争事业，留下了光辉的足迹。1936年，毛泽东、彭德怀率中央红军东征山西，转战山西50余县。其间，中共中央曾随军行动，中央政治局还在山西晋西地区召开了著名的晋西会议，毛泽东、张闻天、周恩来、彭德怀、叶剑英、杨尚昆等参加会议。抗日战争期间，周恩来、刘少奇、朱德、彭德怀、任弼时、杨尚昆、左权、刘伯承、邓小平、贺龙、关向应、聂荣臻、徐向前、罗荣桓、彭真、薄一波等在山西指挥华北抗战。解放战争时期，周恩来飞抵太原调停国共双方军事冲突，彭德怀、刘伯承、邓小平、贺龙、聂荣臻、徐向前、陈赓、罗瑞卿等在山西指挥解放区军民抗击国民党军的进犯并解放山西。其间，1947年3月，刘少奇、朱德、董必武等率中央工委由陕北路经山西转赴西柏坡；同时以叶剑英为书记，杨尚昆、李维汉、李克农、邓颖超为常委的中共中央后方工作委员会开始进驻临县，之后驻扎长达一年之久。1948 年 3 月至 4 月间，毛泽东、周恩来、任弼时也由陕北路经山西转赴西柏坡。毛泽东在晋绥干部会议上的讲话中首次完整地提出了党的新民主主义革命的总路线和总政策，即：无产阶级领导的，人民大众的，反对帝国主义、封建主义和官僚资本主义的革命。新中国成立后，1955 年至 1965 年授衔的将帅中，十大元帅全部、10 位大将中的 9 位、57 位上将中的 42 位、177 位中将中的 103 位、1360 位少将中的 838 位，总计有 1002 位曾长期在山西战斗、工作和生活。开国领袖、开国元勋、开国将帅等老一辈无产阶级革命家为中国革命的胜利和建立新中国而在山西进行革命的历史，是近现代山西历史特别厚重和闪耀的一部分。它所承载、所积累的深厚历史信息和丰富历史经验，是山西人民十分宝贵的精神财富。

作为重要的革命老区，山西人民为革命胜利做出了卓越的贡献和巨大牺牲，也涌现出许多杰出人物。高君宇、贺昌、刘胡兰、彭真、徐向前、薄一波、赵尔陆、董其武、常乾坤、张友渔、侯外庐、赵树理、李顺达等是其中的杰出代表。高君宇是中国共产党早期著名的政治活动家、理论家，是中共北方党团组织的主要负责人和山西党团组织的主要创始人。贺昌是中国共产党早期著名的政治活动家、中央红军的重要领导人，是山西党团组织的创始人之一。刘胡兰是著名的革命烈士，毛泽东曾为仅 15 岁壮烈牺牲的刘胡兰题词"生的伟大，死的光荣"。彭真、徐向前、薄一波是在革命中锻炼成长起来的为革命的胜利做出重要贡献的老一辈革命家，彭真是新中国法制的主要奠基人，徐向前还是新中国成立后授衔的十大元帅之一，薄一波是新中国成立后党和国家经济工作的卓越领导人。赵尔陆、董其武位列新中国成立后授衔的 57 位上将之中，常乾坤位列新中国成立后授衔的 177 位中将之中。张友渔是早期中国共产党内著名的新闻活动家和政论家，是新中国著名的法学家、新闻学家。侯外庐是早期中国共产党的马克思主义理论家，《资本论》的最早中译者，是新中国著名的史学家、教育家。赵树理是抗战时期根据地著名作家，是新中国"山药蛋派"文学的创始人。李顺达是抗战时期在根据地发起实施"农业劳动互助""劳武结合"的著名劳动英雄，是新中国第一代著名劳模。

2009 年至 2010 年全国开展推荐评选"100 位为新中国成立做出突出贡献

的英雄模范人物和 100 位新中国成立以来感动中国人物"活动，山西有 3 人入选，其中刘胡兰入选"100 位为新中国成立做出突出贡献的英雄模范人物"，申纪兰、苏宁入选"100 位新中国成立以来感动中国人物"。申纪兰，是新中国成立后全国"第一个初级农业生产合作社"的创建人之一和著名的全国劳动模范，也是全国唯一的一位历届连任的全国人大代表。苏宁，是从吕梁山上走出来的一名具有现代军事素质的"献身国防现代化的模范干部"。

至 2015 年末，新中国成立后，先后有程子华、赖若愚、解学恭、高克林、陶鲁笳、卫恒、谢振华、王谦、霍士廉、李立功、王茂林、胡富国、田成平、张宝顺、袁纯清 15 人曾担任山西省委主要领导（1983 年以前不同时期有书记、代理书记、第一书记、组长等职务称谓，之后统一为书记），先后有程子华、赖若愚、裴丽生、王世英、卫恒、王谦、刘格平、谢振华、王谦（第二次任职）、罗贵波、王森浩、胡富国、孙文盛、刘振华、张宝顺、于幼军、孟学农、王君 17 人担任山西省政府主要领导（1979 年 12 月前不同时期有主席、省长、主任等职务称谓，之后统一为省长），在不同历史时期主政治理山西，为山西社会主义革命、建设和改革做出了重要贡献。

第二篇
发展现状

　　2015 年，山西的发展极不平凡。这种不平凡，深刻体现在经济建设、政治建设、文化建设、社会建设、生态文明和民生改善各个方面、各个领域的发展变化之中。它们是反映和体现当下山西省情发展现状的最集中、最丰富之处。研究和梳理这种发展变化的状况，是认识和把握正在发展变化的省情的中心内容。

一　经济建设

　　2015 年，是全面深化改革的关键之年，也是"十二五"收官和"十三五"开局之年。在党中央、国务院的坚强领导下，山西省委、省政府全面贯彻党的十八大和十八届三中、四中、五中全会精神，深入落实习近平总书记系列重要讲话精神，以邓小平理论、"三个代表"重要思想、科学发展观为指导，主动适应经济发展新常态，坚持稳中求进工作总基调，统筹稳增长、促改革、调结构、惠民生、防风险各项工作，全力推进廉洁发展、转型发展、创新发展、绿色发展、安全发展、统筹发展"六大发展"，大力推动科技创新、民营经济和金融振兴"三个突破"，全省经济在克服困难和改革发展中呈现缓中趋稳、稳中有进的运行态势，经济建设取得新成效。

1. 经济运行

　　2015 年，在错综复杂和经济持续下行的严峻形势下，全省经济在低位运行中呈现缓中趋稳、稳中有进、进中向好的态势，保持了较为稳定的发展格局。2015 年，全省实现地区生产总值 12802.58 亿元，增长 3.1%；固定资产完成投资 13744.6 亿元，增长 14.8%；社会消费品零售实现总额 6030.0 亿元，增长 5.5%；公共财政收入 1642.2 亿元，下降 9.8%，公共财政支出 3443.4 亿元，增长 11.2%；粮食总产量 1259.6 万吨，减产 5.4%，但仍是历史上第四个高产年；规模以上工业增加值下降 2.8%，降幅较上半年和前三季度分别收窄 1.1 个和 0.5 个百分点；服务业增加值增长 9.8%，快于经济增速 6.7 个百分点；金融机构年末本外币各项存款余额 28641.4 亿元，比年初增长 5.9%，各项贷款余额 18574.8 亿元，比年初增长 12.2%；居民人均可支配收入 17854 元，增长 8%；居民消费价格上涨 0.6%，涨幅较上年回落 1.1 个百分点；年末城镇登记失业率 3.5%，低于 4.2% 的控制目标。

2015 年，面对严峻复杂的经济形势和经济下行的困难局面，全省各级各有关部门积极适应经济发展新常态，调控经济运行，以问题为导向深化改革，激发微观经济活力，较好克服了困难、应对了经济发展下行的压力。

充分发挥投资的关键作用和积极优化投资结构。近年来，全省紧紧围绕基础设施、产业转型、城镇化和生态环保、民生和社会事业等四个方面的建设项目为抓手和引领，有力促进了全省固定资产投资总量持续增长，充分发挥投资对经济发展的拉动作用。在 2012 年开展"项目落地年"活动、2013 年开展"项目推进年"活动、2014 年开展"项目见效年"活动的基础上，2015 年开展了"项目提质增效年"活动。2 月 26 日，省政府召开常务会议，对全省开展"项目提质增效年"活动做出部署，要求全省再掀重点工程和重大项目建设高潮，进一步加强重大基础设施、产业转型、城镇化和生态环保等四个方面的投资建设，其中重点推进铁路、公路、低热值煤发电、外送电通道和电网建设、水利、城乡人居环境改善、煤层气、节能环保、科技创新城、新兴产业等十大领域投资建设，突出推进汾河综合治理及晋祠泉复流、采煤沉陷区治理提速、燃煤电厂超低排放提速、瓦斯抽采全覆盖、太原环境整治提标、科技创新城、特高压输电、大（同）张（家口）和太（原）焦（作）高铁等铁路、古贤水利枢纽、晋北现代煤化工基地等十大标志性工程建设。全年全省各级各有关部门以加快推进十大领域投资建设项目和十大标志性工程为引领，着力上项目扩投资，深入开展了"项目提质增效年"活动。主要举措是：一是简政放权和优化投资环境。省本级政府投资审批管理还权于部门，实行部门预算管理，按照省政府确定的重点投向和基本原则，由行业主管部门组织项目计划和资金安排，投资主管部门履行审批手续，财政部门下达政府资金，促进了效能提升。发布实施《山西省政府核准的投资项目目录（2015 年本）》，除国家规定必须由省级政府进行核准的项目外，其余全部下放市县，省级核准类项目减少幅度超过 50%。同时规定企业投资建设该目录外的项目实行备案管理。二是大力支持和鼓励民间投资。6 月 11 日，省政府印发实施《关于创新重点领域投融资机制鼓励社会投资的实施意见》，对全省生态环保、农业水利、市政基础设施、铁路公路设施、能源设施、信息和民用空间基础设施、社会事业 7 个领域，实行统一市场准入、创新投资运营机制、扩大社会资本投资途径等做出新部署。7 月，省政府决定并发布了政府与社会资本合作（PPP）的 74 个项目，其中交通设施项目 6 个、市政设施项目 34 个、公共服务项目 34 个，总投资 570.4 亿元。后经筛选，于 11 月发布了全省首批政府和社会资本合作（PPP）示范项目，其中 3 个入选国家级示范项目、9 个入选省级示范项目，总投资 373.95 亿元。三是积极争取国家投资资金支持。全年共争取国家预算内投资 95.2 亿元，推动了农林水、交通基础设施、城建环保、社会公益事业、保障性安居工程、产业转型等领域项目建设。四是大力开展招商引资活动。在省内，8 月举办了"2015 中央企业山西行"活动，9 月举办了第二届山西文化产业博览交易会、第五届中国（太原）国际能源产业博览会、第二十五届全国图书交易博览会，10 月举办了第四届中国（山西）特色农产品交易博览会等。在省外，5 月在广州举办了 2015 晋粤产业合作项目推介活动、在北京举办了山西省企业产业扶贫开发项目推介会、在北京举办了山西雁门关生态畜牧经济区特色农产品展销暨技术交流招商引资洽谈会，5 月组团参加了在深圳举行的第十一届中国（深圳）国际文化产业博览交易会、组团参加了在武汉举行的第九届中国中部投资贸易博览会、组团参加了在南宁举行的 2015 中国—东盟博览会文化展，6 月在上海举办了 2015 跨国公司入晋暨产业合作（上海）推介会等。通过开张这些招商引资活动等，全年全省共签约招商引资项目 2254 个，签约项目总投资额 2.38 万亿元，招商引资签约项目到位资金共计 6319.6 亿元。全年全省十大重点领域投资完成 10438.3 亿元，完成全年计划的 107.5%，带动全省固定资产投资完成 13744.6 亿元，增长 14.8%，增速超过全国 4.8 个百分点。全省固定资产投资实现历史上连续3年过万亿元并持续增长的良好成效。2015年，在全省投资规模扩大和增长的同时，投资结构也进一步优化。在全省固定资产投资中，三次产业投资比例由上年的7.4∶41.8∶50.8转变为10.9∶37.9∶51.2，第一、三产业投资比重分别上升3.5个、0.4个百分点，第二产业投资比重下降3.9个百分点。民间投资比重为60.8%，比上年提高3.1个百分点。全省工业固定资产投资中，非煤工业投资占工业投资比重为80.2%，比上年提高1.5个百分点。2015年，全省投资规模的扩大和结构的优化，在克服全省经济下行困难、拉动经济增长、提升经济发展质量方面发挥了重要作用。

充分发挥消费的基础性作用和促进扩大消费。2015年，为发挥消费对经济的拉动作用，省政府及有关部门出台多项重大政策措施，积极扩内需、促进消费、扩大消费。其中，4月13日，省政府办公厅印发实施《关于发展商贸流通扩大消费的若干意见》，从扩大消费产业基础、扩大城乡居民消费、扩大消费良好环境三大领域17个方面，提出了推动商贸流通业发展和扩大消费的政策措施，主要措施包括发展商贸物流配送、促进电子商务发展、发展连锁经营、推进农产品现代流通、引导餐饮消费、培育家庭服务消费、发展信用消费等。9月15日，省政府办公厅又印发实施《关于2015年促进消费增长若干措施的通知》，从促进网络消费、引导绿色消费、提升服务消费、改善农村消费、促进会展消费、开展活动促消费、促进"山西造"产品消费、部门联动促消费等九个方面，提出28条政策措施。全省各级各有关部门贯彻落实上述等政策措施，采取多种措施和办法，积极引导促进和扩大了消费。主要措施和办法是：一是完善城乡商贸流通网络促进消费。在城市，推进太原西华苑社区、太重社区等全省各城市36个便民商圈建设，进一步完善和提升了服务功能；推进实施放心早餐工程，全年全省放心早餐工程实施企业24个，中央厨房面积为10.28万平方米，早餐经营网点1746个。在农村，推进商贸流通网络建设，支持建设了41个农村物流配送中心，规范提升了农村便民连锁商店206个，改造基层供销社54个，创办农村综合服务社31个，建设改造农资配送中心任务18个；推进农村电商发展，其中苏宁云商在57个县建立了苏宁易购服务站，京东商城在45个县建立运营中心，拓展了全省"工业品下乡，农产品进城"的渠道。与此同时，在城乡大力培育出贡天下特产网、龙巅商城、乐村淘等多家具有一定竞争力的本土电子商务平台，开展"晋品六进"活动（省内景区、超市、酒店、机场、火车站和加油站），进一步完善和拓展名优特产品营销网络。全年全省内贸流通电子商务发展迅速，流通网络逐步完善，网络消费保持了高速增长，网络零售额增长 83.9%。二是在省内举办大型主题促销展销活动。9 月 1 日，在全省举办了为期三个月的首届"山西购物季"促消费活动。活动以"扩消费、稳增长、惠民生、促发展"为主题，实施部门联动、市县联动、行业联动、企业联动，开展了电子商务、汽车、成品油、节庆会展、餐饮服务、百家大型商贸企业促销、家电、家具、服务消费等十大主题百余场活动。三个月期间，全省 3389 家大型商场、超市、家电、建材、加油站等专业门店组织促销活动 719 场次，实现销售 85.3 亿元。9 月 25 日至 27 日，太原主会场和大同、运城、长治三个分会场举办了第二十五届全国图书交易博览会。其中，太原主会场参观总量达 29.1 万人次，现场总销售 60.01 万册、1500.04 万元。大同、运城、长治三个分会场，观展群众达 7.28 万人次，现场零售 1.39 万册、30.2 万元。10 月 11 日至 13 日，在太原举办了 2015 中国体育文化·体育旅游博览会，约有 17.5 万人参观、参与，促进了体育文化、体育旅游的消费。10 月 23 日至 27 日，在太原举办了第四届中国（山西）特色农产品交易博览会，观展群众 15 万人次，现场销售产品 1200 余万元，现场达成合作贸易 15.3 亿元。11 月 6 日，举办了"山西品牌网上行"活动，有关电商企业分批、分期在各类电商平台（第三方平台、微商城、自营平台等）开展专题、日常促销活动，通过政府补贴企业发红包互动活动，吸引省内外消费者购买山西品牌产品。至年末，100 余家品牌企业参与网上销售，成交上亿元。三是积极开展全国性促销展销活动。5 月至 9 月在天津、西安、西宁、兰州、乌鲁木齐、长春、哈尔滨 7 个城市，与在当地举办的全国性国际性投资贸易会（交易会、博览会），同期举办 8 站"山西品牌中华行"活动，现场销售 930 万元，正式签订销售合同 7.3 亿元。与此同时，"山西品牌中华行"还继 2013 年在北京、2014 年在广州和天津落地之后，2015 年又在重庆、上海建立了"山西名优特商品展销中心"，其中在上海"山西名优特商品展销中心"（专柜）当年销售 5469 万元。此外，还通过组团参加了 5 月在武汉举行的第九届中国中部投资贸易博览会、5 月在深圳举行的第十一届中国（深圳）国际文化产业博览交易会、5 月底至 6 月初在广西南宁中国—东盟（广西南宁）博览会文化展、10 月底至 11 月初在北京举行的第十届中国北京国际文化创意产业博览会等，开展了展销促销活动。四是大力开展旅游文化促销活动。从 7 月 1 日起，全省国有及国有控股 A 级景区景点门票，由原来的打折优惠，改为统一降价 15%，并将持续三年。与此同时，在省内和全国广泛开展旅游宣传推广促销活动。其中，在省内以"山西人游山西""旅游一卡通"等方式优惠本地居民旅游；在全国各省区继续开展"晋善晋美·美丽山西休闲游"宣传推介促销活动，4 月至 7 月先后在成都、重庆、武汉、沈阳、长春、哈尔滨、兰州、西宁 8 个城市开展了活动，大力提升了山西文化旅游在国内的知名度和美誉度。2015 年全省实现旅游总收入达 3447.5 亿元，同比增长 21.11%。据测算，因旅游业所带动的餐饮、住宿、社会消费品零售总额 1415.5 亿元。此外，出台实施的促进信息消费、住房消费、汽车消费、推动发展养老服务业等政策措施，也较好地发挥了促进消费的作用。

积极发挥财政支持和调控经济发展的作用。一是落实政策和新出台政策减轻企业负担。积极落实国家结构性减税和普遍性降费政策，全省在 2014 年清理取消行政事业性收费（基金）137 亿元的基础上，2015 年又取消、停征、减征行政事业性收费项目 130 项，减少收费 34 亿元，减轻了企业特别是小微企业负担。3 月 1 日起，全省范围内降低企业失业保险费率，由 3% 降至 2%，其中企业缴费比例由 2% 降至 1.5%，个人缴费比例由 1% 降至 0.5%，至 2015 年末减轻企业、个人负担共 5.6 亿元。4 月 1 日起，贯彻实施涉及财政减负的《山西省减轻企业负担促进工业稳定运行的若干措施》（"60 条措施"），至年末累计减轻企业减负 151.7 亿元，带动社会增加企业发展资金 180 多亿元。二是扩大财政有效投资和促进社会投资。加大资金筹措力度，扩大政府有效投资，全年全省累计下达财政资金 235 亿元，重点支持了公路、铁路、民航等基础设施建设。同时，加快推进于 2014 年设立的"山西省战略新兴产业投资基金""山西省文化产业投资基金""山西省旅游文化体育产业投资基金"三支基金的运作，其中战略新兴产业投资基金总规模 100 亿元（政府引导资金 20 亿元）、文化产业投资基金总规模为 10 亿元（政府引导资金 2 亿元）、旅游文化体育产业投资基金规模 10 亿元（政府引导资金 2 亿元）。其中，通过股权投资等市场化运作方式，吸引社会资本，加快战略新兴产业投资基金运作，支持了煤与非煤产业转型发展。推动新设立了"山西省民营企业创新转型投资基金"，基金总规模为 50 亿元，其中政府引导资金 10 亿元；新设立了"山西省改善城市人居环境 PPP 投资引导基金"，其中省级政府引导资金 2 亿元、北京首创集团出资 2 亿元、兴业银行 3 倍配比出资 12 亿元，加上各市子基金，基金总规模达 128 亿元，可带动投资 850 亿元以上；新设了"山西省农业产业发展基金"，基金总规模为 3 亿元，其中政府引导资金 1 亿元。三是积极利用财政资金引导产业和中小企业发展。提高煤矿瓦斯抽采省级财政补贴标准，由 0.05 元/立方米提高到 0.1 元/立方米，提高了 1 倍，并规划在三年内覆盖全省所有煤矿，促进煤层气产业发展。对电动汽车生产企业予以营销补贴，支持新能源汽车产业发展壮大。推动燃煤火力发电产业升级改造，对全省现役 30 万千瓦及以上燃煤发电机组一次性改造的，按照全部改造投资额给予 10%～30% 的补助。从 2015 年起，省财政安排中小企业发展专项资金 3 亿元，从加强公共服务、完善融资担保政策、支持创业基地建设等方面支持小型微型企业发展，同时提高政府采购项目面向中小企业采购的比例，达到预算总额的 30% 以上。四是积极争取国家支持和增强财政调控经济发展能力。全年中央财政转移支付山西 1272 亿元，增长 10.6%；批准山西应上缴的矿权采矿权"两权"价款全部用于支持采煤沉陷区治理；批准山西发行地方政府债券 610 亿元，有效替代了高利息债务，节约融资成本约 145 亿元。

大力推动金融振兴发展和发挥金融支持经济发展的作用。一是出台实施多项推动金融振兴的重大政策措施。5 月 16 日，省政府办公厅印发实施《关于促进山西省融资担保行业健康发展的实施意见》，从健全融资担保组织体系、发挥融资担保行业功能、强化融资担保政策支持、加强融资担保机构建设、深化银担合作、加强和改进监管等方面，提出 21 条政策措施，包括赋予"山西省中小企业信用担保有限公司"再担保职能、设立规模为 1 亿元的融资担保行业风险补偿资金等。6 月 8 日，省委、省政府印发实施《关于促进山西金融振兴的意见》，从强化金融对实体经济的支持、完善多层次资本市场融资功能、深化地方金融改革和创新、发挥财政资金杠杆作用等五个方面，提出 26 条政策措施，规划了山西金融振兴"路线图"。主要目标任务是：到 2020 年全省间接融资比 2014 年增长 45%，直接融资比 2014 年翻一番，力争使全社会融资总量比 2014 年增长 60%；全省在主板、中小板、创业板、新三板上市（挂牌）企业数量分别突破60家、30家、30家、300家；县级农信社全部改制为农村商业银行；力争把太原逐步打造为中西部有较强影响力的金融活跃区域。同期，省政府办公厅印发实施《促进山西金融振兴2015年行动计划》，对2015年金融振兴做出具体部署。7月2日，省政府办公厅印发实施《山西省金融改革发展总体规划（2015～2020年)》，提出了明确的目标任务。总体目标是：金融业增加值突破1600亿元，占GDP的比重超过10%，成为全省基础性和关键产业；2020年社会融资总量达到6900亿元，间接融资突破4200亿元；力争到2020年全国性金融机构和主要外资金融机构全部在山西设立分支机构。主要任务包括打造山西地方金融投资控股集团、做大做强城市商业银行、大力发展农村中小银行、积极发展地方保险机构、大力发展区域股权交易市场、加快发展期货交易市场等。同期，省政府办公厅印发实施《山西省地方金融改革框架方案》，对全省地方金融改革发展做出具体部署。9月30日，省政府办公厅印发实施《关于加快我省多层次资本市场发展的实施意见》，对进一步支持企业股份制改造、培育企业上市和挂牌等提出政策措施，包括对在沪深两地主板、中小企业板、创业板上市的企业给予100万元的一次性奖励，对在全国中小企业股份转让系统挂牌的企业给予50万元的一次性奖励等。二是积极争取和加强与国家金融机构合作。其中，6月25日省政府与国家开发银行在太原签署《推进山西转型发展开发性金融合作备忘录》，双方将在山西棚户区改造、基础设施建设、产业结构调整、新型城镇化建设、资源整合和企业重组、民生工程等领域开展投融资合作；8月27日省政府与中国建设银行股份有限公司在太原签署《关于推进金融振兴的合作协议》，双方将重点在基础建设、产业转型、社会民生和其他服务领域加强合作；12月9日省政府与中国农业发展银行在太原签署战略合作协议，安排"十三五"期间农业政策性金融支持山西经济发展工作。全年全省各级各有关部门贯彻落实上述等政策措施，推动了全省金融业的振兴发展，也较好地发挥了金融支持经济发展的作用。到年末，组建了集银行、证券、保险、信托、金融租赁、资产管理、担保、要素交易、互联网金融等金融业态于一体，具有金融全牌照的综合性地方金融企业——山西金融投资控股集团有限公司，推动全省金融产业集聚发展和转型升级。组建了政府全额出资的公益性金融企业——山西扶贫开发投资公司，统筹承接全省易地扶贫搬迁、扶贫开发和农业发展专项贷款，推动扶贫开发。组建了山西省农业信贷担保有限责任公司，改建了山西省中小企业信用担保有限公司，强化了对中小企业的融资担保功能。筹建设立华融晋商资产管理股份有限公司，推动加快地方金融不良资产的处置。全年省级财政支持鼓励各地开展中小微企业融资模式创新，采取以奖代补的方式，通过市县政府投入一定比例的风险补偿金、企业缴纳一定比例保证金，与银行搭建宽领域、广覆盖的"政银企"融资合作平台，撬动银行贷款80亿元，财政资金放大了8倍；省市财政奖励支出29户企业挂牌上市并成功融资。全年全省新增2家A股上市公司，总计达到37家，其中主板30家、中小板4家、创业板3家；新增28家新三板挂牌公司，总计达到32家。全年全省共实现各类融资4498.8亿元，其中直接融资2522.8亿元，占到全部融资总量的56.08%，同比提高5.15个百分点。直接融资中，债券市场融资2281.8亿元，同比增加952.7亿元，股票市场融资241.0亿元，同比增加218.2亿元。至年末，全省金融业总资产达到36201.63亿元，比年初增加3130.54亿元，增幅达到9.47%。

大力帮扶工业稳定运行和积极促进农业发展。一是出台重大政策措施帮扶促进工业稳定运行。3月24日，省政府常务会议研究通过《山西省减轻企业负担促进工业稳定运行的若干措施》，随后印发并于4月1日起施行。措施共60条，其中涉企行政权力方面取消29项、下放14项、改为属地管理219项，共262项；涉企收费方面，主要包括取消、规范省定行政事业性收费，停征、免征、减征、缓征各类涉企收费，减轻企业负担451亿元；政策支持方面，包括财政、社保、土地政策等方面的支持，补贴企业36亿元；创优环境方面，包括转变职能、优化环境等措施，减轻企业负担14亿元。8月，省政府印发实施《关于进一步促进工业稳增长的若干措施》，针对制约工业经济运行的市场、融资、减负等突出问题和影响工业增长的重点行业，按照分类施策、突出重点、上下联动、调动各方的原则，从支持企业开拓市场、鼓励企业加强管理、加大企业帮扶力度、促进重点行业稳定运行、切实加强组织领导五个方面，提出了19条政策措施，主要包括鼓励省重点工程优先使用省内大宗产品、鼓励政府采购项目和政府投资工程项目同等条件采购省内产品或服务、加快在建项目投产达效、协调降低企业铁路运输成本、拓展企业融资渠道、稳定四大（煤炭、冶金、电力、焦化）传统支柱行业、培育壮大装备制造业等新兴产业等。落实这些政策措施，全年全省减轻工业企业负担 501 亿元；帮扶 161 个重大增长点工业项目和投资 10 亿元以上的 97 个提质增效年工业项目，到年末 161 个重大增长点工业项目中有 143 个项目正式投产或试生产。全年全省规模以上工业增加值下降 2.8%，降幅较上半年和前三季度分别收窄 1.1 个和 0.5 个百分点。二是出台实施重大政策措施强农惠农促进农业发展。3 月 2 日，省政府办公厅印发实施《山西省高标准农田建设总体规划（2014～2020 年）》，对 7 年内在全省 11 个市的 106 个县建设高标准农田 1530 万亩做出规划部署。3 月 13 日，省委、省政府印发实施《关于加大改革创新力度加快农业现代化建设的实施意见》，从保障粮食安全、加强水利基础设施建设、调整农业结构发展特色农业、转变农业发展方式提升质量效益、开辟农民增收途径、深化农村改革等方面提出政策措施。3 月 17 日，省政府印发《关于 2015 年新实施强农惠农富农补贴政策的通知》，决定在继续执行中央及山西已有各项强农惠农富农政策的基础上，新实施 10 项强农惠农富农补贴政策，包括支持土地制度改革、支持科技进步、支持教育扶贫、支持金融创新、支持生态建设等项目。这新 10 项政策，新增资金 15.76 亿元，加上此前实施的，全年全省惠农富农补贴资金总规模达 83 亿元。全年全省农业生产尽管有干旱等自然灾害，粮食总产量 1259.6 万吨，同比减产 71.2 万吨，下降 5.4%，但仍是历史上第四个高产年。全省畜牧业增加值增长 1.2%。农业生产形势总体稳定。

加强监管和维护市场经济秩序。一是依法维护市场经济秩序。2015 年，全省工商、价格、质监、食药、住建、金融、税务、海关等各领域市场监管系统不断加强市场监管，依法打击违法行为，有效地维护了公平竞争的市场环境。全年，全省工商系统全系统查处了公用企业和依法具有独占地位的经营者限制竞争案件 10 起，查处不正当竞争案件 76 起，查处虚假违法广告案件 271 件，查办传销案件 5 起，查处合同欺诈案件 50 件，监管整改网络商品网站 547 个，清理排查投资类公司企业 8374 户和立案调查 51 件，查处侵犯驰名商标案件 48 件。此外，还开展了农贸和集贸市场秩序整治、查处无照经营、"红盾护农"行动、成品油市场整治、治理超限超载等专项治理。全省物价系统开展了涉企、涉煤、医疗、教育、旅游等专项检查，共查处价格违法案件 367 件。全省质监系统围绕农资、食品、建材、儿童用品和汽车配件等重点领域开展检查，查处违法案件 660 余起。全省食药系统加强监管和问题整治，共查处食品药品案件 14149 起，罚没款 4692 万元。全省住建系统共查处房地产开发项目违法违规行为 676 件，涉及项目 566 个。全省金融系统稽查证券期货市场违法违规行为案件 21 起，银行监管行政处罚案件 84 件。全省税务系统中，地税查补收入 24.87 亿元，查处百万元以上案件 26 件，查处违法受票企业 685 户，查处非法发票 6666 份；国税系统查补收入 14.48 亿元，查处涉票违法企业 1774 户，查处非法发票 23776 份。二是加强监管和推进市场主体信用体系建设。10 月 18 日，省政府办公厅印发实施《关于加快建立企业信用信息互联互通交换共享机制推进企业信用体系建设的意见》，对到 2016 年底建成以全面归集、整合、发布政府及有关部门有关市场主体登记信息、行政许可信息、行政处罚信息等信息的全省集中统一的市场主体信用信息公示（共享）系统做出安排部署。10 月 27 日，省政府办公厅印发《山西省企业信用行为联合奖惩办法（试行）》，于 12 月 1 日起实施，明确了对企业守信行为的奖励和对失信行为的惩戒等具体措施。12 月 9 日，省政府办公厅印发《关于运用大数据加强对市场主体服务和监管的实施意见》，对充分运用大数据、提高政府服务能力和水平、激发群众和市场主体的创业创新活力、推进大众创业万众创新等做出部署。贯彻落实这些政策措施，全省在食品生产经营、药品生产流通、融资担保、医疗机构、价格管理、环境保护和建筑市场等七大试点领域开展了信用体系建设试点，在太原市开展了省级社会信用体系建设综合性试点。至年末，全省七大试点领域和太原市的试点，在建立和完善制度体系、建设信息平台、加强监管等方面均取得重要进展。

2. 改革开放

2015 年是全面深化改革的关键之年。经济体制改革是其中的重中之重，是推动经济发展方式转变和稳增长、调结构的重要举措。全年全省各级各有关部门围绕"实施转型综改攻坚"，进一步深化改革，全省经济领域的改革开放呈现新气象。

出台实施多项重大措施深化推进国有企业改革。2015 年 1 月 1 日起，省政府于 2014 年 12 月 3 日印发的《山西省省属国有企业财务等重大信息公开办法（试行）》施行。办法对企业信息公开主要内容、公开的方式和时限、监督和保障等作了明确规定，主要内容包括：企业财务预算、财务会计报告、生产经营管理、大额度资金运作、职工权益维护、环保信息、企业领导履职待遇和业务支出情况等可能对出资人、企业和职工利益产生较大影响以及社会关注度高的信息。2015年2月17日，省政府办公厅又印发了《山西省省属国有企业财务等重大信息公开实施细则（试行）》，进一步明确细化了省属国有企业需公开的年度、中期、季度的具体数据、指标及内容。5月12日，省委办公厅、省政府办公厅印发《关于进一步深化党政机关与所办企业脱钩改革工作方案》《关于进一步深化省国资委托管省直机关管理企业脱钩改革工作方案》，对深化脱钩改革做出规划部署。目标任务是：力争用3年时间，到2017年底，全面完成全省党政机关与所办企业脱钩改革工作，实现政企分开、政资分开、事企分开，所有权和经营权分离。6月25日，省委办公厅、省政府办公厅印发《山西省省属企业负责人履职待遇业务支出管理暂行办法》，对省属国有企业负责人的公务用车、办公用房、培训招待、因公出差等履职待遇和业务支出做出明确规定。7月20日，省委、省政府印发《关于深化省属国有企业负责人薪酬制度改革的意见》，规定省属国有企业负责人薪酬由基本年薪、绩效年薪和任期激励收入三部分构成，基本年薪根据上年度省属国有企业在岗职工平均工资两倍确定，副职负责人按本企业主要负责人基本年薪的0.6~0.9倍确定，禁止省属国企负责人兼职取酬及在国家和省政府规定之外领取由地方或有关部门发放的奖励。落实这些政策措施，至年末，省属28户大型企业财务等重大信息公开取得重大成效；省直厅局所办的232户国有企业与原主管厅局彻底脱钩，省、市、县党政机关所办企业脱钩改革启动实施；省直厅局所办的19户列入破产计划的脱钩企业由法院宣告破产。与此同时，选择同煤集团、晋能集团开展国有企业深化改革试点，推进了试点改革；推进发展混合所有制经济改革，晋煤、同煤、山投集团下属4户企业登陆"新三板"，焦煤、同煤、太重、晋能集团下属7户企业实施了股份制改造，建工集团下属2户企业开展了员工持股试点。

大力深化推进经济管理体制改革。一是简政放权深化投资体制改革。省本级政府投资管理，还权于部门，实行部门预算管理，按照省政府确定的重点投向和基本原则，由行业主管部门组织项目计划和资金安排，促进了效能提升。修订发布《山西省政府核准的投资项目目录》（2015年版），规定继除国家规定必须由省级政府进行核准的项目外，其余全部下放市县，省级核准类项目减少幅度超过50%，企业投资建设该目录外的项目实行备案管理。二是启动实施煤炭行政审批制度的改革。8月27日，省政府印发《山西省煤炭行政审批制度改革方案》，在全省正式启动酝酿已久的煤炭行政审批制度改革。主要改革事项是：2020年前，除"关小上大、减量置换"外，全省不再审批建设新的煤矿项目，同时停止审批年产500万吨以下的井工改露天开采项目；将煤矿建设项目行政审批事项，从此前的63项精简合并为38项，煤矿企业原需申领的"六证"统一取消简化为"三证"，即取消《煤炭生产许可证》《煤矿矿长资格证》和《矿长安全资格证》，保留《采矿许可证》《安全生产许可证》《营业执照》。12月25日，省政府印发《山西省煤炭资源矿业权出让转让管理办法》，自2016年1月1日起施行，共6章77条，以问题为导向，力推煤炭资源市场化配置，多方面改革创新矿业权管理。重大举措包括：煤炭资源矿业权出让实行产业规划和政策指导下的年度总量控制制度，煤炭资源矿业权出让实行公开竞价，矿业权人有权开采批准范围煤炭资源及共伴生资源等。三是深化推进商事行政审批制度改革。在上年全面启动实施的基础上，进一步完善推进了公司注册资本认缴登记制度、企业年检改年报制度改革。同时，新启动实施了放宽市场主体住所（经营场所）登记条件改革，推进了工商登记"先照后证"改革，启动了工商登记"三证合一"改革。其中，放宽市场主体住所（经营场所）登记条件改革，实行"一址多照""一照多址"、集群注册登记等新举措。"一址多照"，即同一地址可以申请登记多个市场主体；"一照多址"，即住所和经营场所在同一市、县、区登记机关管辖区域内的，可以申请在营业执照上载明多个经营场所地址，免于办理分支机构登记；鼓励试行商务秘书公司和商务服务公司实施集群注册登记。工商登记"先照后证"改革，主要是将部分原先需要先行政审批的工商登记事项，改为后置审批，即创业者只要到工商部门领取一个营业执照，就可以从事一般性的生产经营活动，如果从事需要许可的生产经营活动，再向主管部门申请行政许可证。这是对此前"先证后照"制度的重大改革，不仅降低了门槛，还为企业先期发展争取了时间。2015年12月31日省政府公布《山西省工商登记后置审批事项指导目录》，共计213项。工商登记"三证合一"改革，即将由工商行政管理、质量技术监督、税务三个部门分别核发工商营业执照、组织机构代码证和税务登记证，改为由工商行政管理部门核发一个加载法人和其他组织统一社会信用代码的营业执照，即"一照一码"登记模式。全省工商登记"三证合一"改革在太原等地试点的基础上，于10月1日起在全省全面启动实施。四是推动电力管理体制改革。积极争取国家支持，山西电力体制综合改革纳入全国试点，成为国家电网覆盖范围内第一个全省域电力体制改革综合试点。

进一步深入推进农村经济体制改革。3月17日，省政府办公厅印发《山西省农村土地承包经营权确权登记颁证工作方案》，决定自2015年开始在全省全面开展农村土地承包经营权确权登记颁证工作，用两年时间基本完成，第三年扫尾完善。3月27日，省委办公厅、省政府办公厅印发《关于引导农村土地经营权有序流转发展农业适度规模经营的实施意见》，从稳定完善农村土地承包关系、鼓励发展多种形式的土地流转、加强土地流转管理和服务、加快培育新型农业经营主体、健全农业社会化服务体系等方面提出18条具体措施。落实这些政策措施，全年全省农村土地确权登记颁证清查村数20970个、农户433万户，开展确权面积4288万亩；启动推进了晋中市市级和47个县级农村产权流转交易市场建设；推进土地规模化经营，土地流转面积779万亩，流转率15.9%；大力培育农业新型经营主体，注册登记农民合作社达到8.3万家，认定家庭农场达到8636个。与此同时，继续推进了全省农村金融体制改革，启动并加快推进晋城泽州县"农村集体经营性建设用地入市"全国试点改革，启动并加快推进长治潞城市"积极发展农民股份合作赋予农民对集体资产股份权能"试点改革。其中，县级农村信用社有11家新改制为农商行并挂牌开业，累计达到20家；新开业村镇银行14家、分支机构10家，村镇银行累计达61家、分支机构累计达到25家，村镇银行县域覆盖率54%，贫困县覆盖率46%。到年末，晋城泽州县农村集体经营性建设用地入市全国试点改革取得重大突破，首宗23.5亩土地成功交易入市，入市途径为就地入市，入市方式为土地租赁，租赁期限20年，每年租金为11.75万元。这一改革实现了农村集体经营性建设用地与国有建设土地同等入市、同权同价，打破了"集体建设用地不能流转"的局面，对全省农村土地制度改革具有里程碑式的意义。到年末，潞城市"积极发展农民股份合作赋予农民对集体资产股份权能"试点改革，由建章立制进入实施阶段。

出台实施多项推进扩大开放的重大政策措施。4月27日，省政府办公厅印发实施《关于加快经济技术开发区转型升级创新发展的实施意见》《山西省经济技术开发区设立升级扩区和退出管理办法》。其中意见从明确新形势下的发展定位、推进体制机制创新、促进开放型经济发展、推动产业转型升级、坚持绿色集约发展、优化营商环境六大方面提出 18 条措施；办法是规范省级以上经济技术开发区的设立、升级、扩区和退出的审批条件和程序，自 2015年 5 月 15 日起施行，其中重大的措施是对连续 3 年综合考核位列全省最末位的省级经济技术开发区实行末位淘汰制。6 月 28 日，省政府印发实施《关于全面扩大开放的意见》，从牢牢把握"一带一路"战略机遇、深度融入京津冀协同发展、积极深化中原经济区合作、深入推进沿黄经济带协作、大力支持企业"走出去"、采取有力举措"引进来"、打造全球低碳环保经济开放高地、提升开放平台建设水平等方面提出 36 条扩大开放的具体措施。10 月 9日，省政府办公厅印发实施《关于促进进出口稳定增长若干措施的通知》，推出加快出口退税进度、提升通关便利化水平、大力开拓国际市场、支持鼓励扩大进口、发展新型贸易业态、加大出口信用保险支持力度、拓宽金融服务渠道、清理规范进出口环节收费等 8 项措施，力促外贸稳定增长和转型升级。11 月 24 日，省委、省政府印发实施《关于加快构建开放型经济新体制的实施意见》，从提升吸收外来投资质量和效益、增强企业国际化经营能力、促进外贸提质增效升级、加强与国内地区间深度合作、全面推进与"一路一带"沿线多层次交流合作、发挥各类平台示范作用等八个方面，提出了 31 条措施。12 月 8 日，省政府印发实施《关于加强和改进口岸工作支持外贸发展的实施意见》，从加快口岸建设、强化大通关协作机制、优化口岸服务、强化保障机制四方面，提出了 19 条政策措施。12 月 15 日，省政府印发实施《关于加快发展服务贸易的实施意见》，从重点工作、政策措施、保障体系等方面对加快发展全省服务贸易做出安排部署。主要目标任务是：服务贸易年均增长 15%以上，到 2020 年全省服务进出口总额超过 60 亿美元，服务贸易占对外贸易的比重达到 20%以上。通过落实这些政策措施，全年全省新设立外商直接投资企业 36 家，按全口径统计实际使用外商直接投资金额 28.7 亿美元，增长2.8%；对外经济合作新签合同额 3.5 亿美元，增长 1.0%。

积极拓展和深化推进区域经济合作。一是积极争取国家将山西纳入国家对外开放和区域经济发展新战略。通过争取，在国家规划布局中，山西被纳入了国家"环渤海地区合作发展"战略区域，纳入了国家"中蒙俄经济走廊"建设战略大区域。二是继续推进周边区域经济合作。蒙晋冀（内蒙古乌兰察布市、山西大同市、河北张家口）长城金三角区域合作、晋陕豫黄河金三角区域（山西运城市和临汾市、陕西渭南市、河南三门峡市）合作、包括山西3市（运城、晋城、长治）在内的中原经济区域合作不断深化。其中，8月18日在大同市召开的第二届蒙晋冀（乌大张）长城金三角合作区联席会议上，三地政府共同签署了《协同推进蒙晋冀（乌大张）长城金三角合作区规划》认同书，合作进入新阶段。三是大力推进晋非经贸合作区建设。晋非经贸合作区是2006年中非合作论坛北京峰会上确定的在非洲建立3~5个合作区之一，是国家商务部首批批准的境外合作区之一，也是中国对外经贸合作和外交总体战略的重要内容。该合作区始建于2009年，2015年合作区以金融文化旅游服务业为主的园区规划建设实现重大推进。山西晋非公司及其子公司完成营业收入853万元，首次实现经营扭亏为盈。

深入开展对外经济旅游文化交流合作。启动开展"山西品牌丝路行"活动，6月至11月在匈牙利、吉尔吉斯斯坦、俄罗斯、意大利、泰国5国，与在当地举办的国际性投资贸易会（交易会、博览会）同期举行，共签订贸易合同4.88亿元，共签订对外投资合同9798万元。大力开展旅游"走出去、请进来"推介宣传活动，依托国家组织开展的"美丽中国——陆上丝绸之路"旅游宣传活动在哈萨克斯坦、土耳其、意大利3国，依托国家组织的"美丽中国——古老长城"旅游宣传活动在美国、巴西、墨西哥4国，依托参加第十届海峡两岸台北旅展并在台北、高雄两地，开展了"晋善晋美——山西旅游"推介宣传活动。同时在省内举办了"2015中国·山西首届'一带一路'古城古镇国际文化旅游暨第二届国际旅行商采购大会""省旅游发展暨互联网＋旅游大会""洋眼看山西"等交流活动。这些活动的开展，进一步促进了山西旅游的外向型发展。全年全省入境旅游稳步增长，旅游外汇收入2.97亿美元，同比增长5.83%。积极推动山西面食"走出去"，组织山西天星海外海餐饮集团有限公司、山西江南餐饮有限公司、山西北国芙蓉餐饮有限公司、山西顺溜餐饮管理有限公司等8家龙头餐饮企业抱团发展，在美国洛杉矶设立了美国山西餐饮文化发展集团有限公司，并于12月19日正式开业运营。积极开展对外交流活动，其中6月15日至19日省长李小鹏率省政府代表团赴美国爱达荷州和怀俄明州访问，并与爱达荷州签署深化友好省州关系推进务实战略合作框架协议。期间李小鹏省长与西弗吉尼亚州州长艾尔·汤姆林以函签形式签署了《建立友好省州关系协议书》，标志着双方正式建立友好省州关系。10月10日，临汾市与澳大利亚杰尔顿市正式缔结为友好城市。至此，山西各城市与国外缔结友城数量达到41对。

3. 结构调整

多年来，全省各级党委、政府及有关部门在推进经济建设和改革发展中，坚持不懈地推进经济结构的调整，成效不断显现。2015年，全省经济结构、产业结构的调整进一步推进。全年全省第一产业增加值788.1亿元，增长1.0%，占生产总值的比重6.2%；第二产业增加值5224.3亿元，下降1.1%，占生产总值的比重40.8%；第三产业增加值6790.2亿元，增长9.8%，占生产总值的比重53.0%。一、二、三产业增加值比例由2014年的6.2∶49.7∶44.1调整变化为6.2∶40.8∶53.0，其中第一产业占比与上年持平，第二产业占比较上年下降8.9个百分点，第三产业占比较上年提高8.9个百分点，第三产业占比首次突破50%。全省三次产业结构实现新优化。

2015年，全省三次产业结构实现新优化，不仅体现在简单的数字比例的变化中，也反映在各级各部门坚定不移调结构的重大举措和具体的实践中。

大力夯实农业发展基础和加快推进农业现代化。2015年，省委、省政府及有关部门出台实施多项重大政策措施，进一步加强推进农业基础建设，进一步加快推进农业现代化。3月2日，省政府办公厅印发实施《山西省高标准农田建设总体规划（2014～2020年）》，对7年内在全省11个市的106个县建设高标准农田1530万亩做出规划部署。3月13日，省委、省政府印发实施《关于加大改革创新力度加快农业现代化建设的实施意见》，从保障粮食安全、加强水利基础设施建设、调整农业结构发展特色农业、转变农业发展方式提升质量效益、开辟农民增收途径、深化农村改革等方面提出政策措施。3月17日，省政府印发《关于2015年新实施强农惠农富农补贴政策的通知》，决定在继续执行中央及山西已有各项强农惠农富农政策的基础上，新实施10项强农惠农富农补贴政策，包括支持土地制度改革、支持科技进步、支持教育扶贫、支持金融创新、支持生态建设等项目。这新10项政策，新增资金

15.76亿元，加上此前实施的，全年全省强农惠农富农补贴资金总规模达83亿元。贯彻落实这些政策措施，全省农业发展基础进一步夯实，农业现代化进一步加强推进。在夯实农业发展基础方面，新建旱涝保收高标准农田205.5万亩，新增农田实灌面积180万亩，实施旱作节水农业技术应用932.55万亩，建设高标准农田节水示范区19个，实施耕地保护与质量提升59.2万亩；开展化肥、农药减量行动，推广测土配方施肥面积4806万亩，施用有机肥3163.2万亩，化肥使用量增幅明显下降，农药使用量比上年减少6.1%。到年末，全省有耕地6075万亩、基本农田有5088万亩，其中旱涝保收高标准农田841万亩；农田实灌面积达到2303万亩，实现农业人口人均一亩水浇地目标。在加强和推进农业现代化方面，积极推进农业规模化经营，土地流转面积779万亩，流转率15.9；大力培育农业新型经营主体，注册登记农民合作社达到8.3万家，认定家庭农场8636个；加强推进特色产业发展，进一步实施杂粮、设施农业、畜牧业、中药材等七大产业振兴翻番工程，扶持2000个一村一品专业村、60个一县一业基地县，33个国家级、省级现代农业示范区加快建设，实施粮油高产创建万亩、千亩示范片区381个，新发展设施蔬菜21万亩，新发展道地中药材基地50万亩，深入实施水果产业提质增效工程，加快畜禽养殖规模化标准化发展；加强培育和推进农产品加工龙头企业发展。全年全省农作物种植面积3767.7千公顷，比上年减少15.7千公顷。其中，粮食种植面积3287.2千公顷，增加0.8千公顷；蔬菜种植面积256.7千公顷，减少0.4千公顷；油料种植面积121.2千公顷，减少8.5千公顷。果园面积达到362.8千公顷，增加2.4千公顷。粮食生产克服严重干旱和局部地区洪涝、冰雹灾害等不利因素影响，总产达到125.96亿公斤，是历史上第四个高产年份。蔬菜及食用菌产量达1302.2万吨，增长2.4%。水果总产量达880.5万吨，增长9.3%，优果率达到57%。食用坚果产量达18.7万吨，增长49.5%，其中核桃产量18.1万吨，增长49.1%。全省机耕、机播、机收面积分别完成273.7万公顷、264.7万公顷、182.5万公顷，机耕、机播、机收水平分别达到75.9%、68.8%和47.5%，与上年相比分别提高了2.4个、1.2个和0.8个百分点。全省农作物耕种收综合机械化水平达到65.2%，比上年提高1.6个百分点，超出全国平均水平2.2个百分点。全年全省羊出栏484.4万只，增长3.1%；牛出栏40.2万头，增长1.1%；家禽出栏8780.9万只，增长 15.7%；生猪出栏 783.7 万头，减少 6.4%。全年全省猪牛羊肉总产量73.0 万吨，下降 4.7%。其中，猪肉产量 60.3 万吨，下降 6.1%；牛肉产量5.9 万吨，增长 1.3%；羊肉产量 6.9 万吨，增长 3.0%。年末生猪存栏 485.9万头，生猪出栏 783.7 万头。牛奶产量 91.9 万吨，下降 4.5%。禽蛋产量87.2 万吨，增长 4.3%。水产品产量 5.2 万吨，增长 2.3%。至年末，全省大型龙头养殖企业、畜禽养殖专业合作社、家庭畜牧场、规模养殖场（户）等养殖主体累计达到 2.5 万个，其中各类大型养殖企业 600 多个，畜禽养殖规模化比重达到 58%，比国家平均水平高出 18 个百分点。雁门关生态畜牧经济区区域内牛羊草食畜生产量占到全省的 63%，各类大型养殖企业达到 400 多个，规模化养殖比重达到 60%。年末全省农业产业化国家级龙头企业 32 家、省级重点龙头企业达到 413 家（其中山西省农产品加工"513"工程省级重点龙头企业 81 家），规模以上农产品加工企业达 800 多家，农产品加工龙头企业已成为全省农业产业化发展的主体。全年全省农产品加工企业实现销售收入 1422.6 亿元，同比增长 13.6%

积极调控保障工业经济平稳运行和优化内部结构。2015 年，针对宏观经济持续下行和工业经济市场需求不足、产能严重过剩、主要工业产品价格下降等突出问题，省政府及有关部门及时出台实施重大政策措施帮扶促进工业稳定运行，同时继续出台实施多项重大政策措施推进工业产业结构调整和优化发展。一是出台实施重大政策措施帮扶促进工业稳定运行。3 月 26 日，省政府印发《山西省减轻企业负担促进工业稳定运行的若干措施》，从 4 月 1 日起施行。措施共 60 条，其中涉企行政权力方面取消 29 项、下放 14 项、改为属地管理 219 项，共 262 项；涉及减免各种费用约 465 亿元、政策补贴约 36亿元。8 月，省政府印发实施《关于进一步促进工业稳增长的若干措施》，提出了 19 条政策措施，主要包括鼓励省重点工程优先使用省内大宗产品、鼓励政府采购项目和政府投资工程项目同等条件采购省内产品或服务、加快在建项目投产达效、协调降低企业铁路运输成本等。全年全省减轻工业企业负担501 亿元，帮扶 161 个重大增长点工业项目和投资 10 亿元以上的 97 个提质增效年工业项目。全年全省规模以上工业增加值下降 2.8%，降幅较上半年和前三季度分别收窄 1.1 个和 0.5 个百分点。二是出台实施重大政策措施推进优化产业结构。1 月 5 日，省政府办公厅印发实施《山西省关于贯彻落实〈能源发展战略行动计划（2014～2020年）〉的实施意见》，提出了推动能源供给革命的重要任务和举措。主要任务和举措是：推进晋北、晋中、晋东三大煤炭基地提质发展，提升煤炭产业集约化水平，提高矿井现代化水平，增加清洁煤炭供应；推进煤电基地清洁高效发展，加快坑口电站建设，加快低热值煤电厂建设，实施燃煤发电机组超低排放；加快煤层气开发利用，推进河曲—保德、临县—兴县、三交—柳林、永和—大宁—吉县、沁南、沁北等6个煤层气片区勘探开发，推进晋城矿区、阳泉矿区、潞安矿区、西山矿区和离柳矿区五大瓦斯抽采利用矿区建设；推进多种形式利用新能源，加快风力发电、光伏发电、煤层气发电、水力发电、太阳能供热等项目建设。3月1日，省政府办公厅印发实施《关于进一步加快推进全省燃煤发电机组超低排放改造工作的通知》，对全省现役单机30万千瓦及以上燃煤机组全部完成超低排放改造的时限由2020年提前至2017年底做出规定部署。6月10日，省政府办公厅印发实施《山西省新兴制造业三年推进计划（2015～2017)》《山西省新兴制造业2015年行动计划》，对装备制造、新材料、节能环保、信息技术、食品、医药、轻工、纺织8大产业的发展做出规划布局，提出重点扶持举措，其中3年计划重点推进986个项目，总投资达4144亿元。7月12日，省经信委印发实施《山西省传统优势产业三年推进计划（2015～2017年)》，对焦化、钢铁、有色、电力、煤化工等5个传统优势产业的发展做出规划布局，提出工作思路、目标、重点和措施。7月17日，省政府办公厅印发《山西省煤矿瓦斯抽采全覆盖工程实施方案》，对3年时间分阶段分步骤完成全省范围煤矿瓦斯抽采全覆盖工程做出规划部署。11月2日，省政府办公厅印发实施《关于促进中药产业发展若干措施的通知》《山西省中药材保护和发展实施方案》，对促进中药产业发展做出部署。贯彻落实这些政策措施，全省工业产业结构优化进一步加强推进。在工业投资方面，全年全省工业投资5283.1亿元、增长4.6%，其中煤炭工业投资1048.2亿元、下降2.8%，非煤产业投资4235.0亿元、增长6.6%、非煤工业投资占比达80.2%、同比提高1.7个百分点；传统产业（煤炭、焦炭、冶金、电力）投资合计2476.5亿元、增长7.8%，非传统产业投资合计2806.7亿元、增长1.9%；装备制造、医药、特色食品、轻工、纺织、材料、信息技术等7个产业投资合计1852.96亿元，占非传统产业投资的66%。在煤炭工业产业转型发展方面，开采由单一开采向综合开发利用转变，由单一煤电基地向综合能源基地转变，国家新批复霍东矿区总体规划，累计获批矿区总体规划达 14 个；24 个低热值煤发电项目全部开工建设，总装机达 2129 万千瓦，煤电产业一体化深度融合发展，全省 20 万千瓦及以上主力火电企业中，80% 以上已实现煤电联营，同比提高了 5 个百分点，形成了"煤控电、煤参电、电参煤、组建新公司"等四类煤电联营模式；重组整合建成矿井全部实现综合机械化开采，煤炭入洗率达到 79.7%，生产煤矿采区回采率达到 80% 以上；煤矿瓦斯抽采启动全覆盖工程，抽采量达 102.05 亿立方米、利用量达 57.12 亿立方米，同比分别增加 11.75 亿立方米、6.72 亿立方米。在电力工业转型升级发展方面，国家新核准中电国际神头发电厂 2×100 万、漳泽电力 2×100 万项目，实现山西百万千瓦装机项目"零"的突破；新改造燃煤发电机组超低排放容量 1566 万千瓦左右，占总量的 35.6%；新增风电并网装机容量 261.69 万千瓦，总量达到 669.1 万千瓦；新增光伏发电装机容量 69 万千瓦，总量达到 113 万千瓦；年末全省电力总装机容量达 6966 万千瓦，增长 10.5%，风电、光伏发电、煤层气发电、水电等新能源清洁能源装机容量达到 1294 万千瓦，占总装机容量的 18.6%；电力外输通道加快建设，蒙西—晋北—天津南、榆横—晋中—潍坊、晋北—江苏 3 条特高压输电线路开工建设。在新产业发展方面，加快推进了轨道交通装备、煤机装备、煤层气装备、电力装备、煤化工装备等领域重大项目建设；推动铝工业转型升级，加快推进了吕梁百万吨铝循环产业基地建设；核准平陆县中盛铝矾土公司靳家底铝土矿开采项目；稳步推进钢铁、焦化、电解铝等行业化解过剩产能和淘汰落后产能，淘汰落后电解铝 7 万吨、水泥 60 万吨、电力 2.4 万千瓦、焦化 190 万吨。全年全省规模以上工业行业中，煤炭、焦炭、冶金、电力四大传统支柱产业增加值占规模以上工业增加值比重为 74%，比上年降低 3.3 个百分点；非传统产业（除煤炭、炼焦、冶金、电力工业外）比重为 26%，提高 3.3 个百分点。非煤产业比重为 53.2%，上升 4.7 个百分点，其中装备制造业比重为 10.4%，上升 1.2 个百分点。年末全省规模以上工业企业 3731 家，比上年末增加 11 家。全年全省规模以上工业增加值下降 2.8%。规模以上工业企业实现主营业务收入 14393.7 亿元，下降 16.9%。其中，医药工业实现主营业务收入 171.2 亿元，增长 4.0%；煤炭工业实现 5759.7 亿元，下降 15.7%；冶金工业实现 2713.8 亿元，下降 28.6%；装备制造业实现 1479.4 亿元，下降 9.3%；电力工业实现 1458.7 亿元，下降 8.9%；焦炭工业实现 776.9 亿元，下降 24.7%；化学工业实现 740.5 亿元，下降 12.4%；食品工业实现 648.6 亿元，下降 9.4%；建材工业实现 310.2 亿元，下降 15.6%。规模以上工业实现利税 631.8 亿元，下降 35.7%；规模以上工业利润盈亏相抵后净亏损 68.1 亿元，其中国有控股企业净亏损 95.5 亿元。全年全省规模以上工业企业主要品产量：原煤 9.4 亿吨，增长 0.6%；焦炭 8034.7 万吨，下降 8.4%；生铁 3576.4 万吨，下降 15.1%；粗钢 3847 万吨，下降 11.6%；钢材 4267.3 万吨，下降 9.2%；水泥 3564 万吨，下降 20.6%；原铝 66 万吨，下降 20.1%；氧化铝 1272.9 万吨，增长 17.6%；化肥（折纯）465 万吨，增长 5.9%；白酒 8356.8 万升，下降 10.9%。全年全社会发电量达 2457.5 亿千瓦时、下降 7%，其中向省外输送电力 720.2 亿千瓦小时，下降 12.2%。

加快发展服务业和提升服务业发展水平。服务业的兴旺发达是现代经济的一个显著特征，也是经济社会发展的一大趋势。2015 年，面对宏观经济持续下行和工业经济市场需求不足的困难，省委、省政府及有关部门进一步加大力度，统筹布局，新出台实施多项重大政策措施，大力支持和推进全省服务业的发展。2014 年 12 月，省政府印发《山西省加快发展生产性服务业促进产业结构调整升级的实施方案》，2015 年起正式实施。该方案对依托交通线路，按照"天字形"布局，打造中部、北部和南部三大生产性服务业密集区做出规划部署，明确了推进研发设计、现代物流、现代金融、信息技术服务、节能环保服务、检验检测认证、电子商务、商务咨询、人力资源服务、售后服务、服务外包和品牌建设 12 个重点发展领域。主要目标任务是：到 2020 年全省生产性服务业增速不低于地区生产总值年均增速；服务业增加值占 GDP 的比重达到 47%，生产性服务业占服务业比重逐年提高。2015 年，为推进相关领域服务业的发展，省委、省政府及有关部门相继出台实施了推进金融、文化旅游、物流、信息、体育、保险、养老等服务业发展的重大政策措施。在推进金融业发展方面，省委、省政府于 6 月 8 日印发了《关于促进山西金融振兴的意见》，省政府办公厅于 5 月 16 日印发了《关于促进山西省融资担保行业健康发展的实施意见》，于 7 月 2 日印发了《促进山西金融振兴 2015 年行动计划》《山西省金融改革发展总体规划（2015～2020 年）》《山西省地方金融改革框架方案》，于 9 月 30 日印发了《关于加快我省多层次资本市场发展的实施意见》，对全省金融振兴和发展做出规划部署，明确了改革发展的路线图、主攻方向和具体路径。在推进物流业发展方面，省政府办公厅于 6 月 9 日印发了《山西省物流业发展中长期规划（2015~2020 年)》，对全省物流业的空间布局、主要任务、重大工程、保障措施等做出规划部署。在推进文化旅游业方面，省政府于 6 月 1 日印发了《关于促进旅游业改革发展的意见》，提出了推动全省旅游业转型升级、建设旅游经济强省的 11 条措施，主要涉及旅游基础设施建设、丰富旅游产品、整治旅游市场秩序、旅游宣传推广、景区（点）门票价格调整、旅游改革开放、政策支持保障、深化体制机制改革等八个方面的内容。在推进体育文化产业发展方面，省政府于 7 月 31 日印发了《关于加快发展体育产业促进体育消费的实施意见》，从创造行业发展条件、推动改革创新、优化市场环境、培育多元市场主体、完善政策措施、加强行业监督等方面，提出了加快推进体育产业发展和促进体育消费的措施和要求。近期主要目标任务是：到 2020 年体育公共服务基本覆盖全民，人均体育场地面积达到 1.5 平方米，经常参加体育锻炼的人数达到 1100 万人，体育产业总规模超过 320 亿元。在推进信息产业发展方面，省政府于 8 月 4 日印发了《关于促进云计算创新发展培育信息产业新业态的实施意见》，从基础设施、产业发展和普及应用等方面提出发展措施和要求。主要目标任务是：到 2020 年全省宽带网络全面覆盖城乡，固定宽带用户达到 960 万户，家庭普及率达到 75%。在推进养老服务业发展方面，省政府于 10 月 11 日印发了《关于支持社会力量发展养老服务业若干措施的通知》，从充分发挥社会力量的主体作用、加大财政资金支持力度、推进配套政策措施落实、实施产业创新驱动四个方面，提出 18 条政策措施。在推进保险业发展方面，省政府办公厅于 10 月 16 日印发了《关于加快发展商业健康保险的实施意见》，对加快发展商业健康保险做出部署，提出任务要求。主要目标是：到 2020 年力争实现商业健康保险保费收入占全省保费收入的 10%，投保人数大幅增加，商业健康保险赔付支出占卫生总费用比重显著提高。10 月 30 日省政府办公厅印发了《关于健全完善住房保障和供应体系促进房地产市场健康发展的意见》，从健全完善住房保障和供应体系、优化用地和商品住房供应结构、统筹保障性住房和商品住房建设、鼓励住房合理需求、提升房地产业发展水平等方面明确了政策措施。贯彻落实这些政策措施，全省各领域的服务业加快发展。在生产服务业和物流业发展方面，基地建设进一步加强，流通网络进一步完善，服务能力进一步提升。其中，中国（太原）煤炭交易中心服务煤炭生产和煤炭销售的功能显著提升，煤炭交易价格指数影响力进一步增强。年末，交易中心注册交易商已达10490户，比上年末增加703户，涉及电力、钢铁、化工、建材等多个行业，遍布全国31个省区市。全年煤炭等交易量达13.91亿吨，交易额达5794.19亿元。太原武宿综合保税区各项建设进一步推进，服务能力进一步强化，全年武宿综合保税区货运吞吐量达11万吨、同比增长1.1倍。全省乡镇、村邮政服务网点建设进一步推进，新建409个乡镇邮政服务点、新建村邮政服务点1717个，乡镇邮政服务点实现全覆盖。全年全省快递业务量突破亿件，完成1.15亿件，同比增长25.7%，最高日处理量达到234.85万件；邮政业务总量完成43.13亿元，同比增长17.98%，增幅比上年提高10.79个百分点。全年全省公路运输完成货运量9.2亿吨、货物周转量1376亿吨千米，分别比上年增长3.4%和0.9%。全年全省铁路运输完成货运量达7.05亿吨、货物周转量2063.7亿吨，分别比上年下降0.7%和12%。在城乡商贸服务业发展方面，建设了41个农村物流配送中心，规范提升了农村便民连锁商店206个，改造基层供销社54个，创办农村综合服务社31个，建设改造农资配送中心18个；推进农村电商发展，其中苏宁云商在57个县建立了苏宁易购服务站，京东商城在45个县建立运营中心，拓展了全省"工业品下乡，农产品进城"的渠道。与此同时，还开展了多种形式的商贸促销活动，包括"山西购物季"促消费活动、"山西品牌网上行"活动、"山西品牌中华行"活动等大型主题促销展销活动。全年全省社会消费品零售总额6030.0亿元、增长5.5%，其中城镇消费品零售额4913.5亿元、增长5.4%，乡村消费品零售额1116.5亿元、增长5.7%。限额以上批发零售业单位网上零售额14.6亿元，增长83.3%。在文化旅游业发展方面，旅游景区景点和线路进一步完善，新增1家国家级5A级旅游景区、8家国家级4A级景区，至年末全省A级以上景区达到143家，其中5A级旅游景区达到6个，4A级景区达到86个；旅游宣传促销进一步深化，在省内以"山西人游山西""旅游一卡通"等方式优惠本地居民旅游，在全国继续开展"晋善晋美·美丽山西休闲游"宣传推介促销活动，在国外开展"走出去"的"晋善晋美——山西旅游"推介宣传活动和"请进来"的"国际旅行商采购大会""省旅游发展暨互联网＋旅游大会""洋眼看山西"活动等。全年全省共接待海内外旅游者3.61亿人次，同比增长20.22%，实现旅游总收入3447.50亿元人民币，同比增长21.11%。旅游业增加值1310.1亿元，占了全省GDP的10.2%，占全省第三产业增加值的19.2%。在文化产业发展方面，基础设施建设进一步推进，位于晋中太谷县"山西省文化产业园"项目、位于太原武宿综合保税区内"山西省文化保税区"项目开工建设；文化产业示范基地进一步发展壮大，新增2家企业国家级文化产业示范基地，累计达到9家；文化产业企业以多种形式开展了产品展销推销，包括参加省内外、国内外文化产业博览会等。全年全省文化产业增加值达到268.65亿元，同比上年增长12.1%，比全国增速快1.1个百分点；文化产业增加值占全省GDP的比重为2.10%，同比上年提高0.22个百分点。在金融振兴和发展方面，新增2家A股上市公司，总计达到37家；新增28家新三板挂牌公司，总计达到32家。全年全省共实现各类融资4498.8亿元，其中直接融资2522.8亿元，占到全部融资总量的56.08%，同比提高5.15个百分点。直接融资中，债券市场融资2281.8亿元，同比增加952.7亿元，股票市场融资241.0亿元，同比增加218.2亿元。年末全省金融机构本外币各项存款余额28641.4亿元，比年初增长5.9%，各项贷款余额18574.8亿元，比年初增长12.2%。至年末全省金融业总资产达到36201.63亿元，比年初增加3130.54亿元，增幅达到9.47%。全年全省金融业增加值1140亿元、增长16.9%，占全省GDP的比重达8.9%，金融业拉动全省GDP增加0.94%。在房地产业发展方面，全省商品房销售情况稳定好转，销售面积增幅由负转正。全年全省实现增加值约639亿元，同比上年增长5.8%，占到GDP总量的5%。在会展业发展方面，举办了第二届山西文化产业博览交易会、第五届中国（太原）国际能源产业博览会、第二十五届全国图书交易博览会、2015中国体育文化·体育旅游博览会、第四届中国（山西）特色农产品交易博览会等大型会展活动，产生了广泛影响。据不完全统计，全年省级展览场馆举办各类大型会展活动达百余场。其中，中国（太原）煤炭交易中心举办各类会展60多场，涉及汽车、工业、农业、文化产业、生活服务、食品餐饮、服装、医疗等多个领域；省展览馆举办各类会展30多场，涉教育装备、高新科技成果、煤炭工业、节能减排、新能源汽车等领域。

服务业为应对经济下行和适应发展新常态增添新动力，发挥了重要作用。

4. 重点工程

重点工程，全省在一定时期内集中力量兴建的对国民经济和社会发展具有带动作用的重要工程。近年来，省委、省政府坚持以重点工程建设为带动，每年都要对年度重点工程做出专题部署，并大力推进重点工程建设。

2015年初，根据"十二五"目标任务完成情况，省委、省政府对突出抓好铁路、公路、水利、外送电通道和电网建设、低热值煤发电、煤层气、节能环保、科技创新城、新兴产业和城乡人居环境改善等十大重点领域项目建设做出部署，并从中确定了490个项目作为2015年省级重点工程项目实施落实。2月17日，省政府办公厅印发了《2015年省重点工程项目名单》，明确规划了实施的490个具体项目。其中，铁路项目22项，公路项目63项（高速公路建设工程13项、全省干线公路建设43项、农村公路建设工程7项），低热值煤发电13项，外送电通道和电网建设项目9项，水利建设工程27项（大水网骨干及供水工程8项、农业灌溉工程1项、节水工程1项、河流治理工程5项、农村饮水安全工程1项、百座小型水库更新建设工程1项、病险水库闸除险加固工程及水库管理1项、水土保持面上工程1项、面上水利工程6项、抗旱规划工程1项、引黄及配套工程1项），城乡人居环境改善工程2项，煤层气（煤层气勘探利用11项、管线23项、下游加气站及利用项目1项），科技创新城建设项目35项，新兴产业项目300项（现代煤化工建设项目48项、材料工业建设项目53项、商贸物流项目100项、旅游项目98项、产业扶贫项目1项）。

全年全省各级各有关部门以加快推进十大领域投资建设项目建设为引领，突出推进汾河综合治理及晋祠泉复流、采煤沉陷区治理提速、燃煤电厂超低排放提速、瓦斯抽采全覆盖、太原环境整治提标、科技创新城、特高压输电、大（同）张（家口）和太（原）焦（作）高铁等铁路、古贤水利枢纽、晋北现代煤化工基地等十大标志性工程建设，着力上项目扩投资，深入开展"项目提质增效年"活动，各项建设项目陆续开工建设或加快推进。其中，2月2日，晋煤集团与同煤集团、焦煤集团、阳煤集团、潞安集团、晋能集团、山煤集团六家大型煤炭企业签署框架协议，启动"全省瓦斯抽采全覆盖工程"，用3年时间分阶段分步骤完成全省范围煤矿瓦斯抽采全覆盖工程。5月28日，阳泉北至大寨铁路工程开工。该铁路全长 79 千米，建设工期 3 年，是服务阳泉、晋中两市沿线客运和煤炭集运的客货共线铁路，同时与石太客专、石太铁路、阳涉铁路连在一起，向北与朔黄、京原、京包线相连接，向南与邯长线、中南部铁路通道、太焦线相连通，将形成山西东纵铁路快速通道。6 月 29 日，晋北—江苏南京 ±800 千伏特高压直流输电工程开工建设。该项工程是首条以山西为起点的国家大气污染防治行动计划特高压重点输电通道项目。7 月 30 日，晋中至太原城际铁路 2 号线试验段暨城市交通枢纽工程正式开工建设。该铁路是山西第一条跨区域城际铁路，采用 PPP 模式建设，全长 19.81 千米，运行速度 80 千米/小时，可承担最大单向高峰小时客流量 1.95 万人/次。项目建成后，将成为连接太原晋中两市经济的黄金走廊。10 月 8 日，汾河流域生态修复工程——第五次大规模汾河治理工作全面启动，沿线一带河道治理、调蓄截污、供水、生态修复等工程开工建设。该项工程总投资达1300 亿元，规划经过 5 年工程建设、10 年自然修复，使汾河流域地下水储量和植被面积大幅增加、地下水位有效回升、水土流失和水污染问题得到有效治理，重现汾河水系大河风光。7 月 22 日，山西科技创新城综合服务平台一期工程开工建设。该项工程占地 97.6 亩，总建筑面积 17.2 万平方米，总投资 17.5 亿元，山西科创城建设项目由此而进入全面开工建设阶段。11 月 18日，大同至张家口高速铁路工程开工建设。该高铁起自山西朔州怀仁县，止于河北怀安县，与京张铁路、呼张铁路、大西客专衔接，是贯通京、津、冀、晋、陕的重要客运通道。项目全长 140 千米，其中山西境内 124 千米，设计行车速度 250 千米/小时，工期 4 年，2019 年建成通车。

通过各级各方面的努力，至年末，全省重点工程涉及的其他重大交通基础设施、重大水利基础设施、重大工业产业项目、重大城乡安居工程、太原环境整治提标等建设项目取得重大进展、成效。交通基础设施建设方面，太原市轨道交通 2 号线一期工程开工建设，太（原）焦（作）高铁工程前期工作建设加快推进，右玉至平鲁、神池至岢岚、晋蒙黄河大桥高速 3 个公路项目开工建设，和顺至榆社二期工程、高平至沁水、原平至神池、吉县至河津、左权至黎城、运城至灵宝黄河大桥、北京至乌鲁木齐山西段、永和至永和关、长治至临汾、长治至邯郸改扩建工程 10 个高速公路续建项目工程进展顺利。重大水利基础设施建设方面，山西"大水网"四大骨干工程（从清漳河和浊漳河调水连接汾河，解决晋中南部盆地的祁县、太谷、平遥、灵石、介休等5县用水需求的东山供水工程；由漳河辛安泉向长治盆地郊区、平顺、屯留、黎城等8个县调水的辛安泉引水工程；解决国家集中贫困区吕梁革命老区4市16县供水问题的中部引黄工程；解决运城盐湖、闻喜、绛县、夏县、垣曲5个县的用水问题的小浪底向运城盆地涑水河流域的调水工程）等进一步推进建设，隧洞掘进205千米，累计隧洞掘进总千米数达500千米，累计完成大水网隧洞总长74%的建设任务；四大骨干工程之一的辛安泉供水工程，于9月29日率先实现首期供水目标；新中国成立以来一直在规划筹建的位于黄河北干流下段晋陕黄河大峡谷之处的重大水利工程——古贤（原龙门）水利枢纽工程，筹建工作取得新的进展，项目建议书通过国家审查。重大工业产业项目建设方面，24个低热值煤发电工程项目全部开工建设，总装机容量达2129万千瓦；现役单机30万千瓦及以上燃煤机超低排放改造容量1566万千瓦左右，占总量的35.6%；煤层气（瓦斯）抽采利用能力进一步提高，抽采量达到102.05亿立方米、利用量达到57.12亿立方米，同比分别增加11.75亿立方米、6.72亿立方米。重大城乡安居工程建设方面，农村采煤沉陷区治理涉及的134个乡镇安居工程全部开工建设，城市新开工城镇保障房26.19万套，其中棚改23.76万套，基本建成20.23万套。太原环境整治提标方面，进一步推进实施"五大工程"（集中供热全覆盖、气化太原、城中村整村拆迁、污染企业搬迁、水污染治理）和"五项整治"（工业污染治理、机动车尾气控制、扬尘污染控制、商品交易市场和饮食服务行业综合整治、垃圾秸秆焚烧污染控制），取得新进展。全年市区空气质量综合指数下降7.76%，优良天数达到230天、比上年增加33天，优良率达到63%；PM2.5达标253天，达标比率为69.3%。省城环境质量进一步好转。

2015年，全省十大重点领域重点工程，完成投资10438.3亿元，完成年度计划的107.5%，发挥了拉动全省投资和应对经济下行压力的积极作用。

5. 城乡建设

城镇化和城乡基础设施建设是经济建设的重要内容，也是拉动经济发展和增长的重要引擎。2015年，全省城镇化进一步加快推进，改善城乡人居环境、城乡交通水利基础设施等重点建设进一步加强推进，取得新进展。

出台实施多项重大政策措施推进城镇化建设。1月14日，省政府印发实施《关于进一步推进户籍制度改革的实施意见》，对启动户籍制度改革和全面推行居住证制度做出部署。主要举措是：全省实行统一的城乡户口登记制度，全面实施居住证制度，并全面放开建制镇和中小城市落户限制，有序放开大城市落户限制；到2020年基本建立规范有序的新型户籍制度，实现360万左右农业转移人口和其他常住人口在城镇落户。这标志着实行了半个多世纪的"农业"和"非农业"二元户籍管理模式将退出历史舞台，城乡居民的身份差别将被取消，户口将统一登记为居民户口。此举，将进一步加快全省城镇化进程，促进有能力在城镇稳定就业和生活的常住人口有序实现市民化。5月21日，省委、省政府印发实施《山西省新型城镇化规划（2015～2020年）》，围绕"一核一圈三群"城镇化总体布局，对稳步提升城镇化水平和质量、优化城镇布局和形态、增强城镇可持续发展能力等做出总体规划，明确了目标任务，提出了重大战略举措。提升城镇化水平的目标是：2020年全省常住人口城镇化率达到60%以上，户籍人口城镇化率达到43%。优化城镇布局和形态的目标是：太原晋中同城化进程加快，成为全省城镇化核心、科技发展中心、产业转型重心；太原都市圈地位稳步提升，"核辐射圈、圈拱卫核"的新型格局初步形成；晋北、晋东南、晋南三大城镇群发展壮大，形成太原、大同、阳泉、长治、临汾、晋城、晋中、运城8个50万人以上人口规模的城市，成为引领全省经济发展的重要增长极；大县城战略稳步推进，形成一批人口在10万人至20万人的大县城，人口和产业的承载力显著提高；特色镇建设上取得实效，形成100个有产业、有人口、有特色的工业镇、旅游镇、商贸镇等。该规划的出台实施，对于引领指导全省各地进一步推进实施新型城镇化战略具有重要意义。7月29日，省政府印发实施《关于进一步做好为农民工服务工作的实施意见》从促进农民工稳定就业、切实维护农民工合法权益、促进农民工融入城市等方面明确了具体政策措施。主要目标任务是：到2020年全省农民工劳动合同、社会保险、城镇基本公共服务实现全覆盖，实现360万人左右的农村人口和其他常住人口在城镇落户。至年末，全省常住人口城镇化率为55.03%，比上年提高1.24个百分点。全省11个地级市市域城镇化率及变化情况是：太原市84.40%，同比上年提高0.15个百分点；阳泉市65.86%，同比上年提高0.9个百分点；大同市61%，同比上年提高0.96个百分点；晋城市57.4%，同比上年提高0.9个百分点；朔州市

53.2%，同比上年提高 1.0 个百分点；晋中市 51.7%，同比上年提高 1.2 个百分点；长治市 50.02%，同比上年提高 1.5 个百分点；临汾市 48.62%，同比上年提高 1.48 个百分点；忻州市 46.3%，同比上年提高 1.64 个百分点；吕梁市 46.24%，同比上年提高 1.57 个百分点；运城市 46.12%，同比上年提高 1.67 个百分点。

继续推进实施改善农村人居环境"四大工程"。2014 年，全省启动到 2020 年为期 7 年实施改善农村人居环境的"四大工程"（完善提质、农民安居、环境整治、宜居示范）。其中，完善提质工程主要内容是完善农村路水电气等基础设施，农民安居工程主要内容是在采煤沉陷区、地质灾害易发区、连片特困区重点实施易地搬迁和改造农村困难家庭危房，环境整治工程主要内容是农村垃圾治理、污水治理，宜居示范工程主要内容是在改善农村人居环境的基础上鼓励支持有条件的村开展美丽乡村建设。总体目标是：到 2020 年农村危房基本消灭，不适宜居住的山村基本完成搬迁；农村路水电气等基础设施基本完善。大部分村庄生产生活条件明显改善，建成一批家园美、田园美、生态美、生活美的美丽宜居乡村；农民普遍住安全房、喝干净水、走平坦路，更多农户用上清洁能源，城乡基础设施和基本公共服务差距逐步缩小，农民群众过上文明、舒适、便捷的好日子。在 2014 年起步实施并取得成效的基础上，2015 年全省改善农村人居环境"四大工程"进一步推进实施。全年累计完成投资 231.88 亿元，比计划投资超额完成 30.88 亿元，实现完善提质工程再上新台阶、农民安居工程实现新突破、环境整治工程取得新成效、宜居示范工程开创新局面的"四新"要求。其中，完善提质工程，在基础设施建设方面，完成 657 千米县乡连片贫困地区公路连通工程和 3766 千米村通水泥油路；解决了 54.48 万农村居民和 10.74 万农村学校师生的饮水安全问题；完成 500 个村庄道路绿化、环村绿化、街巷绿化、庭院绿化和公共绿地建设。农民安居工程，通过采煤沉陷区治理、易地扶贫搬迁、地质灾害治理等措施，有 64 万农村群众住进安全房舍；采煤沉陷区治理涉及的 134 个乡镇安居工程全部开工；农村地质灾害治理涉及的 4000 户 1.2 万人的安居工程全部开工，完成 2740 户；农村危房改造完成 13.5 万户，大同、朔州、忻州 3 市 10 县农村住房抗震改建试点完成 1 万户；农村易地扶贫搬迁 10 万人。环境整治工程，至年末累计配备清扫保洁员 9.3 万名、监督管理员 1.5 万名，垃圾收运车 3.37 万辆，建成垃圾处置点 7355 个、中转站 179 个；完成村容整饰 9785 个村，清理"柴堆、煤堆、粪堆、料堆"等 121 万处，清理垃圾 419 万吨。宜居示范工程，开展示范创建村达到 1134 个，其中省级 200 个、市级 274 个、县级 854 个，形成了省、市、县三级合力创建美丽宜居示范村的良好局面。

启动实施改善城市人居环境的"四大工程"。5 月 19 日，省委、省政府印发实施《山西省改善城市人居环境规划纲要（2015~2017 年）》，对全省启动实施为期 3 年的改善城市人居环境的"四大工程"（设施提升、城市安居、城中村改造、环境提质）规划做出部署。总体目标任务是：通过 3 年时间努力，全省城市建成区水电气热、通信、污水和垃圾处理实现全覆盖，公共综合交通体系基本形成，棚户区基本消除，城中村改造取得阶段性成果，城市环境质量显著改善。其中，设施提升工程，主要任务是解决地下管线规模不足、老旧管网超期服役，雨污分流推进之后，路网结构不合理，公交出行率偏低，交通拥堵，基础设施供给和保障能力不足等问题。城市安居工程，主要任务是解决居住区基础设施不配套、环境脏乱差等突出问题，加大保障性住房建设力度解决中低收入群体住房困难。城中村改造工程，主要任务是解决城中村规划建设管理不严格、基础设施不配套、环境卫生脏乱差、安全隐患突出和社会保障不良等问题。环境提质工程，主要任务是解决污水处理能力不足、空气污染、城市园林绿化水平不高，以及城市环境卫生脏乱差等问题。总体目标是：全省城市建成区水电气热、通信、污水和垃圾处理实现全覆盖，公共综合交通体系基本形成，城市路网级配达到国家标准，棚户区基本消除，城中村改造取得阶段性成果，城市环境质量显著改善。5 月 20 日，省政府办公厅印发了《山西省改善城市人居环境 2015 年行动计划》，对年度工作做出具体安排。6 月 12 日，全省改善城市人居环境工作电视电话会议召开，对推进工作和落实任务进行了动员部署。2015 年，全省实施城市人居环境的"四大工程"，完成投资 2856.2 亿元，各项建设取得显著成效。其中，设施提升工程方面，新建和改造城市道路 1486 千米、各类市政管网 8281 千米；完成提标改造城镇污水处理厂 30 座，城市污水处理率达 87.9%、县城污水处理率达 84.3%；开工建设生活垃圾无害化处理场 14 座，实现垃圾无害化处理"县县有"。城市安居工程方面，新开工城镇保障房 26.19 万套，其中棚改 23.76 万套，基本建成 20.23 万套；全省棚改货币化安置 4.26 万户；至年末全省城镇保障性住房覆盖面达到 24%，比全国平均水平高出 4 个百分点。城中村改造工程，全省开工改造城中村 138 个、7.93 万户，一年的改造量是过去 11 年年均改造量的近 5 倍；特别是太原市一年启动了 54 个城中村整村拆迁，规模大、推进快，为全省树立了标杆。环境提质工程方面，强化道路扬尘污染控制，创建保洁示范街道 44 条；新增城市绿化面积 2519 万平方米，完成年度目标任务的 126%；洪洞、阳城、左权、昔阳、沁源县县城被命名为国家园林县城，吕梁市、临猗县等 10 个市县被命名为省级园林城市（县城）；全省 11 个地级市环境空气质量均超过二级标准，达标天数平均为 253 天，占全年有效监测天数的 70.4%，比上年上升 7.1%。

积极调控房地产开发业和促进城市建设。房地产开发业是城市（含县城）建设和发展的重要内容。调控房地产开发业的发展，是改善城市人居环境和提升城市品质的重要举措。多年来，房地产开发业为全省城市（含县城）面貌的巨变发挥了十分重大的作用。2015 年，在市场持续走低的形势下，全省各级各有关部门积极调控和推进了房地产开发业的发展。其中，10 月 30 日省政府办公厅印发实施《关于健全完善住房保障和供应体系促进房地产市场健康发展的意见》，从健全完善住房保障和供应体系、优化用地和商品住房供应结构、统筹保障性住房和商品住房建设、鼓励住房合理需求、提升房地产业发展水平等方面明确了政策措施，其中具体包括优化住房供应套型结构、取消商品房购房限制、落实住房信贷政策、提升住宅品质等。全年全省房地产开发企业完成投资 1494.9 亿元，同比增长 6.5%。其中，房地产开发企业住宅投资完成 1098.3 亿元，同比增长 8.7%；办公楼投资完成 85.5 亿元，同比增长 23.6%；商业营业房投资完成 172.2 亿元，同比下降 10.5%。全年全省房地产开发企业土地购置面积 431.7 万平方米，总量与上年基本持平，增幅同比提高 50.7 个百分点。全年全省房地产开发项目房屋施工面积 15734.5 万平方米，同比增长 1.7%。其中，新开工面积 3700.6 万平方米，同比下降 4.8%，降幅同比扩大 10.6 个百分点；房屋竣工面积 2114.5 万平方米，同比下降 3.1%，降幅同比收窄 1.4 个百分点，其中住宅竣工面积 1574.7 万平方米，同比下降 7.5%，降幅同比收窄 0.5 个百分点。房屋销售面积 1592.6 万平方米，同比增长 1.0%，增幅同比提高 5.1 个百分点，其中住宅销售面积

1481.1 万平方米，同比增长 3.3%，增幅同比提高 6.7 个百分点。

继续加强和推进交通水利通信基础设施建设。一是继续推进铁路工程建设。2015 年，全省续建铁路项目主要有大同至西安客运专线、山西中南部铁路通道、朔州至准格尔铁路、太原枢纽西南环线、太兴铁路太静段和静兴段、吕梁至临县铁路、黄陵至韩城至侯马（山西段）铁路、太原南站及相关工程、太原至焦作高铁、大同至张家口客专铁路、蒙西至华中铁路煤运通道、南同蒲铁路电化改造、保德至兴县瓦塘铁路、太原轨道交通二号线一期工程、阳泉北至大寨铁路、晋中—太原城际铁路、太原市轨道交通 1 号线一期工程、太原市轨道交通 2 号线一期工程等 20 多项，完成投资 127.88 亿元。其中，太（原）兴（县）铁路太原至静游（娄烦静游镇）段全线双线贯通，大西高铁试验段建设、太原枢纽新建西南环线工程实现重大突破，阳泉北至大寨铁路、晋中至太原城际铁路、大同至张家口高速铁路正式开工建设，太原至焦作高铁获批。至年末，全省铁路营运里程达到 5086 千米，同比上年增加 106 千米；每平方千米铁路平均里程达 3.2 千米。二是继续推进城乡公路建设。2015 年，全省公路建设完成投资 274.95 亿元，为年计划的 112.2%，同比上年增长 7%。其中，高速公路建设完成投资 179.36 亿元，新开工建设右玉至平鲁、神池至岢岚、晋蒙黄河大桥 3 个项目，继续推进和顺至榆社二期工程、高平至沁水、原平至神池、吉县至河津、左权至黎城、运城至灵宝黄河大桥、北京至乌鲁木齐山西段、永和至永和关、长治至临汾、长治至邯郸改扩建工程 10 个建设项目，继续推进临县至离石、吕梁环城、运城解州至陌南、和顺至榆社二期工程 4 个建设项目并实现开通运营。至年末，全省公路通车里程达 140960 千米，同比上年增加 524 千米，其中高速公路通车里程达到 5028 千米，同比上年增加 17 千米。每百平方千米公路平均里程达 90 千米，同比上年提高 0.1 千米。三是继续推进山西大水网工程和各项重点水利工程。2015 年，"大水网"四大骨干工程全面推进，完成投资 54.2 亿元，隧洞掘进 205 千米，管道铺设 150 千米。四大骨干工程之一的辛安泉供水工程，于 9 月 29 日率先实现首期供水目标。全年全省其他重点水利工程建设也不断推进，其中沁源县永和水电站主体工程完工、石楼县坪底供水枢纽工程完工并通过竣工验收、昔阳县松溪供水工程口上水库完工实现下闸蓄水、禹门口东扩二期和柏叶口龙门供水主体工程完工等。新中国成立以来，一直在规划筹建的位于黄河北干流下段晋陕黄河大峡谷之处的重大水利工程——古贤（原龙门）水利枢纽工程，项目建议书通过国家审查，筹建工作取得重大进展。四是继续推进通信基础设施建设。2015年，全省公共场所无线局域网建设工程和"宽带中国"战略工程进一步推进实施。至年末，全省11个市的300余处公共场所实现无线局域网覆盖；全省11个市、119个县（区、市）实现"宽带全光网络"覆盖，行政村覆盖22101个，宽带用户普及率达51%；全省中小学校通宽带率达到72.62%；太原市成功入选"宽带中国"示范城市。

6. 创新驱动

创新驱动，是指依靠自主创新，充分发挥科技对经济社会的支撑和引领作用，大幅提高科技进步对经济的贡献率。近年来，全省各级各有关部门积极实施科技创新驱动发展战略，着力发挥科技对经济社会的支撑和引领作用，推动经济发展方式转变。2015年，全省科技创新驱动发展战略进一步加强实施，取得重大进展。

修订法规和出台多项重大政策措施推进实施创新驱动战略。一是新修订后的《山西省专利实施和保护条例》于2015年1月1日起施行。该条例最早于2001年颁布施行，2014年11月28日由省十二届人大常委会第16次会议修订通过。新修订后的《条例》进一步强化了鼓励发明创造、推动专利的实施和运用的法制支持，明确了新的奖励措施。其中规定，省政府应当设立专利奖，对在技术创新与专利实施中为经济社会发展做出突出贡献的专利项目给予奖励；市、县政府应当建立健全专利激励机制，对产生明显经济效益和社会效益的优秀专利项目或专利工作成绩突出的单位和个人进行奖励；县级以上政府应当将专利事业发展资金纳入财政预算，用于专利战略实施、专利申请、专利转化运用、专利奖励、专利维权援助、专利服务等事项。二是出台实施《山西省知识产权战略实施行动计划（2015～2020年）》。该《计划》于3月6日由政府办公厅印发实施，从目标要求、工作重点、保障措施等方面对全省实施知识产权战略做出新的规划部署。主要目标任务是：到2020年，全省有效发明专利拥有量达到1.2万件左右，企业专利（发明专利、实用新型专利）申请量达到8000件左右；全省注册商标申请量达到8万件左右，中国驰名商标达到100件左右，山西省著名商标保持在1000件左右；作品著作权登记数量达到1000件左右；林业植物新品种授权品种数量达到10

个左右；新登记保护农产品地理标志注册达到 30 件左右。三是出台实施《关于实施科技创新的若干意见》。该意见于 8 月 17 日由省委、省政府印发实施，从统筹推进全面创新、深化科技管理体制机制改革、强化企业技术创新主体地位、加速科技成果向现实生产力转化、建立重点人才团队和平台协同发展的机制、构建多元化科技投融资体系、实施重大科技创新工程、推动形成深度融合的开放创新局面、营造良好的创新创业环境九大方面，提出 35 条具体措施。主要目标任务是：到 2020 年，全省研究与试验发展经费（R&D）占地区生产总值（GDP）的比重达到 2.5% 以上；高新技术产业增加值占地区生产总值比重、科技成果转化率、科技进步对经济增长的贡献率力争达到全国平均水平。四是出台实施《山西省深化省级财政科技计划（专项、基金等）管理改革方案》。该方案于 8 月 21 日由省政府印发实施，对 2015 年至 2017 年建立全省公开统一的科技管理平台、优化整合科技计划（专项、基金等）等做出安排部署。目标任务是：面向全省经济社会创新发展的实际需求，加快转变政府科技管理职能，按照明晰政府与市场的关系、科技经济深度融合的基本原则，聚焦全省重大战略任务，强化顶层设计，打破条块分割，改革管理体制，统筹科技资源，建立全省公开统一的科技管理平台，建立总体布局合理、功能定位清晰的科技计划（专项、基金等）体系和公开透明的组织管理机制。五是出台实施《关于推进科技服务业发展的实施意见》。该意见于 11 月 30 日由省政府印发实施，从发展目标、重点任务、保障措施等方面，对全省推进科技服务业发展做出规划部署。主要目标任务是：到 2020 年全省科技服务机构超过 500 家，培育出 50 家省级示范服务机构，打造出 5 家功能强大、面向全省域的知名品牌服务机构，基本形成覆盖科技创新全链条的科技服务体系，服务科技创新能力大幅增强，科技服务市场化水平明显提升。全年全省 R&D 经费投入 152.19 亿元，在经济下行压力持续加大的情况下，基本保持了上年的投入水平。有效发明专利拥有量比上年增长 29%，达到 8104 件。有 6 个项目获国家科学技术奖。高新技术企业数量比上年增长 39.4%，总数达 725 家，两年翻了近一番。全省科技进步水平综合指数排全国第 17 位，上升 2 位，增幅全国第一。

深化科技管理体制改革落实创新驱动战略。深化改革科技管理体制，是实施创新驱动发展战略、建设创新型国家的根本要求。2015 年，省级科技管理体制改革，取得重大突破。一是建立了新的省级科技计划（专项、基金等）管理体制。初步形成了一个决策平台、三大运行支柱、五大科技管理信息系统、五类科技计划和八个配套制度组成的科技计划管理体系和制度体系。一个决策平台，即建立了由科技部门牵头，财政、发改等15个部门参加，打破了长期以来科技管理"九龙治水、条块分割"的局面，加强了科技管理的顶层设计和宏观统筹。三大运行支柱，即建立了战略咨询与综合评审委员会、专业项目管理机构、统一的评估和监管机制，聚集起了加强科技管理和科学决策的智慧力量。五大管理系统，即建立了省级科技计划管理信息平台、科技成果转化和知识产权交易平台、科技资源开放共享管理服务平台、科技报告共享服务平台、高新技术企业管理服务平台，强化了服务功能和提高了服务效率。五类科技计划，即整合全省包括发改、经信、教育等13个厅局和部门的科技计划财政资金，新设立的山西省科技计划（专项、基金等），包括应用基础研究计划、科技重大专项、重点研发计划、科技成果转化引导专项、平台基地和人才专项，破解了重复申报和重复资助的问题。八个配套制度，即山西省科技计划管理"1＋7"制度体系，包含《山西省科技计划（专项、基金等）管理办法》和7个配套的专项管理办法。通过上述改革，基本确立了决策、执行、监督相互分离的科技管理新体制。二是深化各创新主体科技体制机制改革。推进省科技行政管理机构改革、职能转变，实现了政府职能由科研管理向创新服务的重大转变。启动推进省属科研院所新一轮改革，强化提高了转制科研院所的公共科技服务能力。推进高校科研体制机制改革，着力在加强人才队伍建设、优化科研经费使用、促进协同创新和科技成果转化等方面有重大突破，使高校科研成果更接地气。三是建立新的项目形成、立项和经费管理机制。特别是对科技重大专项和重点研发项目，建立了编制产业创新链，凝练科技重大专项，公开招标立项的机制，实现了省级科技项目在组织上的重大创新。

　　加强实施重大产业科技联合攻关和加快推进山西科技创新城建设。一是大力推进实施重大产业科技联合攻关项目。在继续组织实施2014年的67个煤基科技重大专项的基础上，2015年围绕煤炭产业发展，组织省内外120多名专家，全面修订了煤层气、煤电、煤化工、煤焦化、煤机装备、煤基新材料等6条煤基产业创新链2015版。对新凝练的31个重大科技攻关项目开展招标，其中 29 项国内招标、2 项国际招标，13 个科技重大专项立项实施，主要解决现代煤化工、节能减排、煤基产业链延伸等方面的关键技术难题。至年末，2014 年组织实施的 67 个煤基科技重大专项，取得部分关键技术突破。其中，在清洁利用方面，太锅投运的 240t/h 和 550t/h 循环流化床锅炉，实现超低排放。在安全利用方面，晋煤开发出适合采空区抽采的 L 形井，单井日均产气 1500～1800 立方米，在全省瓦斯抽采全覆盖工程中向全省推广。在高效利用方面，阳煤化机研制出适合山西高灰熔点及低质煤的清华炉，气化温度达到 1600℃；阳煤集团与东华工程合作研发的 PWR 气化炉在美国完成两次山西煤种的试烧，气化温度达到 2500℃，为延长产业链、实现煤炭高效利用奠定了基础。在低碳利用方面，潞安乏风氧化发电项目开始正常发电。与此同时，围绕非煤产业的发展，组织省内外 86 名专家，编制完成"数控一代"交通与重型装备、新能源汽车、新能源、电子信息、节能环保 5 条高新技术产业创新链，凝练 35 个省重点研发项目，为打造高新技术产业链、延伸产业链提供科技支撑。二是加快推进山西科技创新城建设。山西科技创新城项目于 2013 年启动筹建，是全省实施转型综改试验区建设的战略性工程，也是全省实施创新驱动战略的龙头工程，地处太原与晋中市榆次区之间，集聚了山西高校教育园区、榆次工业园、太原经济开发区、汾东商务区、太原高新区、晋中经济开发区、晋中国家农业科技园、新能源汽车机械装备制造园等新兴产业集群园。2014 年，山西科技创新城主体区完成总体规划。2015 年，山西科技创新城建设进一步加快实施。7 月 22 日，山西科技创新城综合服务平台一期工程开工建设。该项工程占地 97.6 亩，总建筑面积 17.2 万平方米，总投资 17.5 亿元。这标志着山西科创城建设项目进入全面开工建设阶段。至年末，山西科创城建设项目中，清华大学清洁能源研究院、科技创新综合服务平台、马练营路等 21 个研发机构、公共服务设施和基础设施，完成投资 40 亿元。同时，累计引进中科院、中海油、华能集团等国内领先的煤基低碳研发机构 34 家。

促进重要科技资源共享和推进科技创新基地和平台建设。一是积极促进重要科技资源共享。重要科技资源共享，是提高科技资源利用效率，实施创新驱动战略的重要举措。2015 年，省级有关部门加大投入，进一步支持推进了大型科研仪器、自然科技资源、科学数据、科技文献等基础性平台建设。

全年全省大型科学仪器共享资源新增入网单位5家，仪器236台，价值1.4亿元，入网单位总数达到143家，仪器总数达到1972台（套），总价值9.64亿元。二是大力推动企业自主创新基地和平台建设。完善以企业为主体的技术创新决策体系，全年省级科技重大专项和重点研发计划的立项评审专家组中，企业家和企业技术专家占到三分之一以上。实施企业研发投入视同利润的制度，并纳入经营业绩考核，引导企业加大科技研发投入。支持企业研发组织、机构建设，太重集团承建的"矿山采掘装备及智能制造国家重点实验室"和晋煤集团承建的"煤与煤层气共采国家重点实验室"获批国家级重点实验室累计达到4个，新培育省级企业技术中心19家、累计达到205户，新认定省级中小企业技术中心46个、累计达到158个，新认定省级工程技术研究中心26家、累计达到33家，新认定高新技术企业271家、累计达到791家，新认定5家省级科技企业孵化器。此外，还继续推进了其他国家级、省级企业科技创新基地建设，包括太钢集团"先进不锈钢材料国家重点实验室"、潞安集团"国家煤基合成工程技术研究中心"、晋煤集团"国家能源煤与煤层气技术重点实验室"、26家国家级企业技术中心、6家国家级技术创新示范企业、15家国家级创新型试点企业、8家国家火炬计划特色产业基地、7家国家级科技企业孵化器、135家省级以上创新型试点企业等。强化企业主导的产学研协同创新，进一步拓展了开展技术合作、协同技术攻关、共建研发中心、共建技术联盟、共建产业基地等产学研合作模式。全省高校遴选出首批14个省级协同创新中心，新组建超重力环保、晋猪、枣业、生态绿化4个省级产业技术创新战略联盟，立项支持的13个煤基科技重大专项项目80%以上由企业牵头承担。在振东集团共同设立了"山西省中药现代化关键技术研究基金"、在晋煤集团设立了"山西省煤层气联合研究基金"，在潞安集团设立了"山西省煤基合成精细化学品专项研究基金"，面向全国高校、科研院所、高端研发机构和团队发布技术需求，征集和合作开展重大项目攻关。

加强推进人才培养和增强人才对科技创新的引领作用。一是继续加大力度引进高端人才。从2009年开始，山西实施引进海外高层次人才"百人计划"，到2014年末已先后7批引进引人才256人。2015年，继续实施引进海外高层次人才"百人计划"，引进第八批海外高层次人才100名，专业涉及现代煤化工、高端装备制造、节能环保、生物信息、新能源、新材料等高新技术产业领域。至此，"百人计划"已累计引进海外人才 356 人。引进的海外高层次人才除了获得省财政资助的最高 100 万元的生活补助费之外，还作为特聘专家进入省委联系的高级专家之列。2011 年，启动实施"三晋学者"支持计划，每届聘期五年。其中，入选一级岗位的，从当年开始省财政发给每人每年岗位津贴 40 万元，在山西安家的，省专项资金给予每人 200 万元安家补助，一次性资助科研经费 500 万元；入选科技类"三晋学者"二级岗位的，省财政发给每人每年岗位津贴 20 万元、一次性资助科研经费 200 万元等。2013 年 16 名教授和专家成为首批"三晋学者"特聘教授（专家），2015 年又有 1 名教授入选"三晋学者"特聘教授。二是继续加大力度培养学科带头人。从 2012 年开始选拔培养山西省学术技术带头人，当年第一批有 397 人入选，随后 2013 年第二批有 202 入选，2014 年第三批有 193 人入选。2015 年，200 人入选第四批山西省学术技术带头人。山西省学术技术带头人，是全省经济社会发展重点领域、优势产业、特色产业学术技术方面的领军人才。入选山西省学术技术带头人的，可享受相应的人才政策支持，专项资金一次性发放特殊津贴 2 万元。三是继续加大力度培养"青年拔尖人才"。从 2012 年开始，启动"山西省青年拔尖人才支持计划"，每年在自然科学、哲学社会科学和文化艺术等重点学科领域，遴选 10 名左右 35 周岁以下、一般应获得博士学位、在山西工作 1 年以上的青年创新人才，给予财政支持。2013 年有 6 名、2014 年有 10 名优秀青年人才先后入选首批、第二批"青年拔尖人才"。2015 年又有 11 名优秀青年人才新入选第二批"青年拔尖人才"。四是继续加大力度培养"新兴产业领军人才"。2012 年，启动实施"山西省新兴产业领军人才培育工程"，培养周期为 3 年。2013 年首批 49 人、2014 年第二批 64 人先后入选为"新兴产业领军人"，领域涉及现代装备制造、现代煤化工、节能环保、电子信息、新型能源、特色食品、新型材料、生物医药等。入选新兴产业领军人才后，可享受的政策包括：从事技术研发和成果转化的领军人才，省财政给予 5 万元科研经费；创办领办技术成果产业化企业的，省财政给予创业初期启动资金资助，资助额最高 50 万元。2015 年，启动开展了第三批推选。同时，入选第二批"山西省新兴产业领军人才"的山西智济电子科技有限公司的安永琳，入选国家"2014 年创新人才推进计划——科技创新创业人才"。

加强科技创新合作交流和推动大众创业万众创新。一是大力加强与国家级科技创新机构和团队的合作。4月9日，省政府与国家自然科学基金委员会在太原签署协议，共同设立煤基低碳联合基金。根据协议，从2015年至2019年，省政府和国家自然科学基金委员会每年共同安排经费5000万元投入煤基低碳联合基金，立足山西、面向全国，重点支持煤炭开采、煤层气、煤化工、煤机装备、新材料、煤电及新能源、节能环保等煤基低碳相关领域的科技创新项目。首批44个项目正式实施。4月17日，省政府与中国科学院在太原举行工作会商并签署省院战略合作协议，中科院29家所属院所与山西38个单位开展了深入交流与合作，促成45个合作项目。10月23日，省政府与中国中医科学院签署合作框架协议。协议双方通过科技合作、技术帮扶、人才培养、基地建设，深度挖掘山西中药材资源的经济价值、生态价值、文化价值和科技价值，全产业链推动中药材产业发展。10月23日，省政府与中国农业产业化龙头企业协会签署战略合作框架协议，协议双方在建立研发机构、新品种选育、农业生产技术集成、农业产业化技术研发组装、农产品深加工等方面开展合作。二是举办第五届中国（太原）国际能源产业博览会2015低碳发展高峰论坛。高峰论坛于9月16日至17日在中国（太原）煤炭交易中心举行，由1个主论坛、1个分论坛和6场低碳发展讲座构成。来自美国、泰国、德国、俄罗斯、加拿大等19个国家和地区的嘉宾，国内清华大学等22所高校、中国科学院等155个科研院所和知名企业的专家学者800余人参加高峰论坛开幕式及主论坛。传播了低碳发展的新理念，达成了多项对外合作意向，搭建了专家院士交流平台，三是出台实施多项重大政策措施推动大众创业万众创新。9月1日，政府办公厅印发《关于发展众创空间推进大众创新创业的实施意见》，提出了加快构建众创空间、支持建立众创服务平台、深化商事制度改革、鼓励支持大学生创业、鼓励支持科技人员创业、加大财政资金引导力度、完善创业投融资服务等10条重大政策措施。主要措施是：实施众创空间示范工程建设，到2017年全省设区的市及太原、长治国家高新区至少各建成3个众创空间，普通本科高校、有条件的高职院校至少各建成1个众创空间，建成省级大学生创新创业园1个，全省众创空间达到100个；深化商事制度改革，允许按工位注册企业，即可以统一办公场所中具体编号的办公位置（"工位号"）作为企业住所进行企业登记；鼓励支持大学生创业，实施弹性学制，允许高校大学生保留学籍休学创业；鼓励支持科技人员创业，支持高校、科研院所等事业单位专业技术人员创办、领办或合办科技型企业，对于离岗创业的，经原单位同意，3 年内保留人事关系，与原单位其他在岗人员享有同等参加职称评聘、岗位等级晋升和社会保险等方面的权利等。12 月 10 日，由省政府印发《山西省大力推进大众创业万众创新的实施方案》，从构建各具特色的创新创业载体、营造更为宽松的创新创业市场环境、培育和激活创新创业主体、加强创业创新的全方位支持、提升创新创业的公共服务能力五个方面，提出了 21 项重大政策措施。到年末，全省首批认定了 35 个省级众创空间；以省高新技术创业中心为试点，建成了集创新工场、创客咖啡、创业服务、企业孵化、科技金融等为一体的山西省科技创新创业服务大平台。

7. 经济特区

经济特区，是指山西境内国家和省政府批准开辟建立的高新技术产业开发区、经济技术开发区、经济开发区、工业园区等享受特殊政策的区域。自 1991 年太原高新技术产业开发区创办以来，到 2014 年末山西境内共有国家级、省级开发区 25 个，规划面积合计 241.57 平方千米，占全省总面积的 1.54‰。11 个地级市每个至少拥有 1 个开发区。25 个开发区全省分布情况是：太原市 5 个，即太原高新技术产业开发区（创建于 1991 年，1992 年升级为国家级高新技术产业开发区）、太原经济技术开发区（始建于 1992 年，2001 年升级为国家级经济技术开发区）、太原民营经济开发区（始建于 1995 年，1997 年批准为省级经济开发区）、太原不锈钢生态工业园区（始建于 2003 年，2006 年批准为省级工业园区）、清徐经济开发区（始建于 1992 年，2003 年批准为省级经济开发区）；大同市 1 个，即大同经济技术开发区（始建于 1992 年，1997 年批准为省级经济开发区，2010 年升级为国家级经济技术开发区）；朔州市 1 个，即朔州经济开发区（始建于 1992 年，1996 年批准为省级经济开发区）；忻州市 1 个，即忻州经济开发区（始建于 1992 年，1996 年批准为省级经济开发区）；阳泉市 1 个，即阳泉经济开发区（1993 年成立的省级经济开发区）；吕梁市 3 个，即孝义经济开发区（始建于 2003 年，2006 年批准成为省级经济开发区）、文水经济开发区（始建于 2003 年，2006 年批准成为省级经济开发区）、交城经济开发区（始建于 2003 年，2006 年经批准成为省级经济开发区）；晋中市 3 个，即晋中经济技术开发区（1996 年始建的省级经济开发区，2012 年升级为国家级经济技术开发区）、榆次工业园区（始建于 2002 年，2006 年经批准为省级工业园区）、祁县经济开发区（始建于 1999 年，2006 年批准为省级经济开发区）；长治市 2 个，即长治高新技术产业开发区（1992 年始建的省级高新技术产业开发区）、壶关经济开发区（始建于 2001 年，2006 年批准为省级经济开发区）；晋城市 1 个，即晋城经济技术开发区（始建于 1992 年，1997 年批准为省级经济开发区，2013 年升级为国家级经济技术开发区）；临汾市 2 个，即临汾经济开发区（1997 年始建的省级经济开发区）、侯马经济开发区（1997 年始建的省级经济开发区）；运城市 5 个，即运城经济开发区（始建于 1992 年，1997 年批准为省级经济开发区）、运城空港经济开发区（始建于 2002 年，2012 年批准为省级经济开发区）、运城盐湖工业园区（始建于 2003 年，2006 年批准为省级工业园区）、绛县经济开发区（1997 年始建的省级经济开发区）、风陵渡经济开发区（1992 年始建的省级经济开发区）。其中，太原高新技术产业开发区、太原经济技术开发区、大同经济技术开发区、晋中经济技术开发区、晋城经济技术开发区 5 个为国家级开发区。

2014 年，全省 25 个开发区实现地区生产总值 1655.84 亿元，增长 6.7%；完成固定资产投资 1117.3 亿元，增长 16.4%，占全省 11977.0 亿元的 9.3%；实现工业总产值 3919.39 亿元、增长 7.8%，高新技术企业工业总产值占比 45.6%；实现工业增加值 1195.65 亿元、增长 6.8%，第三产业增加值 470.56 亿元、增长 22.6%，高新技术产业增加值 493.03 亿元、增长 13.6%；实现财政总收入 210.5 亿元、增长 16.4%，公共财政收入 68.3 亿元、增长 31.1%；完成进出口总额 71.92 亿美元，增长 23.7%，占全省 162.5 亿美元的 44.3%；实际利用外资 12 亿美元，下降 29.4%，占全省 29.5 亿美元的 40.6%。

2015 年，全省各级各有关部门和各地开发区在进一步完善开发区体制机制、优化开发区发展环境、推进创新发展的同时，大力推动了开发区的扩区、升级建设。在开发区扩区建设方面，省政府于 12 月正式批复同意太原市民营经济开发区在阳曲县境内扩区，建设工业新区。开发区由此由原来的 3.64 平方千米扩大至 37.89 平方千米，面积扩大 10 倍多。在开发区升级建设方面，国务院批复同意长治高新技术产业开发区由省级升级国家级高新技术产业开发区；省政府先后于10月、12月批复同意设立大同市左云经济技术开发区、山西省原平经济技术开发区。至此，全省省级以上开发区达到27个，其中国家级开发区达到6个。与此同时，全省各地其他开发区实施拓展发展空间的"一区多园""飞地经济"等建设也进一步推进，取得拓展园区发展空间的积极成效。

至2015年末，全省纳入统计的25个开发区（新设立的左云、原平经济技术开发区尚未纳入统计）入区注册企业达19600余家，其中规模以上工业企业511家，限额上商贸流通企业和有资质房地产、建筑业企业突破1155家，外商投资企业139家。

2015年，全省纳入统计的25个开发区共实现地区生产总值1704亿元，比上年增长2.9%，占全省12802.6亿元的13.3%；财政总收入209亿元，比上年下降0.7%；公共财政预算收入65.7亿元，比上年下降3.8%；税收收入193.55亿元，比上年增长0.8%。工业总产值3898.52亿元，比上年下降0.5%；工业增加值1133.6亿元，比上年下降5.2%；高新技术产业增加值481亿元，比上年下降2.4%；入区企业主营业务收入6184.44亿元，比上年增长4.4%；企业利润总额351.86亿元，比上年下降0.6%。固定资产投资1145.1亿元，比上年增长2.5%，占全省14137.2亿元的8.1%；进出口总额82.72亿美元，比上年增长15%，占全省147.2亿美元的56%；实际利用外资9.37亿美元，比上年下降22%，占全省28.7亿美元的32.6%；实际引进境内省外投资额（含新增内资企业注册资本）800.56亿元，比上年增长13.7%。

2015年，全省纳入统计的25个开发区按从业人员计算的人均GDP为29.6万元，投入产出比（地区生产总值/固定资产投资）为1.49，开发区产业集聚效应十分明显；外贸依存度（净出口额/地区生产总值）为8%，开发区外向型水平明显提升；单位面积投资强度（固定资产投资累计值/年末已开发面积）为3432.6万元/公顷，单位面积产出强度（地区生产总值/年末已开发面积）为890万元/公顷，单位面积税收强度（税收收入/年末已开发面积）为101万元/公顷，开发区土地集约化程度和土地利用效率明显提高；开发区人口共86.32万人，其中城镇人口50.6万人，人口城镇化率（城镇人口/全区人口数）为58.6%，开发区建设和发展对城镇化的推动作用十分显著。

二 政治建设

2015年，在党中央的坚强领导下，山西省委高举中国特色社会主义伟大旗帜，坚持以邓小平理论、"三个代表"重要思想、科学发展观为指导，认真贯彻落实党的十八大和十八届三中、四中、五中全会精神，深入学习贯彻习近平总书记系列重要讲话精神，按照"四个全面"战略布局和中央对山西工作的重要指示要求，以加强党的建设为统领，以净化政治生态、实现弊革风清、重塑山西形象为着力点，统揽全局，统筹各方，在坚持和完善中不断推进了中国特色社会主义民主政治在山西的实践。

1. 党的建设

2015年，山西省委常委会由省委书记王儒林、省委副书记省长李小鹏、省委副书记楼阳生、省委宣传部部长胡苏平、常务副省长高建民、省纪委书记黄晓薇、太原市委书记吴政隆、省委政法委书记王建明、省委统战部部长孙绍骋、省委秘书长王伟中、副省长付建华、省委组织部部长盛茂林、省军区政委张少华和司令员冷杰松（张少华上半年退休后由冷杰松接任）组成。全年，在党中央的坚强领导下，山西省委按照中央的部署，深入学习贯彻习近平总书记系列重要讲话精神，全面加强和推进从严管党治党，开创出加强党的建设的新局面。

深入推进学习讨论落实活动和深入开展"三严三实"专题教育。一是深入推进和完成学习讨论落实活动。学习讨论落实活动是2014年9月中央针对山西发生的严重腐败问题对山西省委领导班子做出重大调整后，省委决策部署于11月30日启动实施的一项重大举措。该项活动在全省各级党组织和广大党员干部中开展，主题为"深入学习习近平总书记系列重要讲话精神，净化政治生态、实现弊革风清，重塑山西形象、促进富民强省"。2015年，全省学习讨论落实活动继续深入推进开展。在推进开展学习讨论落实活动的同时，省委又对在重点领域开展专项整治做出部署。2月25日，省委办公厅、省政府办公厅印发《关于在全省学习讨论落实活动中深入开展专项整治工作的通知》，提出了 30 项重点整治任务，涉及煤焦、土地、交通、房地产等容易滋生腐败的重点领域，涉及司法、教育、医疗、社保、涉农等民生领域，涉及资源配置、工程招标、政府采购、资金分配等权力密集的关键环节，涉及行政违规审批和滥用审批权问题，很多是"老大难"问题，有的甚至是积习流弊、顽症痼疾，人民群众对此反映强烈。2 月 27 日，省委召开全省学习讨论落实活动专项整治工作部署会议，对全省启动开展专项整治工作进行了动员部署。此后，与开展学习讨论落实活动同步，该专项整治工作在全省各地、各系统、各部门广泛开展。到 4 月中旬，全省开展学习讨论落实活动及专项整治，取得了重要阶段性成果。4 月 20 日，省委召开全省学习讨论落实活动总结大会，对该项活动进行了总结，并明确要求把深化学习讨论落实活动成果与即将在县处级以上领导干部中开展的"三严三实"专题教育紧密结合起来，做到互促互动，把来之不易的好局面巩固和发展下去。二是深入开展"三严三实"专题教育。4 月初，党中央对 2015 年在全国县处级以上领导干部中开展"三严三实"专题教育做出安排部署。"三严三实"，即"严以修身、严以用权、严以律己，谋事要实、创业要实、做人要实"，是习近平总书记提出的党的领导干部的为官之道和行为准则。根据中央的部署要求，省委办公厅于 4 月 30 日印发了《关于在全省县处级以上领导干部中开展"三严三实"专题教育实施方案》。"三严三实"专题教育，中央部署了思想教育、党性分析、整改落实、立规执纪 4 个规定动作。山西结合实际，确定了 8 个关键动作，即："一把手"讲党课、专题学习研讨、召开专题民主生活会和组织生活会、列出"两个清单"抓整改落实、严格执行党纪党规"先走一步"、"六权治本"扎紧制度笼子、开展专项整治抓攻坚整改、在推动"六大发展"上出实招见实效。5 月 16 日，省委书记王儒林以"领导干部要带头认真学习践行'三严三实'"为题，为各级领导干部讲专题党课，并对全省开展"三严三实"专题教育进行了动员部署。此后，在省委坚持以上率下的带动下，全省各地各单位认真贯彻中央要求，紧扣省委部署，精心组织、扎实推进"三严三实"专题教育活动的开展。至年末，全省开展"三严三实"专题教育活动基本完成，在深化"双学"（学习习近平总书记系列重要讲话精神和中央领导集体优良作风）、严明党的政治纪律和政治规矩、开展专项治理（学习讨论 30 项专项治理、全省农村集体"三资"清理和"以群众举报乡村干部腐败为切入点集中解决群众信访诉求问题"专项治理、县级基层干部不作为乱作为集中专项整治)、提振领导干部干事创业激情、推动作风建设常态化等方面，取得重要成果。

深化党的建设制度改革和推进各级领导班子建设。一是出台实施《关于贯彻落实〈深化党的建设制度改革实施方案〉的意见》。该意见是在 2014 年贯彻落实中央要求的基础上，于 2015 年 1 月 10 日由省委办公厅印发的，对推进和深化党的组织制度、干部人事制度、基层组织建设制度、人才发展机制四大类改革任务做出规划部署。其中，深化党的组织制度改革，包括严格党内政治生活制度、完善党委工作制度、完善党的代表大会制度和党内选举制度；深化干部人事制度改革，包括完善干部选拔任用制度、完善领导班子和领导干部考核评价制度、完善干部教育培训和实践锻炼制度、完善干部管理监督制度、完善干部激励保障制度、完善国有企业事业单位人事制度；深化基层组织建设制度改革，包括完善各领域基层党组织建设制度、创新基层服务型党组织、完善党员队伍建设制度；人才发展机制改革，包括健全党管人才领导体制和工作机制、创新集聚人才体制机制、完善人才流动配置机制、完善人才评价激励机制。全年，按规划部署，省委、省政府及有关部门先后制定出台了多项涉及深化党的建设制度改革的重大措施，为加强党的建设和从严管党治党提供了制度保障。二是出台实施《关于贯彻〈2014～2018 年全国党政领导班子建设规划纲要〉的实施意见》。该意见是在 2014 年贯彻落实中央要求的基础上，于 2015 年 6 月 30 日由省委办公厅印发的，从强化理论武装和坚定理想信念、注重培养锻炼和增强推动"六大发展"的能力、持续改进作风和推进反腐败体制机制创新、坚持好干部标准和选优配强各级领导班子、加强民主集中制建设和严肃党内生活、严格管理监督和把从严治党落到实处六个方面提出了 23 项措施，为加强和推进全省各级党政领导班子建设提供了基本遵循。全年全省通过调整、新任命多名市县党政领导班子人员特别是主要负责人，朔州、吕梁两市还完成了人大、政府、政协领导班子换届，加强和推进了市县党政领导班子建设。三是出台加强高校领导班子建设的"三个文件"。6 月 26 日，省委常委会议研究通过《山西省贯彻执行普通高等学校党委领导下的校长负责制的实施办法》《山西省高等学校实行领导班子任期制办法》《部分高等学校实行党委常委制的意见》"三个文件"，并随后印发实施。贯彻落实这"三个文件"政策，进一步推进和加强了全省高校领导班子建设。四是出台实施《山西省贫困县党政领导班子和领导干部经济社会发展实绩考核办法》。该办法于9月6日由省委办公厅、省政府办公厅印发，对考核全省36个国家扶贫开发工作重点县和集中连片特殊困难地区党委、政府领导班子和领导干部做出安排部署，旨在引导贫困县党政领导班子和领导干部树立正确的政绩观，以坚强有力的领导，落实好精准扶贫的要求。

加强和改进党对有关领域工作的领导。一是加强对民族工作和统一战线工作的领导。5月11日，省委、省政府召开全省民族工作会议暨第六次民族团结进步表彰大会，学习贯彻中央民族工作会议暨国务院第六次全国民族团结进步表彰大会精神。7月，省委办公厅、省政府办公厅印发《山西省贯彻落实〈中共中央、国务院关于加强和改进新形势下民族工作意见〉重要举措分工方案》，提出具体措施，并对每条措施的具体落实和牵头单位做出分工和规定。9月15日，省委召开统战工作会议，学习贯彻中央统战工作会议和《中国共产党统一战线工作条例（试行）》精神，对进一步加强和改进全省统战工作进行安排部署。随后，省委于9月25日印发《关于贯彻〈中国共产党统一战线工作条例（试行）〉的实施意见》，从切实履行领导职责、建立健全工作机制、加强工作力量建设等方面，对加强党对统战工作的领导做出安排部署。主要举措包括：将统战工作纳入对各级党委（党组）领导班子和领导干部年度目标责任考核内容、省委成立统一战线工作领导小组、省市县党委组织部和统战部建立联席会议制度、建立和完善省市县党委政府党员领导干部联系党外代表人士制度、市县两级党委统战部部长由同级党委常委担任或兼任、推进县级统战部门合署办公和加强制度建设等。二是加强和改进党对群团工作的领导。9月25日，省委召开党的群团工作会议，学习贯彻中央党的群团工作会议精神，对加强和改进全省党的群团工作进行部署。随后，于9月27日印发《贯彻落实〈中共中央关于加强和改进党的群团工作的意见〉的实施方案》，从加强党委对群团工作的组织领导、强化群团工作的思想政治引领、切实解决群团组织存在的机关化行政化贵族化娱乐化问题、推动群团组织团结动员群众围绕中心任务建功立业、推动群团组织在社会主义核心价值观建设中发挥教育引导作用、支持群团组织加强服务群众和维护群众合法权益工作、支持群团组织在社会主义民主中发挥优势和作用、支持群团组织在创新社会治理和维护社会稳定中发挥引领带动作用、推动群团组织改革创新和增强活力、完善落实群团工作支持保障机制提出了 30 多项具体措施。三是健全县乡党委领导人大工作机制。6 月，中共中央转发《中共全国人大常委会党组关于加强县乡人大工作和建设的若干意见》（中发〔2015〕18 号）后，12 月 16 日，省委转发《中共山西省人大常委会党组关于贯彻落实中发〔2015〕18 号文件精神加强县乡人大工作和建设的实施意见》，对健全党委领导人大工作机制提出明确要求。主要内容包括：县乡党委要带头维护宪法法律权威、自觉尊重人大法律地位、科学规范党委与人大关系、把人大工作纳入党委总体工作布局；每届党委至少召开一次人大工作会议，每年至少专题听取和研究一次人大工作；重大决策充分听取人大和人大代表意见，定期向人大代表通报党委总体工作；坚持县级党委主要负责人联系人大工作制度、县级人大常委会主任列席县委常委会议制度及人大常委会班子成员参加党政重要会议和活动制度、人大常委会班子成员和工作机构负责人参加重要干部民主推荐测评制度；通过发挥县级人大常委会党组的领导核心作用、人大代表和人大机关干部中党员的模范带头作用，实施对人大工作的领导等。

大力刷新吏治和从严管理干部。一是严厉整治选人用人不正之风，大力开展了"一倒查六整治"。"一倒查"，即：建立干部"带病提拔"等问题实行倒查机制，对一个地方或单位落实中央和省委干部政策不力、选人用人方面问题突出、干部群众反映强烈的，严肃追究党委（党组）、一把手及有关职能部门和人员的责任。"六整治"，即：整治违反干部任用标准、程序问题，整治跑官要官、买官卖官问题，整治"三超两乱"（超职数、超规格、超范围配备干部，乱立机构名称、乱设领导职务）问题，整治干部档案造假（改年龄、改学历、改履历）问题，整治领导干部违规兼职问题，整治"裸官"问题。全年全省对 20 名处级干部、22 名科级干部进行了"带病提拔"倒查，严肃查处选人用人问题案件 269 件，党纪政纪处分 112 人，组织处理 318 人；整改消化超职数配备干部 3746 人，审核清理科级以上干部档案 18.6 万份，清理党政干部在企业兼职 999 人，查核清理"裸官"27 人。二是积极稳妥推进"三个一批"和坚决防止"带病提拔"。针对全省腐败案件量多面广、涉及干部多、诸多案件尚未办结的问题，为了全面准确了解干部、防止"带病提拔"，省委办公厅于 1 月 25 日印发《关于做好甄别处理一批、调整退出一批和掌握使用一批干部工作的意见》，对做好"三个一批"工作做出部署，主要举措是以"甄别"为核心，以"六查"（查档案、查个人有关事项报告、查民意、查业绩、查线索、查案件）为手段，对容易滋生腐败和权力寻租的部门、岗位和拟提拔干部进行重点审查，甄别处理一批不廉洁、乱作为干部，调整退出一批不作为、不胜任干部，掌握使用一批敢作为、善担当干部。全年，通过开展"三个一批"工作，全省共甄别干部68874名，其中处理问题干部5122名、调整退出干部860人，极大地净化了干部队伍，了解掌握了一批好干部。三是健全和完善选人用人制度机制，严明选人用人导向。1月9日，省委印发《关于全面贯彻好干部标准树立正确用人导向从严管理干部的决定》，从树立正确用人导向和大力匡正选人用人风气、科学考核考察和完善识别好干部的办法、进一步完善选人用人机制和提高干部选拔任用工作科学化水平、从严教育管理监督干部队伍和防止失之于宽失之于软、贯彻"六权治本"要求和真正把选人用人权关进制度的笼子里、认真落实党委选人用人主体责任和充分发挥组织人事部门职能作用六方面，对树立"德才兼备、以德为先、以廉为基"用人导向从严管理干部提出22项具体措施。1月25日，省委办公厅印发《关于加强县委书记选拔任用和管理监督工作的意见（试行）》，从选拔任用的标准和条件、全省范围择优选拔、选拔任用权责、严格把关、严格责任追究、加强监督管理等方面，对加强县委书记选拔任用和管理监督工作做出规定。2月28日，省委印发《山西省省管干部动议酝酿任免议事规则（试行）》，对"五人小组"会议的职责，省委组织部、省纪委的权责等作了周密设置。9月25日，省委印发《山西省各级党委（党组）在干部选拔任用工作中严格执行民主集中制的办法（试行）》，在动议环节充分发扬民主、在推荐环节提高民主质量、在确定考察对象环节实行正确集中、在考察环节扩大民主和公开、在讨论决定环节加强集体把关和社会监督、做好依法推荐提名和民主协商工作等方面，对进一步规范干部选拔任用工作做出规定，并明确了没有"五人小组"的部门领导班子和高校党委建立干部酝酿平台的机制。上述4个重大政策性文件，对干部选任工作中一些模糊地带、敏感环节，都作了明确具体规定，进一步扎牢扎紧了用人权力的制度笼子。贯彻落实这些制度举措，全年全省提拔使用干部4438人，其中省委常委会任免省管干部15次828人次，这其中提拔使用240人。在省管干部提拔使用中，有 31 人在选任程序启动后，因发现各种问题被中止，最大限度地把"带病"干部挡在门外。全年在干部选拔任用全过程没有出现跑官要官、说情打招呼的情况，朔州、吕梁两市的人大、政府、政协领导班子实现平稳换届。

加强推进基层党组织和党员队伍建设。一是大力加强推进农村基层党组织建设。继续推进和全面完成全省第十届农村"两委"换届和大部分城市社区"两委"换届。该项换届工作于 2014 年 10 月启动开展，于 2015 年 1 月底全面完成。其中，农村党组织完成换届率达 99.92%。8 月起，全省从各级机关优秀年轻干部和后备干部、国有企业事业单位的优秀人员中选派出 9395 名干部开始到农村任"第一书记"，全省 9896 个建档立卡贫困村和党组织软弱涣散村实现选派"第一书记"全覆盖。9 月，省委出台实施《关于进一步加强村级党组织书记队伍建设的意见》，从选、育、管、用、保 5 个方面就如何加强村党组织书记队伍建设做出明确具体部署。10 月 10 日，省委以电视电话会议的形式召开全省农村基层党建工作会议，省、市、县、乡四级书记等 3000 余人参加，对农村基层党建工作做出安排部署。大力推进村务监督委员会规范建设，到年末全省行政村全部构建起了党组织领导下的统一规范的村务监督委员会工作体系和格局。全年全省培训农村基层"领头雁"38.4 万人次，4028 名大学生村官实现有序流动。二是集中整顿软弱涣散基层党组织。其中，全省 2697 个党组织软弱涣散村实现选派"第一书记"全覆盖。全年全省集中整治各级各类软弱涣散基层党组织 5155 个，转化率达 90% 以上。三是继续推进基层党组织的扩面建设。到年末，全省城市街道、乡镇、社区（居委会）、建制村、机关单位、事业单位和公有制企业等传统领域基本实现党组织全覆盖。非公有制企业、社会组织等新兴领域党的组织覆盖也不断扩大，全省已有 3.5 万个非公有制企业建立党组织，1002 个社会团体、基金会等社会组织建立党组织。至年底，全省党的基层组织总数达 12.6 万个，比上年增长 743 个，增幅为 0.59%。四是树立和宣传基层党员干部先进典型。经推荐公示，临汾市浮山县委书记孙京民、长治市潞城市委书记唐立浩两人，在七一前夕被授予"全国优秀县委书记"称号。首次开展推选和表彰全省优秀乡镇党委书记活动。经县（市、区）推荐、各市考察、省委组织部审核、媒体公示等程序，全省 1196 个乡镇中最终有 92 名乡镇党委书记被确定为表彰对象。省委办公厅于 11 月 25 日发出了《关于开展向李培斌同志学习的通知》。

李培斌同志是长期在司法一线从事司法行政工作的一名优秀党员干部，多次受国家、省、市表彰，2015 年 10 月 15 日为妥善处理群体性信访案件，因劳累过度突发心梗而不幸殉职。通知指出，李培斌同志是新时期好干部的优秀代表，是各级党代表的杰出楷模，是践行"三严三实"要求的先进典型，是广大党员干部学习的好榜样，号召全省广大党员干部向李培斌同志学习。五是进一步规范年终市、县、乡三级党委和五个省直工（党）委开展"联述联评联考"工作。省委召开了市委书记、工（党）委书记抓基层党建工作专项述职会议，各市市委和省直工委、高校工委、国资委、国防工办、非公工委等进行了会议或书面述职，推动了层层传导压力和党委（党组）抓好基层党建工作主体责任的落实。六是从严从实加强党员队伍建设。坚持既控总量又调结构，采取计划倾斜、专项推进等办法，优化发展党员队伍。全年全省共发展党员 4.48 万名，较上年减少 0.3 万名，党员总数增幅比上年下降 0.38 个百分点。在新发展的党员中，生产、工作一线党员 2.9 万名，占发展党员总数的 64.73%，所占比例较上年提高 5.75 个百分点；35 岁及以下青年党员 3.47 万名，占发展党员总数的 77.46%，所占比例与上年基本持平；具有大专及以上学历党员 2.15 万名，占发展党员总数的 47.99%，所占比例较上年提高 0.9 个百分点；女党员 1.69 万名，占发展党员总数的 37.72%，所占比例较上年提高 0.67 个百分点。截至 2015 年末，全省共产党员总数达 241.62 万名，比上年增加 1.59 万名，增幅为 0.66%。全省党员结构比例是：女党员 52.95 万名，占党员总数的 21.91%；具有大专及以上文化程度党员 95.57 万名，占党员总数的 39.55%；35 岁及以下青年党员 54.21 万名，占党员总数的 22.44%。党员职业分布情况是：农牧渔民党员 79.14 万名，占党员总数的 32.75%；企事业单位管理人员、专业技术人员和工人党员 81.72 万名，占党员总数的 33.82%；党政机关党员 21.23 万名，占党员总数的 8.79%；学生党员 2.84 万名，占党员总数的 1.18%；离退休党员 43.19 万名，占党员总数的 17.88%；其他职业人员党员 13.5 万名，占党员总数的 5.58%。

深入推进党风廉政建设和反腐败斗争。一是严格落实党风廉政建设党委主体责任和纪委监督责任"两个责任"。省委领导班子全面履行管党治党主体责任，省委常委会研究党风廉政建设和反腐败工作议题达 50 多个；对省纪委监督执纪发现的突出问题、巡视发现的共性问题，省委常委会、"五人小组"

专题听取汇报，集中研究解决，省委、省政府分管领导牵头整治、督促整改；省委常委带头，省人大、省政府、省政协负责人对120多名省管干部进行了谈话。各级党组织也主动扛责，逐级约谈，形成上下联动、齐抓共管的良好局面。省纪委认真履行监督责任，约谈市县党委主要负责人、11个市纪委书记及省直派驻机构负责人；督促各市、省直管单位、省属高校和省管国有企业分别列出"两个责任"清单，主要领导签字背书；对在2014年度工作目标责任制考核中主体责任落实不到位的6个市和6个省直管单位予以"一票否优"。坚持"一案双查"，2015年，对1520名落实"两个责任"不力的党员领导干部予以责任追究，同比增长190.5%，其中836人受到党政纪处分，占追究总人数的比例由上年的36.2%上升到55%。二是推进体制改革和加强改进纪检监察工作。聚焦主业，深化纪检监察机关"三转"（转职能、转方式、转作风）改革。省纪委组织力量对48家省直派驻机构"三转"情况逐一督导，约谈30名省直派驻纪检组组长，责令11名"三转"不力的纪检组组长做出书面检查。研究制定出台《关于加强省纪委派驻机构建设的意见》，以改革举措推进省级派驻机构全覆盖。通过实行单独派驻和综合派驻两种方式，新设省委办公厅、省委组织部、省委宣传部、省委统战部、省人大机关、省政府办公厅、省政协机关等7家派驻机构，调整28家派驻纪检组，省纪委派驻机构全覆盖面达到81.4%。研究制定出台了市级纪委书记和副书记、省纪委派驻纪检组组长和副组长、省管企业纪委书记和副书记"三个提名考察办法"，加强推进了这些纪委领导班子建设。在上年完成省市纪检监察机构改革的基础上，积极探索统一口径推进了县级纪委内设机构"N＋X"（N指必设机构，X指非必设机构）模式改革。至年末，朔州市在全省率先完成了县级纪委内设机构改革。此外，还从严净化系统政治生态。全年对系统内534名有问题线索的干部进行谈话、组织处理、执行纪律，其中对311人做出诫勉谈话、责令检查、通报批评处理，将61人调离纪检监察系统；立案审查204件违纪案件，处分212人，重处分19人，移送司法机关10人。三是创新巡视工作和发挥巡视"利剑"作用。创新巡视工作机制和流程，推动巡视监督进一步规范化、制度化，建立巡视组长库，实行组长"一次一授权"，打破"铁帽子"；进一步扩大巡视覆盖面，探索形成了常规巡视、专项巡视、对村巡察"三剑齐发"的新格局；捆绑整改责任，建立分管省领导协调督促整改、被巡视单位全面落实整改、分管省领导与被巡视单位共同扛起主体责任的工作机制；强化"巡视反腐"成果运用，探索建立巡视意见"双反馈"、巡视整改"双责任"、整改情况"双报告"、整改报告"双审核"、整改结果"双公开"的"五双"工作模式，倒逼整改压力，加强边巡边改，强化标本兼治效果。全年开展了五轮专项巡视、一轮常规巡视，巡视了128个地区和单位，实现对市县、国有骨干企业、金融企业、高校"四个板块"的全覆盖，总体覆盖率达到84.2%。其中，常规巡视了临汾市所辖9县（市、区）、晋中市及所辖11县（市、区）、长治市所辖5个县（区）、运城市及所辖13县（市、区）以及该4市所在地部分高职院校58个党组织，专项巡视了省直机关、事业单位、国有企业等66个党组织，常规巡察了18个问题反映突出的村。全年常规巡视发现问题线索3228条，专项巡视发现问题线索523条，对村巡察督办案件245件；常规巡视和专项巡视发现问题线索涉及省管干部353人、处级干部1024人。巡视工作的开展和对问题的处理、整改，发挥了利剑高悬、震慑常在、净化政治生态"利剑"作用。四是坚决纠正"四风"和保持高压态势。坚持不懈落实中央八项规定精神，驰而不息狠刹"四风"。建立"党委统一领导、纪委组织协调、部门各负其责、立体监督防控""四风"的工作机制，充分发挥省交管、旅游、税务等职能部门作用，大力在交通要道、旅游景点、饭店会所等排查"四风"问题线索，积极推广"四风问题随手拍"，探索构建了专业监督、部门监督、群众监督的立体监督体系。紧盯重要时间节点，深挖细查"四风"隐形变异新动向、新形式，扎实开展违规收送礼金、红包问题和领导干部大操大办婚丧喜庆等借机敛财问题专项整治，严肃审查和处理十八大以后发生的问题。全年全省共查处"四风"问题1362个、处理2004人，其中给予党政纪处分1625人，对26起典型问题通报曝光，释放出执纪越往后越严的强烈信号，保持了狠刹"四风"的高压态势，党风政风和社会风气得到有效整饬。五是加强推进基层正风反腐工作和着力解决群众身边不正之风和腐败问题。建立以县、乡纪委为主体，市纪委一线督办，省纪委统筹督导的工作机制，实行省、市、县、乡四级纪委建账、对账、查账、销账、交账"五账工作法"，全面加强推进基层正风反腐工作，全省1/5长达两年以上"零办案"乡镇短时间内全部实现零的突破。深入开展学习讨论30项专项治理、全省农村集体"三资"清理和"以群众举报乡村干部腐败为切入点集中解决群众信访诉求问题"专项治理、县级基层干部不作为乱作为集中专项整治，严肃查处损害群众利益的不正之风和腐败问题。全年全省各级纪检监察机关共立查乡科级及以下干部案件 19756 件，同比增长 43.6%；结案 19661 件，增长 44.6%；处分 21307 人，增长 43.4%。全省行政监察机关会同有关部门对庸政懒政怠政和不作为问题共问责处理 1222 人，因生产安全事故问责处理 236 人。六是严肃查办腐败案件和积极探索减少腐败存量的有效途径。严惩"一把手"腐败，在积极配合中央专案组查办对省委原常委太原市委原书记陈川平、大同市委原书记丰立祥、运城市委原书记王茂设等严重违纪违法案件的同时，加大自办案件力度，严肃查处了忻州市委原书记董洪运、阳泉市委原书记洪发科违纪违法案件，结案处理和立案审查了省国土厅原厅长李建功、省煤炭厅原厅长吴永平、省环保厅原厅长刘向东、中国移动通信集团山西有限公司原党组书记董事长兼总经理苗俭中、山西国信投资集团有限公司原党委书记董事长上官永清、山西传媒学院原党委书记解根法等厅局级一把手和 12 名县委书记违纪违法案件，改变了此前 14 年没有查处过市委书记腐败案件、多年没有查处过省直厅局一把手腐败案件的局面，进一步形成并保持了惩治腐败高压态势。全年省纪委立案 75 件、结案 79 件、处分 70 人，处分的干部中厅局级 52 人，结案数和处分人数同比分别增长 38.6%、66.7%，移送司法机关 30 人，同比下降 40.0%。全省各级纪检监察机关共接受信访举报 124471 件（次），其中立案 20586 件、结案 20430 件、处分 22276 人，涉及厅局级干部 62 人、县处级干部 907 人，移送司法机关 767 人，挽回直接经济损失 13.2 亿元。全省检察机关共立案侦查贪污贿赂、渎职侵权等职务犯罪案件 1407 件。全省法院系统审结一审贪污贿赂、渎职侵权案件 1054 件。在严肃查办腐败案件和保持反腐高压态势的同时，坚持惩前毖后、治病救人的原则，积极探索减少腐败存量的有效途径。省委明确提出组织上要为犯了错误想改正、想主动交代问题的同志创造条件、提供机会。通过耐心开展思想政治工作，引导有问题的干部反思问题、放下包袱。至 2015 年底，累计有 1400 多名党员干部主动向组织交代违纪问题。

成功召开中共山西省委十届七次全会。12 月 4 日，中共山西省委十届七次全会在太原召开。会议出席省委委员 58 人、候补委员 6 人，省市县有关部门负责人及基层代表列席。全会深入学习贯彻党的十八大和十八届三中、四中、五中全会精神和习近平总书记系列重要讲话精神，听取和讨论了省委书记王儒林代表省委常委会所作的工作报告，审议通过了《中共山西省委关于制定国民经济和社会发展第十三个五年规划的建议》。王儒林就建议（讨论稿）向全会作了说明。全会指出，自2014年9月中央对山西省委班子做出重大调整以来，在党中央、国务院坚强领导下，省委按照"四个全面"战略布局和党中央对山西工作重要指示要求，坚持"深入学习贯彻习近平总书记系列重要讲话精神，净化政治生态，实现弊革风清，重塑山西形象，促进富民强省"的"五句话"总要求和总思路，全面从严治党，全面从严治吏，持续推进党的群众路线教育实践活动，深入开展学习讨论落实活动和"三严三实"专题教育，深入推进党风廉政建设和反腐败斗争，形成并始终保持惩治腐败、狠刹"四风"、打黑除恶"三个高压态势"，不断净化政治生态，振奋精神，凝聚共识，增强信心，全省党风政风和社会风气逐步好转。同时，省委提出并着力推进"六大发展"，全面实施"六权治本"，统筹做好煤与非煤"两篇大文章"，加快实施"革命兴煤"，全力推动科技创新、金融振兴、民营经济发展"三个突破"等，为新形势下全省经济社会发展提供了科学思路、有力举措和坚强保证，全省经济社会发展取得新成绩。全会立足全省"十二五"规划确定的目标任务基本完成的实际，深入分析了"十三五"时期全省经济社会发展仍处于可以大有作为的重要战略机遇期和面临诸多矛盾相互叠加的严峻挑战形势，明确了"十三五"时期发展的指导思想、主要目标和战略任务。主要目标是：转型升级取得重大进展，民生保障水平普遍提高，文化建设呈现全新局面，生态建设实现稳步提升，改革开放迈出坚实步伐，民主法治建设成效显著。战略任务是：牢固树立并切实把新的发展理念贯彻到全省经济社会发展的实践中，着力推进创新发展、协调发展、绿色发展、开放发展、共享发展、廉洁和安全发展，努力开创全省全面建成小康社会新局面。此外，全会按照党章规定，决定递补省委候补委员张文栋、张志川、岳普煜、赵雁峰、贺天才、席小军为省委委员；全会表决通过了确认省委常委会给予丰立祥、王茂设、刘向东、吴永平、董洪运开除党籍处分的决定，《关于确认省委常委会做出终止丰立祥等36人山西省第十次党代表大会代表资格决定的决议》等事项。省委十届七次全会是在"十二五"即将结束和"十三五"即将扬帆起航的关键时期召开的一次重要会议，审议通过的建议对全省"十三五"发展具有重要的引领、指导作用。

2. 民主法制

2015 年，省十二届人大常委会领导班子由主任王儒林和副主任李政文、牛仁亮、周然、安焕晓、张茂才、田喜荣及秘书长李仁和组成。全年，在中共山西省委的领导和支持下，十二届省人大及其常委会坚持党的领导、人民当家做主、依法治省有机统一，围绕全省中心工作依法行使职权，推动民主法制在继承与创新中发展，取得新成效。

出台重大措施加强和改进人大监督工作。1 月 23 日，省第十二届人大常委会第 18 次会议通过《关于加强和改进人大监督工作的决定》，并公布施行。决定从 11 个方面就加强和改进人大监督工作做出了规定。主要内容包括：一是强化对依法确权的监督，督促政府及其工作部门加强规范性文件清理工作，依法确定权力边界，科学配置内部权力，严禁在宪法法律法规规定之外，减损公民、法人和其他组织合法权利或者增加义务。二是强化对行政权力运行的全程监督，防止权力滥用。三是加强对政府全口径预算决算的审查和监督，将一般公共预算、政府性基金预算、国有资本经营预算及社会保险基金预算全部纳入审查监督范围。四是注重发挥审计监督作用，支持审计机关依法行使职权，强化对审计查出问题整改情况的跟踪监督和责任追究。五是监督司法机关公正司法，确保审判权、检察权及其他司法职权得到正确行使。六是加强规范性文件备案审查，全面加强备案制度和能力建设，确保国家机关权力在宪法法律范围内行使。七是强化对人大及其常委会选举任命人员的监督，增强被选举任命人员"由谁产生、对谁负责、受谁监督"的宪法意识和人大意识。八是深入贯彻落实《山西省预防职务犯罪工作条例》，推动用制度管权、管事、管人，强化"有权必有责，用权受监督，失职要问责，违法要追究"的内部监督和外部监督措施。九是加强人大监督工作的跟踪问效，督促被监督单位整改到位并取得实效。十是充分发挥代表主体作用，推进代表监督工作制度化、规范化。十一是构建优势互补、监督有力、富有实效的监督体系，把人大监督与党内监督、民主监督、司法监督、社会监督、舆论监督等监督形式有机结合起来，形成监督合力。

成功召开省十二届人大第四次会议。1 月 28 日至 2 月 1 日，省十二届人大第四次会议在太原召开，会议应出席代表 536 人，实出席 510 人。会议审议并表决通过省长李小鹏关于政府工作的报告；审查并表决通过省政府关于山西省2014年国民经济和社会发展计划执行情况与2015年国民经济和社会发展计划（草案）的报告，批准山西省2015年国民经济和社会发展计划；审查并表决通过省政府关于山西省2014年全省和省本级预算执行情况与2015年全省和省本级预算（草案）的报告，批准山西省2015年省本级预算；审议并表决通过省人大常委会副主任李政文关于山西省人民代表大会常务委员会工作的报告；审议并表决通过省法院院长左世忠关于山西省高级人民法院工作的报告；审议并表决通过省检察院检察长杨司关于山西省人民检察院工作的报告。

推进立法和完善法制体系。一是制定、修改和废止全省性地方性法规13件。其中，制定5件，即：《山西省各级人民代表大会常务委员会规范性文件备案审查条例》（2015年7月1日起施行），《山西省城市公共客运条例》（2015年10月1日起施行），《山西省女职工劳动保护条例》（2015年10月1日起施行），《山西省国有土地上房屋征收与补偿条例》（2016年1月1日起施行），《山西省组织实施宪法宣誓办法》（2016年1月1日起施行）。修改5件，即：《山西省实施〈中华人民共和国水土保持法〉办法》（2015年10月1日起施行），《山西省地方立法条例》《山西省各级人民代表大会选举实施细则》《山西省乡镇人民代表大会工作条例》（2015年11月26日起施行），《山西省法律援助条例》（2016年1月1日起施行）。废止2件，即：《山西省城市公共客运管理暂行条例》《山西省城市房屋拆迁条例》。二是审查批准太原、大同两市地方性法规13件。其中，太原10件，即《太原市发展新型墙体材料条例》《太原市城市桥梁管理条例》《太原市消防条例》《太原市关于集会游行示威的若干规定》《太原市禁止燃放烟花爆竹的规定》《太原市晋祠保护条例》《太原市文物保护和管理办法》《太原市东西山绿化条例》《太原市外商企业投资条例》《太原市商业网点管理办法》；大同市3件，即《大同市地方立法条例》《大同市餐厨废弃物管理条例》《大同市煤矿安全生产监督管理条例》。

加强对"一府两院"及市级人大、政府的专项监督。一是专题审议省政府及其部门、省高院、省检察院专项工作报告。其中，包括省政府关于全省促进就业工作情况的报告、关于全省民营企业发展情况的报告、关于全省金融创新发展情况的报告、关于实施妇女儿童发展"十二五"规划情况的报告、关于全省住房公积金管理和使用情况的报告、关于2015年上半年全省国民经济和社会发展计划执行情况的报告、关于2014年省本级财政决算和2015年上半年全省预算执行情况的报告、关于2014年省本级预算执行和其他财政收支的审计工作报告、关于全省非物质文化遗产法律法规执行情况的报告、关于全省"三农"工作情况的报告、关于全省建筑工程质量和建筑安全生产管理情况的报告、关于全省土地管理工作情况的报告、关于2014年省本级预算执行审计查出问题的整改工作报告，省政府关于省十二届人大四次会议以来代表建议、批评和意见办理情况的报告，省高院关于省十二届人大四次会议以来代表建议、批评和意见办理情况的报告，省检察院关于《山西省人民代表大会常务委员会关于加强人民检察院对诉讼活动法律监督工作的决定》实施情况的报告和关于省十二届人大四次会议以来代表建议、批评和意见办理情况的报告。二是备案审查省政府、省政府办公厅、省政府法制办及市级人大、政府规范性文件。其中，备案审查省政府规范性文件24件，即《关于进一步推进户籍制度改革的实施意见》《关于进一步健全完善临时救助制度的通知》《关于加快推进法治政府建设的实施意见》《关于取消下放和调整一批行政审批项目等的决定》《关于落实和承接国务院取消和调整一批行政审批项目等的通知》《关于2015年新实施强农惠农补贴政策的通知》《关于印发山西减轻企业负担促进工业稳定运行若干措施的通知》《关于发布山西省政府核准的投资项目目录（2015年本）的通知》《关于促进旅游业改革发展的意见》《关于规范省政府部门行政审批行为改进行政审批有关工作的实施意见》《关于落实和承接国务院取消和调整一批行政审批项目等事项的通知》《关于健全重大行政决策机制的意见》《关于创新重点领域投融资机制鼓励社会投资的实施意见》《关于印发山西省公共信用信息管理办法（试行）的通知》《关于取消下放和调整一批行政审批项目等事项的决定》《山西省人民政府关于全面扩大开放的意见》《关于进一步做好农民服务工作的实施意见》《关于进一步做好新形势下就业创业工作的实施意见》《关于印发山西省深化省级财政科技计划（专项基金）管理改革方案的通知》《关于印发山西省煤炭行政审批制度改革方案的通知》《关于进一步加强食品安全工作的意见》《关于支持社会力量发展养老服务业若干措施的通知》《关于落实国务院取消一批职业资格许可和认定事项的通知》《关于印发山西省机关事业单位工作人员养老保险制度改革实施办法的通知》。备案审查省政府办公厅规范性文件25件，即《关于调整失业保险费率的通知》《关于印发〈山西省经济技术开发区设立升级扩区和退出管理办法〉的通知》《关于加快经济技术开发区转型升级创新发展的实施意见》《关于印发山西省食品药品安全举报奖励办法的通知》《关于调整我省最低工资标准的通知》《关于农村产权流转交易市场健康发展的实施意见》《山西省人民政府办公厅关于印发山西省全面推开县级公立医院综合改革实施方案的通知》《关于加快应急产业发展的实施意见》《关于印发山西省煤矿瓦斯抽采全覆盖工程实施方案的通知》《关于进一步支持小型微型企业健康发展措施的通知》《关于印发山西省职业教育校企合作促进办法（试行）的通知》《关于进一步加强治理非法超限超载工作的通知》《山西省人民政府关于进一步加强乡村医生队伍建设的实施意见》《关于加强安全生产监管执法工作的通知》《关于加快推进"三证合一"登记制度改革的实施意见》《关于加快我省多层次资本市场发展的实施意见》《关于加快高速宽带网络建设推进网络提速降费的实施意见》《关于促进进出口稳定增长若干措施的通知》《关于印发山西省完善公立医院药品集中采购工作实施方案的通知》《关于加快发展商业健康保险的实施意见》《关于加快建立企业信用信息互联互通交换共享机制推进企业信用体系建设的意见》《关于建立分级诊疗制度的实施意见》《关于进一步完善医疗救助制度全面开展重特大疾病医疗救助工作的实施意见》《关于全面实施城乡居民大病保险的实施意见》《关于建立全省困难的高频与失能老年人补贴制度及提高百岁以上老年人补贴标准的通知》。备案审查省政府法制办规范性文件4件，即《山西省军人抚恤优待实施办法（修订）》《山西省人民政府关于废止和修改部分政府规章的决定》《山西省石油天然气管道建设和保护办法》《山西省实施无障碍环境建设条例》。备案审查市级人大规范性文件2件，即《运城市人大常委会关于推进农业现代化的决议》《运城市人大常委会关于科学推进新型城镇化的决议》。备案审查市级政府规范性文件2件，即《大同市畜禽屠宰管理办法》《大同市废止部分政府规章的决定》。

开展专项执法检查和重大事项检查。5月至10月，受全国人大常委会委托，省人大常委会采取省、市、县三级人大联动方式，开展了对《中华人民共和国水污染防治法》实施情况的执法检查。省执法检查组听取了省政府及相关部门的工作汇报，并赴忻州、太原、吕梁3市进行了实地检查。同时委托大同、朔州、晋中、阳泉、长治、晋城、临汾、运城7市人大常委会对本行政区域贯彻实施水污染防治法情况进行了检查。6月至7月，省人大常委会采取省、市、县三级人大联动方式，开展了对《山西省社会治安综合治理条例》实施情况的执法检查。执法监察组听取了省政府、省综治办及省公安司法机关贯彻落实条例的情况汇报，并分赴大同、长治、晋城、吕梁、阳泉、晋中等6个市12个县（市、区）进行了实地检查。9月至10月，省人大常委会采取省、市、县三级人大联动方式，开展了对《中华人民共和国保守国家秘密法》实施情况的执法检查。执法检查组听取来省国家保密局关于全省保密法贯彻执行情况的汇报，并赴忻州、临汾、阳泉、晋中4市及部分省直单位进行了实地检查，同时委托太原、大同、朔州、吕梁、长治、晋城、运城7市人大常委会对本行政区域贯彻实施保密法情况进行了检查。此外，省人大常委会还根据全国人大常委会的委托，开展了对《中华人民共和国职业教育法》实施情况的执法检查，开展了对《中华人民共和国消费者权益保护法》实施情况的执法检查；配合全国人大常委会开展了对《中华人民共和国老年人权益保障法》实施情况的执法检查。

加强和推进市、县、乡人大工作和建设。一是推进设区的市有序开展立法工作。11月26日，省十二届人大常委会第23次会议通过《关于运城等设区的市人民代表大会及其常务委员会开始制定地方性法规的决定》并公布施行。从即日起，运城、晋城2市人大及其常委会即拥有了地方立法权；忻州、吕梁、晋中、长治、临汾5市人大及其常委会在依法产生法制委员会之日起，即可拥有地方立法权；阳泉、朔州2市人大及其常委会待省人大常委会评估确定后，也可拥有地方立法权。此前，全省只有太原、大同2市人大及其常委会拥有地方立法权。二是出台实施《中共山西省人大常委会党组关于贯彻落实中发〔2015〕18号文件精神，加强全省县乡人大工作和建设的实施意见》（简称《实施意见》）。6月，中共中央转发《中共全国人大常委会党组关于加强县乡人大工作和建设的若干意见》（〔2015〕18号）后，省人大常委会通过广泛调研，制定了该《实施意见》并经省委于12月16日转发全省。该《实施意见》从加强对县乡人大工作的领导指导和联系、做好县乡人大代表选举工作、加强县乡人大组织机构和队伍建设、认真开好县乡人大会议、加强和改进监督工作、依法行使重大事项决定权、认真做好人事选举任免工作、加强同人大代表和人民群众的联系、加强县乡人大自身建设等方面提出了具体要求和举措。此外，省人大常委会还打包修改《全省各级人大选举实施细则》、《乡镇人大工作条例》、《代表法实施办法》3件地方性法规，增强了可操作性。这些举措对于保证县乡人大依法行使职权、健全组织制度和工作机制、提高工作水平具有十分重要的意义。

3. 政治协商

2015年，十一届省政协及其常委会领导班子由主席薛延忠和副主席李雁红、卫小春、刘滇生、王宁、朱先奇、李悦娥、张友君及秘书长阎根生组成。全年，在中共山西省委的领导和支持下，十一届省政协及其常委会、省统一战线组织紧紧围绕全省工作大局，广泛汇聚力量，积极开展政治协商、民主监督、参政议政活动，巩固发展统一战线，政治协商取得新进步。

成功召开省政协十一届三次会议。1月27日至31日，省政协十一届三次会议在太原召开，会议应出席委员578人，实出席537人。会议审议并表决通过薛延忠代表省政协常委会作的工作报告，审议并表决通过关于提案审查情况的报告、关于常委会工作报告的决议、政协会议政治决议。会议期间，与会委员围绕全省中心工作，积极建言献策，提交提案866件，其中立案798件，涉及经济建设、政治建设、文化建设、社会建设、生态文明建设各领域；列席了省人大十二届四次会议，协商讨论了政府工作报告、省法院工作报告、省检察院工作报告等。

积极建言献策和广泛参政议政。一是积极建言献策。省政协各专委会和各界别委员紧扣做好煤与非煤两篇文章，深入基层调查研究，提出了推进煤炭产业"六型"转变和加快发展煤层气产业、做大做强环保装备制造业、扶持中小企业发展新兴产业、培育壮大现代服务业、解决实体经济特殊困难等建议；围绕转型综改、"三个突破"（科技创新、民营经济和金融振兴）等重点，开展专题调研，提出了深化国企改革、激发民营经济活力、推进众创空间建设、实施创新驱动战略、加强武宿综合保税区建设、重视和促进对外开放等建议。二是广泛协商咨政。省政协邀请省委省政府领导、职能部门负责人与界别委员、基层单位、群众代表，就加快养老服务业发展、加强大学生思想政治教育、健全依法决策机制和推进"六权治本"、加快推进全省城中村改造重点提案办理、建立完善农民种养业风险保障机制和促进农业增效农民增收、"十三五"规划编制等问题进行了专题协商、对口协商、界别协商和提案办理协商。三是促进协商成果转化和加强提案办理。协商会议形成的关于科学制定"十三五"规划、加快我省养老服务业发展、扶持中小企业发展新兴产业、健全依法决策机制、加强大学生思想政治教育、建立农民种养业风险保障机制等重点建议，为省委、省政府及相关部门研究采纳。全年省政协委员通过开展广泛的调研活动，共提交提案 1066 件，经审查立案 957 件，占提案总数的 89.77%，立案办理采纳率达到 94.67%。四是增强民主监督。全年省政协组织各工作机构、相关界别和委员分赴全省 11 市 49 县（市、区）的 300 多个企业、乡村、社区、学校等开展了调研活动，并组织委员开展反腐肃贪、公正司法等重点视察监督，跟踪调研高校毕业生就业难等民生问题，参与年度考核、工作评议，进行了民主监督，提出了针对性的意见建议，促进了相关政策、改革举措和重大事项在职能部门和基层单位的落实。

巩固和发展统一战线。一是出台实施加强民族工作和统一战线工作的重大举措。7 月，省委办公厅、省政府办公厅印发《山西省贯彻落实〈中共中央、国务院关于加强和改进新形势下民族工作意见〉重要举措分工方案》，提出具体措施，并对每条措施的具体落实和牵头单位进行了分工和规定。9 月 25 日，省委印发《中共山西省委关于贯彻〈中国共产党统一战线工作条例（试行）〉的实施意见》（简称《条例》），对全省实施《条例》做出具体安排部署。《条例》是中央制定关于统一战线工作的第一部党内法规，于 5 月 18 日起正式施行。二是整合县级基层统战工作力量和激发活力。全省针对县级统战部门工作力量小、散、弱的实际，坚持"五统一"（统一领导、统一党支部、统一管理、统一财务、统一办公场所）、"五不变"（机构牌子不变、人员编制不变、领导职数不变、隶属关系不变、经费渠道不变），采取多种形式推进了县级统战工作力量的整合，构建了合署办公的新体制。其中，119 个县（市、区）有 1 个实行"1＋4"模式（统战部、工商联、侨联、宗教局、台办合署办公），有 35 个实行"1＋3"模式（统战部、工商联、侨联、宗教局合署办公），有 70 个实行"1＋2"模式（统战部、工商联、侨联合署办公），有 13 个实行"1＋1"模式（统战部、工商联合署办公）。通过合署办公改革，取得了整合资源力量、创新体制机制、提升部门影响、激发工作活力的多重效果。三是巩固统一战线共同思想基础。全省统一战线以深入学习习近平总书记系列重要讲话精神为统领，在民主党派、工商联、无党派人士中广泛开展了"坚持和发展中国特色社会主义学习实践活动"，在非公经济人士中广泛开展了"以守法诚信为主题、以重塑民营企业家队伍形象为载体"的理想信念教育实践活动，在民族宗教界广泛开展了"民族团结进步创建活动""和谐寺观教堂创建活动"。四是加强政党协商和各民主党派自身建设。省政府于12月30日印发出台《关于在政府工作中加强与民主党派、工商联和无党派人士联系的意见》，从邀请参加重要政务活动、进一步加强联系、进一步拓宽联系渠道等方面，对在政府工作中加强与民主党派、工商联和无党派人士联系做出制度化、规范化规定。加强民主党派班子建设，推进完成了省民革、民盟、民建、民进、农工党、九三学社6个民主党派届中班子调整，补充了一批政治可靠、经验丰富、年富力强的新成员。五是加强宗教团体建设。召开了佛教、道教、伊斯兰教、天主教、基督教五大宗教团体负责人述职交流评议大会。指导完成了省道教协会换届工作，结束省道协八年未换届、六年没会长的局面。

加强与港澳台及海外的交流。举办了首届"晋港青年会·山西机遇行"活动，10所香港高校的37名大学生在山西10家企业、机构进行了实习锻炼。接待了澳门社团青年骨干莅晋参访交流；举办了"活力澳门推广周·山西太原"活动，近百家澳门企业参加，开展了专题展示、名品展销、经贸推介、行业对接、特色表演等活动。组织举办了两期46名公职人员赴港澳参加的培训交流活动。举办了"第四届夏合文化研讨会（太原）""台湾基层民意代表山西行""华夏文明看山西——台湾大学生三晋行""台湾记者三晋行——醋文化专题采访""太原海峡两岸美食文化节""晋善晋美山西旅游台北高雄推介会""第四届晋台经贸交流合作（高雄）恳谈会"等活动，接待了台湾海基会董事长林中森、中国国民党前副主席蒋孝严、中华台北奥委会主席林鸿道等重要团组和人士莅晋参访交流，接待了台湾关圣帝君弘道协会、关圣帝君文化交流协会、中华宗教文化协会和台北指南宫道教文化交流团等到运城解州关帝庙、芮城永乐宫参访交流并建立长效交流合作机制，开展了"两岸一家亲楹联征集在晋台媒体刊载""山西魅力市县专题片摄制在台媒体播出"等宣传活动。筹备成立了召开山西省黄埔军校同学会。全年晋台双向交流 137 项 1523 人次，其中台胞莅晋交流 31 项 1059 人次。

保护和涵养侨务资源。举办了 2015 年海外华裔青少年"中国寻根之旅"夏令营山西营、"福建侨商山西行"、"2015 海外侨领中国国情研修班"山西现场教学、"山西省首届海归创业论坛"、"海外华人侨领及驻外联络站山西交流会"等活动。参与了在缅甸仰光召开的太原王氏家族 105 周年庆祝大会和第十二届世界王氏恳亲联谊大会。推荐晋城阳城县皇城相府、运城盐湖区解州关帝庙和芮城县永乐宫、晋中灵石县王家大院民居艺术馆四个单位和机构入选首批"中国华侨国际文化交流基地"。启动并命名了太原清控创新基地、北京银辉生化科技有限公司忻州分公司等 7 家单位为"山西省新侨创新创业示范基地"。

4. 政府改革

2015 年，省政府领导班子成员由省长李小鹏、常务副省长高建民和副省长付建华、张建欣、郭迎光、王一新、张复明、刘杰及秘书长廉毅敏 9 人组成。全年，在中共山西省委的领导和支持下，在省人大及其常委会的监督和省政协的民主监督下，省政府统筹全局，围绕转变政府职能，以深化改革和加强建设为重大举措，适应国家和经济社会发展变化的新要求，不断推进了省级及市县级政府部门行政管理体制的变革。

强化顶层设计和统筹推进政府改革与职能转变。1 月 31 日，省政府印发《关于加快推进法治政府建设的实施意见》，从依法全面履行政府职能、加强和改进政府立法制度建设、健全依法决策机制、深化行政执法体制改革、严格规范公正文明执法、强化对行政权力的制约和监督、全面推进政务公开、加强法治宣传教育和社会治理、依法维权和化解社会矛盾纠纷、加强法治队伍建设等方面，对加快法治政府建设做出安排部署。7 月 2 日，省政府印发《山西省全面加强政府自身建设三年规划（2015～2017 年）》（简称《三年规划》），省政府办公厅印发《山西省全面加强政府自身建设 2015 年行动计划》。《三年规划》对全面正确履行政府职能、大力推进依法行政、创新政府治理方式、提高行政效能、加强反腐倡廉建设、切实转变政府作风等建设事项做出规划部署。主要目标是：2015 年，省级行政机关权责、职能基本理顺，省级政务服务中心和省、市两级公共资源交易平台初步建成运行，简政放权实现新突破，有效制约监督权力运行机制初步形成，政府自身建设初见成效；到

2016 年，全省行政机关权力运行边界基本厘清，省、市、县三级政务服务体系基本建成，依法行政初步进入制度化、规范化轨道，政府自身建设明显见效；到 2017 年，全省基本建立起系统完备、科学规范、运转高效的政府治理制度体系，政府职能明显转变，政府和市场作用统筹发挥，风清气正的发展环境初步形成，政府执行力和公信力全面提升，政府自身建设大见成效。7 月 20 日，省政府印发《山西省 2015 年推进简政放权放管结合转变政府职能工作方案》，对统筹推进行政审批、投资审批、职业资格、收费管理、商事制度、教科文卫体等领域改革和创新政府监管做出安排部署。

全面推行行政权力清单制度和强化权力监督。一是全面清理行政权力和推行权力清单制度。推行地方各级政府及其工作部门权力清单制度，是 2013 年 11 月党的十八届三中全会通过的《中共中央关于全面深化改革若干重大问题的决定》中首次提出的一项改革地方政府的重大举措。从 2014 年开始，山西省晋中、太原、忻州等市陆续启动推行行政权力清单制度的工作。其中，晋中市在 2014 年 8 月率先在全省开出首份市级权力清单——《晋中市市级涉企行政权力清单》；忻州市于 10 月率先在全省公开市、县两级政府权力清单。在此基础上，2014 年 12 月 25 日省政府办公厅印发《关于全面清理行政权力推行权力清单制度的通知》，对 2015 年全省县级以上政府和相关部门启动开展全面清理行政权力和推行权力清单制度做出部署，明确了具体任务和时间要求。2015 年 3 月，中办、国办印发《关于推行地方各级政府工作部门权力清单制度的指导意见》，在全国启动推行地方各级政府工作部门权力清单制度。据此，4 月 30 日，省委办公厅、省政府办公厅印发《关于推行地方各级政府工作部门权力清单制度的实施意见》，进一步明确了在全省县级以上政府和相关部门推进实施权力清单制度的要求。到 7 月，通过清理和梳理，省政府 52 个部门（单位）共梳理行政权力 8433 项，共清理减少行政权力 5343 项，精减率为 63.4%；确认保留行政职权 3090 项，涉及责任事项 23277 个，并制定了流程图、问责依据以及廉政风险防控图。其中，52 个部门（单位）的 3090 项行政职权事项清单和运行流程图于 7 月份在部门网站和省政府网站同步公布；具体的 23277 个责任事项清单和运行流程图也于 10 月份在部门网站和省政府网站同步公布。与此同时，全省各市清理行政权力和推行权力清单制度的工作也加快推进。至年末，11 个市全部完成政府部门权力清单的清理和编制工作。二是整合建立统一规范的公共资源交易平台。2015年8月14日，省政府办公厅印发《关于整合建立统一规范的公共资源交易平台实施方案》，对2015年省市统筹推进公共资源交易平台整合做出部署。根据部署，规范整合的主要任务是：全省各级、各部门分散设立的工程建设项目招标投标、土地使用权和矿业权出让、国有产权交易、政府采购等交易市场，理顺管理体制，分类统一交易规则，实现四类公共资源在统一规范的平台上进行交易；设立省、市两级管理运行机制有机统一公共资源交易平台，县级政府不再新设公共资源交易平台，已经设立且有必要保留的，整合为市级公共资源交易平台的分支机构；组建省级和各市公共资源交易服务中心，全面整合省市各行业、各部门分散的信息系统，依据国家统一标准建立和运行全省统一、终端覆盖市县的公共资源交易电子公共服务网络，省市互联共通、资源共享，并加快实现与国家系统的对接、联通。至年末，省级政务服务平台初步建成运行，省、市两级公共资源交易平台整合规范工作基本完成。

健全政府重大行政决策机制和启动开展政府绩效第三方评估工作。一是出台实施《关于健全重大行政决策机制的意见》。该意见于2015年7月20日由省政府印发，对县级以上人民政府重大行政决策范围、决策程序、责任追究措施等做出明确规定，旨在保障全省县级以上政府重大行政决策科学、民主、依法和提高行政决策质量。决策范围包括：制定经济和社会发展战略，编制国民经济和社会发展规划、计划草案，城市总体规划、重点区域规划以及重大专项规划；编制财政预算草案，安排重大财政资金；确定一定规模以上的公共投资项目，配置重要公共资源；制定政府职能转变、转型综改试验区建设、社会建设和城市管理等方面的重大改革创新政策和措施；制定开发利用土地、矿藏、水流、森林、荒地、湿地等重要自然资源的重大措施；制定或者调整重要的行政收费标准、政府性基金征收标准以及实行政府定价的重要公用事业、公益性服务价格；制定劳动就业、社会保障以及医疗卫生、教育、文化体育、公共交通、物价、住房、旧城区改造等涉及社会分配调节、保障和改善民生的重大政策和措施；制定或调整涉及社会稳定、公共安全等方面的重大政策和措施等事项。决策程序为决策动议、公众参与、专家论证、风险评估、合法性审查、集体讨论决定、执行与后评估"七步走"。责任追究措施是：按照"谁决策、谁负责"的原则，对重大行政决策严重失误或者依法应当及时做出决策但久拖不决，以及超越法定权限、违反规定程序做出决策，造成重大损失或者恶劣影响的；对决策承办部门和承担风险评估工作的部门玩忽职守，未认真履行职责，造成严重后果的；对决策执行机关拒不执行、推诿执行、拖延执行或者执行偏离决策方案，导致决策不能及时、全面、正确实施的，依法依纪追究相关人员责任。二是出台实施《政府绩效第三方评估管理办法》。该办法由省政府第 100 次常务会议研究通过，授权省政府发展研究中心于 10 月 27 日印发执行，并启动开展试点工作。

推进简政放权和取消下放行政审批事项。2015 年，省政府继续推进简政放权，分两批取消、下放和调整省本级行政审批事项。3 月 17 日，省政府印发《关于取消下放和调整一批行政审批项目等事项的决定》《关于落实和承接国务院取消和调整一批行政审批项目等事项的通知》。决定指出：取消、下放和调整了行政审批项目等事项 35 项，其中取消和下放 32 项行政审批事项（取消 11 项，部分取消 1 项，下放管理层级 9 项，部分下放管理层级 11 项），取消 3 项年审年检事项。通知决定：落实和承接国务院 62 项行政审批项目等事项，其中取消行政审批项目 4 项，承接行政审批项目 5 项，取消职业资格许可和认定事项 4 项，改为后置审批的工商登记前置审批事项 49 项。6 月 30 日省政府印发《关于取消下放和调整一批行政审批项目等事项的决定》，再次决定取消、下放和调整行政审批项目等事项 61 项，其中取消和下放 14 项行政许可审批项目等事项（取消 2 项、下放管理层级 9 项、部分下放管理层级 3 项）；取消和调整 47 项非行政许可审批事项（取消 2 项、调整 45 项），不再保留"非行政许可审批"类别；同时按照《国务院关于取消非行政许可审批事项的决定》，取消 14 项政府部门内部审批事项。这两批次共取消、下放和调整了 96 项省本级行政审批事项，取消了 14 项政府部门内部审批事项，并不再保留"非行政许可审批"类别。至此，省政府部门保留的行政许可审批项目减少到 409 项。与此同时，市县政府也继续推进简政放权，取消、下放和调整了本级行政审批事项。

规范行政审批行为和推进改革。一是严格规范行政审批行为和改进行政审批工作。5 月 16 日，省政府印发《关于规范省政府部门行政审批行为改进行政审批有关工作的实施意见》，对规范行政审批行为和改进行政审批工作、加强审批信息公开和强化制约监督问责做出更为明确细致的规定，包括严格落实"一个窗口"受理制度、严格落实受理告知制度、严格落实办理时限承诺制度、大力精简行政审批环节、制定审查工作细则、探索跨部门联审联批、主动公开行政审批信息、依法保障申请人知情权、强化监督检查、严格责任追究等。二是规范投资项目审批管理。4月15日，省政府印发《山西省政府核准的投资项目目录（2015年本）》，规定企业投资建设该目录内的固定资产投资项目，须按照规定报送有关项目核准机关核准；企业投资建设该目录外的项目，实行备案管理。三是启动实施煤炭行政审批制度的改革。8月27日，省政府印发《山西省煤炭行政审批制度改革方案》，在全省正式启动酝酿已久的煤炭行政审批制度改革。主要改革事项是：2020年前，除"关小上大、减量置换"外，全省不再审批建设新的煤矿项目，同时停止审批年产500万吨以下的井工改露天开采项目；将煤矿建设项目行政审批事项，从此前的63项精简合并为38项，煤矿企业原需申领的"六证"统一取消简化为"三证"，即取消《煤炭生产许可证》《煤矿矿长资格证》和《矿长安全资格证》，保留《采矿许可证》《安全生产许可证》《营业执照》。四是启动开展相对集中行政许可权全国试点。相对集中行政许可权改革是将政府各部门的行政许可权交由一个部门行使，或者将一个部门的行政许可权交由另一个部门行使。3月，根据国家统一部署，山西等8个省、市入选全国开展相对集中行政许可权改革试点地区。随后，全省选定在太原经济开发区和晋中灵石县开展改革试点。改革试点工作以清理减少行政审批事项、优化审批流程、公开审批标准、规范审批行为和加强监督管理为重点，探索推进相对集中行政许可权，创新行政审批方式等。五是深化推进商事行政审批制度改革。在上年全面启动实施的基础上，进一步完善推进了公司注册资本认缴登记制度、企业年检改年报制度改革。同时，新启动实施了放宽市场主体住所（经营场所）登记条件改革，推进了工商登记"先照后证"改革，启动了工商登记"三证合一"改革。其中，放宽市场主体住所（经营场所）登记条件改革，实行"一址多照""一照多址"、集群注册登记等新举措。"一址多照"，即同一地址可以申请登记多个市场主体；"一照多址"，即住所和经营场所在同一市、县、区登记机关管辖区域内的，可以申请在营业执照上载明多个经营场所地址，免于办理分支机构登记；鼓励试行商务秘书公司和商务服务公司实施集群注册登记。工商登记"先照后证"改革，主要是将部分原先需要先行政审批的工商登记事项，改为后置审批，即创业者只要到工商部门领取一个营业执照，就可以从事一般性的生产经营活动，如果从事需要许可的生产经营活动，再向主管部门申请行政许可证。这是对此前"先证后照"制度的重大改革，不仅降低了门槛，还就为企业先期发展争取了时间。2015 年 12 月 31 日，省政府公布《山西省工商登记后置审批事项指导目录》，共计 213 项。工商登记"三证合一"改革，即将由工商行政管理、质量技术监督、税务三个部门分别核发工商营业执照、组织机构代码证和税务登记证，改为由工商行政管理部门核发一个加载法人和其他组织统一社会信用代码的营业执照，即"一照一码"登记模式。全省工商登记"三证合一"改革在太原等地试点的基础上，于 10 月 1 日起在全省全面启动实施。到 2015 年末，全省共发放 77982 张，其中发放新设立企业 23024 户。与之配套的全省"市场主体信用信息共享交换系统"建设也加快推进，到 2015 年末山西省市场主体信用信息公示（共享）系统基本建成。

推进和实施公务用车制度改革。在多年试点探索的基础上，2014 年全国公务用车制度改革启动实施，改革的主要举措是：改变党政机关和参照公务员管理的群团（事业）单位公务用车实物供给方式，取消一般公务用车，保留必要的机要通信、应急、特种专业技术用车和符合规定的一线执法执勤岗位车辆及其他车辆，普通公务出行方式由公务人员自行选择，实行社会化提供并适度补贴交通费用。根据全国的统一部署，山西公务用车制度改革于 2014 年底启动。在前期准备和开展工作的基础上，2015 年 12 月 25 日，省委、省政府办公厅正式印发《山西公务用车制度改革总体方案》（简称《总体方案》）《山西省省直机关公务用车制度改革实施方案》。《总体方案》其中规定，省直机关和各市、县（市、区）、乡（镇）党委、政府主要负责人，因工作需要，允许以适当形式提供工作用车实物保障，但严格规范管理，不得再领取公务交通补贴。按照《总体方案》规定和要求，全省省直机关、各市县（区、市）及乡镇，于年底前基本完成改革任务，涉及改革的单位已有公务车于 2015 年 12 月 31 日前全部就地封存停驶。其中，省直机关公务车改革，交通补贴标准为厅（局）级每人每月 1625 元、处级每人每月 1000 元、科级及以下每人每月 625 元，补贴随工资按月发放，用于保障公务人员普通公务出行，从 2016 年 1 月 1 日起计发。

5. 基层民主

农村村民自治、城市居民自治、企事业单位民主管理，是发展基层民主政治的重要内容。2015年，山西各级各地在推进城乡建设和基层治理的实践中，在企事业单位的改革发展中，进一步强化基层民主政治建设，在相关领域取得新成效。

推进农村和城市基层民主管理。一是全面完成全省农村"两委"换届和规范完成部分城市社区"两委"换届。全省第十届农村"两委"换届于2014年10月启动，到2015年1月底结束。全省28104个村党组织的99.92%完成换届，99.72%村委会完成换届；剩下未完成换届的22个村党组织和79个村委会，全部列入2015年的软弱涣散村级组织整顿范围进行整顿。与农村"两委"换届同步，全省统一规范了城市社区"两委"的换届，并大同、朔州、忻州、吕梁、晋中、长治、晋城、临汾、运城9个市城市社区"两委"换届。二是规范推进村务监督委员会建设。在2012年以来全省推进农村普遍建立了村务监督委员会的基础上，2015年按照统一部署，全省各地进一步规范推进了村务监督委员会建设。总体要求是：以加强村党组织对村务监督工作的领导为保障，以健全完善村务监督委员会工作运行机制为核心，进一步规范村务监督委员会的组织设置、工作职责和工作制度，创新村级工作运行机制，推进基层民主管理，保障村民管理自己事务的合法权益，推动形成"乡村治、百姓安"的良好局面。通过努力，全省各地农村村务监督委员会统一规范了组织设置和成员任职条件，统一规范了工作职责、监督内容和监督程序，统一规范了工作制度，强化了监督管理，取得了推进完善乡村治理机制的积极成效。三是专项清理整治农村集体"三资"管理。农村集体资金、资产、资源"三资"管理是农村基层民主管理的重要内容。2015年，针对全省农村集体"三资"管理存在的问题，省委、省政府做出决定，从5月开始到11月底，分动员部署、全面自查、全面整顿、总结验收四个阶段，省、市、县、乡、村五级联动，开展了农村集体"三资"管理专项清理整治工作。重点清查了2012年1月1日至2014年12月31日时段全省乡、村两级集体经济组织或者代行其职能的乡（镇、街道办）政府、村民委员会（居委会、社区）、村民小组所有和使用的资金、资产、资源，重点整治了"三资"管理制度不落实、利用职务便利侵占国家惠农资金、贪占挪用集体资金、侵占集体资产、债权债务不实、侵害集体收益、违规违法处置集体资源、村干部"四风"等8个方面的问题。通过清理整治，既查找解决了问题，又推进农村集体"三资"管理的规范化建设和财务公开管理，促进了乡村治理机制完善。四是出台实施《关于深入推进农村社区建设的实施意见》《关于加强全省城乡社区协商的实施意见》。其中，《关于深入推进农村社区建设的实施意见》于12月9日由省委办公厅、省政府办公厅印发，对全省推进农村社区建设做出全面安排部署，这其中包括完善在村党组织领导下、以村民自治为基础的农村社区治理机制和促进流动人口有效参与农村社区服务管理的重要任务和举措。《关于加强全省城乡社区协商的实施意见》于12月30日由省委办公厅、省政府办公厅印发，从总体要求、主要任务、保障措施等方面对加强和推进城乡社区协商工作做出部署。主要任务包括：明确协商内容、确定协商主体、拓展协商形式、规范协商程序、运用协商成果、健全协商制度。近期的目标要求是：到2018年全省各地城乡社区协商制度全面建立，协商主体、协商内容全面明确，协商活动全面开展，基层民主更加健全。

推进企业事业单位民主管理。一是出台政府规章率先在全国推行国企信息公开和打造阳光国企。2015年1月1日起，省政府于2014年12月3日印发的《山西省省属国有企业财务等重大信息公开办法（试行）》施行。办法对企业信息公开主要内容、公开的方式和时限、监督和保障等作了明确规定，其中主要内容包括：企业财务预算、财务会计报告、生产经营管理、大额度资金运作、职工权益维护、环保信息、企业领导履职待遇和业务支出情况等可能对出资人、企业和职工利益产生较大影响以及社会关注度高的信息。2015年2月17日，省政府办公厅又印发了《山西省省属国有企业财务等重大信息公开实施细则（试行）》，进一步明确细化了省属国有企业需公开的年度、中期、季度的具体数据、指标及内容。办法和细则的实施分三步推进，首先在省国资委监管的太钢集团等23户省属国有企业集团以及省属金融类企业集团、省属文化事业类企业集团执行；其次在省属国有企业二级以下企业及各委、办、厅、局监管企业执行；最后在市、县所属国有企业执行。山西这种以政府规章的形式在全省推行国企信息公开，在全国省级行政区域属首创，对于规范和促进企业民主管理以及倒逼改革发展具有重要意义。按照规定要求，全年省属国有企业信息公开工作有序推进，各企业通过相关网站、报刊等媒体，对财务等重大信息进行了公开，取得了积极成效。二是依法推进企业工资集体协商。企业工资集体协商，是指企业职工方与企业方或企业方面代表依法就企业工资分配等事项进行平等协商，并签订工资集体合同的行为，是企业民主管理的重要内容。自2015年1月1日起，省人大常委会于上年9月20日审议通过《山西省企业工资集体协商条例》施行。条例从基本总则、协商代表产生、协商内容和协商程序、工资集体合同签订与生效、工资集体合同变更解除终止、争议处理、法律责任等方面，对如何开展企业工资集体协商行为做出明确规定。其中，明确规定企业工资集体协商每年一次，内容涉及工资分配、最低工资标准、调资幅度、特殊时期工资待遇等。条例的制定和实施，进一步增强了对全省企业工资集体协商行为的约束力和执行力。全年全省共签订工资集体合同3.98万份，覆盖企业9.16万个，覆盖职工485.5万人；推进规模以上企业基本实现工资集体协商全覆盖，建立起企业工资劳资共决机制和正常增长机制。三是推进基层工会组织建设。建立工会组织，是企业及事业基层单位落实民主管理的重要内容和途径。2015年，全省工会系统深入持续推进了"组织建设年"工作和"农民工入会"集中行动。全年全省新建基层工会1730个，覆盖法人单位6282个，新发展农民工会员37.3万人，比上年增长22.1%。2015年末，全省基层工会组织达到59276个，覆盖法人单位177880个，会员7764602人。其中，全省国有、集体及其控股企业职代会建制数达99.8%，实行厂务公开建制数达99.6%；非公企业职代会建制数达98.3%，实行厂务公开建制数达92.4%，保持了较高建制率。四是加强和规范高校领导班子建设，推进高校民主管理。6月26日省委常委会议研究通过《山西省贯彻执行普通高等学校党委领导下的校长负责制的实施办法》《部分高等学校实行党委常委制的意见》《山西省高等学校实行领导班子任期制办法》三个文件，随后印发实施。这三个文件的出台和实施，对于进一步规范全省高校领导班子建设和推进高校民主管理具有重大意义。

6. 法治建设

法治建设，是落实依法治国战略、依法治省战略的具体体现。2015年，全省各级各地各系统大力推进全面依法治国战略在山西的实践，全面依法治省进一步加强和推进，"法治山西"建设相关工作取得新进展。

加强和推进法治政府建设。一是全面清理有效的政府规章。2015年2月

7 日，省政府以第 241 号令发布《山西省人民政府关于废止和修改部分政府规章的决定》，决定废止《山西省实施〈电力设施保护条例〉办法》《山西省土地复垦实施办法》《山西省煤炭可持续发展基金征收管理办法》《山西省实施〈中华人民共和国车船税暂行条例〉和〈中华人民共和国车船税暂行条例实施细则〉办法》《山西省煤炭销售票使用管理办法》5 个规章，对《山西省消防安全责任制实施办法》《山西省散装水泥促进办法》《山西省企业负担监督办法》3 个规章做出修改。二是修订和制定政府规章。1 月 26 日，省政府令第 240 号公布《山西省军人抚恤优待实施办法（修订）》，于 3 月 1 日起施行。这是该办法于 2007 年 11 月颁布之后进行的首次大范围修订，扩大了抚恤优待对象范围，将参战退役人员纳入医疗保障范围，将参战参试退役人员、农村籍退役士兵、烈士子女纳入城乡社会救助保障范围。2 月 8 日，由省政府第 242 号令公布《山西省石油天然气管道建设和保护办法》，于 3 月 15 日起施行。9 月 11 日省政府第 243 号令公布《山西省实施〈无障碍环境建设条例〉办法》，于 10 月 15 日起施行。该办法是山西第一部关于无障碍环境建设的政府规章。三是支持和推动地方立法。全年省政府提请省人大常委会审议了《山西省国有土地上房屋征收与补偿条例（草案）》《山西省法律援助条例（修订草案）》《山西省无线电管理条例（草案）》和《山西省环境保护条例（修订草案）》4 件地方性法规。其中，《山西省国有土地上房屋征收与补偿条例》由省十二届人大常委会第 22 次会议于 2015 年 9 月 24 日通过，自 2016 年 1 月 1 日起施行；《山西省法律援助条例》由省十二届人大常委会第 23 次会议于 2015 年 11 月 26 日修订通过，自 2016 年 1 月 1 日起施行。四是加强规范性文件的合法性审查。全年全省政府法制系统进一步加大备案审查力度，做到有件必备、有错必纠，确保了各级政府和部门规范性文件的合法、统一、有效。

推进普法法治宣传和开展依法治理创建活动。依法治国，依法治省，普法和法治宣传要先行。2015 年是全国"六五"普法工作的总结验收年，全省各级各地认真开展"六五"普法总结验收工作，并以多种形式推进普法教育和法治宣传。各级各地以多种形式持续开展了对三晋优秀法治文化的发掘和宣传，引起较大反响。在 2015 年 12 月 4 日第二个国家宪法日暨第十五个全国法制宣传日，全省各地举办了多种形式法治宣传的纪念活动，省级举办了全省国家宪法日暨全国法制宣传日专题座谈会和现场宣传活动。全省"六五"普法总结验收和评选，后来（2016 年 5 月）中共中央宣传部、司法部、全国普法办公室在对 2011～2015 年全国法治宣传教育先进集体和先进个人进行表彰时，全省有晋中市、临汾市 2 个市被表彰为全国法治宣传教育先进城市，太原市迎泽区、万柏林区等 16 个县（市、区）被表彰为法治宣传教育先进县（市、区），省委办公厅等 14 个单位被表彰为法治宣传教育先进单位，省、市、县 4 个单位被表彰为法治宣传教育先进普法依法治理办公室，常银生、马朝中、盖建忠 3 名同志被表彰为法治宣传教育模范个人，刘月琴等 34 名同志被表彰为法治宣传教育先进个人，郭颖平等 6 名同志被表彰为法治宣传教育先进工作者。2015 年，全省依法治理创建活动继续推进。全年全省各级各地创建省级依法治理示范单位 200 余个，还有太原市迎泽区、阳曲县、灵丘县、大同市南郊区、盂县、左权县、沁源县、长治市郊区、长子县、晋城市城区、应县、河曲县、吉县、襄汾县、临猗县和稷山县 16 个县（市、区）入选受全国普法办表彰的第三批"全国法治县（市、区）创建活动先进单位"，有太原市小店区营盘街道办并南西一社区、娄烦县天池店乡兑集沟村等 35 个村（社区）入选受国家司法部、民政部联合表彰的第六批"全国民主法治示范村（社区）"。

推进公共法律服务体系建设和加强法律援助。一是出台实施《关于推进公共法律服务体系建设的意见》（简称《意见》）。该《意见》于 1 月 27 日由省政府办公厅印发，对全省以县、乡、村三级为重点不断健全覆盖城乡的公共法律服务网络做出规划部署。这是全国首家以省政府名义出台的推进公共法律服务体系建设的文件。按照《意见》部署，2015 年全省各地依托县（市、区）司法局法律服务（援助）便民大厅和政务服务平台，建成了县级法律服务中心 115 个，占应建数的 96.6%；推动全省 29736 个村（社区）实现了法律顾问全覆盖。二是加强开展法律援助和推进基层法治建设。2015 年对 2003 年公布施行的《山西省法律援助条例》进行了补充、完善和修订，并重新颁布，于 2016 年 1 月 1 日起实施。新修订的条例扩大了法律援助范围，降低了法律援助门槛，完善了法律援助程序，健全了法律援助机制，强化了相关法律责任。与此同时，全省司法行政系统、工会系统的法律援助体系建设进一步推进。司法行政系统推进、建设和完善了省、市、县三级法律援助便民服务大厅和"12348"法律援助热线，并实现了"两个全覆盖"；建成了全国首家省、市、县三级法律援助远程视频服务系统，实现了大中城市优质法律服务资源向力量薄弱、资源缺乏和偏僻地区的倾斜。全年全省"12348"法律援助专线接听群众来电咨询 50827 人次，接待、接听群众法律咨询 4.8 万人次，办理法律援助案件 2.2 万件，受援群众超过 30 万人次，为受援人争取经济赔偿 3.3 亿元，受援人满意率高达 96%。工会系统推进建立健全了市、县两级地方工会法律顾问组织和法律援助维权服务中心。其中，全省 7 个市 92 个县已建立工会法律顾问组织，省总工会和 11 个市及 127 个县（市、区）、开发区、经济区工会建立了法律援助维权服务中心。

依法维护特殊群体的合法权益。一是依法维护女职工合法权益。2015 年 7 月 30 日，《山西省女职工劳动保护条例》（简称《条例》）由省人大常委会审议通过并于 10 月 1 日起施行。这是自 2012 年国务院《女职工劳动保护特别规定》颁布实施后出台的第一部省级地方性法规。《条例》对女职工权益做出全方位规定，在全国率先提出了女职工经期、孕期、产期、哺乳期、更年期等"五期"保护，并对"卫生福利"等内容做出了具体规定。《条例》的颁布和施行，为全省女职工依法维护合法权益创造了条件。全年全省工会系统依法开展女职工维权行动，共签订女职工权益保护专项集体合同 1.96 万份，覆盖企业 3.25 万家、女职工 152 万人。二是依法维护农民工合法权益。全年全省工会系统等部门处理农民工欠薪来访事件 168 件，依法追讨欠薪 6054.2 万元。三是依法维护消费者合法权益。全年全省工商系统共受理消费者咨询、投诉、举报 11.2 万件，其中咨询 89430 件、投诉 18713 件、举报 3372 件，为消费者挽回经济损失 1643 万元。

依法维护市场经济秩序。2015 年，全省工商、价格、质监、食药、住建、金融、税务、海关等各领域市场监管系统不断加强市场监管，依法打击违法行为，有效地维护了公平竞争的市场环境。2015 年，全省工商系统全系统查处了公用企业和依法具有独占地位的经营者限制竞争案件 10 起，查处不正当竞争案件 76 起，查处虚假违法广告案件 271 件，查办传销案件 5 起，查处合同欺诈案件 50 件，监管整改网络商品网站 547 个，清理排查投资类公司企业 8374 户和立案调查 51 件，查处侵犯驰名商标案件 48 件。此外，还开展了农贸和集贸市场秩序整治、查处无照经营、"红盾护农"行动、成品油市场整治、治理超限超载等专项治理。全省物价系统开展了涉企、涉煤、医疗、教育、旅游等专项检查，共查处价格违法案件367件。全省质监系统围绕农资、食品、建材、儿童用品和汽车配件等重点领域开展检查，查处违法案件660余起。全省食药系统加强监管和问题整治，共查处食品药品案件14149起，罚没款4692万元。全省住建系统共查处房地产开发项目违法违规行为676件，涉及项目566个。全省金融系统稽查证券期货市场违法违规行为案件21起，银行监管行政处罚案件84件。全省税务系统中，地税查补收入24.87亿元，查处百万元以上案件26件，查处违法受票企业685户，查处非法发票6666份；国税系统查补收入14.48亿元，查处涉票违法企业1774户，查处非法发票23776份。

推进司法公开。全省法院系统在2014年启动建设审判流程、裁判文书、执行信息司法公开三大平台的基础上，2015年加快推进建设进程，并于6月全部建成运行，工作进度比最高法院的要求提前了一年。全年通过三大平台，全省各级法院公开审判流程信息1100项、执行信息268项，公开案件241563件、案件动态170134项、生效裁判文书94913件，改变了以往当事人难以了解案件情况的局面，展示了人民法院阳光司法新形象。"三大公开平台"建成后，全省法院系统进一步拓展司法公开的广度和深度，以中国法院庭审公开网为依托，于11月启动推进了庭审活动的网上公开工作。全省检察院系统在上年实施以检务公开为核心的"阳光检察"工程的基础上，2015年这一工程继续深入推进，坚持"能公开的一律公开"，建立完善了不立案、不逮捕、不起诉、不抗诉等终结性法律文书公开制度，完善了公开审查、公开听证制度，加强了法律文书释法说理工作，加强了对检察门户网站、微博、微信、短信平台建设，进一步推进了"开放、动态、透明、便民"的阳光检察机制的构建。全年全省各级检察机关公开案件程序性信息32658条，重要案件信息1825条，终结性法律文书11775份，最大限度地满足了人民群众的知情权、监督权。

启动开展司法体制改革全国试点。2014年，全国启动新一轮司法体制改革，第一批上海等7个省（市）率先开展试点。2015年，全国司法体制改革试点进一步扩大，第二批山西等11个省（市、区）加入试点行列。在前期准备的基础上，6月17日山西司法体制改革试点工作动员部署会议召开，正式全面启动改革试点。根据部署，长治市、长治市城区、襄垣县、武乡县、太原市尖草坪区、岢岚县、祁县、孝义市和高平市共 1 市 8 个县（市、区）的法院、检察院、公安局先行开展改革试点，具体改革实施"1 + 8"制度体系。"1"是指《山西省司法体制改革试点方案》，包括目标任务和基本原则、主要任务、实施步骤、保障措施 4 个部分，具体包括完善司法人员分类管理制度、完善司法责任制、建立健全法官检察官及司法辅助人员职业保障制度、建立省以下司法人员省级统一管理体制等 7 个方面的改革任务。"8"包括"3 + 5"两个部分："3"是省法院、检察院系统各自制定的司法体制改革试点实施方案和公安系统制定的分类管理及职业保障制度改革指导意见；"5"则是指司法体制改革配套制度，包括机构编制统一管理、财物上划、债务清偿、干部管理、书记员管理等制度。改革试点方案是总框架、总规划、总纲领，法院、检察院系统的实施方案和公安系统的指导意见是对试点方案的原则性规定进行的具体和细化，具有系统性、针对性，是各级法院、检察院、公安局开展改革试点的"操作手册"。到年末，全省司法体制改革试点取得积极成效，"1 + 8"改革方案和制度体系的顶层设计基本完成；成立了省法官检察官遴选委员会，积极稳妥开展了员额制法官检察官遴选，首批 205 名员额制法官、172 名员额制检察官产生，优质司法资源配置到办案一线；法院系统改革书记员管理体制，实行了政府购买、劳务派遣的司法雇员制管理模式。

此外，作为全国 10 个试点省份，山西还启动开展了"建立对公安派出所刑事侦查活动监督机制"改革试点工作，具体试点工作在太原、长治、吕梁三市展开，取得促进执法司法衔接的积极成效。

严明公正司法。2015 年，全省各级检察院、法院严明公正司法，依法严惩了各类犯罪，依法维护了人民群众的合法权益。各级检察院在依法行使刑事司法检察权方面，共批捕各类刑事犯罪 12188 件 16035 人，提起公诉 19508 件 27048 人；认真贯彻宽严相济刑事政策，不批捕 4208 人，不起诉 1680 人，利用快速机制办理轻微刑事案件 3300 余件。各级检察院在遏制和减少职务犯罪方面，坚持有腐必反、有贪必肃，共查办各类职务犯罪 1444 件 1989 人，其中贪污贿赂犯罪 1045 件 1408 人，渎职侵权犯罪 399 件 581 人，挽回国家经济损失 9.9 亿元。其中，共查办县处级以上干部要案 198 人（含厅级 29 人），同比上升27.7%。各级检察院在监督诉讼维护司法公正方面，依法监督公安机关立案398件，撤案295件；依法监督法院审判活动，刑事提出抗诉467件、抗诉成功率为82%，民事行政提出抗诉84件、抗诉案件再审改判率为72%；依法监督特赦罪犯723人，纠正脱管、漏管、虚管217人，查办发生在刑事执行中的职务犯罪案件37件41人。在依法行使司法审判权方面，各级法院共受理各类案件344712件，审执结288795件，同比分别上升32.30%和20.01%；结案标的额894.44亿元，同比增长123.38%。其中，审结刑事一审案件22182件，同比上升2.38%，判处罪犯30160人，其中审结贪污贿赂、滥用职权、失职渎职等犯罪案件1054件2518人，审结行贿、介绍贿赂犯罪案件64件83人。审结各类民商事一审案件170909件，同比上升21.48%，涉案标的额达579.54亿元，其中审结融资租赁、借款合同、证券保险等各类案件36451件，惩治非法集资、金融诈骗等犯罪385件607人，审理专利权、商标权、著作权等案件243件，调处涉及各类经济主体的买卖合同、股权转让、劳动争议、企业改制等纠纷21353件。受理各类行政一审案件3665件，审结2818件，同比分别上升123.52%和81.57%。执结案件47680件，执结标的额258.82亿元，同比分别上升18.84%和62.53%。

三　文化建设

2015年，山西省委、省政府及有关部门围绕建设社会主义核心价值体系和文化强省建设战略，大力推动各项文化事业繁荣发展，大力推动文化产业发展壮大，中国特色社会主义文化道路在山西的坚持和拓展迈上新台阶，文化强省建设迈出新步伐。

1. 核心价值

构建社会主义核心价值体系，积极倡导和培育富强民主文明和谐、自由平等公正法治、爱国敬业诚信友善的社会主义核心价值观，是社会主义文化建设的根本内容。2015年，全省各级党委、政府及有关部门在推进文化建设的进程中，创新方式方法，持续深入推进社会主义核心价值体系建设，核心价值观培育呈现新气象。

大力学习宣传习近平总书记系列重要讲话精神和弘扬"三个文化"。一是深入学习宣传习近平总书记系列重要讲话精神。习近平总书记系列重要讲话，是中国特色社会主义理论体系的最新成果，是当代中国马克思主义最现实、最集中的体现，深刻回答了新的历史条件下党和国家事业发展的一系列重大理论和实践问题，是坚持和发展中国特色社会主义的行动指南。深入学习贯彻习近平总书记系列重要讲话精神是构建社会主义核心价值体系和培育践行社会主义核心价值观的题中之义。全年全省各级各地各有关部门在广大党员干部和社会各界以多种形式坚持和推进了对习近平总书记系列重要讲话精神的学习宣传。其中，在全省各级党组织和广大党员干部中开展的以"深入学习习近平总书记系列重要讲话精神，净化政治生态、实现弊革风清，重塑山西形象、促进富民强省"为主题的学习讨论落实活动，在全省县处级以上领导干部中开展的"三严三实"专题教育，不断推进和引申了对习近平总书记系列重要讲话精神的学习宣传，进一步增强了全省党员干部在思想上政治上行动上与党中央保持高度一致的坚定性和自觉性。二是大力弘扬"三个文化"。山西历史文化底蕴深厚，其中蕴含着源远流长的法治文化、博大精深的廉政文化、光耀千秋的红色文化。2014年12月，省委十届六次全会深刻总结历史和把脉现实要求，提出了在全省大力弘扬源远流长的法治文化、大力弘扬博大精深的廉政文化、大力弘扬光耀千秋的红色文化的要求和任务。大力弘扬"三个文化"，是传承优秀历史文化，"净化政治生态、实现弊革风清，重塑山西形象、促进富民强省"的重要举措，也是增强文化自信，推进构建社会主义核心价值体系建设和培育践行社会主义核心价值观的具体行动。全年全省各级各地通过开展专题研讨、发掘历史、图书出版、文艺创作、媒体宣传、文艺展演展映等主题活动，在全省形成了弘扬和践行"三个文化"的良好氛围，凝聚向上向善正能量。

出台实施《培育和践行社会主义核心价值观行动方案》。培育和践行社会主义核心价值观，重在行动，贵在坚持。在实施省委办公厅于2014年11月印发的《关于培育和践行社会主义核心价值观的实施意见》（简称《意见》）的基础上，根据中央新的部署和要求，省委宣传部、省文明委于2015年8月印发《培育和践行社会主义核心价值观行动方案》（简称《行动方案》），对贯彻中央有关精神和推进《意见》实施，全面推动全省培育和践行社会主义核心价值观各项工作落细落小落实，做出具体安排部署。《行动方案》就组织开展各类实践活动从 15 个方面做出规划并提出要求，包括：深入实施"爱党、爱国、爱家乡"行动、深入实施群众性精神文明行动、深入实施学雷锋志愿服务行动、大力实施"诚信山西"行动、广泛实施"节俭养德全面节约"行动、实施"阳光执法司法"行动、实施"平安山西"行动、实施民族团结进步创建行动、深入实施文明旅游行动、深入实施全民科学素质行动、深入实施爱国卫生行动、实施文明办网文明上网行动、大力实施"公民敬业行动"、在青少年中大力实施"圆梦从我做起"行动、在党员干部中大力实施"三严三实"行动。这 15 个方面的行动以及其中的具体项目都是从实践中来的，是经验的提炼，是各行各业长期开展的品牌项目。《行动方案》的印发，为指导规范和引领推进全省各行各业培育和践行社会主义核心价值观明确了行动方向和路径。

加强和推进社会信用体系建设。社会信用体系建设是社会主义核心价值观的重要内容。继 2013 年 4 月省政府制定印发《关于加快社会信用体系建设的指导意见》（简称《意见》）后，2014 年 12 月又制定印发了《山西省社会信用体系建设规划（2014～2020 年）》（简称《规划》）。2015 年，按照《意见》《规划》的部署和中央的新精神，全省社会信用体系建设进一步加强推进。一是加强顶层制度设计，出台多项重大政策措施。6 月 12 日，省政府印发实施《山西省公共信用信息管理办法（试行）》，对社会法人公共信用信息和个人公共信用信息的征集、披露、使用等做出明确规定。其中规定个人公共信用信息不予公开和共享，只通过查询方式披露。10 月 18 日，省政府办公厅印发实施《关于加快建立企业信用信息互联互通交换共享机制推进企业信用体系建设的意见》，对到 2016 年底建成以全面归集、整合、发布政府及有关部门有关市场主体登记信息、行政许可信息、行政处罚信息等信息的全省集中统一的市场主体信用信息公示（共享）系统做出安排部署。10 月 27 日，省政府办公厅印发《山西省企业信用行为联合奖惩办法（试行）》，于 12 月 1 日起实施，明确了对企业守信行为的奖励和失信行为的惩戒的具体措施。12 月 9 日，省政府办公厅印发《关于运用大数据加强对市场主体服务和监管的实施意见》，对充分运用大数据、提高政府服务能力和水平、激发群众和市场主体的创业创新活力、推进大众创业万众创新等做出部署。同时，省文明委制定出台了《关于推进诚信建设制度化的实施意见》，就推进覆盖全社会的信用信息系统建设、四大领域（政务、商务、社会和司法）诚信管理制度建设、诚信奖惩制度建设、诚信发布制度建设、培育和规范信用服务市场、完善诚信监督体系建设等共11项重点工作提出了具体要求，并将诚信建设制度化工作纳入文明城市（县城）、文明村镇、文明单位、文明社区创建活动内容。二是大力开展重点领域试点和地方综合试点。社会信用体系建设是一个涉及面十分广泛的系统工程。在统筹全局的同时，全省食品生产经营、药品生产流通、融资担保、医疗机构、价格管理、环境保护和建筑市场等七大试点领域开展了信用体系建设试点，在太原市开展了省级社会信用体系建设综合性试点。至年末，全省七大试点领域和太原市的试点，在建立和完善制度体系、建设信息平台、加强监管等方面均取得重要进展。三是加快推进省级信用信息共享平台建设。到年末，平台门户网站"信用山西"网实现上线试运行，开设了行政许可和行政处罚信息"双公示"栏目，并实现了与"信用中国"网站的链接。

加强和推进公民道德建设。公民道德建设，是建设社会主义核心价值体系和培育核心价值观的重要方面，又是社会主义核心价值体系和核心价值观的体现与反映。2015年，全省公民道德建设进一步推进。一是继续深化开展"德润三晋·共筑梦想"主题实践活动。该项活动于2014年6月14日在全省启动，以推进社会公德、职业道德、家庭美德、个人品德建设为基本内容，以实施俭养德全民节约、全民读书、道德规范制定和完善、文明礼仪培育、诚实守信创建、志愿服务进社区、德孝文化弘扬"七大行动"为重点，以宣传教育、实践活动、制度建设为关键环节，以扩大群众参与、形成良好道德生态为着力点，是提升全省公民道德素质和加强思想道德建设的一次探索和创新。2015年，全省各地各部门以多种形式深化开展了"德润三晋·共筑梦想"主题实践活动。其中，运城市盐湖区近年来在弘扬德孝文化方面探索开展的以"德政千秋·孝行天下"为主题的"七进七创"实践活动受到中宣部和全国妇联的充分肯定。"七进七创"，即德孝文化"进机关、创建德政单位，进农村、创建幸福村庄，进社区、创建和谐社区，进学校、创建爱心校园，进企业、创建诚信企业，进家庭、创建最美家庭，进党校、建设高素质的党员队伍"。在"七进七创"活动中，打造出了"一堂课（德孝大讲堂）、一顿饭（老年人日间照料）、一面墙（德孝文化宣传墙）、一台戏（弘扬德孝文化演出）、一朵花（为孝顺媳妇、德孝楷模披红戴花）、一份爱（年青一代德孝教育）、一张牌（弘扬德孝品牌）、一张网（全民践行德孝文化网络）"的八位一体德孝文化活动平台。2015年6月12日，中宣部和全国妇联在盐湖区召开了"弘扬德孝文化·践行核心价值"全国现场交流会。二是开展道德模范推荐评选活动。全国"第五届全国道德模范"推荐评选活动于4月启动，经推荐评选、公示等环节，10月13日揭晓评选结果。山西有1人入选全国道德模范，9人获提名奖。其中，晋城市城区北石店镇南石店村村民刘平贵、李继林夫妇入选"全国诚实守信模范""第五届全国道德模范荣誉"称号，高平市腊英养猪场场长毕腊英、长治市屯留县吾元镇岭村乡村医生李拴州、山西省化工设计院职工康永涛、临汾市翼城县翼钢公司质检部理化中心职工张丹华、临汾市吉县中垛乡三堠村村民贺印娣、长治市襄垣县王桥镇返底村党支部书记村委会主任段爱平、太原市清徐县检察院渎检科检察员反贪局副局长李洪达、山西潞安矿业集团漳村煤矿居民陈秋花、吕梁市交城县天宁镇北关街村民夏占海等9人获第五届全国道德模范提名奖。此外，全省各级各地各行业也开展了不同形式的道德模范推荐评选活动，对先进人物进行了表彰。其中，省直机关推荐评选表彰了2014年度50名道德模范。这些入选的"全国道德模范"的山西人物，以及各地各行业评选出的道德模范，根于广大群众中间，受到广泛的认同和尊崇。这些评选活动的开展，较好地发挥了道德模范人物的示范和引领作用。三是启动开展道德模范基层巡讲活动。10月下旬，全省启动"道德模范基层巡讲活动"，省市道德模范巡讲团进机关、进高校、进企业、进军营，在基层各地开展巡讲活动。在巡讲活动中，道德模范用他们质朴的语言、生动的事例和真挚的情感，向听众展示了他们的先进事迹和崇高精神，引起广泛共鸣。至年末，省、市两级举办道德模范巡回演讲255场次，直接听众15万余人次，起到发挥道德模范的示范引领积极作用。四是深入开展学雷锋志愿服务活动。3月，中宣部公布第一批50个全国学雷锋活动示范点和50名全国岗位学雷锋标兵，山西临汾市第三人民医院入选"全国学雷锋活动示范点"，长治市襄垣县王桥镇返底村党支部书记、村委会主任段爱平入选"全国岗位学雷锋标兵"。6月下旬，省直机关成立了学雷锋志愿服务总队。启动开展全国学雷锋志愿服务"最美志愿者、最佳志愿服务项目、最佳志愿服务组织、最美志愿服务社区""四个100"先进典型推选活动，推选出典型 40 个。规范志愿者和志愿服务组织注册、招募、项目化运作机制，全年共通过"志愿云"系统注册志愿者 37658 人，注册志愿服务组织 660 个，完成志愿服务项目 41 个。

积极培育先进和大力宣传先进典型人物事迹。充分发挥先进典型的示范引领作用，是推进社会主义核心价值体系和核心价值观建设的重要途径。一是树立和宣传基层党员干部先进典型。经推荐公示，临汾市浮山县委书记孙京民、长治市潞城市委书记唐立浩两人，在七一前夕被授予"全国优秀县委书记"称号。首次开展推选和表彰全省优秀乡镇党委书记活动。经县（市、区）推荐、各市考察、省委组织部审核、媒体公示等程序，全省 1196 个乡镇中最终有 92 名乡镇党委书记被确定为表彰对象。省委办公厅于 11 月 25 日发出了《关于开展向李培斌同志学习的通知》。李培斌同志是长期在司法一线从事司法行政工作的一名优秀党员干部，多次受国家、省、市表彰，2015 年 10 月 15 日为妥善处理群体性信访案件，因劳累过度突发心梗而不幸殉职。二是广泛开展身边好人寻找推荐评选、行业先进人物评选和学习宣传活动。开展以"乡村创富好青年、乡村道德好青年"为主题的"全国乡村好青年"推荐评选活动。评选结果于 1 月揭晓，山西有 3 人入选，其中临汾隰县水利水保局防洪防汛办公室的干部刘帅君、运城河津市下化乡半坡村卫生室医生贺俊峰入选道德类"全国乡村好青年"，阳泉市郊区平坦镇石板片村的党支部书记田玲入选创富类"全国乡村好青年"。该项推荐评选活动，是在此前 2014 年全省开展"寻找乡村好青年"活动和评选出 50 名"山西省乡村好青年"基础上进行的。开展寻找"夫妻恩爱、孝老爱亲、教子有方、邻里友善、热心公益、乐于奉献"的"最美家庭"评选活动。2 月初揭晓 2014 年"三晋最美家庭"评选结果，110 户家庭入选并受到表彰。其中阳泉"省级工艺美术大师"张文亮、运城"航天英雄景海鹏"之家景靠喜、太原广播电视大学教师陈恩光 3 户家庭荣获 2015 年"全国最美家庭"称号。10 月下旬揭晓 2015 年"三晋最美家庭"评选结果，100 户家庭入选并受到表彰，荣获"三晋最美家庭"称号，还有 123 个家庭获"三晋最美家庭"提名奖。开展以"助人为乐好人、见义勇为好人、诚实守信好人、敬业奉献好人、孝老爱亲好人"为主题的"中国好人榜"和"山西好人"推荐评选，全年逐月推荐累计有 40 人入选"中国好人榜"，上半年和下半年两批共推荐评选出"山西好人"50 人。开展以"爱岗敬业、创业创优、诚实守信、崇义友善、孝老爱亲"为主题的"全国向上向善好青年"推选活动，评选结果于4月揭晓。山西有太原铁路房建段大同方圆物业公司管道工常勇、太原大强家常菜馆老板王强2名青年分别入选"诚实守信"、"崇义友善"好青年，受到表彰。开展"榜样山西·最美劳动者"推荐评选。3月揭晓2014年评选结果，晋中监狱四监区监区长戴建平等10人获评"最美劳动者"年度人物称号，太原公共交通控股（集团）有限公司驾驶员孟晓燕等20人获"最美劳动者"提名奖。开展以"岗位技能促振兴，青春建功中国梦"为主题的"全国寻找100名'最美青工'"第二季评选活动，5月揭晓结果，山西有3名青工入选，分别是大同煤矿集团有限责任公司塔山煤矿工程师段宏飞、山西焦煤西山煤电集团公司采区采煤工程师李茂林、山西阳光发电有限责任公司热控车间计算机班技术员毕冠华，其中"博士矿工"段宏飞还入选12名特别关注"最美青工"之一。开展全国和全省劳动模范、先进工作者推荐评选表彰活动，2015年有65人获"全国劳动模范"称号、18人获"全国先进工作者"称号，有270人荣获"山西省五一劳动奖章"。开展"山西最美社区干部"推荐评选活动，6月揭晓评选结果，太原杏花岭区涧河街道锦绣苑社区党支部书记、主任于亚军等10人获"山西十佳最美社区干部"称号，忻州原平市北城街道平安大街社区党支部书记王旭才等10人获"山西最美社区干部"提名奖。开展以"文明礼仪、热心公益、诚实守信、尊老爱亲、自强自立、乐于助人"为主题的山西省第三届"美德少年"评选表彰活动，9月揭晓结果，60名少年获此殊荣。开展"2015感动山西十大人物"推荐评选，山医大一院感染管理科主任商临萍、长治潞城市委书记唐立浩、原大同市阳高县信访服务中心主任李培斌、北京军区某兵种训练基地三级军士长郭峰、中国兵器工业集团淮海工业集团二分厂加工中心程序员刘波、阳泉市郊区三都村村民杨占利和田俊丽夫妇、临汾霍州市女孩赵艳、阳泉市郊区侯家沟村村民王亮明、山西省人民检察院退休干部王艾甫、太原市精神病医院老年科主任李丽珠获此殊荣。通过对上述各方面、各领域先进人物的评选和宣传，发挥了发现感动、传递正能量、弘扬社会主旋律的积极作用。

深入推进群众性精神文明创建活动。群众性精神文明创建活动，是建设社会主义核心价值体系和培育核心价值观的重要载体。2015年，全省各地各部门群众性精神文明创建活动深入推进、广泛开展，富有成效。一是推荐评选先进，推进全省精神文明三大创建活动。经过严格评选推荐，在 2014 年 11 月至 2015 年 2 月开展每三年一次的第四届全国文明城市（区）、文明村镇、文明单位评选活动中，山西有宁武县凤凰镇、繁峙县砂河镇等 43 个村镇荣获"全国文明村镇"荣誉称号，云冈石窟景区、平遥古城景区等 59 个单位获"全国文明单位"荣誉称号。启动开展了 2014～2015 年度全省精神文明三大创建活动的推荐评选，推进了太原、晋城、朔州 3 市创建全国文明城市的申报工作。此外，全省各级、各地、各行业也对三大创建活动开展了不同形式的推荐评选表彰。其中，省直机关通过推荐评选，有 378 个单位被评选为 2014 年度"文明单位标兵"，有 316 个单位被评选为 2014 年度"文明单位"。通过开展推荐评选先进活动，进一步促进了全省文明城市、文明村镇（社区）、文明行业（单位）三大创建工作的开展。二是深入开展"讲文明树新风"公益广告和"图说我们的价值观"宣传活动。通过全省电视、网络、报纸等主流媒体刊播，通过在城市交通主干道、公交车、商业大街、建筑工地以及公园、广场、车站、商场等公共场所以及机关企事业单位、社区、乡村等处张贴、电子屏播放，公益广告宣传活动不断深入人心，较好地传播了先进文化、弘扬新风正气。三是广泛开展陈规陋俗和封建迷信专项整治活动。通过健全村规民约和社区公约等规章制度、党团员带头签订抵制陈规陋习承诺书、向群众发出倡议书等形式，通过发挥工会、共青团、妇联等群团组织和基层红白理事会的作用等方式，倡导群众婚事雅办、丧事简办、节俭操办，专项整治了社会上婚丧嫁娶、喜庆活动中的大操大办、随礼风泛滥、彩礼钱过重、陈规陋习盛行等问题。通过排查封建迷信活动、依法打击利用封建迷信骗取钱财和坑害群众行为、严肃处理参与封建迷信活动的党员干部、开展科普宣传等，集中整治了社会上特别是农村的封建迷信活动。

2. 公共文化

公共文化服务体系建设，是发展公益性文化事业的重要内容，也是推进文化强省建设的重要举措。2015 年，全省各级党委、政府及有关部门统筹规划，进一步推进了公共文化服务体系的建设和完善。

推进公共文化服务基础设施建设和提升服务水平。一是推进省、市、县各级文化基础设施建设。在推进省级重点文化基础设施建设方面，山西省体育博物馆建成开馆，于 2013 年奠基的山西晋剧艺术中心建设工程以及于 2014 年开工的山西省少儿图书馆和山西省古籍保护中心改造建设工程继续推进，陶寺遗址博物馆建设立项工作启动。其中，于 2 月 16 日建成开馆的省体育博物馆，是以 20 世纪 60 年代初建成的太原市历史建筑山西省体育馆为依托而修建，为山西首家综合性体育博物馆，以收集、保护、展示山西体育发展历史为主题。在推进市县基层文化设施建设方面，太原市博物馆陈列布展和配套设施建设工程、忻州市级"五馆一院"（科技馆、图书馆、艺术馆、博物馆、体育馆和大剧院）工程、大同市级"两馆一院一中心"（图书馆、美术馆、大剧院、体育中心）工程、临汾市级"两馆一场"（图书馆、博物馆、奥体中心体育场）工程、晋中市级"三馆一院"（科技馆、图书馆、博物馆、大剧院）工程等加快建设。各地县级"两馆一院"（公共图书馆、文化馆和数字影院）工程也不断推进，已建成的覆盖全部乡镇文化站、行政村文化活动场进一步完善。与此同时，全省各地还以多种形式创新推进了基层文化设施建设。其中，阳泉市在展览馆辟出专区建成文化精品展示馆，晋城市在市区设立了"街头 24 小时自助图书馆"。至年末，全省共有群众艺术馆 12 个、公共图书馆 126 个、文化馆 119 个、美术馆 22 家、文化站 1409 个（其中乡镇综合文化站 1196 个）、农村文化活动场所 2.8 万多个；国有各级各类博物馆有 131 家；城市数字影院 154 家、银幕 685 块，其中新增影院 55 家、新增银幕 232 块。据统计，截至 2015 年底，全省"省、市、县三级公共文化设施达标率"（主要由文化设施基础、区域服务人口及政府推进情况三方面综合评价）达到 80.19%，较上年增长 6.79 个百分点。其中，长治市以 99.19% 的达标率名列全省第一，13 个县、市、区中有 12 个（城区、郊区、长治县、襄垣县、平顺县、黎城县、壶关县、长子县、武乡县、沁县、沁源县、潞城市）以 100% 的达标率名列全省县、市、区第一。二是强化保障和提升公共文化基础设施的服务水平。2015 年，全省已建成的省级、市县级和乡镇村公共文化服务基础设施全部实现免费开放，其中省、市、县级"三馆一站"（公共图书馆、文化馆、美术馆和文化站）有 1688 个免费开放机构全部实现无障碍、零门槛进入公共空间设施场地，所提供的基本服务项目全部免费。除国家规定的个别之外，全省国有各类博物馆也基本都实现免费开放。全省全覆盖实现的专业艺术院团流动舞台车和县级文化馆（站）流动文化服务车、农村数字电影放映流动车全部有效运行。与此同时，加大投入，在全省农村大力实施"农村公共文化服务提升工程"，支持和保障乡镇文化站、行政村文化活动场加强标准化建设，进一步强化和提升了服务功能。全年全省乡镇文化站和行政村文化活动场在开展图书借阅、文艺演出、书画鉴赏、培训辅导、资源共享等免费开放服务方面，取得明显成效。2015 年末，全省平均每万人拥有公共图书馆、文化馆建筑面积分别达到 114.33 平方米、267.35 平方米。

大力实施各项文化惠民工程。一是全面推行政府购买公共演出服务机制。在 2014 年 4 月出台实施《山西省省级购买公共演出服务方案（试行）》基础上，2015 年进一步完善机制，推进了政府购买公共服务项目的实施。全年省级安排专项资金 1100 万元，购买演出服务 371 场，各市安排专项资金总计超过 4000 万元，购买演出 9974 场，受益群众达 800 万人次。二是深入开展"文化惠民在三晋"系列活动。该项活动于 2014 年启动实施，以各级图书馆、群艺馆、文化馆（站）、美术馆、工艺美术专题馆、剧院、文化广场为平台，主要开展了 10 项活动，即"送欢乐下基层"文化服务活动、"中国梦·三晋情"节日纪念日文化活动、"爱心接力"关爱特殊群体服务活动、"润物无声"公共图书馆服务活动、"快乐生活"文化馆（站）服务活动、"美丽三晋"美术馆服务活动、"意·境"展示展览服务活动、"文化 e 行"数字文化工程服务活动、"幸福使者"文化企业优惠服务活动、"精彩无界"社会共建文化服务活动。2015 年，全省各级各地结合实际，开展了多种形式的"文化惠民在三晋"系列活动。其中，山西大剧院、省图书馆、省群艺馆、山西画院、山西书法院等省级文化单位开展的演出、讲座、培训、展览等惠民活动，发挥了引领和示范作用；"弊革风清三晋春——山西省廉政剧目展演"活动、"中国梦·黄土情"晋、冀、蒙、陕、甘、宁六省（区）地方戏曲及民乐民歌"三展"演出、"戏曲精品老区行"慰问演出等影响广泛。据不完全统计，全年全省完成各类惠民演出 1.7 万余场次，受益群众超过 2000 万人次。三是继续推进电影公共服务覆盖城乡。城市数字影院建设在 2014 年实现地级城市全覆盖的基础上，2015 年新增影院 55 家、新增银幕 232 块，总数分别达到 154 家、685 块。全年城市影院票房实现 5.95 亿元，增长 51%，观影人次 1800 多万；"全省好电影公映展映季"活动在全省 11 个地市近 90 家城市影院展映了 15 部优秀影片，免费放映近 3600 场，受益群众达 38 万余次。四是继续推进实施广播电视直播卫星户户通工程。全年完成30万户安装任务，累计安装开通40万余户。

巩固和推进国家公共文化服务体系示范区（项目）创建。2011年，国家启动"创建国家公共文化服务体系示范区（项目）"，旨在引导各地结合当地实际，坚持公益性、基本性、均等性、便利性，在满足群众基本文化需求的基础上，积极探索如何形成网络健全、结构合理、发展均衡、运行有效、惠及全民的公共文化服务体系，进一步推动公共文化服务广覆盖、高效能，为构建基本完善的公共文化服务体系提供实践示范和制度建设经验。2011年6月，长治市入围全国第一批创建"国家公共文化服务体系示范区"资格，太原市"文化精品惠民基层行"项目入围全国第一批创建"国家公共文化服务体系示范项目"资格。此后经过两年创建，长治市示范区创建、太原市示范项目创建于2013年9月通过验收，长治市创建成"国家公共文化服务体系示范区"、太原市"文化精品惠民基层行"创建成"国家公共文化服务体系示范项目"。2013年10月，朔州市入围全国第二批创建"国家公共文化服务体系示范区"资格，同时晋中市"民办文化的扶持、引导与规范管理"项目、大同市"红领巾艺术团再建设"项目入围全国第二批创建"国家公共文化服务体系示范项目"资格。2014年和2015年，长治示范区、太原示范项目成果进一步巩固扩大，朔州示范区创建、晋中和大同示范项目创建持续推进。2015年，长治市、朔州市被确定为省级"公共文化服务标准化试点"和"基层综合性文化服务中心建设试点"地区，晋中市成功入选第三批创建"国家公共文化服务体系示范区"资格。

3. 文化事业

2015年，全省各级各有关部门不断加强和推进文化事业发展，新闻出版、广播电视、文化艺术、物质文化遗产和非物质文化保护、体育等事业进一步发展。

加强和推进新闻出版、广播电视和网络传播媒体建设。到2015年末，全省共有大型新闻出版集团8家，包括山西日报报业集团、山西出版传媒集团两大龙头集团，山西新华书店集团以及非时政类报刊改革中组建成立的5大报刊传媒集团；图书出版社8家（其中副牌社1家），音像（电子）出版社3家，报纸出版单位77家，期刊出版单位200家，获得互联网出版资质单位22

家。全年全省报纸出版 77 种、19.76 亿份，各类期刊出版 200 种、0.27 亿份，各类图书出版 4288 种、1.06 亿册。年末全省共有广播电视播出机构 112 个（省级 1 个、市级 11 个、县级 96 个、教育电视台 4 个），共开办 229 套广播电视节目（广播 111 套、电视 118 套），其中省级广播播出 7 套节目、省级电视国内播出 7 套节目。全省广播人口综合覆盖率达 98.47%，增长 0.43%；电视人口综合覆盖率达 99.31%，增长 0.36%；有线广播电视用户 5197984 户，其中数字电视用户 3823981 户。山西卫视全国覆盖人口超过 8.3 亿。

加强和推进物质文化遗产保护。一是启动实施"天下第一廉吏"于成龙故居和墓地修缮工程并完工。于成龙生于明末，在清代顺治及康熙年间长期为官，曾任福建巡抚和总督、兵部尚书、大学士等职。在二十余年的宦海生涯中，于成龙三次被举"卓异"，以卓著的政绩和廉洁刻苦的一生，深得百姓爱戴，被康熙帝赞誉，有"天下第一廉吏"的美誉。2015 年，国家与省共投资 800 万元，对位于吕梁方山县境内的年久失修的于成龙故居和墓地进行了抢修，使这两处清代古建筑重新焕发生机。二是继续推进山西南部早期建筑保护工程。该工程包括长治、晋城、运城、临汾 4 市的 105 处国保单位的元代及元代以前的古建筑，于 2008 年启动以来，国家先后投资 5 亿多元。至 2015 年末，这些保护工程基本收官，105 处国保古建筑再现昔日光彩。三是继续推进实施世界文化遗产保护工程。2012 年以来，平遥古城城墙抢险保护、云冈石窟文物保护、五台山重点寺庙抢险维修等工程持续推进。2015 年，平遥古城完成两段内城墙墙体抢险加固工程，云冈石窟五华洞第 11、12、13 窟壁画及泥塑彩绘抢救性保护修复工程竣工并通过验收，五台山菩萨顶、龙泉寺、金阁寺、罗睺寺维修竣工。这些保护工程，不仅有效保护了世界文化遗产，也有力地促进了文化遗产保护与当地经济社会的协调发展。四是继续推进太原西山文化带保护工程。该工程于 2013 年开始被纳入全省重点文物保护工程，工程范围南起晋祠，北至窦大夫祠，涵盖沿线天龙山、龙山、太山、蒙山区域内的文物点。这些众多历史文物是太原 20 万年人类活动史、5000 年文明史和 2500 多年建城史的重要鉴证。2015 年，天龙山、龙山石窟抢险加固工程加快实施，窦大夫祠保护工程入选 2014 年度"全国十佳文物保护工程"。五是继续推进实施应县木塔加固工程。该项工程是历经 25 年的世纪之争而最终于 2014 年启动的。六是加强和推进传统村落保护。2014 年，国家启动"中国传统村落保护"工程项目，山西有 21 个村落入选，同时国家还启动国保省保集中成片传统村落整体保护利用工作，山西有 13 个村落入选。2015 年，在继续推进已入选国家项目村落保护的基础上，山西又有 49 个村落入选"中国传统村落保护"工程项目。其中，国保省保集中成片传统村落整体保护利用试点的晋城沁水县的窦庄村、湘峪村和晋中介休市的张壁村 3 个古村落中 42 处院落的维修保护取得重大进展。七是专项维修抗战遗址保护和改造提升展览。2015 年是抗战胜利 70 周年，全省安排专项经费 4060 万元，对集中连片的 28 处红色及抗战遗址进行了本体维修，对武乡八路军太行纪念馆等 22 处进行了展览改造提升。

加强和推进文化艺术繁荣发展。一是推进大型历史文献丛书《山西文华》丛书的编纂出版。该丛书编纂出版事项于 2014 年 12 月启动实施，规划整理出版山西古籍文献 1500 种图书，分为"著述编""史料编""图录编"三编，分 3 期 9 年完成。丛书编纂是一项抢救、整理、传承、保护山西古籍文献的重大文化建设工程，被誉为"山西的《四库全书》"。2015 年 9 月，《山西文华》丛书首批图书共 20 种、116 册出版首发，包括"著述编"的《荀子集释》《王维集》《柳宗元集》《关汉卿集》《于成龙集》等 15 种，"史料编"的光绪版《山西通志》《晋政辑要》和山西的编年史《晋乘搜略》，以及"图录编"的《山西历代书法作品大系》《山西会馆》等。二是推进山西"双百"出版工程。该项工程于 2013 年 11 月启动，规划从 2014 年到 2018 年的 5 年之内完成两大系列大型丛书《三晋百部长篇小说》和《三晋百位历史文化名人传记丛书》的编辑出版，其中"百部长篇"收入经典和原创各 50 部。2015年，《三晋百位历史文化名人传记丛书》先后编辑出版《白朴传》《司马光传》《于成龙传》等 6 部，累计达到 7 部。《三晋百部长篇小说文库》首批出版 13 部作品，其中《李家庄的变迁·三里湾》等 11 部为经典作品，《鲛人》《一嘴泥土》为 2 部原创作品。三是一批文学作品获得国内外多种奖项。其中，刘慈欣的科幻小说《三体》荣获世界科幻大会主办的第 73 届雨果奖最佳长篇故事奖、第 6 届全球华语科幻星云奖最高成就奖、第 26 届银河奖科幻功勋奖，极大地提升了中国文化对世界的影响，成为山西文学创作高峰凸显的重要标志。四是舞台艺术和电影电视艺术创作取得新成果。10 月至 11 月间，从数十部优秀舞台剧中精选 10 部，举办了"山西省优秀新创舞台剧晋京展演"活动，剧目包括抗战文化题材的晋剧《红高粱》、舞剧《吕梁英雄传》《太行奶娘》、儿童剧《红星杨》、北路梆子《续范亭》、音乐剧《火花》、廉政文化题材的晋剧《于成龙》、京剧《陈廷敬》、现实题材的话剧《生命如歌》《最美村官段爱平》演出 20 余场次，产生了广泛影响。全年拍摄完成电影 15 部、电视剧 7 部、电视动画片 1 部，其中影片《土地志》《伞头和他的女人》获第 30 届中国电影金鸡奖提名奖、电视剧《黄河在咆哮》获第 30 届电视剧"飞天奖"优秀电视剧提名奖。五是山西省交响乐团独立建制成立。该乐团原隶属于山西省歌舞剧院，始建于 1952 年。2015 年 12 月，交响乐团从山西省歌舞剧院正式剥离，成立具有独立法人资格的山西省交响乐团有限责任公司。

加强和推进非物质文化保护。一是深化非物质文化遗产项目保护。全年全省有 23 家单位入选第四批国家级非物质文化遗产代表性项目保护单位；评审认定第四批省级非遗项目代表性传承人 202 人，省级传承人总数达到 816 人；推荐申报了第五批国家级非物质文化遗产代表性项目代表性传承人。至年末，全省拥有国家级非物质文化遗产代表性项目 116 项，保护单位 168 个；省级"非遗"项目名录达到 403 项，保护单位 723 个。全省非物质文化遗产包括民间文学、传统音乐、传统舞蹈、传统戏剧、曲艺、传统体育、游艺杂技、传统美术、传统手工技艺、传统医药、民俗等多个类别，其中入列国家级非物质文化遗产代表性名录项目、项目保护单位位列全国前三。全省 11 个地市、109 个县（市、区）的国家和省、市、县四级非物质文化遗产项目总数近万项，传承人近万名。二是推进国家级和省级"文化生态保护实验区"建设。文化生态保护实验区是指以保护非物质文化遗产为核心，对历史文化积淀丰厚、存续状态良好，具有重要价值和鲜明特色的文化形态进行整体性保护，并经国家文化部批准设立的特定区域。晋中文化生态保护实验区于2010 年经国家文化部批准建设，是全国第三个国家级文化生态保护实验区。该实验区包括晋中市的 11 个县区和太原市的清徐县、阳曲县、小店区和晋源区及吕梁市的孝义市、汾阳市、交城县和文水县等 19 个县（市、区）。这个区域北接草原、南引中原，汾河、黄河文明脉络清晰，草原文化与黄土高原的农耕文化、商业文化相交融，历史文化遗存厚重而独特，是华夏传统文化的典型代表和重要组成部分，也是山西非物质文化遗产项目最集中的重点地区。至 2015 年底，区内县级综合传习中心总数将达到 14 个，覆盖保护区内 2/3 的县区，显现出提供"非遗"保护和活动场所、宣传展示、公共服务等综合效应。在推进国家级"晋中文化生态保护实验区"建设基础上，还结合实际，先后设立碛口、河曲、上党（晋城）3 个省级文化生态保护区，推进了非物质文化遗产在一镇、一县、一市区域整体保护的实践探索。三是继续推进并出版了《山西省非物质文化遗产地图集》（简称《图集》）。该课题于 2013 年启动，《图集》于 2015 年 5 月出版。该《图集》是研究和展示全省非物质文化遗产分布状况、文化特征的重要文献。四是启动实施"乡村文化记忆工程"。5 月 28 日，全省"乡村文化记忆工程"工作会议在临县召开，对全省 112 个乡镇开展试点工作做出部署。该项工程旨在探索新型城镇化建设中的文化遗产保护与传承模式，主要实施办法是：依托乡镇综合文化站，对乡村历史脉络、文化烙印、传统街区和乡风民俗等进行调查整理和科学保护展示。

加强和推进体育事业发展。一是成功申办 2019 年第二届全国青年运动会。全国青年运动会于 2013 年由全国城市运动会更名而来，第一届全国青年运动会于 2015 年 10 月在福建福州举行。山西省政府于 2014 年启动了申办 2019 年第二届全国青年运动会的工作，并成为唯一承办候选单位。2015 年 7 月，国务院办批复同意山西承办 2019 年第二届全国青年运动会。10 月 27 日，第一届青运会在福建福州闭幕，山西接过青运会会旗，第二届全国青年运动会进入"山西时间"。申报承办 2019 年第二届全国青年运动会，是新中国成立后山西首次申报承办全国大型综合性运动会，是山西体育事业长足发展的重要标志。二是成功举办 2015 年中国体育文化·体育旅游博览会。博览会于 10 月 11 日至 13 日在太原举行，以"弘扬体育精神，建设体育强国"和"体育旅游，服务民生"为主题，包括展览、赛事、论坛、体验、评选、交易等活动，来自全国 31 个省（区、市）、全省 11 个市、国家体育总局系统 10 多家单位和全国近 300 家户外用品、体育文化、体育旅游企业参展。其间，约有 17.5 万人参观、参与。博览会在展商数量、展会规模、参观人数等方面均创历史之最，有力推动了体育、文化、旅游业深度融合。三是积极参加全国性运动会、比赛，并承办全国性赛事。5 月，参加在四川举办的全国第九届残疾人运动会暨第六届特殊奥林匹克运动会特奥项目比赛，35 名运动员参赛，共夺得 24 枚金牌、15 枚银牌、15 枚铜牌，金牌数创历史最好成绩。8 月，参加在内蒙古自治区鄂尔多斯市举行的第十届全国少数民族传统体育运动会，15 个民族 126 人参赛，收获 32 个奖项，创历史最好水平。9 月，参加在四川省举办的第九届全国残疾人运动会暨第六届特殊奥林匹克运动会，52 名运动员参赛，取得 7 金 8 银 12 铜的成绩，其中男子 T60 级 400 米栏打破全国纪录。10 月上中旬，参加在黑龙江哈尔滨举行的 2015 年全国乒乓球锦标赛决赛，女子队夺得团体冠军，这是山西在全国乒乓球锦标赛中首次获得全国团体冠军。10 月中下旬参加在福建福州举办的第一届全国青年运动会，太原和大同两市组团参赛，267 名运动员参赛，获得 14 金 11 银 12 铜，创历史（城运会）最好成绩。全年承办了全国田径大奖赛、全国蹦床冠军赛、全国青运会武术套路预赛、全国青年女子柔道锦标赛暨青运会预赛、全国青运会拳击预赛、全国青运会自行车和现代五项比赛、全国武术散打冠军赛等一系列全国重要赛事。全年全省运动员总计获得全国性冠军 22 个，特别是女子乒乓球队获得 2015 年全国乒乓球锦标赛团体冠军，实现山西乒乓球项目历史性突破。四是加强和发展公共体育。省级体育场馆免费或低收费向群众开放，提供全民健身服务。以"强健体魄·阳光生活"为主题，按照"春舞、夏泳、秋赛、冬跑"四个板块，引领和开展全民健身活动。全年全省各级各地广泛开展各级各类全民健身活动 2600 余次，参与人数近 200 万。继续推进城乡公共体育设施建设，乡镇健身广场器材配置实现全覆盖，部分市筹建"全民健身活动中心"工程项目取得新进展，公共体育设施进公园、广场、社区（小区）试点工程有序实施，大同市荣获"2015 中国十佳运动休闲城市"荣誉称号。

4. 文化产业

2015 年，全省各级各有关部门进一步加强和推进文化产业发展，文化产业不断发展壮大，日益成为推动文化发展和经济发展的重要力量。

实施支持文化产业发展的重大政策举措。一是出台实施《山西省文化产品和服务出口指导目录》（简称《目录》）。该《目录》于 7 月出台，将出口文化产品企业分为新闻出版、广播影视、文化艺术、综合 4 大类，并进一步细化为出版单位出版发行图书和音像制品及电子出版物、期刊数据库服务和电子书出口、出版单位合作出版、版权输出代理服务、新闻出版产品营销服务等 28 个小类，同时明确了相关支持措施，旨在引导和支持全省文化产品和服务出口，参与国际竞争，扩大山西文化在国际市场上的影响力。二是启动实施山西省文化产业投资基金、山西省旅游文化体育产业投资基金。这两只投资基金于2014年底开始设立，每只基金各10亿元，其中政府引导资金各2亿元于2015年全部到位，并正式启动实施。文化产业投资基金主要投向文化产业示范区、示范基地，十大文化产业集团、特色文化产业，文化创意、数字出版、动漫游戏、移动多媒体、文化会展、文化"跨界"融合等新兴文化业态。体育文化旅游产业投资基金主要投向旅游企业以兼并、控股、收购、参股等方式跨行业、跨区域重组和整合，六大旅游板块、八大休闲旅游度假区、18个核心景区，乡村体验旅游和工业感受旅游，深度开发旅游文化产品，体育发展重点领域，促进旅游、文化、体育交互融合发展等。三是出台实施促进旅游产业、体育产业与文化产业融合发展的政策意见。省政府于6月印发的《关于促进旅游业改革发展的意见》和7月印发的《关于加快发展体育产业促进体育消费的实施意见》，对促进旅游产业与文化产业融合发展、体育产业与文化产业融合发展提出明确意见，并对相关产业融合发展做出具体部署。

加快推进重大文化产业项目建设和培育壮大文化产业示范基地。一是三个省级重大文化产业项目建设取得重大进展。7月，"山西省文化产业园"项目开工建设。该项目位于晋中太谷县北部新城，总投资39.96亿元，占地1178亩，总建筑面积约75万平方米，主要建设历史体验、生态旅游、时光路径、文化积淀四大组团，包括青少年教育基地、驿站商贸、"非遗"展示、专题博物馆、书画院等七大板块。至年末，园内建成了孟母文化广场。9月，"山西省文化保税区"项目开工建设。该项目位于太原武宿综合保税区内，总投资约6亿元，占地127亩，总建筑面积约16万平方米，主要功能是为发展对外文化贸易提供总部基地和产业协同服务平台。它是由文化产品加工制造、文化商品保税仓储、国际文化贸易服务及研发、国际文化商品展示交流四大板块组成，涵盖艺术品加工、文化产品仓储、产品分销、艺术品展示、创意研发、国际文化贸易服务、国际新媒体开发、国际文化电子商务等项目。企业入驻保税区后，可享受到国家关于综合保税区的税收优惠、海关监管、检验检疫、外汇管理、对外贸易、金融支持等一系列优惠政策。至年末，"山西文化云平台"项目建设具备了开工条件。该项目是利用互联网、云计算等先进信息技术和管理模式，整合山西文化数字资源，建设标准统一的共享服务平台和互联互通的网络服务体系，实现文化信息服务渠道和服务方式多元化。它是由文化资源管理平台、文化公共服务平台、文化产业服务平台三大板块组成，内含文化大数据库系统、文化政务管理系统、公共文化云服务、文化资源数字展馆、文化产品研发及线上交易等子项目，旨在为全省文化系统提供不受时间、空间限制的专业化、集约化、社会化的开放信息资源共享利用的云计算服务，为各级政府和文化主管部门提供决策参考，为满足公众文化信息需求提供服务。二是大力培育和发展壮大文化产业示范基地。文化产业示范基地是发展文化产业的一项重要举措，是促进文化企业发展的一个重要平台。2015 年开始，全省正式新增 2 家国家级文化产业示范基地，分别是：山西本命年文化创意有限公司、平遥县唐都推光漆器有限公司。至此，从 2004 年开始，全省累计有 9 家企业入选国家级文化产业示范基地。此前入选的 7 家企业分别是：山西灵石县王家大院民居艺术馆、山西宇达集团公司、大同市广灵剪纸文化产业园区、阳城县皇城相府集团实业有限公司、山西晋阳嫦娥文化艺术有限公司、太原高新区火炬创意产业联盟管理有限公司、平定古窑陶艺有限公司。2015 年 9 月，山西第三批省级文化产业示范基地评选公布，7 家企业入选，分别是山西工艺美术集团有限责任公司、山西太报传媒有限公司、山西新今鼎文化产业发展有限公司、平定县冠窑砂器陶艺有限公司、山西杏花村汾酒集团旅游有限公司、河津市彦堂吕氏祖传琉璃工艺厂、永济市惠畅文化创意有限公司。至此，从 2011 年开始，山西先后已有 41 家企业入选省级文化产业示范基地。其中，平定古窑陶艺有限公司、山西本命年文化创意有限公司、平遥县唐都推光漆器有限公司 3 家省级示范基地升级为国家级示范基地。

成功举办山西文化产业博览交易会和全国图书交易博览会。9 月 9 日至 15 日，第二届山西文化产业博览交易会在太原举行，主会场设在中国（太原）煤炭交易中心。博览交易会以"文化三晋·美丽山西"为主题，包括文化展览、文化交易、文艺会演等活动。其中，文化展览包括文化改革发展主题展、文化及相关产业展、非物质文化遗产专题展、工艺美术精品展、名家书画展。来自亚、非、欧三大洲的 24 个国家、国内 31 个省（区、市）以及港澳台地区的 1000 余家企业、1 万余种文化产品参展。其间，省、市、县共推出招商项目 356 个，涉及金额 688 亿元，签约项目 77 个，签约引资金额 182 亿元；观展群众达 25 万人次，现场成交额突破 1.6 亿元，达成合作意向突破 35 亿元。9 月 25 日至 27 日，第二十五届全国图书交易博览会在山西举行。博览会以"文华三晋·书香九州"为主题，设太原主会场和大同、运城、长治三个分会场。太原主会场在中国（太原）煤炭交易中心共设 12 个展区、2300 个展位，包括港澳台在内的全国 1000 余家出版发行单位参展，举办各类活动 270 多项，参观总人流达到 29.1 万人次，出版物交易达到 12064 万册、交易额达 30.16 亿元，现场总销售 60.01 万册、销售额 1500.04 万元。大同、运城、长治三个分会场，共计 68 家单位参展，展位 91 个，观展群众达 7.28 万人，订货图书数量达 1.22 万册、总金额 24.35 万元，现场零售 1.39 万册、总金额 30.2 万元。

积极开展国内外文化产业产品展销活动。一是组团参加国内省外举办的全国性及国际性文化产业博览交易会。5 月 14 日至 18 日，组团参加第十一届中国（深圳）国际文化产业博览交易会，展出代表性特色文化产品 40 多个系列，共 300 余件，并重点推出 113 个项目招商引资。其间，现场销售总额达 56 万余元，80 余种文化产品与国内外客商洽谈达成合作意向，签订合作意向 1.6264 亿元。5 月 29 日至 6 月 1 日，组团参加中国—东盟（广西南宁）博览会文化展，展出代表性特色文化产品 40 多个系列，共 200 余件，并重点推介 123 个项目招商引资。其间，有 8 个项目签订合作意向，签约金额达 2.34 亿元。10 月 29 日至 11 月 1 日，组团参加第十届中国北京国际文化创意产业博览会，展出代表性特色文化产品百余种，推出百余个文化及文化相关产业项目招商融资。二是参与开展"山西品牌中华行"活动。2015 年"山西品牌中华行"活动于 5 月启动，先后在天津、西安、西宁、兰州、乌鲁木齐、长春、哈尔滨 7 地举行，文化产业产品展销促销是其中的重要内容和显著特色。三是参与开展"山西品牌丝路行"活动。2015 年"山西品牌丝路行"活动于 6 月启动，先后在匈牙利、吉尔吉斯斯坦、俄罗斯、意大利、泰国 5 个国家举行，文化产业产品展销促销也是其中的重要内容和显著特色。

2015 年，全省文化产业固定资产投资突破 600 亿元，达到 643.00 亿元，比上年增长 26.3%，比全省固定资产投资增速高出 11.5 个百分点；占全社会固定资产投资的比重为 4.7%，比上年提高 0.6 个百分点。全省文化产业增加值达到 268.65 亿元，比上年增长 12.1%，比全国增速高出 1.1 个百分点，比全省 GDP 增速高出 9.0 个百分点；文化产业增加值占全省 GDP 的比重为 2.10%，比上年提高 0.22 个百分点。太原、晋中、运城、长治 4 个市文化产业发展较快，增加值合计占全省文化产业增加值的比重达到 66.31%，是全省文化产业发展的主力军。全省文化产业发展呈现较快增长态势，成为经济增长的亮点之一，在推动经济社会发展、优化产业结构中发挥着越来越重要的作用。

5. 文化交流

开展对外文化交流合作，是提升文化影响力和建设文化强省的重要内容。2015 年，山西对外文化交流活动丰富多彩，成效显著。

借助多种重要平台开展对外文化交流合作。2015 年，全省各级、各地、各有关部门充分利用省内外、国内外举办的各种涉及文化的博览交易会、品牌推广活动、旅游宣传推介活动等，开展了丰富多彩的山西文化"走出去"对外交流活动。一是组团参加国内省外举办的全国性及国际性文化产业博览交易会，积极"走出去"，大力开展省际性及国际性的文化交流合作。这些博览交易会主要包括第十一届中国（深圳）国际文化产业博览交易会、中国—东盟（广西南宁）博览会文化展、第十届中国北京国际文化创意产业博览会等。二是在省内主办全国性及国际性大型涉及文化产业的博览交易会，在家门口大力开展与全国各地及国际性的文化交流合作。这些博览交易会主要包括第二届山西文化产业博览交易会、第二十五届全国图书交易博览会、中国体育文化·体育旅游博览会等。三是参与"山西品牌中华行"活动，与活动所到的天津、陕西、宁夏、甘肃、新疆、吉林、黑龙江 7 省（区、市）开展文化交流合作。四是参与"晋善晋美·美丽山西休闲游"宣传推介活动，与活动所到的重庆、湖北、辽宁、吉林、黑龙江、甘肃、宁夏、青海 8 省（区、市）开展文化交流。五是参与"山西品牌丝路行"活动，与所到的匈牙利、吉尔吉斯斯坦、俄罗斯、意大利、泰国等国家开展文化交流合作。六是借助"晋善晋美·山西旅游"宣传推介活动，与活动所到的哈萨克斯坦、土耳其、意大利、美国、巴西、墨西哥等国家开展文化交流合作。上述这些活动，无论是产业产品展销促销，还是招商引资，都饱含着深厚的山西文化元素和形式，山西文化成为一道亮丽的风景。

　　组织文艺团队参加国外境外的国际文化交流活动。一是山西华晋舞剧团参加国际交流演出。受国家文化部委派，山西华晋舞剧团于2015年羊年春节期间分赴泰国和中国香港，参加"欢乐春节"文化交流活动，参演节目包括《华舞飞扬》《水袖》《团扇》《千手观音》《且吟春雨》等5个。其中，2月16日至3月1日（腊月二十八至正月十一），在泰国参加了第十一届2015泰国"欢乐春节"活动，巡演了7场，并参加了中泰建交40周年庆典仪式演出。3月4日至9日，在香港参加了"香港2015春节及元宵彩灯会"文化交流活动，分别在香港文化中心露天广场、香港北区公园及香港东涌文东路公园举行了3场元宵彩灯会专场文艺演出。随后，受国家文化部委派，山西华晋舞剧团于10月上旬赴俄罗斯圣彼得堡参加第九届亚历山德琳娜国际戏剧节演出。10月7日至9日华晋舞剧团创作著名舞剧《粉墨春秋》在亚历山德琳娜大剧院连演了三场。华晋舞剧团在泰国、中国香港和俄罗斯的演出，赢得广泛喝彩，均取得极大成功。二是长治市歌舞团和长治市杂技团合创的民族舞剧《马可·波罗传奇》赴美国演出。该民族舞剧以700年前马可·波罗从内蒙古西部草原入境抵达元大都并游历中国的历史故事为题材，重点体现了中国元代民族交融等方面的情况和兼容并包的思想理念。2015年7月中旬至11月，该舞剧剧组在美国布兰森白宫剧院等地持续演出了166场，获得观众的高度称赞。

　　积极开展文博交流展览活动。山西是文物大省，博物馆与考古部门等馆藏文物丰富。2015年，山西与国内外的文博交流展览活动深入开展。4月至6月，山西博物院和陕西宝鸡青铜器博物院合作，在山西博物院举办了"凤鸣岐山——周原青铜艺术展"，展出132件西周早、中、晚不同时期的代表性器物；在陕西宝鸡青铜器博物院举办了"秦晋之好——山西出土两周文物精华展"，展出103件青铜器和玉器珍贵文物。5月至8月，山西博物院、山西省考古研究所与广州艺术博物院合作，在广州艺术博物院举办了"千年玉韵，美成在久——山西出土玉器精品展"，展出反映了石器时代至两周时期数千年间山西地区的玉文化及治玉水平的先秦时代的玉器134件（组）。7月至9月，山西博物院与南京博物院合作，山西博物院举办"形妙神合——明清肖像画展"，展出明、清两代肖像画作品百余幅。7月至10月，山西博物院、山西省考古研究所与成都金沙遗址博物馆合作，在金沙遗址博物馆举办"霸：迷失千年的古国"，展出文物 150 件（组），展示的是史料所未曾记载的西周早期霸国的重要考古成果。7 月至 10 月，山西博物院与捷克共和国布拉格国家工艺美术博物馆合作，在山西博物院举办"欧风雅韵——欧洲玻璃艺术"展览，展出欧洲玻璃工艺各个重要时期及各主要代表性艺术流派的精华和杰作 200 件组。11 月起，山西博物院、山西省考古研究所与深圳博物馆合作，在深圳博物馆举办"封邦建霸——山西翼城大河口墓地出土西周霸国文物珍品展"，展出精选文物 186 件（组）。12 月起，山西博物院与河北博物院、河北省文物研究所合作，在山西博物院举办"中山风云——古中山国文物展"展出反映中山国独具特色的文化文物 112 件（组）。上述文博交流展览活动的开展，取得了积极成效。

创作重大题材话剧援疆巡演。2015 年，山西省话剧院以新疆生产建设兵团第六师六十余年屯垦戍边的真实历程为背景，创作了新作品话剧《生命如歌》。该话剧以出生于太行山的一位山西籍老军垦一家四代兵团人的历史和现实生活为蓝本，通过展示家中几代人对于忠诚、坚守、信念、生命价值的不同理解，反映了几代兵团人扎根新疆、屯垦戍边的历史，讴歌和礼赞了兵团人为祖国屯垦大业"献了青春献终身，献了终身献子孙"的感人事迹，是一部诠释习近平总书记关于新疆工作和兵团发展的战略思想、宣传山西援疆工作的重大题材作品。这是 19 个援疆省份中创作的第一部专题援疆文艺作品。9 月至 10 月间，话剧《生命如歌》剧组赴新疆在各地开展巡演活动，圆满演出 22 场，影响广泛。

四　社会建设

社会建设，是经济持续健康发展与社会和谐稳定的重要保障。2015 年，面对严峻复杂的经济形势，山西省委、省政府及有关部门主动适应经济发展新常态，坚持推进社会建设不放松，以保障和改善民生、促进社会公平正义为核心，不断推动各项社会事业的改革与发展，保持了社会和谐稳定。

1. 教育事业

2015 年，全省各级党委、政府及有关部门紧紧围绕立德树人的根本任务，积极推进教育事业改革创新，大力优化教育结构布局和促进教育公平，稳步提高教育质量，全省教育事业保持持续稳定健康发展。

进一步优化发展学前教育和推进特殊教育发展。一是进一步优化发展学前教育。在2014年启动实施的基础上，2015年全省第二轮"学前教育三年行动计划"继续推进实施。全年全省新建、改扩建公办标准化幼儿园204所，改造农村幼儿园312所，取缔543所无证幼儿园，为351所符合基本办园条件的无证幼儿园颁发办园许可证，190余所优质幼儿园帮扶薄弱园600多所。至此，全省在"十二五"期间累计投入70.4亿元，新建、改扩建1049所公办标准化幼儿园和5295所农村幼儿园。2015年末，全省共有幼儿园6450所，比上年增加267所，其中民办幼儿园2616所，占全省总数的40.56%；在园幼儿982943人，比上年增加14706人，其中民办幼儿园在园幼儿384820人，占全省总数的39.15%。2015年，全省入园幼儿419893人，比上年增加8064人；全省学前教育毛入园率达到87%，比上年提高1个百分点，基本普及学前一年教育，城镇地区基本普及学前三年教育。二是加强和推进特殊教育发展。推进实施省政府于2014年7月出台的《山西省特殊教育提升计划（2014～2016年)》（简称《计划》）。该《计划》于15日由省政府办公厅印发，30万人口以上尚无特殊教育学校的盂县、应县、朔州市朔城区、柳林、太谷、介休6个县（市、区）于2015年基本完成学校建设，全省基本完成了30万人口以上县特教学校建设任务。特殊教育学校生均公用经费标准由2014年的每生每年4000元提高到2015年每生每年5000元。年末，全省特殊教育学校有64所，比上年增加2所；在校生9206人，比上年增加1041人；普通小学、初中附设特教班和随班就读在校生3843人，占全省总数的41.74%。

推进义务教育均衡发展和取得新突破。一是继续推进实施"农村义务教育薄弱学校改造计划"。5月23日，省政府办公厅印发《山西省全面改善贫困地区义务教育薄弱学校基本办学条件项目规划（2014～2018年)》，对从2014年起，五年内在全省98个县（市、区）启动实施改善7992所义务教育阶段公办学校基本办学条件的工作做出规划部署。2015年全省各地共开工建设2070所项目学校，校舍建筑面积89.65万平方米；竣工1736所项目学校，校舍建筑面积70.38万平方米；共为4163所项目学校购置图书3962134册，数字教育资源162335GB，课桌凳669000套，计算机等教学仪器设备3896520台件套，其他生活设施113679台件套。二是严格执行义务教育阶段学校免试就近入学政策。2015 年，全省各级各地将优质普通高中招生指标对口分配到区域内初中学校的比例达到 60% 以上，到校指标完成率达到 90% 以上。其中，平遥、祁县、和顺、昔阳 4 县从 2013 年开始，优质高中招生指标分配到初中学校的比例达到 100%，实现了无择校、无择班、无大班额、无重点班等均衡发展目标。三是义务教育均衡发展国家验收取得新突破。在 2013 年 1 个区、2014 年 21 个县（市、区）通过义务教育均衡发展国家验收的基础上，2015 年全省又有太原市杏花岭区、小店区、尖草坪区、万柏林区、古交市，大同市左云县，阳泉市城区、平定县，长治市城区、襄垣县、沁源县，晋城市泽州县，朔州市右玉县，晋中市和顺县、昔阳县、祁县、平遥县，运城市万荣县、绛县、平陆县、芮城县，忻州市岢岚县、保德县，临汾市霍州市、翼城县、古县、吉县，吕梁市离石区、汾阳市、交城县等 30 个县（市、区）通过义务教育均衡发展国家验收。至年末，全省累计有 52 个县（市、区）通过义务教育均衡发展国家验收，晋中市还入选"全国义务教育均衡发展优秀工作案例"。四是进一步加强教师队伍建设。推进县域内义务教育阶段学校校长、教师交流轮岗，全年全省共交流校长 1249 人、教师 14997 人，分别占应交流人数的 22.3% 和 13.8%。实施全省"乡村教师支持计划"，招聘特岗教师 1600 名，全部补充到贫困县、乡（镇）及以下中小学。发放集中连片特困县乡村教师生活补助资金 8768 万元，涉及教师 26448 人。落实原民办代课教师教龄补贴，省级补助资金 2121.7076 万元，涉及 80993 人。年末，全省共有小学 6403 所，比上年减少 482 所；在校生 226.95 万人，比上年增加 24496 人；专任教师 172957 人，比上年减少 3883 人；民办小学 168 所，在校生 17.6 万人，分别占全省总数的 2.62% 和 7.76%。2015 年，全省小学共招生 376640 人，比上年增加 29221 人；小学学龄儿童净入学率达到 99.87%。年末，全省有初中阶段教育学校 1895 所（其中，初级中学 1413 所、九年一贯制学校 482 所），在校生 112.68 万人，比上年减少 92112 人；专任教师 11.31 万人，比上年减少 2815 人；民办普通初中 205 所，在校生 233616 人，分别占全省总数的 10.82% 和 20.73%。2015 年，全省初中招生 335144 人，比上年减少 43723 人。全省义务教育巩固率保持在 95% 以上。

启动实施普通高中教育标准化建设三年计划。从 2015 年起，全省启动实施普通高中教育标准化建设三年计划，力争用 3 年时间，到 2017 年秋季开学前，全省所有普通高中办学条件达到《山西省普通高级中学办学基本标准（试行）》要求。主要举措是：在保持全省普通高中办学总规模基本稳定的基础上，调整优化普通高中布局结构和整合资源配置，加强薄弱高中建设，逐步消除办学条件差、办学质量低、办学规模小于四轨的学校，不再新批建三十轨以上办学规模的高中学校，对已建成的三十轨及以上的高中逐步压缩其办学规模，使全省高中学校设置科学、布局合理、规模适度；进一步加强高中学校基本建设，特别是加强农村高中、城镇薄弱高中和民办普通高中建设，重点加强实验室、功能用房、体育活动场地建设，使所有普通高中的建设用地、校舍建筑及各类校舍用房等方面均达到《办学基本标准》。从2015年春季学期起，全省普通高中国家助学金标准由生均每年1500元提高到2000元。全年，还对110所省级示范高中办学条件进行了专项复评。年末，全省共有普通高中505所（其中完全中学218所、高级中学245所、十二年一贯制学校42所），比上年增加6所；在校生793767人，比上年减少34054人；专任教师61946人，比上年增加1015人；民办普通高中155所，在校生164110人，分别占全省总数的30.69%、20.67%。2015年，全省普通高中共招生248426人，比上年减少7159人；全省高中阶段教育（包括普通高中教育、中等职业教育）毛入学率达到93.4%，比上年提高0.4个百分点。

出台实施多项重大措施推进职业教育改革与发展。2015年6月23日，省政府印发《关于贯彻落实〈国务院关于加快发展现代职业教育的决定〉的实施意见》，对加快构建适应转型发展需要的现代职业教育体系、深入推进职业教育体制机制改革创新、大力实施职业教育水平提升工程、建立健全职业教育发展保障机制等做出规划部署。主要目标任务是：到2020年，全省职业教育办学水平和服务转型发展能力得到明显提升，形成适应经济社会发展需要、产教深度融合、中职高职衔接、职教普教沟通、体现终身教育理念，具有山西特色的现代职业教育体系。7月27日，省政府办公厅印发《山西省职业教育校企合作促进办法（试行）》《关于加强职业教育实训基地建设的意见》《关于加强职业院校"双师型"教师队伍建设的意见》，就全省职业院校推行校企合作办学新模式和实行"双证书"（毕业生可获得学历证书与职业资格证书）制度，就加强职业教育实训基地建设和改善职业院校师生实习实训条件，就"双师型"（既具有扎实的专业基础理论知识、能够胜任专业理论课教学任务又有丰富的实践经验及精湛的职业技能、能够胜任实习指导和传技带徒任务）教师队伍建设，做出具体安排部署。8月6日，省教育厅等六部门印发《山西省现代职业教育体系建设规划（2015～2020年）》。这些政策措施，提出了大力发展中等职业教育、创新发展专科层次高等职业教育、独立学院先行先试由普通本科高等学校向应用技术类型高校转型发展等重大改革发展的新举措，指明了全省各类职业教育的改革发展方向和实践路径。全年全省有9个县级职教中心、6所省级示范性高职院校建设项目通过了省级验收，支持推进了131个省级实训基地和96个重点（特色）专业建设；认定36所、100所、138所、64所和19所中职学校分别为管理五、四、三、二星级和一星级学校；清查378所中职学校办学资质，其中328所学校通过检查，42所需限期整改，8所被取消办学资质；推进实施"百校千企"工程，29所高职（民办4所）和77所中职骨干职业院校与1082家大中型企业开展校企合作；评估48所独立设置的高职高专院校（公办43所、民办5所）人才培养工作，推动现代职业教育体系建设。从2015年春季学期起，全省中等职业技术学校国家助学金标准由生均每年1500元提高到2000元。年末，全省共有中等职业教育学校542所（含普通中等专业学校92所、成人中等专业学校119所、职业高中233所和技工学校98所），比上年减少1所，其中民办中等技术学校13所；在校学生473010人，比上年减少37333人，其中民办中等技术学校在校生8521人，占全省总数的6.09%。2015年，全省中等职业教育学校共招生156124人，比上年减少14853人；毕业生174006人，比上年减少18460人，其中民办中等技术学校招生4376人，占全省总数的14.13%。年末，全省共有普通专科层次高专高职院校48所，其中公办高专高职院校43所（高专7所、高职36所）、民办高职院校5所。年末，全省普通高等教育专科在校生288293人，比上年减少2999人，下降1.03%。2015年，全省普通高等教育专科共招生100199人，比上年增长3.96%，毕业生99828人，比上年增长12.6%。

　　加强推进普通高等教育发展和提升发展质量。一是进一步推进高等学校布局调整。在2014年实现11个设区市本科、高职教育资源全覆盖的基础上，2015年推进了在山西煤炭管理干部学院基础上筹建本科层次的山西能源学院、在山西警官高等专科学校基础上筹建本科层次的山西警察学院、山西中医学院更名为山西中医药大学的工作，通过评审，取得重大突破。与此同时，省政府与国家中医药管理局签署了共建山西中医学院协议，共同指导建设具有区域和行业特色优势的中医药高校新模式，提升山西中医学院办学水平和服务社会能力。年末，全省共有普通高校 79 所，其中公办本科院校 21 所、民办本科院校 10 所（本科 2 所、独立学院 8 所）、公办专科和高职院校 43 所（专科 7 所、高职 36 所）、民办高职院校 5 所。二是继续扩大教育规模。2015年，全省普通高等教育本、专科共招生 222685 人，比上年增加 8291 人，增长3.87%。其中，本科 122486 人，比上年增加 4472 人，增长 3.79%；专科100199 人，比上年增加 3819 人，增长 3.96%。全省高等教育毛入学率达到40%，比上年提高 3 个百分点。年末，全省普通高校在校生 740245 人，比上年增加 27027 人，增长 3.79%。全省 14 个培养研究生单位（其中普通高校 11个、科研机构 3 个）研究生招生 9769 人，比上年增加 628 人，增长 6.87%。其中，博士生 497 人，比上年增加 10 人，增长 2.05%；硕士生 9272 人，比上年增加 618 人，增长 7.14%。年末，全省在学研究生 28668 人，比上年增加 706 人，增长 2.52%。其中，博士生 2543 人，比上年增加 95 人，增长3.88%；硕士生 26125 人，比上年增加 611 人，增长 2.39%。三是大力提升高等教育发展质量。加强特色学科和急需专业建设，支持 11 个省级重点学科、34 个优势和特色重点学科建设；新增 47 个本科专业，其中有新能源汽车、煤层气、服务外包等专业；获批建设国家级实验教学中心 3 个、国家级大学生创新创业训练项目 124 个；评选建设省级质量水平提升工程特色专业21 个、教学改革项目 154 项、大学生创新创业训练计划项目 557 项。山西中医学院入选国家教育部和国家中医药管理局"卓越医生（中医）教育培养计划改革试点高校"，其中中医学专业入选全国"五年制本科人才培养模式改革试点项目"。加强和推进高层次人才培养，遴选支持省级优秀创新团队 1 个、中青年拔尖创新人才 12 人、优秀青年学术带头人 38 人、高校"131 领军人才"247 人，特聘"三晋学者"教授 1 人。加强和推进高校科技创新，遴选支持建设首批 14 个省级协同创新中心，遴选支持高校科技创新项目 101 项、人文社科重点研究基地项目 38 项，哲学社会科学研究一般项目 98 项。全年全省高校共承担国家自然科学基金 341 项，占全省项目总数的 91.67%；承担社会科学基金 37 项，占全省总数的 95%。全省高校获得 2015 年度山西省科学技术进步奖 28 项，其中一等奖 3 项、二等奖 18 项、三等奖 7 项；获得教育部高等学校科学研究优秀成果奖 4 项，其中科学技术类二等奖 1 项、人文社科类三等奖 6 项。

2. 城乡就业

2015 年，在经济下行、企业困难的不利形势下，全省各级党委和政府及有关部门加强宏观调控，采取了一系列重大政策措施，有效促进和支持了城乡劳动者就业创业。

出台专项政策支持"大众创业、万众创新"。一是出台实施《关于进一步做好新形势下就业创业工作的实施意见》。该意见于 2015 年 8 月 17 日由省政府印发实施，从落实就业优先战略、推动创业带动就业、做好重点群体就业工作、加强就业创业服务和职业培训、强化组织领导五大方面提出了 30 条重大政策举措。主要举措是：大力发展吸纳就业能力强的产业，支持小微企业招用各类劳动者就业，发挥失业保险防失业和促就业功能；深化商事制度改革，加强创业公共平台建设，加强创业示范基地建设，加快创业担保贷款发展，支持高校毕业生自主创业，鼓励科研人员创新创业，支持农民工返乡创业，支持电子商务创业带动就业，鼓励创办社会组织创业，完善公共创业服务体系，大力开展创业型城市创建活动；完善高校毕业生多渠道就业政策，健全完善就业困难人员就业援助办法，做好退役士兵就业工作，推动农村劳动力转移就业；提升公共就业创业服务信息化水平，完善公共就业创业服务保障机制，加强职业技能培训，加大创业培训力度，建立健全失业保险和社会救助与就业的联动机制；将就业创业工作纳入地方党政领导班子和领导干部综合考核评价体系，各级政府在财政预算中合理安排就业专项资金和创业资金并形成正常增长机制。二是出台实施《关于发展众创空间推进大众创新创业的实施意见》。该意见于 2015 年 9 月 1 日由省政府办公厅印发实施，提出了加快构建众创空间、支持建立众创服务平台、深化商事制度改革、鼓励支持大学生创业、鼓励支持科技人员创业、加大财政资金引导力度、完善创业投融资服务等 10 条重大政策措施。主要措施是：实施众创空间示范工程建设，到 2017 年全省设区的市及太原、长治国家高新区至少各建成 3 个众创空间，普通本科高校、有条件的高职院校至少各建成 1 个众创空间，建成省级大学生创新创业园 1 个，全省众创空间达到 100 个；深化商事制度改革，允许按工位注册企业，即可以统一办公场所中具体编号的办公位置（"工位号"）作为企业住所进行企业登记；鼓励支持大学生创业，实施弹性学制，允许高校大学生保留学籍休学创业；鼓励支持科技人员创业，支持高校、科研院所等事业单位专业技术人员创办、领办或合办科技型企业，对于离岗创业的，经原单位同意，3 年内保留人事关系，与原单位其他在岗人员享有同等参加职称评聘、岗位等级晋升和社会保险等方面的权利等。三是出台实施《山西省大力推进大众创业万众创新的实施方案》。该方案于 2015 年 12 月 10 日由省政府印发实施，从构建各具特色的创新创业载体、营造更为宽松的创新创业市场环境、培育和激活创新创业主体、加强创业创新的全方位支持、提升创新创业的公共服务能力五个方面，提出了 21 项重大政策措施。主要措施是：培育各类众创空间、促进军民创新资源融合、加强创新创业示范基地建设；维护公平竞争市场秩序、营造宽松便捷准入环境、全面正确履行政府职能；提高科技人员创业创新积极性、引导大学生为主的青年创业创新、吸引海外高层次人才来晋创业创新、鼓励农村劳动力创业创新、支持电子商务创业带动就业；强化财政资金引导、构建多元化金融服务体系、强化用地支持、落实税收优惠政策、资助优秀创业项目；加快创业孵化平台建设、创新服务模式、推进科技资源共享、加大创业培训力度。目标任务是：力争到 2020 年，全省创新创业政策环境、制度环境，公共服务体系更加健全，各类市场主体创业创新活力得到有效释放，创新创业主体从小众向大众转变，创新创业载体从重点布局向全面建设转变，初步实现以创新支持创业、创业带动就业的良性互动发展。

出台实施多项重大政策措施稳定就业和吸纳就业。一是出台实施《山西省减轻企业负担促进工业稳定运行的若干措施》。该措施共 60 条，由省政府研究制定，于 2015 年 4 月 1 日起施行。"60 条措施"中，涉企行政权力事项方面取消 29 项、下放 14 项、改为属地管理 219 项，共 262 项；减免各种涉企收费约 465 亿元、政策补贴约 36 亿元。二是出台实施《关于进一步支持小型微型企业健康发展的措施》。该项措施于 2015 年 7 月 17 日由省政府印发实施，从落实政策、财政支持、融资担保、基金投资、直接融资、吸纳就业、"小升规"奖励、创业基地建设、集群化发展、"两化"融合、技术创新等 13 个方面提出任务和实施办法。其中，从 2015 年开始，省财政每年安排 3 亿元中小企业发展专项基金向小微企业"输血"。三是出台实施《关于进一步做好为农民工服务工作的实施意见》。该意见于 2015 年 7 月 29 日由省政府印发实施，从促进农民工稳定就业、切实维护农民工合法权益、促进农民工融入城市等方面提出具体措施和要求。主要目标任务是：到 2020 年，农村劳动力转移就业总量继续增加，每年开展农民工职业技能培训 55 万人次，农民工劳动合同、社会保险、城镇基本公共服务实现全覆盖，实现 360 万左右的农村人口和其他常住人口在城镇落户。四是出台实施《关于加快民营经济发展的意见》。该意见于 2015 年 9 月 26 日由省委、省政府联合印发实施，从拓展发展空间、扶持成长壮大、支持转型创新、加大要素支持、完善服务体系、加强组织领导六大方面，提出 33 条工作措施。上述这些重大政策措施的出台实施，不仅在促进已有各类企业发展和稳定就业人员就业方面发挥了重要作用，而且其中涉及的支持吸纳就业的具体政策对于促进新就业人员就业也具有重要意义。

继续实施和落实相关具体政策推进就业创业。一是减轻企业负担实现稳定岗位促进就业。2015 年继续对困难企业实施"五缓三补"政策。"五缓"，即经认定的困难企业，可以缓缴 2015 年基本养老、基本医疗、工伤、失业、生育五项社会保险费，缓缴的社会保险费不计征滞纳金。"三补"，即使用失业保险基金，对困难企业给予社会保险补贴、岗位补贴和培训补贴。继续实施小微企业"六补一缓"政策。"六补"，即对吸纳就业的小微企业提供就业补助、就业岗位补贴、社会保险补贴、财政贴息支持、职业培训补贴、就业见习补贴。"一缓"，即吸纳劳动者就业的小微企业可以缓交基本养老、基本医疗、失业保险、工伤保险、生育保险五项社会保险费。从 2015 年起，全省还启动实施"使用失业保险基金对实施兼并重组、化解产能过剩、淘汰落后产能的企业发放稳定岗位补贴"政策，补贴标准为上年度企业及其职工实际缴纳失业保险费总额的 50%。3 月 1 日起，全省范围内降低企业失业保险费率，由 3% 降至 2%，其中企业缴费比例由 2% 降至 1.5%，个人缴费比例由 1% 降至 0.5%；在忻州、吕梁、临汾、运城、省直 5 个统筹地区和晋城的困难企业生育保险费率由 1% 降至 0.5%。10 月 1 日起，全省范围内降低企业生育保险费率，由 0.5%—1% 降到 0.5% 以内且一般不低于 0.4%。全年全省降低失业保险费率，减轻企业、个人负担共 5.6 亿元。二是继续实施扶持高校毕业生创业的"七补一贷"政策和政府购买基层公共服务岗位吸纳高校毕业生就业的政策。这两项政策措施于2014年出台实施。其中"七补一贷"政策，即对高校毕业生创业实行财政补助、社会保险补贴、创业实训补贴、场地租金补贴、创业就业补贴、星火项目资金扶持、创业园区建设补助。"一贷"，即自主创业的高校毕业生可申请最高10万元的小额担保贷款，合伙创业的可将贷款额度提高到每人15万元，成功创业并带动5人以上就业的可以申请到最高50万元的贷款再扶持。2015年省级财政投入资金1.5亿元成立省级中小微企业小额贷款担保中心、创业融资服务有限公司，为高校毕业生等就业群体创业就业提供担保和融资服务；安排2.35亿元专项资金，为高校毕业生购买基层社会管理和公共服务岗位、支持实施大学生农技特岗计划、鼓励高校毕业生自主创业。其中，政府生购买基层社会管理和公共服务岗位约7000个。三是积极培育和推动小微企业成长发展。2015年全省新创办小微企业6.71万户，年末全省中小微企业（法人单位）户数达到18.25万户，比上年净增2.83万户。据统计，全省80%以上的新增就业岗位来自中小微企业。四是加强就业创业培训。全年全省各级各地以多种方式补贴支持开展就业创业培训，其中创业培训4.62万人，城镇失业人员再就业培训10.75万人，技能人才培养（技能鉴定）36.47万人，农民工职业技能提升培训54.08万人，新成长劳动力培训7.48万人。

2015年，全省应届高校毕业生就业人数达18万人，就业率达90%。全省城镇新增就业51.48万人，年末城镇登记失业率为3.51%，控制在4.2%的控制目标内；全省创业就业10.72万人，失业人员再就业15.62万人，就业困难人员就业4.31万人，转移农村劳动力37.65万人。

3. 社会保障

2015年，全省各级党委和政府及有关部门积极推进社会保障体制改革，加强和推进城乡社会保障体系建设，推动社会保障事业取得新发展。

机关事业单位养老保险制度改革落地实施。从2008年开始，国家启动事业单位养老保险制度试点改革，山西、上海、浙江、广东、重庆5省市先期开展改革试点。到2014年，5省市的试点改革尽管在多方面做了积极探索，但改革仍未破冰。2015年1月3日，国务院印发《关于机关事业单位工作人员养老保险制度改革的决定》，同步启动实施机关和事业单位养老保险制度改革，并上溯至 2014 年 10 月 1 日起实施。改革的主要举措是：打破长期以来实行的机关事业单位与企业实行的"养老保险双轨制"，建立机关事业单位与企业相同基本养老保险制度，实行单位和个人缴费，改革退休费计发办法。10月 19 日，省政府印发《山西省机关事业单位工作人员养老保险制度改革实施办法》，从改革的范围、基本养老保险基金筹集、基本养老金计发办法、基本养老金调整、养老保险关系转移接续、政策衔接等 16 个方面做出具体规定，并上溯到 2014 年 10 月 1 日起实施。至此，全省机关事业单位养老保险制度改革由此落地实施。改革的范围主要是：全省行政区内按照公务员法管理的单位、参照公务员法管理的机关（单位），以及依据有关规定进行分类改革后的承担行政职能事业单位和公益一类、二类事业单位中，按照机关事业单位编制管理规定确定的编制内工作人员。改革的总体办法是：改革机关事业单位工作人员退休保障制度，实行社会统筹与个人账户相结合的基本养老保险制度，逐步建立独立于机关事业单位之外、资金来源多渠道、保障方式多层次、管理服务社会化的养老保险体系。改革后，机关事业单位人员将来退休后的全部养老金由基本养老保险费和职业年金两部分组成。其中，基本养老保险费、职业年金均由单位和个人共同负担，基本养老保险费单位缴费比例为本单位工资总额的 20%、个人缴费比例为本人缴费工资的 8%，职业年金单位按本单位工资总额的 8% 缴费、个人按本人缴费工资的 4% 缴费。到年末，全省机关事业单位养老保险制度改革参保人数达到 110 万人，其中参保职工人数为 86.6 万人，完成年度目标任务的 103.8%。

进一步提高保障水平和扩大社会保险覆盖面。一是进一步提高各类居民养老保险保障水平。连续 11 年调整提高全省企业退休人员基本养老金，月人均提高 239 元，月人均基本养老金达到 2630 元，居全国前列、中部 6 省首位。随着在职机关事业单位人员养老保险制度改革，机关事业单位已离退休人员基本养老保险待遇也得到调整提高。提高城乡居民基本养老保险基础养老金最低标准，每人每月由 65 元提高到 80 元，城乡居民养老金月平均水平达到92 元。2015 年全省共为 177.98 万名企业离退休人员发放基本养老金 552.9 亿元，支出较上年末增加 74.9 亿元，增长 15.7%；为 23.4 万名机关事业单位离退休人员发放基本养老保险待遇 101.95 亿元，支出较上年末增加 27.1 亿元，增长 36.2%；为 371 万名城乡老年居民发放养老保险待遇 44.5 亿元，支出较上年末增加 11.7 亿元，增长 35.7%。二是进一步提高各类居民医疗保险保障水平。提高城镇居民医保和新农合财政补助标准，每人每年提高 60 元，达到 380 元；提高职工医保、城镇居民医保和新农合政策范围内住院费用的支付比例，分别达到 86%、75% 和 77%。在 2013 年启动试点和 2014 年扩大试点的基础上，2015 年推进实现了大病保险覆盖到全省城乡居民基本医保全部参保人群（所有城镇居民基本医疗保险、新型农村合作医疗参保人群）。参保人住院发生的合规医疗费用，个人自付超过 1 万元以上的部分，由大病保险资金按比例支付，其中起付标准以上至 5 万元（含 5 万元）、5 万元至 10 万元（含 10 万元）、10 万元至 20 万元（含 20 万元）、20 万元至 30 万元（含 30 万元）、30 万元以上的部分，分别由大病保险资金按 55%、65%、75%、80%、85% 的比例给予支付。年度内累计发生的医疗费用最高支付限额为 40 万元。三是实施"全民参保登记计划"和扩大社会保障覆盖面。朔州、晋城 2 市于 2014 年在全省率先启动实施"全民参保登记计划"国家试点，2015 年新增了太原、阳泉、长治、临汾和运城 5 市进行试点。"全民参保登记计划"以社会保险全覆盖为目标，通过信息比对、入户调查、数据集中管理和动态更新等措施，对各类群体参加社会保险情况进行记录、核查和规范管理，是推进职工和城乡居民全面、持续参保的重要专项行动。至 2015 年底，朔州市已入户调查登记了 149.7 万人，占全市常住人口的 87.8%；晋城市已入户调查登记了 105 万人，占全市常住人口的 44.2%。至 2015 年底，全省企业养老保险参保人数达到 604.3 万人，其中参保职工人数为 426.3 万人；参加城乡居民基本养老保险 1540.3 万人，增加 2.9 万人；参加城镇基本医疗保险 1113.7 万人，增加 13.0 万人；参加失业保险 411.3 万人，增加 3.6 万人；参加工伤保险 573.1 万人，增加 10.0 万人；参加生育保险 456.5 万人，增加 2.4 万人。

大力加强社会救助和推动社会福利慈善事业发展。一是加强常规社会救助和提高救助水平。提高城市、农村低保保障标准，分别每人每月提高 20 元，平均保障标准分别达到每人每月 415 元、234 元。2015 年全省城乡最低生活保障对象有 194 万多人，其中城市最低生活保障救济人数达 60 万人，共发放城市最低保障资金 23 亿元。提高农村"五保"集中、分散供养省级补助标准，每人每年分别提高 200 元、100 元，分别达到 2400 元、1530 元。全年全省农村有 15.4 万人纳入"五保"供养对象。加大困难群众帮扶力度，提高了全省 19 万多优抚对象的补助标准、1500 多名伤残军人的护理费标准、5000 多户失独和伤残家庭的特别扶助金补助标准；低收入农户冬季取暖用煤由实物发放改为省财政货币化补贴，补贴每户 300 元；全省城乡低保家庭中的高龄老年人和失能老年人，每人每月分别新增 30 元、60 元补贴。二是加强临时性社会救助和医疗救助。1 月 21 日，省政府印发实施《关于进一步健全完善临时救助制度的通知》，从准确把握任务要求、明确对象范围、科学标准方式、完善受理审批、加强资金筹集管理等方面做出部署。其中明确规定：临时救助的对象包括家庭对象、个人对象两类；临时救助属于一次性救助，原则上个人年最高救助额不超过 5000 元，家庭年最高救助额不超过 10000 元；临时救助资金的筹集以政府投入为主，社会捐赠为辅。10 月 21 日，省政府办公厅印发实施《关于进一步完善医疗救助制度全面开展重特大疾病医疗救助工作的实施意见》，从整合城乡医疗救助制度、科学确定医疗救助对象、进一步明确医疗救助形式、全面开展重特大疾病医疗救助、规范医疗救助程序等方面做出部署。其中规定：医疗救助的重点救助对象是城乡低保对象、特困供养人员和在乡不享受公费医疗待遇的重点优抚对象，儿童白血病等 24 类疾病为重特大疾病医疗救助病种。全年全省有 197.2 万人次得到不同形式的医疗救助或临时救助，其中救助流浪乞讨人员 8 万多人次。三是推动社会福利和慈善事业发展。在推动社会福利事业发展方面，筹措资金 6350 万元，支持了 10 个县级福利机构建设；投入 10280 万元，新建农村老年人日间照料中心 1028 个；建立经济困难的高龄与失能老年人补贴制度，并将百岁以上老年人补贴标准由每月 200 元提高到 300 元；全年销售各类福利彩票 42.37 亿元，同比增长 3.73%，筹集公益金 13.5 亿元。在推动社会慈善事业发展方面，接收慈善捐赠款物合计 3.72 亿元，同比增长 8%；捐赠支出达 3.56 亿元，同比增长 17%，救助困难群众 40000 余人。

积极推动社会养老服务业和商业健康保险发展。2015 年 10 月 11 日，省政府印发《关于支持社会力量发展养老服务业若干措施的通知》，从充分发挥社会力量的主体作用、加大财政资金支持力度、推进配套政策措施落实、实施产业创新驱动四个方面，提出 18 条政策措施，大力鼓励和支持社会力量发展养老服务业。其中，在充分发挥社会力量的主体作用方面，放宽养老服务业准入，实行"先照后证"，法律法规没有明令禁止的养老服务领域，全部向社会力量开放；在加大财政资金支持力度方面，实施建设补助制度，对社会力量举办的非营利性养老机构，符合建设标准和资质条件、运营满一年的，由省财政给予5000元/床一次性建设补助；实施运营补贴制度，对符合建设标准和资质条件、运营一年以上的民办非营利性养老机构，给予运营补贴，运营补贴由许可部门的同级财政负担，补贴标准按照自理、半失能、失能老人分别为每人每年1200元、1800元和2400元；实施政府购买服务制度，省、市、县三级财政每年安排一定数量的政府购买养老服务专项资金，重点用于经济困难的高龄、失能老人的居家和社区养老服务；实施以奖代补制度，对社会力量投资分别在5000万元、1亿元、2亿元以上的养老服务机构，符合建设标准和资质条件、运营一年以上的，由省级福利彩票公益金分别给予一次性300万元、500万元和1000万元的奖励，市级福利金再给予不低于以上标准30%的奖励；在推进配套政策措施落实方面，对保障用地需求、实施公建民营市场化运营模式、解决社区和居家养老服务场所、充分盘活利用社会闲置资源、加强金融扶持、落实税费优惠政策、推动医养融合发展等做出安排。在实施产业创新驱动方面，探索组建山西养老产业发展投资基金，在太原、大同、晋中等市探索设立健康养老园区。10月16日，省政府办公厅印发《关于加快发展商业健康保险的实施意见》，提出推进商业健康保险产品和服务多样化、提高医疗执业保险覆盖面、完善城乡大病保险运行机制、推进参与医疗保险经办服务、完善与医疗卫生机构合作机制、提升专业服务力、信息化水平以及加强监督管理等八个方面的主要任务。主要目标是：到2020年力争实现商业健康保险保费收入占全省保费收入的10%，投保人数大幅增加，商业健康保险赔付支出占卫生总费用比重显著提高。

4. 医疗卫生

2015年，全省各级党委和政府及有关部门积极推进医药卫生体制改革，加强医疗服务体系和公共卫生预防体系建设，推动了医疗卫生事业的发展和医疗卫生服务水平的提高。全年全省卫生总费用达798.97亿元，占GDP的6.26%。2015年，全省城乡居民人均预期寿命提高到74.92岁；孕产妇死亡率、婴儿死亡率和5岁以下儿童死亡率分别下降至15.37/10万、5.72‰、6.9‰，均好于全国平均水平。

深化推进医药卫生体制改革。一是全面推开县级公立医院综合改革。国家于 2009 年启动公立医院综合改革试点，晋城高平市入选全国县级试点。山西县级公立医院改革试点于 2011 年在朔州平鲁区起步。到 2014 年，全省实施县级公立医院综合改革试点的县（市、区）达到 83 个，其中 66 个县（市）被纳入国家试点范围，占到全省县（市、区）的 70%，太原、运城、临汾、阳泉 4 个设区市实现了全覆盖。2015 年起，全省全面推开县级公立医院综合改革，此前未参与改革的 36 个县（区）全部启动改革。至此，全省县级公立医院综合改革由局部试点实现全覆盖。改革的主要举措是：全省所有县级公立医院围绕破除以药补医，以建立管理委员会和院长负责制、理顺医疗服务价格和落实政府投入责任、改革医保支付方式、开展人事薪酬改革试点以及完善药品供应保障制度等工作为重点，统筹推进医疗资源规划布局、优质资源下沉、分级诊疗、人才培养、服务能力建设等工作。到年末，全省所有县级公立医院全部实现药品零差率销售，其他改革也取得新进展。二是推进实施城市公立医院改革国家试点。太原市于 2014 年、运城市于 2015 年先后入选公立医院改革国家联系试点城市。2015 年，两市城市公立医院改革全面推进。改革的重点任务是：破除以药补医和建立科学补偿机制，进一步理顺医疗服务价格，深化编制人事制度改革，优化医疗卫生资源结构布局，加快建立和完善现代医院管理制度。三是推进基层医疗卫生机构综合改革。在全省 34 个县试点开展县乡医联体改革，重点探索建立"四统一、四不变、两促进"的县乡医疗机构管理运行机制（即：人员、业务、医疗设备、绩效考核统一管理，机构设置和行政建制、机构职能任务、财政投入保障机制、公共卫生服务指导关系均不改变，推进分级诊疗制度建设及县、乡、村一体化管理和服务模式转变）。四是建立药品供应保障新机制。全省基层医疗卫生机构、县级以上公立医疗卫生机构全部实行药械集中网上竞价采购，建立了公立医院药品集中采购、高值医用耗材阳光采购和常用低价药品供应保障新机制。五是全面启动分级诊疗制度改革。全国和全省医疗机构分乡镇卫生院、县级医院、城市三甲医院三个等级，但是由于基层医疗资源匮乏，有近一半的患者涌向城市大医院，打乱了城乡三级医疗服务体系格局。2014 年，全省有 18 个县（区）、40 个病种，开展了新农合按病种分级诊疗改革试点，2015 年 9 月全省全面推开了这项改革。分级诊疗，就是按照疾病的轻、重、缓、急及治疗的难易程度进行分级，不同级别的医疗机构承担不同疾病的治疗，常见病、多发病在基层医院治疗，疑难病、危重病在大医院治疗，逐步实现合理就医。10 月 18 日，省政府办公厅印发《关于建立分级诊疗制度的实施意见》，对于年底前全省全面启动建立分级诊疗制度做出部署。主要目标是：规范常见病、多发病患者首先到基层医疗卫生机构就诊；在县级医院与基层医疗卫生机构、与市级或省级医院之间建立长期稳定、规范顺畅的双向转诊机制，逐步实现不同级别、不同类别医疗机构之间的有序转诊。

加强和推进医疗卫生服务体系建设。2015 年，全省医疗卫生服务体系建设进一步加强推进。一是继续推进医疗基础设施建设。省儿童医院新院区建设、山西医科大二院新建综合住院楼、山西省眼科医院新建门诊楼、山西科技创新城医院项目等省级医疗基础设施建设加快推进，其中儿童医院新院区建设主体工程实现封顶，二院新建综合住院楼、省眼科医院新建门诊楼基本完工。各地市级、县级及乡镇村医疗基础设施的改建、新建项目也取得新进展。全省医疗基础设施环境进一步改善。二是继续推进优质医疗资源下沉和提升基层医疗机构服务能力。在 2014 年启动探索实践的基础上，2015 年进一步推进以三级医院为核心的医疗联合体建设，实现了医疗联合体建设覆盖全省所有三级医院和县级综合医院。医疗联合体由三级甲等医院牵头，联合一定数量的市、县（市、区）二级医院组成，开展以人员、技术、专科、信息等多方面的广泛合作，是一种新型医疗服务体系。在此基础上，新启动实施县乡医联体建设试点，探索建立"四统一、四不变、两促进"的县乡医疗机构管理运行机制（即：人员、业务、医疗设备、绩效考核统一管理，机构设置和行政建制、机构职能任务、财政投入保障机制、公共卫生服务指导关系均不改变，推进分级诊疗制度建设及县、乡、村一体化管理和服务模式转变）提高乡镇卫生院服务水平。全省有 1/3 的县开展实施县乡医联体建设试点。同时，继续实施高级别医院对口支援基层医院的举措，包括三级医院（含中医院和妇幼院）护理管理和业务骨干对口支援县级医院，城市医院医生对口帮扶基层医疗机构，二级医院对口支援贫困县乡镇卫生院。三是继续实施医疗能力提升工程。加快各级各类临床重点专科、重点学科建设，启动实施省级临床重点专科建设工程，全省累计在建各级各类临床重点专科 246 个、重点学科 128 个。启动实施"百千万卫生人才培养工程"（计划用 3 年到 5 年时间，为全省卫生计生系统培养百名高端领军人才、千名骨干精英人才和万名基层适宜人才），到年末选拔出临床高端领军人才 179 名，骨干精英人才推选加快实施。加强中医药服务能力建设，省政府与国家中医药管理局签署了旨在提升教学水平和服务社会能力的共建山西中医学院协议。四是提升医疗服务水平。启动实施"改善医疗服务行动计划"，在全省二级以上医疗机构广泛推广检查结果互认、预约诊疗、优质护理、日间手术、双休日和节假日门诊等便民、惠民、利民举措，进一步改善规范医疗机构的服务水平。晋城市率先启动试点实施"山西省居民健康卡"（具有居民健康卡身份识别、基础健康信息存储、跨地区和跨机构就医、新农合费用结算和金融服务四大功能），取得显著成效。五是大力鼓励社会力量办医和推动非公立医疗机构发展。至年末，全省共有医疗卫生机构 41002 个，其中医院 1274 所，基层医疗卫生机构39196 个，专业公共卫生机构 460 个（其中，卫生防疫、防治机构 134 个，妇幼保健院所站 133 个），其他机构 72 个；社会资本举办医疗机构 25827 所，占医疗卫生机构总数的 62.99%。全省卫生机构共有卫生技术人员 21.4 万人；编制床位数 18.3 万张，每千常住人口拥有医疗机构床位数 5.0 张、执业（助理）医师数 2.46 名、注册护士 2.27 名。全省有三级医院 59 所，其中三级甲等 43 所，除朔州外其他 10 个市都有 1 所以上三甲医院；县级综合医院 112所，91% 达到二级甲等水平；乡镇卫生院 1201 所，每个乡镇至少有 1 所政府办卫生院；社区卫生服务机构 887 所，覆盖人口 950 万；村卫生室 28099 所，服务覆盖所有行政村。全省 99% 的社区卫生服务中心、94% 的乡镇卫生院、86% 的社区卫生服务站和 76% 的村卫生室能够提供中医药服务。

加强保障和提升公共卫生服务水平。一是加强对公共卫生服务的经费支持和扩大服务。2015 年，全省人均基本公共卫生服务经费由上年的 35 元提高至 40 元，开展项目由上年的 11 类 43 项扩展到 12 类 45 项，各项指标均达到或超过国家要求。流动人口基本公共卫生计生服务均等化试点由上年的 20 个县扩展到 41 个县。二是启动实施多项专项公共卫生服务项目。其中，全年全省免费为 280 余万农村 60 岁以上老年人进行了健康体检；免费为 373 万户农村家庭发放了健康知识口袋书；免费为 207 万 6 岁以下儿童提供了健康管理服务；免费为 6.5 万个家庭提供了中医小儿推拿健康服务指导；免费为 40.4万农村妇女进行了宫颈癌筛查；免费为 28.4 万育龄妇女提供了孕前优生健康检查；327 所二级以上公立医院开设健康教育讲堂，有 24 万群众受益。三是加强疾病预防控制。继续推进慢性病综合防控示范区创建，新增 8 个县（市、区），创建成省级慢性病综合防控示范区，累计有 5 个县（市、区）创建成国家级慢性病综合防控示范区、22 个县（市、区）创建成省级慢性病综合防控示范区。继续推进卫生应急综合示范区创建，累计有 2 个县创建成国家级卫生应急综合示范区、40 个县（市、区）创建成省级卫生应急综合示范区。继续加强食源性疾病暴发事件监测、食源性疾病病例监测、食品污染物及有害因素监测，三大监测网络提前实现县级全覆盖。2015 年，全省传染病报告率达 97.2%，疫苗报告接种率保持在 98% 以上，碘缺乏病等 5 种地方病控制均达到国家标准；艾滋病疫情总体控制在较低流行水平，病死率进一步降低。四是深入开展城乡爱国卫生清洁运动。4 月 7 日，省政府办公厅印发《山西省城乡爱国卫生清洁运动 2015 年工作方案》，对全省启动开展以治脏、治乱、治差为重点的城乡爱国卫生清洁运动做出安排部署，要求到 2015 年底全省 80% 的城市达到省级卫生城市标准，80% 的县城（区）达到省级卫生县城（区）标准，5% 的乡（镇）达到省级卫生乡（镇）标准，10% 的行政村达到省级卫生村标准。通过这项活动，2015 年全省有晋城市、潞城市 2 个市创建成国家卫生城市，黎城县城、平顺县城、武乡县城、古县县城 4 个县城创建成国家卫生县城。至此，全省共创建成国家卫生城市 6 个、国家卫生县城 25 个、国家卫生镇 7 个。

5. 基层治理

2015 年，全省各级党委和政府及有关部门不断推进社会体制改革，创新城乡基层社会治理和服务体系建设，取得新成效。

夯实农村基层社会治理基础。一是大力加强推进农村基层党组织建设。继续推进和全面完成于 2014 年 10 月启动开展的第十届农村"两委"换届，完成率达 99.92%。2015 年 8 月起，全省从各级机关优秀年轻干部和后备干部、国有企业事业单位的优秀人员中选派出 9395 名干部开始到农村任"第一书记"，9896 个建档立卡贫困村和党组织软弱涣散村实现选派"第一书记"全覆盖。9 月，省委出台实施《关于进一步加强村级党组织书记队伍建设的意见》，从选、育、管、用、保 5 个方面就如何加强村党组织书记队伍建设做出明确具体部署。10 月 10 日，省委以电视电话会议的形式召开全省农村基层党建工作会议，省、市、县、乡四级书记等 3000 余人参加，对农村基层党建工作做出安排部署。大力推进村务监督委员会规范建设，到年末全省行政村全部构建起了党组织领导下的统一规范的村务监督委员会工作体系和格局。全年全省培训农村基层"领头雁"38.4万人次。首次开展推选和表彰全省优秀乡镇党委书记活动，全省1196个乡镇中最终有92名乡镇党委书记被确定为表彰对象。二是开展农村集体"三资"管理专项清理整治和"以群众举报乡村干部腐败为切入点集中解决群众信访诉求问题"专项治理。农村集体资金、资产、资源"三资"管理，是农村基层社会治理的重要内容。2015年5月至11月，全省省、市、县、乡、村五级联动，对2012年1月1日至2014年12月31日时段农村集体"三资"管理进行了专项清理整治。重点清查了乡、村两级集体经济组织或者代行其职能的乡（镇、街道办）政府、村民委员会（居委会、社区）、村民小组所有和使用的资金、资产、资源，重点整治了"三资"管理制度不落实、利用职务便利侵占国家惠农资金、贪占挪用集体资金、侵占集体资产、债权债务不实、侵害集体收益、违规违法处置集体资源、村干部"四风"等8个方面的问题。同时，5月至8月，全省开展了"以群众举报乡村干部腐败为切入点集中解决群众信访诉求问题"专项治理。在这两项专项治理中，全年全省共查处腐败问题和"四风"问题案件5844件，处分6483人，其中涉及农村"两委"主要干部2921人，占被处分人数的45.1%。

大力推动城乡社区治理创新。一是继续推进"三社联动"社区治理模式试点。"三社联动"，是以政府购买服务为牵引，通过建立社区居委会、专业社工团队、社会组织三方联动机制，形成资源共享、优势互补、相互促进的良好局面，加快形成政府与社会之间互联、互动、互补的社会治理新格局。2014年，全省在11个市选择100个社区开展了探索构建社区、社团、社工"三社联动"基层社会治理机制试点。阳泉市城区通过进一步健全"三社联动"机制、评价标准，大力推进"幸福社区"创建活动，形成鲜明特色的社区治理主体多元化、社区居民自治法制化、社区服务标准化和智能化的治理模式。2015年，阳泉市城区成功入选为第三批"全国社区治理和服务创新实验区"。二是继续推进农村社区建设实验全覆盖全国试点。2007年以来，国家民政部部署在全国开展农村社区建设实验，后来又进一步推进开展农村社区建设实验全覆盖试点。山西有太原市尖草坪区、大同市南郊区、山阴县、原平市、文水县、祁县、盂县、长治县、侯马市、河津市 10 个县（市、区）参加试点，其中 2013 年清徐县、运城市盐湖区、河津市、平陆县 4 县（市、区）被认定为"全国农村社区建设实验全覆盖示范单位"。2015 年，各地的试点继续推进。三是加强社区服务设施建设。年末，全省城镇有各种社区服务设施 3280 个，其中综合性社区服务中心 530 个；各类收养性单位有床位数66221 张。四是出台实施《关于深入推进农村社区建设的实施意见》《关于加强全省城乡社区协商的实施意见》。其中，《关于深入推进农村社区建设的实施意见》于 2015 年 12 月 9 日由省委办公厅、省政府办公厅印发，对全省推进农村社区建设做出全面安排部署，这其中包括完善在村党组织领导下、以村民自治为基础的农村社区治理机制和促进流动人口有效参与农村社区服务管理的重要任务和举措。《关于加强全省城乡社区协商的实施意见》于 2015年 12 月 30 日由省委办公厅、省政府办公厅印发，从总体要求、主要任务、保障措施等方面对加强和推进城乡社区协商工作做出部署。主要任务包括：明确协商内容、确定协商主体、拓展协商形式、规范协商程序、运用协商成果、健全协商制度。近期的目标要求是：到 2018 年全省各地城乡社区协商制度全面建立，协商主体、协商内容全面明确，协商活动全面开展，基层民主更加健全。

深化改革社会组织登记管理制度和促进社会组织发展。一是出台实施《山西省四类社会组织直接登记管理暂行办法》（简称《办法》）。《办法》于2015 年 7 月 1 日起施行，全省登记成立行业协会商会类、科技类、公益慈善类、城乡社区服务类等四类社会组织，不再需要业务主管部门前置审批，可直接向民政部门提交申请材料。同时，还允许"一业多会"，鼓励同行业申请登记同类型的行业协会；鼓励民办非企业单位申请注册服务商标，采用直营连锁、加盟连锁等特许连锁经营模式，开展集团化服务等。《办法》的实施，进一步优化了全省社会组织的发展环境。二是继续清理整顿社会组织。结合社团年检，推进了行业协会和政府部门脱钩，重点整治了党政机关领导干部在社会团体兼职等违规行为。进一步规范涉企社团收费行为，全省 40 家行业协会商会开展自查，主动减免会费 387 万元。

加强推进基层治理服务体系建设和积极化解矛盾纠纷。一是强化基层综治干部队伍建设。加大力度配备乡镇（街道）综治专抓副职、综治专干，到年末全省已配备 511 名乡镇（街道）综治专抓副职和 1536 名综治专干。二是推动建立基层矛盾纠纷调解中心。至年末，全省县（市、区）、乡镇（街道）、村（社区）全部建立了矛盾纠纷调解中心，构建起了全省三级矛盾纠纷调解体系。全省共选聘调解员 101941 人，建立行业性、专业性人民调解委员会 303 个。三是建立"一村（社区）一法律顾问"制度。从 3 月起，全省启动推进"一村（社区）一法律顾问"工作，到 5 月底，全省 29736 个村（社区）实现了法律顾问全覆盖。同时，提出了"十有五优"的工作新标准，包括有协议、有名册、服务有台账、有检查考核以及服务队伍优、质量优、效果优、模式优和监督优等，引导推动了"一村（社区）一法律顾问"由"有形覆盖"向"有效覆盖"坚实迈进，促进了法律顾问工作的常态化、机制化、规范化。四是积极开展人民调解和化解矛盾纠纷。全年全省累计调解纠纷 177046 件，其中防止群体性上访 1558 件、调解行业性和专业性纠纷 11088 件、制止群体性械斗 100 件、防止民事纠纷转化为刑事案件 541 起，矛盾纠纷在基层得到有效化解。

加强流动人口和特殊人群服务管理。一是加强对流动人口的服务管理。全面推行流动人口居住证制度，积极开展服务管理工作，居住证持有人享有的合法权益和基本公共服务得到有效保障。二是加强对特殊人群服务管理。加强对重点社区服刑人员的日常监管，全年撤销缓刑、假释收监执行 114 人，暂予监外执行罪犯收监执行 62 人，警告 603 人次，治安管理处罚 27 人次。加强对刑满释放人员的衔接帮教，全年衔接 17995 人，其中重点帮教接送率 100%、特赦人员衔接率 100%、刑满释放人员安置率 98.4%、帮教率 100%。加强司法行政戒毒工作，全年累计收治戒毒康复人员 4400 余人次。

6. 公共安全

2015 年，全省各级党委和政府及有关部门协同合作，积极凝聚各方力量，深入推进"平安山西"建设，大力加强生产安全监管，进一步强化食品药品安全监管，有力地维护了全省经济社会大局持续稳定。据抽样调查统计显示：2015 年全省人民群众安全感和满意度为 83.63%，较上年提高了 1.1 个百分点。

深入推进"平安山西"建设。一是严厉打击刑事犯罪。全年全省共破获各类刑事案件 43941 起，抓获各类刑事犯罪嫌疑人 26391 名，"八类严重暴力案件"同比下降8.8%。其中，打掉黑恶势力犯罪集团266个（其中黑社会性质组织4个），抓获黑恶势力成员1435人，破获各类刑事案件1793起，扣押涉案资产1.5亿元；破获现行命案328起，破案率达98.80%，其中太原、阳泉、晋中、朔州、临汾、晋城、忻州7个市实现命案全破；抓获网上逃犯15878名，同比上升2.1%；侦破各类经济犯罪案件3165起，抓获嫌疑人1990名，挽回经济损失4.6亿元。二是强化社会治安。开展危爆物品、寄递物流"两清理"和治爆缉枪专项行动，共排查整治涉枪涉爆单位1663家、五区五场（猎区、牧区、林区、湖区、矿区，化工建材市场、五金加工市场、小商品批发市场、大型集贸市场、物流配货市场）984家，整改隐患784起，收缴枪支990支、子弹29万发、炸药33.4万余公斤、雷管62.3万枚，查处涉枪涉爆案件159起，抓获违法犯罪人员142名，消除了隐患。开展"百城禁毒会战"等一系列禁毒专项行动，破获了14起部级毒品目标案件、18起省级毒品目标案件，缴获大量毒品，发现铲除非法种植罂粟11万余株。开展治安乱点滚动排查和常态化专项整治，重点整治了"城中村"、城乡接合部、中小旅馆、出租房屋等区域、部位、场所，开展了"护校安园"专项行动，查处和整治了一大批治安隐患和治安盲点。三是加强监所安全管理。扎实推进监狱和看守所"五化"（勤务模式科学化、执法行为规范化、管理方式精细化、监管手段信息化、设施保障标准化）建设和"三项重点工作"（规范执法、创新管理、化解矛盾），保持了监所安全稳定。四是强化应急处突工作。大力推进公安、武警联勤武装巡逻机制、应急响应机制以及联合督导检查机制的落实，加强对党政首脑机关、城市中心广场、繁华街区、车站、机场等人员密集场所"软目标"的警力布控，有效防控了突发事件的发生、蔓延。12月4日，及时打掉了一个在太原从事"伊吉拉特"非法出境活动和预谋就地"圣战"的暴恐犯罪集团，抓获涉恐人员4名。

加强监管和保障生产安全。一是加强安全生产基础能力建设。深化安全生产宣传教育，大力开展国家新安全法学习宣传和教育培训，举办了"平安山西"网络安全知识竞赛、"安全生产宣传咨询日"、媒体记者"三晋安全行"等系列"安全生产月"宣传教育活动，增强了各生产领域人员和全社会遵纪守法意识；及时发布重特大事故和典型事故信息，发挥了"一厂出事故、万厂受教育、一地有隐患、全省受警示"的积极效果。深入开展安全乡村

（社区）创建活动，全省91.7%的乡村建成了安全乡村（社区）。加强安全科技工作，推广了 HAN 撬装式加油装置、危险化工工艺自动控制系统、尾矿库在线监测系统、尾矿库干排技术等一批安全技术示范工程。加强应急管理工作，全省矿山、冶金、危险化学品等重点行业企业应急预案覆盖率达到100%；与北京、河北、天津、内蒙古建立了华北5省（区、市）应对重特大生产安全事故、灾难突发事件应急联系、联防、联动机制。二是严厉打击各类安全生产非法违法行为。严肃查处安全生产非法违法、违规、违章行为 30万多起，其中挂牌督办了 12 起较大生产安全事故，严肃查处了 91 起较大生产安全事故，给予党纪政纪处分 354 人，追究刑事责任 66 人。三是汲取事故教训和开展安全生产大检查。深刻汲取上海"12·31"踩踏事件、同煤集团"4·19"重大透水事故、天津港"8·12"危险品仓库火灾爆炸特大事故教训，坚持"四个突出"（突出隐患排查、隐患整治、严格执法、社会监督）和采取"四不两直"（不发通知、不打招呼、不听汇报、不用陪同和接待，直奔基层、直插现场）的方式，在全省开展了三轮安全生产大检查。四是大力整治交通秩序和违法行为。持续开展交通秩序整治，加强车辆驾驶人源头管理、事故多发点段排查，开展"查违法除隐患、降事故保安全""打非治违"专项统一行动，保障了道路交通安全。全年全省共发生道路交通事故 5099起，死亡 2015 人，受伤 5495 人，同比分别下降 1.45%、3.73%、0.16%。通过上述多方面努力，全年全省安全生产形势继续明显好转，呈现"三个双下降，一个良好"的态势：各类安全生产事故总起数和死亡人数双下降，共发生各类安全生产事故 12191 起，死亡 2226 人，同比分别下降 3.90% 和4.67%；生产经营性事故起数和死亡人数双下降，共发生生产经营性事故1758 起，死亡 1104 人，同比分别下降 10.21% 和 3.24%；部分行业领域事故起数和死亡人数双下降，道路交通、铁路交通的事故起数和死亡人数双下降；安全生产控制指标进度良好，生产经营性事故死亡人数占国家下达年度控制指标的 84.99%，比进度控制目标少 195 人。全省 11 个市均在控制进度范围内。

加强监管和保障食品药品安全。一是进一步完善和健全省食品药品监督管理体制。在 2014 年全省食品药品监督管理体制改革构建起省、市、县、乡、村五级工作格局和行政管理、监督执法、技术支撑"三位一体"监督体系的基础上，2015 年全省食品药品监督管理体制进一步完善。新设置专门的稽查执法机构 131 个，同时在省和 10 个市、95 个县（市、区）的公安部门专门成立了食品药品犯罪侦查机构。推进乡镇（街道）食品药品监管站标准化、规范化建设，到年末全省 1404 个乡镇（街道）核定设置食品药品监管站 888 个，实际设立 1005 个，核定编制 5596 名，到位 4316 人，到位率为 77.12%；太原小店区和万柏林区、晋中介休市和祁县、吕梁孝义市等地的乡镇（街道）食品药品监管站达到标准化、规范化要求。加强和推进市县基层食品药品技术监督机构体系建设，11 个市食品药品检验所新增事业编制 170 名、增加设备投入 1.8 亿元，其中太原、朔州、忻州、阳泉、长治、晋城、运城等市推进了高标准食品药品检验监测中心建设；新增设县级食品药品检测检验机构 84 个，新增事业编制 1018 名，太原古交市、吕梁孝义市入选全国食品药品检测检验资源整合试点地区。二是持续深入开展专项检查和监管。在专项检查和监管食品安全方面，加强重点品种监管，采取全面排查、重点抽查、监督抽验、从严查处等有效手段，集中整治了肉制品、乳制品、食醋、白酒、食用油等消费量大、风险比较高的品种，其中责令整改 409 家、停产停业 150 家、依法取缔 103 家；加强重点区域监管，以批发市场、集贸市场、农村地区、城乡接合部为重点，集中整治了"三无"食品和假冒伪劣食品，共检查食品经营场所 16.6 万家次，其中查处食品违法案件 2632 件、罚没款金额 686.42 万元；加强重点单位监管，开展了对全省 6575 所学校食堂、25 家集体用餐配送单位和中央厨房的全覆盖检查，促进全省持证餐饮单位量化分级率达 97%；加强重点行为整治，采取降低门槛、登记备案、整顿规范等办法，对全省 5235 家食品生产加工小作坊实施了备案管理，取缔了一批不符合条件的小作坊、小摊贩、小餐饮，整顿规范和查处了 8 种非法添加和 15 种严重违规宣传保健食品的行为。在专项检查和监管药品安全方面，开展了对特殊药品、中药提取物、银杏叶药品等生产环节的专项检查，其中责令 8 家企业限期整改；开展了对全省 92 家基本药物配送企业、11 家疫苗经营企业流通环节的全覆盖检查；开展了对医疗器械生产经营质量管理规范、无菌和植入类医疗器械、体外诊断试剂等专项检查，其中责令整改 1581 家次；检查指导推进企业改造升级，累计有 100 家药品生产企业、332 家批发企业通过新版药品质量管理认证，淘汰了 102 家生产经营条件差、管理不规范的企业，同时推进完成 6562 个药品品种的再注册，推进了山西地道中药材中药饮片地方标准研究编制，累计已颁布恒山黄芪等 50 个品种的质量标准；开展对全省银杏叶药品生产企业进行全面检查，其中对存在问题的山西仟源医药、瑞福莱药业采取警告、责令召回、停产整改等措施，并对仟源医药处以 408.39496 万元罚没款，没收涉案药品并监督销毁。三是进一步加强常规的对食品药品安全的抽检监测。全省实施"六个统一"工作措施，即统一制订计划、统一组织实施、统一数据汇总、统一结果利用、统一核查处置、统一考核评价，对食品药品进行了严格的抽检监测。全年全省共抽检食品 14258 批次，公开发布抽检信息 26 期，核查处置问题产品 398 批次，消除了一批安全隐患；共抽检药品 7344 批次、医疗器械 437 批次、保健食品化妆品 939 批次，发布监管公告 10 期，核查处置不合格产品 212 批次，防范了药械风险。四是严厉打击违法行为。2015 年，全省共查处各类案件 14149 起，罚没款 4692 万元，比上年分别增长 1.4%、9.4%。其中，侦破"9·7"特大跨省制售假冒白酒案等危害食品药品安全刑事犯罪案件 742 起，抓获犯罪嫌疑人 646 人，移送起诉 464 人，涉案金额近亿元，有力地震慑了违法犯罪分子。

五　生态建设

山西是全国自然生态环境最脆弱的省份之一。生态文明建设关系人民生活，关乎全省经济社会的永续发展。2015 年，山西省委、省政府及有关部门进一步加强和推进资源节约、生态保护和环境治理，将生态文明建设融入经济社会发展的各个方面，不断推进美丽山西建设，取得积极成效。

1. 资源节约

节约资源是生态文明建设的主要内容之一。2015 年，全省各级党委、政府及有关部门和企业进一步加强水资源、土地矿产资源和能源的节约、开发、利用和管理，取得重要进展。

加强水资源节约保护和合理开发利用。一是继续推进实行最严格水资源管理制度。山西是全国水资源严重短缺的省份之一，2011 年起，开始实施实行最严格水资源管理制度全国试点。之后，实行最严格水资源管理制度在全国全面实施。实行最严格水资源管理制度，主要举措是落实"三条红线"（水资源开发利用控制、用水效率控制、水功能区限制纳污）和"四项制度"（用水总量控制、用水效率控制制度、水功能区限制纳污制度、水资源管理责任和考核制度）。2014 年，山西出台了实行最严格水资源管理制度的多项重大措施。2015 年，全省实施实行最严格水资源管理制度进一步推进，水资源保护取得重要进展。全年全省推进实施地下水关井压采和地表水源置换，关井 520 眼、压采地下水 6500 万立方米，加上地表水源置换、节水和中水利用等措施，共关井压采和置换地下水 1.55 亿立方米，地下水位保持连续 8 年持续回升态势；推进实施重要河流地表水、重点区域地下水和主要岩溶泉域水保护与修复，并实施江河湖泊重要水功能区河道生态水量调度，汾河实现连续 7 年不断流、河水长流常清，晋祠泉难老泉水位上升了 1.04 米。二是出台实施《关于加强地下水管理与保护工作的通知》。该通知于 12 月 31 日由省政府办公厅印发，重新划定地下水超采区面积 10609 平方千米，其中严重超采区面积 1848 平方千米；禁采区面积 899.09 平方千米（含超采区以外禁采区 603.49 平方千米），限采区面积 10313.4 平方千米。要求各地建立地下水取用水总量控制和水位控制制度，明确区域地下水开发利用总量控制指标和水位控制目标，制订年度开采计划，防止出现新的超采区，限期关闭城市公共供水管网覆盖范围内的自备水井，切实保障地下水资源可持续利用。三是继续推进节水型社会建设和加强用水需要管理。阳泉市创建成"全国节水型社会建设示范区"，加上此前的太原市（2013 年）、晋城市和侯马市（2014 年），全省有 4 个城市建成"全国节水型社会建设示范区"。修订 2008 年颁布实施的《山西省用水定额》标准，并重新颁布，于 2015 年 7 月 1 日起施行，对农业用水、工业企业和城镇生活用水定额做出新的调整，进一步强化和严格规范相关标准，强化了用水需求和用水过程管理。全年全省万元工业增加值用水量较上年下降 4.6%，并保持连续 6 年下降趋势。四是继续推进"大水网"工程和各项水利重点工程建设。"大水网"工程，是一项优化全省水资源配置的重大工程，以纵贯全省南北的黄河北干流和汾河两条天然河道为主线（两纵），以十大骨干供水体系为骨架（十横），通过河库连通工程建设，将黄河、汾河、沁河、桑干河、滹沱河、漳河等六大河流及各河流上的大中型水库相连通，形成"两纵十横、六河连通、多源互补、丰枯调剂"的供水网络，规划建设各项工程 76 项，于 2011 年启动实施。"大水网"四大骨干工程（从清漳河和浊漳河调水连接汾河，解决晋中南部盆地的祁县、太谷、平遥、灵石、介休等 5 县用水需求的东山供水工程；由漳河辛安泉向长治盆地郊区、平顺、屯留、黎城等 8 个县调水的辛安泉引水工程；解决国家集中贫困区吕梁革命老区 4 市 16 县供水问题的中部引黄工程；解决运城盐湖、闻喜、绛县、夏县、垣曲 5 个县的用水问题的小浪底向运城盆地涑水河流域的调水工程）于 2012 年正式开工，2013 年和 2014 年持续全面推进。2015 年，"大水网"四大骨干工程等进一步推进建设，隧洞掘进 205 千米，累计隧洞掘进总千米数达 500 千米，累计完成大水网隧洞总长 74% 的建设任务；四大骨干工程之一的辛安泉供水工程，于 9 月 29 日率先实现首期供水目标。与此同时，其他在建水利重点工程也加快推进实施。其中，汾河、滹沱河和涑水河三条重要支流治理工程累计完成新建及堤防加固 229 千米，沁源县永和水电站主体工程完工，石楼县坪底供水枢纽工程完工并通过竣工验收，昔阳县松溪供水工程口上水库完工实现下闸蓄水，禹门口东扩二期和柏叶口龙门供水主体工程完工等。特别是，新中国成立以来一直在规划筹建的位于黄河北干流下段晋陕黄河大峡谷之处的重大古贤（原龙门）水利枢纽工程，筹建工作取得新的进展，项目建议书通过国家审查。

强化国土资源节约集约利用和严守耕地红线。一是加强管理和推进建设用地节约集约利用。通过修改部分市县土地利用总体规划、推进实施城乡建设用地增减挂钩、工矿废弃地复垦调整利用等新机制，同时大力开展批而未供土地和闲置土地的清理整治、评价开发区土地集约利用等，进一步推进了土地资源的节约集约利用。全年全省盘活存量土地 2.5 万亩，供应土地 15.34 万亩，批准建设用地 11.7 万亩（其中占国家计划报批总面积 1.16 万亩，占省计划报批面积 9.07 万亩，增减挂钩 1.02 万亩，矿业用地整合利用 0.04 万亩，工矿废弃地 0.41 万亩），确保了一大批新兴产业、重大基础设施和民生项目落地。二是加强管理和推进矿产资源节约集约利用。全年持续深化推进矿产资源开采审批规范管理，持续加强矿山企业年检管理，至年末全省矿山设立采矿权标志牌 2401 个，开采回采率达标矿山 2386 个，开采回采达标矿山占矿山总数的 99.3%；进一步提高煤炭回采率，全省生产煤矿采区回采率达到 80% 以上。为进一步规范煤炭资源矿业权出让、转让行为，优化煤炭资源配置，在充分研究和广泛征求意见的基础上，省政府于 12 月 25 日印发了

《山西省煤炭资源矿业权出让转让管理办法》，自2016年1月1日起施行，共6章77条，以问题为导向，力推煤炭资源市场化配置，多方面改革创新了矿业权管理。其中，关于煤炭资源矿业权人有权勘查、开采批准范围内的共伴生资源的规定，对于进一步推进矿产资源的节约集约开发利用具有重要意义。三是严守耕地红线和大力开发造地。通过层层签订和落实耕地保护目标责任制、加快推进城市周边划定基本农田、开展高标准基本农田建设、大力实施开发造地等措施，进一步加强了对耕地的保护。全年省、市两级新造耕地15.4万亩，完成高标准农田建设任务205.5万亩，守住了6075万亩耕地和5088万亩基本农田保护红线。

加快推进煤电产业一体化深度融合发展。山西是煤炭能源产业大省，也是煤炭火力发电大省，但长期以来，煤炭产业与电力产业之间各自为政，形成了煤炭与电力企业之间的供需矛盾和资源难以集约节约的矛盾。为了解决煤电供需和资源集约节约的矛盾，近年来山西坚持以煤为基、多元发展的战略，大力推进煤电产业融合和煤电的一体化发展。至2014年末，按照"政府引导、自愿合作、一厂一策"的要求，全省20万千瓦及以上主力火电企业中，75%实现煤电联营；国家五大发电集团（华能、大唐、华电、国电、电投）分别与省内主要煤炭集团签订了长期合作协议。2015年，全省继续推进煤电产业一体化深度融合发展，并于9月出台了《推进煤电一体化深度融合实施方案》，对2015年至2017年两年全省省现役调主力发电企业全部实现煤电一体化或长协合同运营全覆盖做出规划部署、提出实施办法。至年末，全省20万千瓦及以上主力火电企业中，80%以上已实现煤电联营，同比提高了5个百分点，形成了"煤控电、煤参电、电参煤、组建新公司"等四类煤电联营模式；国家五大发电集团分别与省内主要煤炭集团签订了长期合作协议，协议总量达到4.3亿吨，占全省煤炭总产量的44%；省调主力发电企业中，未实现股权联营的发电企业，全部与省内煤炭企业签订长协合同。全省现役主力火电企业煤电一体化运营管理机制初步形成。

加强推进工业节能降耗固废利用和淘汰落后产能。一是大力推进工业节能降耗。全年全省通过实施培育发展节能环保产品（装备）企业、节能改造项目、推广节能新技术、出台节能新标准、淘汰落后设备等措施，持续推进了工业节能降耗任务的落实。其中，10月初新发布实施《甲醇燃料自动化生产调配规范》等 13 项能耗限额地方标准，至此在"十二五"期间制定出台了包括煤化工、精细化工、焦化等在内的 54 项节能地方标准，涉及能耗限额、监测方法、能源管理、节能评价等多方面，初步形成了覆盖全省主要耗能行业的节能标准体系。全年在 28 户水泥企业和 37 户火力发电企业全面开展推进了能效水平对标活动；重点推进了 617 项节能改造项目，至年末已完成 560 项，年可实现节能量 820 万吨标准煤。全年全省万元 GDP 能耗下降 5.31%，同比提高了 1.61 个百分点。二是大力推进工业固体废物综合利用。工业固体废物，是指在工业生产活动中产生的固体废物，如高炉渣、钢渣、赤泥、有色金属渣、煤矸石、粉煤灰、煤渣等。全年重点推进了 90 个工业资源综合利用项目建设，至年末 37 项基本完工。继续推进了朔州市国家级工业固废综合利用示范基地试点（2011 年入选）建设，推进了太钢国家资源综合利用"双百工程"产业废物综合利用骨干企业（2012 年入选）和朔州市、临汾市浮山县国家资源综合利用"双百工程"矿产资源综合利用示范基地（2014 年入选）建设。全年全省大宗工业固废综合利用率达 65.2%。与此同时，加快推进 2013 年至 2014 年累计批准的晋能孝义、国际能源山阴、霍州煤电临县、同煤朔南、西山煤电古交等 24 个低热值煤发电项目建设，总装机达 2129 万千瓦，并实现全部开工建设。这些低热值煤发电项目建成后，每年可消耗煤矸石 8400 万吨，对于消解和利用长期以来大量废弃在矿区的大量煤泥、煤矸石和中煤等低热值煤，具有重要意义。三是积极淘汰落后产能。全年全省淘汰落后电解铝 7 万吨、水泥 60 万吨、电力 2.4 万千瓦；焦化行业主动淘汰落后产能 190 万吨，其中太原市推广清洁焦试点化解焦化行业过剩产能 40 万吨以上。

加强推进新建绿色建筑和既有建筑节能改造。一是强力规范推进新建建筑执行绿色建筑标准。4 月，出台实施《关于加强政府投资的公益性工程和大型公共建筑执行绿色建筑标准的通知》以及《绿色建筑设计专篇（居住、公共建筑示范）》《绿色保障性住房设计专篇（示范）》等规范性文件，进一步强化了对新建建筑执行绿色建筑标准监督管理。全年全省各级政府投资类公益性建筑 164 项、面积 148.24 万平方米，大型公共建筑 44 项、面积474.03 万平方米，全部执行了绿色建筑标准；全省保障性住房执行绿色建筑标准 280.54 万平方米，执行率达 61.65%。全年全省各类新建建筑中执行绿色建筑标准项目共有 1122 万平方米，执行比例达 26.05%。在绿色建筑中，全省太阳能、浅层地能等可再生能源建筑设计应用面积 2070 万平方米，占新建建筑比例达 48.06%。二是大力推进既有建筑节能改造。全年全省实施改造既有居住建筑节能项目 776 万平方米，开工面积 765 万平方米。太原市启动大规模既有居住建筑节能改造实施计划，计划用 5 年时间完成 4000 万平方米。

2. 生态建设

保护和修复自然生态环境，是生态文明建设的重要内容。2015 年，全省各级党委、政府及有关部门进一步加强和推进了对自然生态的保护和修复，取得新成效。

出台实施《关于加快推进生态文明建设实施方案》。该方案于 11 月 22 日由省委、省政府印发，从优化国土空间开发格局、转变经济发展方式、促进资源节约循环高效利用、加大自然生态系统和环境保护力度、健全生态文明制度体系、依法保障生态文明建设、加快形成推进生态文明建设的良好风尚等方面提出 29 条措施。具体包括：实施主体功能区战略，全面落实于 2014 年颁布的《山西省主体功能区规划》，着力构建全省国土空间的"四大战略格局"（"一核一圈三群"城镇化战略格局、六大河谷盆地为主的农业发展战略格局、"一带三屏"为主体的生态安全战略格局、"点状开发"生态友好型能矿资源开发格局）；推进绿色城镇化、建设美丽宜居乡村、改造提升传统产业、培育发展新型产业和现代服务业、推进节能减排、发展循环经济、加强资源节约、加强生态保护修复、加强大气污染治理、加强水污染治理、加强土壤污染治理和农村环境保护等。主要目标任务是：到 2020 年，资源节约型和环境友好型社会建设取得重大进展，主体功能区布局基本形成，经济发展质量和效益得到显著提升，生态文明主流价值观在全社会得到推行，生态文明建设水平明显提高。

规划部署并启动实施新一轮大规模汾河流域生态修复治理工程。汾河是山西的母亲河，千百年来，养育了三晋儿女、孕育了三晋文明、承载了三晋历史。近现代以来，受自然和人为等多种因素影响，汾河水资源被过度开发利用，汾河流域生态环境受到严重破坏。新中国成立后，历届山西省委、省政府高度重视汾河治理工作，先后组织实施了以防洪保安、水资源开发利用、水土流失治理和清水复流等为重点的四次大规模治理，对保障经济社会发展的用水需求、保护流域生态环境发挥了重要作用，但到 2014 年，汾河流域地下水位下降、地表径流量减少、植被减少退化、水土流失等问题仍然突出，实现流域生态环境根本性好转仍需付出长期艰苦努力。为此，在充分调研论证和广泛征求各方面意见的基础上，省委、省政府于 7 月 11 日印发《汾河流域生态修复规划纲要（2015~2030 年)》，规划对涉及 9 市 51 县占全省国土总面积的 1/4 的汾河流域进行生态修复治理。主要举措是：坚持节水优先的原则，通过科学配置水土资源，大力推进节水型社会建设，促进水资源的高效利用；依托已建成的万家寨引黄、禹门口提水、和川引沁入汾，以及正在建设的中部引黄和东山供水工程，实施"五水济汾"，通过大水网向汾河流域调水，增加地表水资源量，保障流域经济社会健康发展；充分利用洪水资源，在汾河干流及两侧低洼地带，恢复和建设一批能调蓄径流的"珍珠串""葡萄串"蓄水工程，恢复水域湿地，重建流域水系，加大地下水补给力度；依法划定汾河及 9 大支流源头保护区，封山育林，恢复植被，涵养水源，增加溪流，兴水增绿；严格控制流域内地下水开采，依法关停泉域重点保护区和汾河 9 大支流河源保护区内的煤矿，强化 8 个岩溶大泉泉域和地下水系的保护；在山丘区大力实施清洁小流域建设，在平川区控制污水排放，加强污染防治，对太原城区 10 条汾河支流全面治理，拦截污水，强化处理，实现污水资源化。总体目标任务是：多方投资 1300 亿元，经过 5 年的工程建设、10 年的自然修复，总计经过 15 年左右的努力，使汾河流域地下水储量和植被面积大幅增加，地下水位有效回升，水土流失和水污染问题得到有效治理，重现汾河水系大河风光，将汾河流域建成三晋大地的生态长廊、宜居长廊和富民长廊。10 月 18 日，省政府在平遥县举行汾河流域生态修复工程开工动员大会，沿线一带河道治理、调蓄截污、供水、生态修复等工程开工建设。

继续推进林业生态建设和水土流失治理。一是继续推进实施"六大林业工程"建设。"六大林业工程"，是近年来全省实施的"两山"造林、"两网"绿化、"两林"富民、"两区"增绿、"双百"精品、"双保"管护等省级林业生态建设工程。"两山"造林工程：建设区域位于太行山土石山区和吕梁山黄土高原两大生态脆弱区，根据不同的气候条件、地理特征，在全省安排 20 个至 30 个特种灌木林或经济灌木林大片区，以有效提高森林覆盖率。"两网"

绿化工程：以汾河流域上游 6 个县（市、区）、黄河沿岸 21 个县（市、区）的水源涵养林、水土保持林为主，兼顾桑干河、滹沱河等七大流域，建设"绿色水网"；以大运高速公路两侧绿化为重点，兼顾其他交通干线，建设"绿色路网"。"两林"富民工程：在太行山、吕梁山的低山丘陵，黄河沿岸，汾河中下游等适宜区域，发展核桃、红枣等干果经济林和速生丰产林。"两区"增绿工程：围绕矿区和城市近郊、旅游景点等特殊地区，建设城郊森林公园、湿地公园、生态庄园。"双百"精品工程：建设区域以省直九大国有林区为重点，营造乔木林和灌木林，有效增加森林面积。"双保"管护工程：实施国家天然林资源保护工程，加强森林防火、林业有害生物防治等森林资源综合防护工作。全年全省营造林 28.09 万公顷，其中"两山"造林工程 18.82 万公顷，"两网"绿化工程 1.82 万公顷，"两林"富民工程 4.72 万公顷，"两区"增绿工程 0.73 万公顷，"双百"精品工程 2 万公顷。完成 500 个村庄绿化任务，长治县振兴村等四个村被中国生态文化协会评选为"全国生态文化村"。二是继续推进水土流失治理。山西是黄河中游水土流失严重地区之一，水土流失面积约 10.8 万平方千米，占总土地面积的 69%。严重的土流失是造成山西生态环境脆弱的重要因素。长期以来，在国家的支持下，山西对水土流失的治理持续不断推进。2015 年，全省继续推进实施国家水土保持重点建设工程、国家水土流失重点治理工程、坡耕地水土流失综合治理工程、国家农业综合开发水土保持项目等国家重点水土保持项目，全年完成水土流失治理面积 338.26 万亩，为年度治理任务的 112.8%。加快了进度。7 月 30 日，省第十二届人大常委会第 21 次会议修订通过《山西省实施〈中华人民共和国水土保持法〉办法》，10 月 1 日起施行，为推进水土流失治理提供了有力法治支持。至 2015 年末，全省已累计治理水土流失面积 5.85 万平方千米，水土流失治理度达到 54%。

全面推进采煤沉陷区治理和加强矿山生态环境保护治理。一是全面启动推进采煤沉陷区治理。山西煤炭资源丰富，开采历史久远，特别是新中国成立以来开发强度不断加大，造成了大面积的采空区和沉陷区，不仅严重破坏了生态环境，而且形成了危及区域内数千村庄房屋安全、饮水困难和破坏耕地等问题。据统计，到 2004 年，全省因采煤造成的采空区面积近 5000 平方千米（约占全省面积的 3%），其中沉陷区面积约 3000 平方千米（占采空区面积的 60%），受灾人口约 230 万人。2004～2010 年，国家启动实施了国有重点煤矿采煤沉陷区治理，山西治理范围包括大同、阳泉、汾西、万柏林、古交、霍州、潞安、晋城和轩岗等 9 个矿区（约 1049 平方千米采煤沉陷区），安置受灾居民 18 万余户，受益人数 60 余万人。但仍有国有非重点煤矿和非国有煤矿采煤沉陷区 2000 多平方千米尚未得到治理，受灾群众约 170 万人。为此，2014 年全省启动新一轮采煤沉陷区治理，并在太原古交市嘉乐泉乡、万柏林区王封乡、大同南郊区口泉乡、忻州原平市轩岗镇、阳泉盂县路家村镇、晋中灵石县两渡镇、临汾乡宁县西坡镇、吕梁孝义市柱濮镇等 8 个乡镇启动试点。2015 年 3 月 20 日，省政府办公厅印发《山西省深化采煤沉陷区治理规划（2014～2017 年)》《山西省采煤沉陷区治理 2015 年行动方案》，对在 2014 年完成试点的基础上全省全面开始实施采煤沉陷区治理，做出规划部署。总体目标任务是：到 2017 年力争完成全省 1352 个村的采煤沉陷区治理工作，基本解决采煤沉陷区受灾群众的安居问题，共涉及 21.8 万户、65.5 万人的治理搬迁任务。2015 年采煤沉陷区治理共涉及全省 11 个设区市 48 个县（市、区）、136 个乡（镇）、440 个村，74966 户、209769 人的搬迁安置。同时，争取国家支持，将山西采煤沉陷区矿山地质生态环境治理纳入国家试点，并获得国家 138 亿元的治理资金。二是加强推进矿山生态环境保护和治理恢复。山西不仅煤炭资源极其丰富，其他矿产资源也较为丰厚，是一个矿产资源大省，长期以来矿业开发强度大，以煤炭为主的矿业开发造成了矿山生态环境山恶化的突出问题。2011 年国家启动实施国家级绿色矿山试点，至 2014 年国家先后公布了四批国家级绿色矿山试点单位，山西境内累计有 26 家矿山企业入选开展试点建设，其中煤矿企业 24 家，铁矿企业 2 家。与此同时，全省各级各有关方面也不断加强推进了对矿山生态环境的治理恢复和保护。2015 年，全年全省相关企业和地方财政投入 2.7 亿元，其中矿山企业投入 2.5 亿元、地方财政投入 2000 万元，恢复治理矿山数 130 座，恢复治理面积 2700 公顷。至年末，入选国家级绿色矿山试点的同煤大唐塔山煤矿、山西潞安集团余吾煤业公司（屯留煤矿）、大同煤矿集团大同地煤青磁窑煤矿、大同煤矿集团公司晋华宫矿、大同煤矿集团朔州朔煤王坪煤电有限责任公司（王坪煤矿）、山西长平煤业有限责任公司（长平煤矿）和山西汾西矿业集团南关煤业有限责任公司（南关煤矿）7 家企业试点建设取得显著成效。

继续开展和深化区域生态建设。自然保护区、森林公园、湿地公园、生态示范区等建设，是推进区域生态环境建设的重要内容。2015 年，全省自然保护区、森林公园、湿地公园、生态示范区等建设进一步推进。一是加强自然保护区建设。全年全省建有森林生态和野生动物及草地自然保护区 46 个（国家级 8 个、省级 38 个），面积 110 万公顷，占全省面积的 7.4%。二是加强森林公园建设。全年全省建有国家、省、县三级森林公园 127 处，其中国家级森林公园 19 处、省级森林公园 51 处、县级森林公园 57 处，总面积达 56.77 万公顷（851.55 万亩），占全省面积的 3.64%。三是加强湿地公园建设。全年全省建有国家湿地公园 12 处、省级湿地公园 36 处、省级湿地类型自然保护区 3 处，全省 40.5% 的湿地面积纳入这一保护范围。四是开展生态示范区建设。12 月，全国第二批生态文明先行示范区建设名单公布，山西有朔州市平鲁区、吕梁市孝义市 2 个区（市）入选，加上 2014 年首批入选的运城市芮城县、太原市娄烦县 2 个县，全省有在建国家级生态文明先行示范区达到 4 个县（区、市）。根据相关要求，先行示范区要通过 5 年左右的努力，基本形成符合主体功能定位的开发格局，资源循环利用体系初步建立，耕地质量稳步提高，物种得到有效保护，覆盖全社会的生态文化体系基本建立，绿色生活方式普遍推行，最严格的耕地保护制度、水资源管理制度、环境保护制度得到有效落实，形成可复制、可推广的生态文明建设典型模式。此外，至 2015 年末，全省共建有省级生态功能保护区（汾河源头、沁河源头）2 个；建成国家级生态示范区 16 个（县、市、区）；建成国家级生态乡镇 8 个、国家级生态村 3 个，建成省级生态县 2 个、省级生态乡镇 244 个、省级生态村 1372 个。

3. 环境治理

2015 年，全省各级党委、政府及有关部门进一步加强环境保护，多措并举，不断深化和推进对污染环境的治理，取得新的进展。

大力探索创新环境污染治理体制机制。一是积极推行环境污染第三方治理模式。长期以来，我国对环境污染治理实行"谁污染，谁治理"的模式，由排污企业来治理产生的环境污染问题，但是由于排污企业受专业限制、趋利避害和监管部门监管不到位等因素制约，排污企业治理污染的成效严重不足，使得环境污染问题越来越严重。2014 年 12 月，国务院办公厅印发《关于推行环境污染第三方治理的意见》，在全国启动推行环境污染第三方治理。环境污染第三方治理是排污者通过缴纳或按合同约定支付费用，委托专业环境服务公司进行污染治理的治污模式。5月26日，省政府办公厅印发实施《山西省推行环境污染第三方治理实施方案》，明确提出以市场化、专业化、社会化为导向，以城市污水、垃圾处理等环境公用设施、工业园区、电力、钢铁、煤炭、焦化等领域为重点，吸引社会资本投入，推进排污者付费、推行第三方治理的治污新机制的措施和办法。主要目标任务是：到2020年，全省重点领域环境污染第三方治理取得显著进展，基本形成统一开放、竞争有序、规范诚信的环境污染第三方治理市场机制，污染治理效率和专业化水平明显提高，社会资本进入污染治理市场的活力进一步激发；第三方治理业态和模式趋于成熟，培育一批具有较高专业化水平、创新能力和市场竞争力的本地环境污染第三方治理企业。二是进一步深化推进排污权有偿使用和交易试点。排污权又称排放权，是排放污染物的权利，它是指企业等排放者在环境保护监督管理部门分配的额度内，并在确保该权利的行使不损害其他公众环境权益的前提下，依法享有的向环境排放污染物的权利。排污权交易是指在一定区域内，在污染物排放总量不超过允许排放量的前提下，内部各污染源之间通过货币交换的方式相互调剂排污量，从而达到减少排污量、保护环境的目的。从2007年开始，国家在山西等11个省（区、市）开展排污权有偿使用和交易试点。在总结前期试点经验的基础上，2014年国家对进一步推进排污权有偿使用和交易试点做出新部署、提出新要求。根据国家的部署，结合山西实际，2015年10月30日，省政府办公厅印发了《山西省进一步推进排污权有偿使用和交易试点工作方案》，对全省进一步推进2007年以来开展的国家排污权有偿使用和交易试点做出部署。主要目标任务是：到2017年，排污权有偿使用和交易制度基本建立，基本形成较为完善的排污权有偿使用和交易政策体系以及科学规范、市场活跃、运行有效的排污权交易市场，试点工作基本完成。2015年，全省共完成省级、市级排污权交易272宗，总成交金额8.51亿元，较上年同期增长185%。

推进能源供给革命和强化工业节能减排固废综合利用。一是大力推进能源供给革命。1月5日，省政府办公厅印发《山西省关于贯彻落实〈能源发展战略行动计划（2014~2020年）〉的实施意见》。该意见提出了推动能源供给革命的重要任务和举措。主要任务和举措是：推进晋北、晋中、晋东三大煤炭基地提质发展，提升煤炭产业集约化水平，提高矿井现代化水平，增加清洁煤炭供应；推进煤电基地清洁高效发展，加快坑口电站建设，加快低热值煤电厂建设，实施燃煤发电机组超低排放；加快煤层气开发利用，推进河曲—保德、临县—兴县、三交—柳林、永和—大宁—吉县、沁南、沁北等 6 个煤层气片区勘探开发，推进晋城矿区、阳泉矿区、潞安矿区、西山矿区和离柳矿区五大瓦斯抽采利用矿区建设；推进多种形式利用新能源，加快风力发电、光伏发电、煤层气发电、水力发电、太阳能供热等项目建设。3 月 1 日，省政府办公厅印发《关于进一步加快推进全省燃煤发电机组超低排放改造工作的通知》，对全省现役单机 30 万千瓦及以上燃煤机组全部完成超低排放改造的时限由 2020 年提前至 2017 年底做出规定部署。2015 年，全省煤炭重组整合矿井建设进一步推进，到年末，累计完成重组整合矿井初步设计 760 部、开工建设 729 座、建成重组整合矿井 377 座，全部实现综合机械化开采；煤炭现代化矿井建设加快推进，全年共建成现代化矿井 118 座。全省清洁煤炭供应能力进一步提高，煤炭入洗率达到 79.7%。全年全省燃煤发电机组超低排放改造容量 1566 万千瓦左右，占总量的 35.6%。全年全省煤层气（瓦斯）抽采量 102.05 亿立方米、利用量 57.12 亿立方米，同比分别增加 11.75 亿立方米、6.72 亿立方米。新增风电并网装机容量 261.69 万千瓦，总量达到 669.1 万千瓦；新增光伏发电装机容量 69 万千瓦，总量达到 113 万千瓦。年末全省风电、光伏发电、煤层气发电、水电等新能源清洁能源装机容量达到 1294 万千瓦，占全省总装机容量 6966 万千瓦的 18.6%。上述能源供给革命的结构性的变化和成效，在支持全省主要污染物排放总量持续下降等环境治理改善方面发挥了重要作用。二是进一步强化推进工业节能减排和工业固废综合利用。2015 年，全省工业领域通过实施培育发展节能环保产品（装备）企业、节能改造项目、推广节能新技术和淘汰落后产能等措施，进一步强化和推进了工业节能减排任务的落实。全年全省以工业为主的能耗和污染物排放情况是：万元 GDP 能耗下降 5.31%，万元 GDP 二氧化碳排放量下降 3%，万元工业增加值用水量下降 4.6%，二氧化硫排放量下降 3% 以上，化学需氧量排放量下降 3% 以上，氨氮排放量下降 3% 以上，氮氧化物排放量下降 4.5% 以上，烟尘排放量下降 0.5% 以上，粉尘排放量下降 0.5% 以上。在强化推进工业节能减排的同时，还加强推进了对工业固废物的综合利用。全年全省大宗工业固废综合利用率达 65.2%。

大力推进实施城乡环境整治和改善省城环境质量。一是继续推进实施农村环境整治工程和启动实施城市环境提质工程。2014 年，全省启动了到 2020年为期 7 年实施改善农村人居环境的"四大工程"（完善提质、农民安居、环境整治、宜居示范），环境整治是其中之一。2015 年，全省改善农村人居环境"四大工程"继续大力实施，同时启动了到 2017 年为期 3 年实施改善城市人居环境的"四大工程"（设施提升、城市安居、城中村改造、环境提质），环境提质是其中之一。至 2015 年末，全省两年实施改善农村人居环境"四大工程"，其中实施环境整治工程，累计配备清扫保洁员 9.3 万名、监督管理员1.5 万名，垃圾收运车 3.37 万辆，建成垃圾处置点 7355 个、中转站 179 个；完成村容整饰 9785 个村，清理"柴堆、煤堆、粪堆、料堆"等 121 万处，清理垃圾 419 万吨；4400 个村通天然气，600 个村完成生活污水治理，130 万农民喝上干净水。全省乡村清洁工程覆盖所有行政村。至 2015 年末，全省一年实施改善城市人居环境的"四大工程"，其中实施环境提质工程，完成提标改造城镇污水处理厂 30 座，开工建设生活垃圾无害化处理场 14 座；新增城市绿化面积 2519 万平方米，完成年度目标任务的 126%；洪洞、阳城、左权、昔阳、沁源县城被命名为国家园林县城，吕梁、临猗等 10 个市县被命名为省级园林城市（县城）。全省城乡环境面貌得到明显变化。二是大力推进省城环境质量提质改善。用 4 年时间全面改善省城环境质量，是 2012 年省委、省政府决策部署并交付太原市委、市政府的一项重大任务。2012 年至 2014 年 3 年间，太原市委、市政府坚持以实施"五大工程"（集中供热全覆盖、气化太原、城中村整村拆迁、污染企业搬迁、水污染治理）和"五项整治"（工业污染治理、机动车尾气控制、扬尘污染控制、商品交易市场和饮食服务行业综合整治、垃圾秸秆焚烧污染控制）为重点，强力推进环境质量的改善，基本实现"三年大见成效"的目标。2015 年是落实全面改善省城环境质量任务的最后一年，省市有关部门加大工作力度、加大政策支持力度、加大资金支持力度，进一步推进了省城环境的提质改善。全年关停太原二电厂 3×20 万千瓦燃煤机组等污染企业 34 家，减少燃煤 180 万吨；集中供热扩网 3104 万平方米，实施城边村气化改造 16 个，减少冬季燃煤 100 万吨。城南污水处理厂新增日处理能力 15 万吨，晋阳污水处理厂通水调试，污水处理率将上升到 90% 以上。地表水环境功能区水质达标率 75%。淘汰老旧机动车和黄标车 3.35 万辆。秸秆综合利用 80.92 万亩。建成区绿化覆盖率、绿地率、人均公园绿地面积分别达到 41%、36.07%、11.56 平方米。全年市区空气质量综合指数下降 7.76%，优良天数达到 230 天、比上年增加 33 天、优良率达到 63%；PM2.5 达标 253 天，达标比率为 69.3%。省城环境质量进一步好转。

继续加强推进大气污染防治和水污染防治。一是出台实施《山西省大气污染防治 2015 年行动计划》。该计划于 5 月 4 日由省政府办公厅印发实施，明确了推进全省环境空气质量持续好转的主要目标措施，包括产业结构优化调整、清洁生产、机动车污染防治和工业大气污染治理等 10 个方面、共计 36 项任务。全年全省各级各有关部门落实大气污染防治计划，除推进如前所述优化工业产业结构促进污染排放下降外，在"控煤、治污、降尘"等关键环节方面取得重要进展。在控煤方面，全省淘汰燃煤城市建成区燃煤小锅炉 2168 台，完成年度任务 1000 台的 217%；完成燃煤锅炉清洁能源替代 2622 蒸吨，工业窑炉清洁能源替代 57 家；严控冬季散煤燃烧污染，城镇集中供热率达到 86.6%。在治污方面，推进完成了电力、钢铁、水泥等重点行业脱硫、脱硝、除尘改造任务，加快推进了焦化、燃煤锅炉提标改造；继续淘汰黄标车和老旧车 46.1 万辆，2014 年至 2015 年两年累计淘汰黄标车和老旧车 69.44 万辆。在降尘方面，强化道路扬尘污染控制，创建保洁示范街道 44 条；推进城市建成区道路机械化清扫，部分地级市实现全覆盖；推进绿色施工，在建工程全部按要求采取了扬尘污染控制；加强工业企业堆场扬尘污染治理，排查和综合整治煤焦发运站、水泥搅拌站、料堆场等扬尘污染点源，治理工业扬尘堆场 1666 个。二是贯彻实施国务院《水污染防治行动计划》。该计划于 4 月印发实施。全年全省各级各有关部门全面贯彻落实计划要求，聚焦地表水、地下水、饮用水和城市黑臭水体四类水体，确定水质优化目标，划分流域优先控制单元，实施落实了"控制污染物排放、节约保护水资源、保障水环境安全、推进流域生态保护"四大任务。至年末，全省共建成 136 个污水处理厂，累计处理水量 8.7 亿立方米，城市污水处理率达 87.9%，县城污水处理率达 84.3%。三是出台实施《山西省水污染防治工作方案》。该方案于 12 月 30 日由省政府印发实施。目标任务是：到 2020 年，全省水环境质量得到阶段性改善，污染严重的水体较大幅度减少。其中，黄河流域整体水质由重度污染改善至中度污染，汾河流域中下游水质进一步改善，海河流域在轻度污染的基础上持续改善；城市黑臭水体污染问题基本解决；饮用水安全保障水平持续提升；地下水超采得到严格控制，地下水污染防治取得积极进展；重点流域水生态系统退化趋势得到扭转。到 2030 年，力争全省水环境质量总体改善，水生态系统功能初步恢复。

加强依法保护环境和大力开展环保专项检查常规检测。一是大力宣传贯彻国家新环保法。2014 年 4 月 24 日，十二届全国人大常委会第八次会议对1979 年颁布施行《中华人民共和国环境保护法（试行）》做出重大修订，通过并颁布《中华人民共和国环境保护法》，自 2015 年 1 月 1 日起施行。全省各级各有关部门对新环保法进行了广泛宣传，进一步加强环境监管执法，有效推动了新环保法的贯彻实施。同时，还启动开展对 1996 年颁布施行、1997年修订《山西省环境保护条例》的再次修订。二是开展对《中华人民共和国水污染防治法》实施情况的执法检查。5 月至 10 月，受全国人大常委会委托，省人大常委会采取省、市、县三级人大联动方式，开展对《中华人民共和国水污染防治法》实施情况的执法检查。省执法检查组听取了省政府及相关部门的工作汇报，并赴忻州、太原、吕梁 3 市进行了实地检查。同时委托大同、朔州、晋中、阳泉、长治、晋城、临汾、运城 8 市人大常委会对本行政区域贯彻实施水污染防治法情况进行了检查。三是开展全省环境保护大检查和专项督查。全年各级各有关部门持续开展了"全省环境保护大检查""全省重点行业'铁腕斩污'专项行动""国家重点监控企业专项巡查""严厉打击环境污染违法犯罪专项行动""大气污染防治检查"等。其中，开展全省环境保护大检查，共排查工业园区 75 个、各类排污企业 8587 家、饮用水水源地保护区 338 个、违法建设企业 1279 家；开展全省重点行业"铁腕斩污"专项行动，现场检查工业企业 8581 家，责令停产整治 326 家，限期整改 625 家，取缔 162 家，实施行政处罚 1198 家；开展国家重点监控企业专项巡查，巡查企业 137 家，占全省国控企业总数的 30%；开展严厉打击环境污染违法犯罪专项行动，移交涉嫌环境违法犯罪案件 26 起；开展大气污染防治检查、中国人民抗日战争胜利 70 周年空气质量保障督查行动、自然保护区专项执法检查等环境执法活动，查处典型案件 303 件，其中按日计罚 22 件、查封扣押 49 件、限产限停 176 件、关停取缔土小企业 575 家。四是加强环境常规监测监控。全年全省各级有关部门加大工作力度，推进和完善了重污染天气监测预报预警系统建设，开展了环境空气质量监测专项检查，开展了国家土壤环境质量监测国控点位布设，开展了对国家确定的 18 个县的县域生态环境质量考核；推进环境监测站标准化建设，11 个市级环境监测站和高平、襄垣、孝义、闻喜等 45 个县级环境监测站通过了达标验收，分别达到国家要求的中部地区二级、三级站的建设标准；省环境监测中心站达到国家要求的中部地区一级站的建设标准。至年末，全省 11 个市级环境监控中心全部与省环境监控中心互联互通，并与国家环保部监控平台稳定联网，实时上传国控重点污染源自动在线监控数据。

通过上述多方面多层次的努力和各项措施的落实，2015 年，全省空气环境、水环境质量得到进一步改善。全年全省 11 个地级市环境空气质量均超过二级标准。11 个地级市达标天数平均为 253 天，占全年有效监测天数的 70.4%，比上年上升 7.1%。11 个地级市中，大同、吕梁、临汾、晋城、阳泉、忻州 6 市达标天数比例高于全省平均水平。PM2.5 年均浓度 56 微克/立方米，同比下降 12.5%。全省地表水水质属中度污染，监测断面水质优良（Ⅰ～Ⅲ类）率 44.0%；11 个地级城市地下水总体水质为良好，其中太原、朔州、吕梁市水质优良，大同、长治、晋城、临汾水质良好，阳泉市水质较差；11 个地级城市集中式饮用水源地总体水质达标率为 87.9%，其中太原、大同、长治、晋城、朔州、忻州、晋中、运城、吕梁 9 市集中式饮用水源地水质达标率为 100%。

六　居民生活

保障和改善民生，不断提高人民群众的生活水平，是经济社会发展和全面建成小康社会的根本出发点和落脚点，也是实现"中国梦"的重要内容和重要保障。2015 年，山西省委、省政府及有关部门积极应对经济不断下行的压力，采取各种措施，着力保障和改善民生，进一步促进了全省居民生活状况的改善和生活水平的提高。

1. 就业状况

就业乃民生之本，是人民群众改善生活的基本前提和基本途径。充分发掘全社会劳动力资源，积极促进劳动力人员就业和发挥作用，不仅是推动经济社会发展的一个核心问题，更是保障和改善民生的基础。2015 年，全省各级党委、政府及有关部门强化政策措施，大力支持和促进了城乡新增和富余劳动力人员的就业，推动了全社会劳动力人员的就业和作用的发挥。全年全省全社会劳动力人员的就业形势保持了稳中趋好。

2015 年，全省全社会劳动力资源总数 2762.8 万人，同比增加 2.8 万人，除去 16 岁以上在校学生，全省需稳定就业和新就业社会劳动力人员总数为 2559.2 万人，同比增加 7.1 万人。

2015 年，在经济下行、企业困难的形势下，全省各级党委、政府及有关部门在积极应对经济不断下行的压力和推动经济转型发展的同时，加强宏观调控，积极稳定从业人员就业和促进城乡新增就业人员就业。一是继续实施和新实施多项稳定就业和吸纳就业的重大政策措施。继续实施的重大政策主要包括：继续对困难企业实施"五缓三补"（缓缴年度基本养老、基本医疗、工伤、失业、生育五项社会保险费，使用失业保险基金对困难企业给予社会保险补贴、岗位补贴和培训补贴）政策；继续实施小微企业"六补一缓"（对吸纳就业的小微企业提供就业补助、就业岗位补贴、社会保险补贴、财政贴息支持、职业培训补贴、就业见习补贴，同时可以缓交基本养老、基本医疗、失业保险、工伤保险、生育保险五项社会保险费）政策。新出台实施重大政策措施主要包括：4 月 1 日省政府出台实施《山西省减轻企业负担促进工业稳定运行的若干措施》，涉及使用失业保险基金对实施兼并重组、化解产能过剩、淘汰落后产能的企业发放稳定岗位补贴、降低企业失业保险费率等措施；7 月 17 日省政府印发实施《关于进一步支持小型微型企业健康发展的措施》，涉及当年开始的省财政每年安排 3 亿元中小企业发展专项基金向小微企业"输血"等措施；7 月 29 日省政府印发实施《关于进一步做好为农民工服务工作的实施意见》，涉及开展农民工职业技能培训、推进农村人口和其他常住人口在城镇落户等措施；9 月 26 日省委、省政府印发实施《关于加快民营经济发展的意见》，内容涵盖了一个企业发展从头到尾、完整的全部政策链条，涉及放开民间投资领域、支持做优做强、提高创新能力、加大财税支持、加快创业基地建设等措施。二是继续实施和新实施多项支持就业创业的重大政策措施。继续实施的重大政策措施主要包括：继续实施扶持高校毕业生创业的"七补一贷"（财政补助、社会保险补贴、创业实训补贴、场地租金补贴、创业就业补贴、星火项目资金扶持、创业园区建设补助，自主创业的可申请最高10万元的小额担保贷款，合伙创业的可将贷款额度提高到每人15万元，成功创业并带动5人以上就业的可以申请到最高50万元的贷款再扶持）政策；继续实施政府购买基层公共服务岗位吸纳高校毕业生就业的政策；继续实施以多种方式补贴支持开展就业创业培训的政策。新出台实施重大政策措施主要包括：8月17日省政府印发《关于进一步做好新形势下就业创业工作的实施意见》，涉及发展吸纳就业能力强的产业、支持小微企业招用各类劳动者就业、发挥失业保险防失业和促就业功能、支持高校毕业生自主、创业鼓励科研人员创新创业、支持农民工返乡创业、推动农村劳动力转移就业、加强职业技能培训、加大创业培训力度等措施；9月1日省政府办公厅印发实施《关于发展众创空间推进大众创新创业的实施意见》，涉及实施众创空间示范工程建设、允许按工位注册企业、允许高校大学生保留学籍休学创业、支持高校科研院所等事业单位专业技术人员创办领办或合办科技型企业等措施；11月20日省政府办公厅印发实施《关于支持农民工等人员返乡创业的实施意见》，对农民工、高校毕业生和退役士兵等人员返乡创业提出了新的政策举措；12月10日省政府印发实施《山西省大力推进大众创业万众创新的实施方案》，涉及培育各类众创空间、促进军民创新资源融合、加强创新创业示范基地建设、营造宽松便捷准入环境、提高科技人员创业创新积极性、引导大学生为主的青年创业创新、鼓励农村劳动力创业创新、支持电子商务创业带动就业、构建多元化金融服务体系、落实税收优惠政策、资助优秀创业项目、加快创业孵化平台建设、加大创业培训力度等措施。

2015年，通过各方面的努力，全省应届高校毕业生就业人数达到18万人，就业率达90%。城镇新增就业51.48万人，完成计划的100.9%，其中创业就业10.72万人，完成计划的107.2%，失业人员再就业15.62万人，完成计划的104.2%，就业困难人员就业4.31万人，完成计划的107.6%。年末城镇登记失业率3.51%，低于4.2%的控制目标。全省转移农村劳动力37.65万人，完成计划的101.8%。

2015年，全省从业人员达1872.76万人，同比增加10.46万人，增长0.56%；城镇登记失业人员25.6万人，同比增加1万人，增长4%；其他劳动者 660.8 万人，同比减少 4.4 万人，下降 0.66%。从业人员占年末劳动力资源总数比为 67.8%，同比提高 0.3 个百分点。在全社会劳动力资源总量增加的前提下，从业人员总量和占比提高，其他劳动者数量减少，表明全省劳动力配置结构进一步优化。

全省从业人员按产业分类，第一产业从业人员 666.6 万人，占总量的 35.6%，占比与上年持平，同比增加 4.46 万人；第二产业从业人员 491.74 万人，占总量的 26.3%，同比下降 0.8 个百分点，同比减少 13.63 万人；第三产业从业人员 714.42 万人，占总量的 38.1%，同比提高 0.8 个百分点，同比增加 19.53 万人。第一、三产业从业人员占总量的 73.7%，同比提高 0.8 个百分点。第一、三产业是吸纳全社会劳动力人员就业的主渠道，第三产业是增长力量。

全省从业人员中，城镇非私营单位就业人员为 440.27 万人，占总量的 23.5%，同比下降 0.8 个百分点，同比减少 11.83 万人。在非私营单位从业人员中，按企业、事业和机关分组，企业 288.7 万人，占总量的 65.57%，同比减少 10.54 万人，减幅 3.52%；事业 105.28 万人，占总量的 23.91%，同比减少 0.81 万人，减幅 0.77%；机关为 45.24 万人，占总量的 10.28%，同比减少 0.51 万人，减幅 1.12%。在非私营单位中，企业和事业单位是吸纳从业人员的主渠道。在非私营单位从业人员中，分经济类型看，国有单位 201.94 万人，占总量的 45.87%，同比减少 4.26 万人，减幅 2.07%；集体单位 17.64 万人，占总量的 4%，同比减少 1.92 万人，减幅 9.82%；其他单位 220.68 万人，占总量的 50.1%，同比减少 5.83 万人，减幅 2.57%。在非私营单位中，国有单位和其他单位是吸纳从业人员的主渠道。在非私营单位从业人员中，分行业看，在 19 个门类行业中，就业人员增加的行业有 7 个，减少的行业有 12 个。其中增人较多的 3 个行业是金融业增加 1.2 万人，增长 7.68%；租赁和商务服务业增加 0.94 万人，增长 11.76%；卫生和社会工作增加 0.53 万人，增长 2.71%。减人在万人以上的行业是制造业减少 3.71 万人，减幅 5.37%；采矿业减少 3.19 万人，减幅 3.24%；建筑业减少 2.2 万人，减幅 6.2%；批发零售业减少 1.59 万人，减幅 8.35%；教育减少 1 万人，减幅 1.9%。

全省从业人员中，城镇私营企业及个体从业人员为 272.29 万人，占总量的14.54%，同比增加22.07万人，增长8.82%。其中，城镇私营单位就业人员131.62万人，同比减少6.29万人，减幅4.56%；城镇个体就业人员140.64万人，同比增加28.1万人，增长24.97%，同比增速提高20.37个百分点。城镇私营企业及个体户，是吸纳从业人员的重要渠道和增长力量。

全省从业人员中，农村及乡镇企业从业人员为1160.20万人，占总量的61.95%，同比减幅0.33%，同比增加0.2万人。其中，农业就业人员659.88万人，同比增加3.77万人；工业、建筑业就业人员241.08万人，同比减少5.34万人；服务业就业人员259.23万人，同比增加1.76万人。农村及镇企业是吸纳全社会劳动力人员就业的主渠道和主要力量。

2. 收入状况

城乡居民收入水平的高低直接关系着城乡居民的生活水平。2015年，全省城乡居民人均可支配收入17854元，同比增长8.0%，同比增速下降1.4个百分点。其中，城镇居民人均可支配收入25828元，同比增长7.3%，同比增速下降0.8个百分点；农村居民人均可支配收入9454元，同比增长7.3%，同比增速下降3.5个百分点。

2015年，全省城乡居民人均可支配收入中工资性收入、经营净收入、转移净收入和财产净收入四大项均全面增长，但城镇居民和农村居民四大项收入增长及成因各具特点。

2015年，全省城镇居民人均工资性收入16562元，同比增加938元，增长6.0%，同比增速下降0.5个百分点；人均经营净收入2790元，同比增加89元，增长3.3%，同比增速下降5.4个百分点；人均转移净收入4687元，同比增加670元，增长16.7%，同比增速提高9.1个百分点；人均财产净收入1789元，同比增加62元，增长3.6%，同比增速下降23个百分点。其中，工资性收入占可支配收入的64.1%，同比下降0.8个百分点，工资性收入对可支配收入增长的贡献率为53.3%，拉动收入增长3.9个百分点，是拉动可支配收入增长的主导力量；经营净收入占可支配收入的10.8%，同比下降0.4个百分点，经营净收入对可支配收入增长的贡献率为5.1%，拉动收入增长0.4个百分点；转移净收入占可支配收入的18.1%，同比提高1.4个百分点，转移净收入对可支配收入增长的贡献率为38.1%，拉动收入增长2.8个百分点，是拉动可支配收入增长的重要力量；财产净收入占可支配收入的

6.9%，同比下降 0.28 个百分点，财产净收入对可支配收入增长的贡献率为 3.5%，拉动收入增长 0.3 个百分点。全省城镇居民工资性收入增长的主要因素是：一是机关事业单位人员津贴补贴标准的大幅提高，人均月增加 300 余元，从 2013 年开始补发。二是机关事业单位人员工资的调整改革，人均月增加收入约 400 元。三是提高最低工资标准，从 5 月起最低工资标准由一类 1450 元、二类 1350 元、三类 1250 元、四类 1150 元，依次调整为一类 1620 元、二类 1520 元、三类 1420 元、四类 1320 元，平均提高了 170 元。四是发布企业工资增长指导线，增长基准线为 10%，上线为 18%，下线为 4%。五是大力推动城镇就业人员就业，新增就业 51.48 万人。全省城镇居民经营净收入增长的主要因素是，各项鼓励和支持创业的政策的实施，促进了相关群体的创业增收。2015 年，全年新增各类市场主体 29.26 万户，其中新增私营企业 67136 户，年末全省实有各类市场主体 173.89 万户，比上年增长 20.23%。全省城镇居民转移净收入增长的主要因素是：一是随着机关事业单位人员养老保险制度改革，机关事业单位已离退休人员基本养老保险待遇也得到调整提高。二是企业退休人员基本养老金的调整提高，月人均提高 239 元。三是城乡居民基本养老保险基础养老金最低标准的提高，每人每月由 65 元提高到 80 元。四是城镇居民社会保障水平的提高。医保财政补助标准每人每年提高 60 元，达到 380 元；职工医保、城镇居民医保政策范围内住院费用的支付比例，分别提高到 86%、75%；城市低标准每人每月提高 20 元，达到 415 元。全省城镇居民财产净收入增长的主要因素是：获得财产性收入的渠道不断拓展，涉及房屋出租、储蓄存款、投资理财等财产性收入增加。

　　2015 年，全省农村居民人均工资性收入 4922 元，同比增加 352 元，增长 7.7%，同比增速下降 2.4 个百分点；人均经营净收入为 2624 元，比上年增加 142 元，增长 5.7%，同比增速下降 5.7 个百分点；人均转移净收入为 1766 元，同比增加 132 元，增长 8.0%，同比增速下降 1.1 个百分点；人均财产净收入为 142 元，同比增加 19 元，增长 15.1%，同比增速提高 4.4 个百分点。其中，工资性收入占可支配收入的 52.1%，同比提高 0.2 个百分点，工资性收入对可支配收入增长的贡献率为 54.6%，拉动收入上涨 4.0 个百分点，是拉动可支配收入增长的主导力量；经营净收入占可支配收入的 27.7%，同比下降 0.5 个百分点，经营净收入对可支配收入增长的贡献率为 22.0%，拉动收入上涨 1.6 个百分点。转移净收入占可支配收入的 18.7%，同比提高 0.2 个百分点，转移净收入对可支配收入的贡献率是 20.5%，拉动可支配收入上涨 1.5 个百分点；财产净收入占可支配收入的 1.5%，同比提高 0.1 个百分点，财产净收入对可支配收入的贡献率是 2.9%，拉动可支配收入上涨 0.2 个百分点。全省农村居民工资性收入增长的主要因素是：一是全省推进实施改善农村人居环境"四大工程"和启动实施改善城市人居环境"四大工程"，以及城市化建设进程加快、工业园区发展、设施农业规模扩大等，对吸纳农村劳动力在农村务工就业、进城务工和劳动力转移，增加农村居民工资性收入起到稳定和推动作用。农民工监测调查资料显示，2015 年全省农村住户中外出农民工人数占农民工总量的比重为 38.12%，较上年同期提高 2.37 个百分点。同时，全年全省转移农村劳动力 37.65 万人。二是全省提高最低工资标准和农村劳动力务工工资水平上涨态势，对增加农村居民工资性收入也起了重要保障和拉动作用。如前述，2015 年全省提高最低工资标准，一类地区达到 1620 元，位居全国前列。农民工监测调查资料也显示，2015 年全省外出农民工高收入人群稳中有增，低收入人群缓慢减少，外出务工农民工月均工资达 2790 元/月，同比增加 67 元，增长 2.46%，其中收入在 3000 元以上高收入人群比重为 47.45%，同比提高 5.5 个百分点。同时，农村住户中本地非农务工农民工月均收入为 2430.0 元，同比增加 43.7 元，增长 1.83%。三是全省各级各有关部门通过强化劳动监察执法开展农民工工资支付专项检查等，对清欠农民工工资和保障农村居民工资性收入落实发挥了积极作用。全年全省处理农民工欠薪来访事件 168 件，追讨落实农民工欠薪 6054.2 万余元。全省农村居民经营净收入增长的主要因素是：农产品结构优化，猪肉、瓜菜、豆类等价格的增长，以及农业生产投入成本下降等。住户调查资料显示，农民出售高粱、谷子、薯类、豆类、蔬菜、林产品、牧业产品等金额都比上年增加，尤其是猪价上涨，饲料价格下降，增大了利润空间，农民人均出售肉猪 329 元，同比增长 25%，牧业净收入为人均 232 元，同比增长 17.3%。全省农村居民转移净收入增长的主要因素是：一是连续第 7 年出台实施强农惠农富农补贴政策。2015 年新增资金 15.76 亿元，资金规模总量超过 85 亿元。二是对低收入农户冬季取暖用煤由实物发放改为货币化补贴。由每年每户供应 1 吨煤，改为货币化补贴每户 300 元，在很大程度上弥补了煤价下降给农民造成的损失。三是提高农村社会保障标准。城乡居民养老保险基础养老金最低标准由每人每月65元调整至每人每月80元；新农合财政补助标准每人每年提高60元，达到380元；新农合政策范围内住院费用的支付比例提高到77%。提高农村低保保障标准，每人每月提高20元，平均保障标准达到每人每月234元。提高农村五保集中、分散供养省级补助标准，每人每年分别提高200元、100元，分别达到2400元、1530元。全省农村居民财产净收入增长的主要因素是：一是全省大力推进实施百企千村产业扶贫开发工程，有力地吸引了社会资本投资现代农业，促进了各类新型经营主体对土地的需求，土地流转速度加快，农民通过转让承包土地经营权而获得财产性收入增加，增加了农民财产净收入。二是城镇化进程加快，农民得到的集体分配股息和红利等财产性收入增加。

城镇非私营单位、私营单位就业人员年平均工资，是反映城镇企业类就业人员收入状况的重要指标。2015年，全省城镇非私营单位、私营单位就业人员年平均工资均实现新增长，但行业不同、注册类型不同，就业人员年平均工资有较大差异。

2015年，全省城镇非私营单位就业人员年平均工资为51803元，同比增加2834元，同比增长5.8%，同比增速提高0.3个百分点。其中，在岗职工平均工资52960元，同比增长6.0%。扣除物价因素，非私营单位就业人员年平均工资实际增长5.1%。分行业门类看，年平均工资最高的三个行业分别是金融业75620元，是全省平均水平的1.46倍；电力、热力、燃气及水的生产和供应业72867元，是全省平均水平的1.41倍；交通运输、仓储和邮政业64505元，是全省平均水平的1.25倍。年平均工资最低的三个行业分别是住宿和餐饮业26710元，是全省平均水平的52%；水利、环境和公共设施管理业28074元，是全省平均水平的54%；租赁和商务服务业36611元，是全省平均水平的71%。最高行业与最低行业平均工资之比为2.83∶1，同比上年的3.11∶1差距有所缩小。从分登记注册类型看，首先股份合作公司的年平均工资最高，为56381元，是全省平均水平的1.09倍；其次是股份有限公司，为55611元，是全省平均水平的1.07倍；最后是国有单位，为53631元，是全省平均水平的1.04倍。年平均工资最低的为其他内资单位，为33570元，是全省平均水平的64.8%。

2015年，全省城镇私营单位就业人员年平均工资为30195元，同比增加992元，同比增长3.4%，同比增速下降2.5个百分点。扣除物价因素，私营单位就业人员年平均工资实际增长2.7%。分行业门类看，年平均工资最高的三个行业分别是采矿业38998元，是全省平均水平的1.29倍，同比增长13.5%；金融业36095元，是全省平均水平的1.20倍，同比增长18.5%；建筑业35486元，是全省平均水平的1.18倍，同比增长8.7%。年平均工资最低的三个行业分别是农、林、牧、渔业22086元，是全省平均水平的73.14%，同比下降3.2%；居民服务、修理和其他服务业22849元，是全省平均水平的75.67%，同比增长9.3%；住宿和餐饮业23134元，是全省平均水平的76.62%，同比下降20.6%。最高和最低行业年平均工资之比为1.77∶1，同比上年的1.64∶1差距有所增大。

山西是全国贫困县、贫困人口较多的省份之一。其中，集中连片特殊困难地区和国家级扶贫开发重点县有36个（太原市娄烦县，大同市天镇县、阳高县、广灵县、灵丘县、浑源县、大同县，朔州市右玉县，忻州市神池县、宁武县、五台县、河曲县、静乐县、偏关县、五寨县、保德县、繁峙县、代县、岢岚县，吕梁市临县、石楼县、方山县、中阳县、兴县、岚县，晋中市左权县、和顺县，长治市武乡县、壶关县、平顺县，临汾市大宁县、永和县、隰县、汾西县、吉县，运城市平陆县）；省定贫困县22个，其中整县17个（吕梁市离石区、柳林县、交口县，长治市沁县、沁源县，晋城市沁水县、陵川县，临汾市古县、安泽县、浮山县、乡宁县、蒲县，运城市万荣县、闻喜县、垣曲县、夏县），插花贫困县5个（太原市阳曲县，朔州市平鲁区山阴县，吕梁市交城县，晋中市榆社县、昔阳县）。贫困县份占全省的一半以上，农村贫困人口232万人，占全省总人口的12%。

增加农村贫困地区农民收入，是扶贫攻坚的重要内容。2015年，全省各级各地各有关部门扶贫攻坚力度进一步加大。全省统筹整合领导干部包村增收和机关定点扶贫两支力量，采取领导包村、工作队驻村和党员、干部结对帮扶的办法，按照帮扶对象、帮扶责任人、帮扶任务、帮扶措施和帮扶效果"五个落实"的要求，实现对7993个建档立卡贫困村和2000多个贫困人口较多的低收入村干部驻村帮扶全覆盖，实现对119.2万贫困户党员、干部结对帮扶全覆盖，实现对2697个党组织软弱涣散村和7993个建档立卡贫困村派驻第一书记全覆盖。加大扶贫资金投入和引资开发扶贫力度，全年国家和省级投入扶贫资金 232057.85 万元，各级驻村工作队投入和引进各类帮扶资金 11.91 亿元，企业产业扶贫累计投资 252.93 亿元。全年全省各类企业产业扶贫项目共带动 2935 个贫困村、50.9 万农户发展生产基地，吸纳 13.6 万贫困劳动力就业增收；推进实施千村万人就业培训计划，培育新型职业农民 30390 人，就业培训 20155 人；实施金融富民扶贫工程，累计发放扶贫小额信贷 11.91 亿元，支持 2.8 万贫困户发展生产增加收入，实施易地搬迁扶贫，10 万贫困人口实现易地搬迁；实施光伏扶贫工程，53 个贫困县开工建设村级光伏扶贫电站 104 个，其中 16 个实现并网发电；实施旅游扶贫工程，32 个乡村旅游扶贫试点村，共带动建档立卡贫困户 1908 户，户均增收 1957 元；实施电商扶贫工程，培训电商扶贫创业带头人 1600 多人，开通全国第一个以国家连片特困地区作为区域概念的淘宝特色中国馆——"特色中国吕梁山馆"，帮助贫困地区农产品拓宽销路，增值增收。通过上述扶贫攻坚工作的开展，全年全省有 5 万名贫困劳动力实现稳定就业、500 个贫困村整体脱贫、50 万贫困人口脱贫。贫困地区农民人均可支配收入达到 6078 元，同比增长 11.9%，高于全省平均水平 4.6 个百分点。

3. 消费状况

居民消费水平的高低直接反映居民生活水平，是居民生活水平的重要体现。2015 年，全省社会消费品零售总额 6030.0 亿元，同比增长 5.5%，增速比全国低 5.2 个百分点。其中，城镇消费品零售总额 4913.5 亿元，同比增长 5.4%；乡村消费品零售总额 1116.4 亿元，同比增长 5.7%。这反映了全省居民生活水平的提高和消费能力的提升，同时也反映了全省各级党委、政府及有关部门实施消费促进经济增长的政策措施的成效。

2015 年，全省城镇居民人均消费支出稳增长，消费支出占可支配收入的比重大幅提升。全年全省城镇居民人均消费支出 15819 元，同比增加 1182 元，增长 8.1%，同比增速提高 1.7 个百分点；人均消费性支出占可支配收入的 88.6%，同比增速提高 27.8 个百分点。全省城镇居民人均消费支出占可支配收入的比重，比全国高 20 个百分点。城镇居民人均消费支出稳增长和增速提高、消费支出占可支配收入比重大幅提升，是消费更加强劲的表现。城镇居民消费主要方向集中在食品烟酒（3981.03 元）、衣着（1705.09 元）、居住

（3019.53 元）、生活用品及服务（947.93 元）、交通通信（2148.07 元）、教育文化娱乐（2207.93 元）、医疗保健（1394.09 元）、其他商品和服务（414.94 元）"八大类消费"上，分别占消费总支出的 25.17%、10.78%、19.09%、5.99%、13.58%、13.96%、8.81%、2.62%。这"八大类消费"同比呈现"七升一降"的现象。其中，食品烟酒增长 4.7%，衣着增长5.5%，居住增长 4.2%，生活用品及服务增长 6.8%，交通通信增长 25.6%，教育文化娱乐增长 9.0%，医疗保健增长 12.4%，而其他商品品和服务则下降 8.38%。"八大类消费"中，食品烟酒、衣着、居住、生活用品及服务、其他商品和服务占比有所下降，分别下降 0.82 个、0.26 个、0.71 个、0.08个、0.47 个百分点；交通通信、教育文化娱乐、医疗保健占比上升，分别上升 1.9 个、0.11 个、0.33 个百分点。城镇居民消费结构的这种变化，呈现的特点是：生活质量在提高，发展型消费比重上升，生活由基本生活型向发展享受型转变。从总额和总体结构来看，全年城镇居民消费支出中属于生存型消费的食品烟酒、衣着和居住类支出 8706 元，占整个生活消费支出的比重为55.0%，比上年的 56.8% 下降了 1.8 个百分点；城镇居民消费支出中属于发展型消费的交通通信支出、教育文化娱乐支出、医疗保健支出 5750 元，占生活消费支出的比重为 36.3%，比上年的 34.0% 上升了 2.3 个百分点。从增幅和占比结构来看，城镇居民消费支出中属于发展型消费的交通通信支出、教育文化娱乐支出、医疗保健支出不仅位居"八大类消费"支出增幅前三位，而且占比也均呈上升趋势。交通通信支出大幅增长，主要源于城镇居民出行增多带动交通费快速增长、购车档次提升带动交通工具支出增加、家用汽车保有量提高带动汽车维修保养费用增加、购买更新换代计算机和移动电话费用增加。医疗保健支出较快增长，体现了城镇居民健康意识的显著增强，由被动就医转变为主动预防，并进行健康投资。

2015 年，全省农村居民人均消费支出稳增长，消费支出占可支配收入的比重却有所下降。全年全省农村居民人均生活消费支出 7421 元，同比增加429 元，增长 6.1%，增速同比下降 2.2 个百分点；人均消费支出占可支配收入的 78.5%，同比下降 0.9 个百分点。全省农村居民人均消费支出占可支配收入的比重，比全国低 7.1 个百分点。农村居民人均消费支出稳增长和增速下降、消费支出占可支配收入比重的下降，是消费不足的表现。农村居民消费主要方向集中在食品烟酒（2150.25 元）、衣着（558.51 元）、居住（1536.77 元）、生活用品及服务（382.4 元）、交通通信（820.27 元）、教育文化娱乐（1017.11 元）、医疗保健（794.33 元）、其他商品和服务（161.53 元）"八大类消费"上，分别占消费支出的 28.79%、7.53%、20.71%、5.15%、11.05%、13.71%、10.7%、2.18%。这"八大类消费"同比呈现"七升一降"的态势，其中食品烟酒增长 4.7%，衣着增长 3.5%，居住增长 3.8%，生活用品及服务增长 11.2%，交通通信增长 16.1%，教育文化娱乐增长 9.5%，医疗保健增长 3.1%，而其他商品和服务则下降 4.0%。"八大类消费"中，食品烟酒、衣着、居住、医疗保健、其他商品和服务占比有所下降，分别下降 0.41 个、0.19 个、0.46 个、0.32 个、0.23 个百分点；生活用品及服务、交通通信、教育文化娱乐占比上升，分别上升 0.23、0.95、0.43 个百分点。

　　农村居民消费结构的这种变化，呈现的特点是：生活质量在提高，发展型消费比重上升，生活由基本生活型向发展享受型转变。农村居民消费支出中属于生存型消费的食品烟酒、衣着和居住类支出 4246 元，占整个生活消费支出的比重为 57.2%，比上年的 58.2% 下降了 1 个百分点；农村居民消费支出中属于发展型消费的交通通信支出、教育文化娱乐支出、医疗保健支出 2632 元，占生活消费支出的比重为 35.5%，比上年的 34.4% 上升了 1.1 个百分点。从增幅和占比结构来看，农村居民消费支出中属于发展享受型消费的交通通信、生活用品及服务、教育文化娱乐支出不仅位居"八大类消费"支出增幅前三位，而且占比也均呈上升趋势。交通通信支出大幅增长，主要源于农村居民出行增多、家用汽车保有量增多、购买计算机和移动电话增加。生活用品及服务支出较快增长，反映了农村居民更加注重生活质量，从家庭物质型消费需求开始向注重高品质发展。

　　2015 年，全省城乡居民消费支出增长和结构的变化，除与居民收入增长有重要关联外，还与各级各有关方面实施的一系列扩内需、促消费政策相关联。4 月 13 日，省政府办公厅印发《关于发展商贸流通扩大消费的若干意见》，从扩大消费产业基础、扩大城乡居民消费、扩大消费良好环境三大领域的 17 个方面，提出了推动商贸流通业发展和扩大消费的政策措施。主要措施包括发展商贸物流配送、促进电子商务发展、大力发展连锁经营、推进农产品现代流通、引导餐饮消费、培育家庭服务消费、发展信用消费等。9 月 15 日，省政府办公厅又印发《关于 2015 年促进消费增长若干措施的通知》，从促进网络消费、引导绿色消费等九个方面，提出 28 条政策举措，应对经济下行压力。全省各级各有关部门贯彻落实上述等促进和扩大消费的政策，有效引导和推动了全省城乡居民的消费。主要举措是：一是完善城乡商贸流通网络促进消费。在城市，推进太原西华苑社区、太重社区等全省各城市 36 个便民商圈建设，进一步完善和提升了服务功能；推进实施放心早餐工程，全年全省放心早餐工程实施企业 24 个，中央厨房面积为 10.28 万平方米，早餐经营网点 1746 个。在农村，推进商贸流通网络建设，支持建设了 41 个农村物流配送中心，规范提升了农村便民连锁商店 206 个，改造基层供销社 54 个，创办农村综合服务社 31 个，建设改造农资配送中心任务 18 个；推进农村电商发展，其中苏宁云商在 57 个县建立了苏宁易购服务站，京东商城在 45 个县建立运营中心，拓展了全省"工业品下乡，农产品进城"的渠道。与此同时，在城乡大力培育贡天下特产网、龙巅商城、乐村淘等多家具有一定竞争力的本土电子商务平台，开展"晋品六进"活动（省内景区、超市、酒店、机场、火车站和加油站），进一步完善和拓展名优特产品营销网络。全年全省内贸流通电子商务发展迅速，流通网络逐步完善，网络消费保持了高速增长，网络零售额增长 83.9%。二是举办大型主题促销展销活动。9 月 1 日，在全省启动了为期三个月的首届"山西购物季"促消费活动。活动以"扩消费、稳增长、惠民生、促发展"为主题，实施部门联动、市县联动、行业联动、企业联动，开展了电子商务、汽车、成品油、节庆会展、餐饮服务、百家大型商贸企业促销、家电、家具、服务消费等十大主题百余场活动。三个月期间，全省 3389 家大型商场、超市、家电、建材、加油站等专业门店组织促销活动 719 场次，实现销售 85.3 亿元。9 月 25 日至 27 日，太原主会场和大同、运城、长治三个分会场举办了第二十五届全国图书交易博览会。其中，太原主会场参观总人流达 29.1 万人次，现场总销售 60.01 万册、1500.04 万元。大同、运城、长治三个分会场，观展群众达 7.28 万人次，现场零售 1.39 万册、30.2 万元。10 月 11 日至 13 日，在太原举办了 2015 中国体育文化·体育旅游博览会，约有 17.5 万人参观、参与，促进了体育文化、体育旅游的消费。10 月 23 日至 27 日，在太原举办了第四届中国（山西）特色农产品交易博览会，观展群众 15 万人次，现场销售产品 1200 余万元。11 月 6 日，启动了"山西品牌网上行"活动，有关电商企业分批、分期在各类电商平台（第三方平台、微商城、自营平台等）开展专题、日常促销活动，通过政府补贴企业发红包互动活动，吸引省内外消费者购买山西品牌产品。三是深化开展旅游文化促销活动。从 7 月 1 日起，全省国有及国有控股 A 级景区景点门票，由原来的打折优惠，改为统一降价 15%，并将持续三年。与此同时，在省内外、国内外广泛开展旅游宣传推广活动。其中，在省内以"山西人游山西""旅游一卡通"等方式优惠本地居民旅游；在全国各省区深入开展"晋善晋美·美丽山西休闲游"宣传推介活动，大力提升山西文化旅游在国内的知名度和美誉度；在国外和境外的国家和地区，以"走出去"和"引进来"的方式，扩大和提升山西文化旅游的国际知名度和美誉度。这些措施在吸引省内省外、国内外游客方面成效十分显著。2015 年，全省各景区景点共接待旅游客 3.61 亿人次，增长 20.22%。实现旅游总收入达 3447.5 亿元，同比增长 21.11%。据测算，因旅游业所带动的餐饮、住宿、社会消费品零售总额 1415.5 亿元。此外，出台实施的促进信息消费、住房消费、推动发展养老服务业等政策措施，也较好地发挥了促进消费的作用。

4. 物价状况

物价是直接影响人民群众生活水平的重要因素。全年全省居民消费价格总水平上涨 0.6%，同比下降 1.1 个百分点。其中，城市上涨 0.6%，同比下降 1.2 个百分点，农村上涨 0.7%，同比下降 0.7 个百分点；食品价格上涨 0.4%，同比下降 2.4 个百分点，非食品价格上涨 0.7%，同比下降 0.4 个百分点；消费品价格上涨 0.2%，同比下降 1.2 个百分点；服务项目价格上涨 1.6%，同比下降 0.6 个百分点；商品零售价格下降 0.7%，同比下降 1.3 个百分点。全年全省居民消费价格总水平低于全国平均水平 0.8 个百分点，处在低位运行的区间，远低于 3% 的调控目标。

2015 年，全省居民消费价格总水平上涨幅度小，呈低位运行状态，给人民群众生活带来了低物价上涨的实惠。这主要得益于全省各级各部门努力稳定市场价格、力促民生改善的政策举措。

2015 年，全省各级各有关部门控制和稳定居民消费价格上涨的重要举措是：一是完善落实惠民生价格政策措施。继续实行收费公路对整车合法装载鲜活农产品的车辆免收通行费的绿色通道政策，1月至10月免收通行费4.5亿元，降低了鲜活农产品流通费用。继续执行重大节日小型轿车免车辆通行费政策，"春节""清明节""五一劳动节""十一国庆节"免收3.65亿元。取消了农机服务部门组织联合收割机参加跨区作业收取的服务费，减轻农民负担，也降低了粮食生产成本。规范旅游价格秩序，并从7月1日起全省国有及国有控股A级景区景点门票实行统一降价15%的政策，促进了文化旅游物价稳定。二是强化成本监审和核减不合理费用。全年对输配电、供水、管道燃气、教育、旅游门票、供热等6个行业62家单位的定价成本实施了监审，共核减不合理费用110.68亿元。三是开展价格执法专项检查和规范价格秩序。重点开展了涉企、涉煤、医疗、教育、旅游等专项检查，为稳定市场价格水平、维护市场价格秩序发挥了积极作用。全年全省共查处价格违法案件367件，实施经济制裁4837万元。其中，退还用户510万元，没收价格违法所得3055万元，罚款1272万元。四是推进价格举报信息系统建设和强化价格的社会监督。全省"12358"价格举报信息系统实现省、市、县三级联网，并与国家信息系统联网，价格举报工作基本实现了电子化、信息化、网络化。这为社会群众和消费者监督价格违法、维护合法权益、及时反映市场秩序和价格秩序，搭建了新平台，开辟了新渠道，也为价格监管部门及时了解掌握市场价格变化情况、排除价格隐患创造了条件。全年通过价格举报信息系统，全省共受理各种投诉举报15812件，办结率达98.82%。此外，特别重要的是，2015年省政府及相关部门出台实施的强农惠农富农、减轻工业企业负担、鼓励支持创新创业等政策举措，对于促进相关居民消费品价格的稳定或下降从根本上发挥了重要支持作用。如，省政府于3月出台实施的十项强农惠农富政策，于4月出台实施的减轻企业负担促进工业稳定运行的60条政策措施等。

5. 居住状况

住房状况与居住环境，是体现和反映人民群众生活水平的重要因素。2015年，全省城乡居民家庭住房面积持续增加。其中，城镇居民期末拥有人均住房面积为31.96平方米，同比增加2.61平方米；农村居民期末拥有人均住房面积为33.51平方米，同比增加0.61平方米。与此同时，全省城乡居民居住环境也进一步改善。

2015年，全省城乡居民人均住房面积的扩大与居住环境的改善，主要因素有以下几个方面。

一是改善农村人居环境"四大工程"的推进实施。2014年，全省启动到2020年为期7年实施改善农村人居环境的"四大工程"（完善提质、农民安居、环境整治、宜居示范）。其中，完善提质工程主要内容是完善农村路、水、电、气等基础设施，农民安居工程主要内容是在采煤沉陷区、地质灾害易发区、连片特困区重点实施易地搬迁和改造农村困难家庭危房，环境整治工程主要内容是农村垃圾治理污水治理，宜居示范工程主要内容是在改善农村人居环境的基础上鼓励支持有条件的村开展美丽乡村建设。总体目标是：到2020年农村危房基本消灭，不适宜居住的山村基本完成搬迁；农村路、水、电、气等基础设施基本完善；大部分村庄生产生活条件明显改善，建成一批家园美、田园美、生态美、生活美的美丽宜居乡村；农民普遍住安全房、喝干净水、走平坦路，更多农户用上清洁能源，城乡基础设施和基本公共服务差距逐步缩小，农民群众过上文明、舒适、便捷的好日子。在2014年起步实施并取得成效的基础上，2015年全省改善农村人居环境"四大工程"进一步推进实施。全年累计完成投资231.88亿元，比计划投资超额完成30.88亿元，实现完善提质工程再上新台阶、农民安居工程实现新突破、环境整治工程取得新成效、宜居示范工程开创新局面的"四新"要求。其中，完善提质工程，在基础设施建设方面，完成657千米县乡连片贫困地区公路连通工程和3766千米村通水泥柏油路；解决了54.48万农村居民和10.74万农村学校师生的饮水安全问题；完成500个村庄道路绿化、环村绿化、街巷绿化、庭院绿化和公共绿地建设。农民安居工程，通过采煤沉陷区治理、易地扶贫搬迁、地质灾害治理等措施，有64万农村群众住进安全房舍；采煤沉陷区治理涉及的134个乡镇安居工程全部开工；农村地质灾害治理涉及的4000户1.2万人的安居工程全部开工，完成2740户；农村危房改造完成13.5万户，大同、朔州、忻州3市10县农村住房抗震改建试点完成1万户；农村易地扶贫搬迁10万人。环境整治工程，至年末累计配备清扫保洁员9.3万名、监督管理员1.5万名，垃圾收运车3.37万辆，建成垃圾处置点7355个、中转站179个；完成村容整饰9785个村，清理"柴堆、煤堆、粪堆、料堆"等121万处，清理垃圾419万吨。宜居示范工程，开展示范创建村达到1134个，其中省级 200 个、市级 274 个、县级 854 个，形成了省、市、县三级合力创建美丽宜居示范村的良好局面。

二是改善城市人居环境的"四大工程"的启动实施。2015 年，全省启动到 2017 年为期 3 年实施改善城市人居环境的"四大工程"（设施提升、城市安居、城中村改造、环境提质）。其中，设施提升工程，主要任务是解决地下管线规模不足，老旧管网超期服役，雨污分流推进之后，路网结构不合理，公交出行率偏低，交通拥堵，基础设施供给和保障能力不足等问题。城市安居工程，主要任务是解决居住区基础设施不配套、环境脏乱差等突出问题，加大保障性住房建设力度解决中低收入群体住房困难。城中村改造工程，主要任务是解决城中村规划建设管理不严格、基础设施不配套、环境卫生脏乱差、安全隐患突出和社会保障等问题。环境提质工程，主要任务是解决污水处理能力不足、空气污染、城市园林绿化水平不高，以及城市环境卫生脏乱差等问题。总体目标是：全省城市建成区水电气热、通信、污水和垃圾处理实现全覆盖，公共综合交通体系基本形成，城市路网级配达到国家标准，棚户区基本消除，城中村改造取得阶段性成果，城市环境质量显著改善。2015 年，全省实施城市人居环境的"四大工程"，完成投资 2856.2 亿元，各项建设取得显著成效。其中，设施提升工程方面，新建和改造城市道路 1486 千米、各类市政管网 8281 千米；完成提标改造城镇污水处理厂 30 座，城市污水处理率达 87.9%、县城污水处理率达 84.3%；开工建设生活垃圾无害化处理场 14 座，实现垃圾无害化处理"县县有"。城市安居工程方面，新开工城镇保障房 26.19 万套，其中棚改 23.76 万套，基本建成 20.23 万套；全省棚改货币化安置 4.26 万户；至年末全省城镇保障性住房覆盖面达到 24%，比全国平均水平高出 4 个百分点。城中村改造工程，全省开工改造城中村 138 个、7.93 万户，一年的改造量是过去 11 年年均改造量的近 5 倍；特别是太原市一年启动了 54 个城中村整村拆迁，规模大、推进快，为全省树立了标杆。环境提质工程方面，强化道路扬尘污染控制，创建保洁示范街道 44 条；新增城市绿化面积 2519 万平方米，完成年度目标任务的 126%；洪洞、阳城、左权、昔阳、沁源县县城被命名为国家园林县城，吕梁市、临猗县等 10 个市县被命名为省级园林城市（县城）；全省 11 个地级市环境空气质量均超过二级标准，达标天数平均为 253 天，占全年有效监测天数的 70.4%，比上年增长 7.1%。

　　三是商品住宅开发业的调控发展。调控商品住宅开发和建设，是满足城镇居民改善居住环境的重要举措。2015 年 10 月 30 日，省政府办公厅印发实施《关于健全完善住房保障和供应体系促进房地产市场健康发展的意见》，从健全完善住房保障和供应体系、优化用地和商品住房供应结构、统筹保障性住房和商品住房建设、鼓励住房合理需求、提升房地产业发展水平等方面明确了正政策措施，其中具体包括优化住房供应套型结构、取消商品房购房限制、落实住房信贷政策、提升住宅品质等。在这一相关利好政策的调控下，全省商品住宅开发和建设实现企稳向好、平稳发展。全年全省房地产开发企业住宅投资完成 1098.32 亿元，同比增长 8.67%，增速同比增长 3.27 个百分点。全年全省房地产开发项目住宅施工面积 11449.97 万平方米，同比下降0.19%；住宅竣工面积 1574.68 万平方米，同比下降 7.5%，降速同比收窄0.5 个百分点；商品房住宅销售面积 1481.14 万平方米，同比提高 3.3%，增速同比提高 6.7 个百分点。2015 年，全省商品住宅开发和建设满足了城镇居民对改善居住环境的需求。

第三篇

发展比较

山西是国家全局中的一员，山西的发展变化与全国和周边省区、中部地区省份的发展变化紧密关联。从与全国发展变化、周边省区发展变化和中部地区省份发展变化的比较角度，研究 2015 年山西发展变化的状况，有利于认清山西在全国发展变化全局中的方位，也有利于认清山西在周边省区、中部省份的大区域发展变化格局中的方位。

一 全国比较

在国家政区结构中，山西是全国 34 个省（市、自治区、特别行政区）之一，是国家全局中的一员。2015 年，全国大陆地区（不含台湾省和香港、澳门特别行政区）经济社会发展迈上新台阶，实现了"十二五"圆满收官。放眼全国大陆地区 31 个省（市、自治区）发展全局，从年度经济社会发展指标体系的视角，考察比较山西与全国其他省份经济社会的发展状况，是认识和把握山西在全国发展大局中所处方位之省情状况的基本点和重要内容。

1. 生产总值

2015 年，山西地区生产总值 12802.6 亿元，增长 3.1%。其中，第一产业增加值 788.1 亿元，增长 1.0%，占生产总值的比重为 6.2%；第二产业增加值 5224.3 亿元，下降 1.1%，占生产总值的比重为 40.8%；第三产业增加值 6790.2 亿元，增长 9.8%，占生产总值的比重为 53.0%。人均地区生产总值 35018.0 元。

2015 年，全国国内生产总值 676708.0 亿元，增长 6.9%。其中，第一产业增加值 60863.0 亿元，增长 3.9%，占生产总值的比重为 9.0%；第二产业增加值 274278.0 亿元，增长 6.0%，占生产总值的比重为 40.5%；第三产业增加值 341567.0 亿元，增长 8.3%，占生产总值的比重为 50.5%。人均地区生产总值 49351.0 元，增长 6.3%。

与全国相比，山西地区生产总值增幅较全国低 3.8 个百分点；山西地区生产总值占全国的比重为 1.89%，比 2014 年减少了 0.08 个百分点；山西第一、二产业增加值增幅均低于全国，分别比全国低 2.9 个、7.1 个百分点；第三产业增加值增幅高于全国 1.5 个百分点；山西第一产业增加值占总产值的比重比全国低 2.8 个百分点，第二、三产业增加值占总产值的比重分别比全国高 0.3 个和 2.5 个百分点。山西人均地区生产总值与全国相差 14333.0 元，只相当于全国人均 GDP 的 70.96%。

在全国 31 个省（区、市）中，山西地区生产总值排第 24 位，介于云南与贵州之间；山西 GDP 增幅排第 30 位，仅比排名最末的辽宁高 0.1 个百分点，GDP 增幅排名第一的是重庆，增长 11.0%；山西人均地区生产总值排第 27 位，介于广西与西藏之间。

2. 公共财政

2015 年，山西公共财政收入 1642.2 亿元，下降 9.8%，其中税收收入 1056.5 亿元，下降 6.8%。公共财政支出 3443.4 亿元，增长 11.2%。

2015 年，全国公共财政收入 152217.0 亿元，增长 5.8%，其中税收收入 124892.0 亿元，增长 4.8%。

与全国相比，山西公共财政收入增幅较全国低 15.6 个百分点，税收收入低 11.6 个百分点。

在全国 31 个省（区、市）中，山西公共财政收入总额排第 22 位，介于云南与广西之间；山西公共财政收入增幅排第 29 位，介于吉林与黑龙江之间。山西公共财政支出总额排第 24 位，介于重庆与天津之间；山西公共财政支出增幅排第 22 位，介于青海与贵州之间。

3. 工业农业

2015 年，山西规模以上工业增加值下降 2.8%，其中国有及国有控股企业下降 1.0%，集体企业下降 3.4%，股份制企业下降 2.8%，外商及港澳台商投资企业增长 1.3%。规模以上工业企业实现主营业务收入 14393.7 亿元，下降 16.9%。规模以上工业利润盈亏相抵后净亏损 68.1 亿元，其中，国有控股企业净亏损 95.5 亿元。建筑业实现增加值 847.2 亿元，增长 5.2%，具有建筑业资质等级的总承包和专业承包建筑业企业实现利润 84.0 亿元，下降 10.5%。粮食产量 1259.6 万吨，减少 71.2 万吨，减产 5.4%。其中，夏粮 272.8 万吨，增产 4.8%；秋粮 986.8 万吨，减产 7.8%。

2015 年，全国规模以上工业增加值增长 6.1%。其中国有及国有控股企业增长 1.4%，集体企业增长 1.2%，股份制企业增长 7.3%，外商及港澳台商投资企业增长 3.7%，私营企业增长 8.6%。规模以上工业企业实现利润 63554.0 亿元，下降 2.3%。建筑业实现增加值 46456.0 亿元，增长 6.8%，具有建筑业资质等级的总承包和专业承包建筑业企业实现利润 6508.0 亿元，增长 1.6%。粮食产量 62144.0 万吨，增产 1441.0 万吨，增产 2.4%。其中，夏粮产量 14112.0 万吨，增产 3.3%。

与全国相比，山西规模以上工业增加值增速低于全国 8.9 个百分点，其中国有及国有控股企业增幅低于全国 2.4 个百分点，集体企业增幅低于全国 4.6 个百分点，股份制企业增幅低于全国 10.1 个百分点，外商及港澳台商投资企业增幅低于全国 2.4 个百分点。山西建筑业实现增加值增幅低于全国 1.6 个百分点，具有建筑业资质等级的总承包和专业承包建筑业企业实现利润增幅低于全国 12.1 个百分点。山西粮食总产量增幅低于全国 7.8 个百分点，占全国的比重为 2.03%。

在全国 31 个省区市中，山西规模以上工业增加值增速排第 30 位，介于上海与辽宁之间；山西规模以上工业企业实现利润排第 30 位，介于西藏和甘肃之间；山西建筑业实现增加值排第 23 位，介于黑龙江与天津之间；山西粮食总产量排第 18 位，介于广东和陕西之间。

4. 固定投资

2015 年，山西全社会固定资产投资 14137.2 亿元。其中，固定资产投资（不含跨省、农户）13744.5 亿元，增长 14.8%。其中，第一产业投资 1500.0 亿元，增长 69.1%；第二产业投资 5205.0 亿元，增长 4.0%；第三产业投资 7039.5 亿元，增长 15.7%。房地产开发投资 1494.9 亿元，增长 6.5%。其中，住宅投资 1098.3 亿元，增长 8.7%；商业营业用房投资 171.2 亿元，下降 10.5%。

2015 年，全国全社会固定资产投资 562000.0 亿元，增长 9.8%。其中，固定资产投资（不含农户）551590.0 亿元，增长 10.0%。其中，第一产业投资 15561.0 亿元，增长 31.8%；第二产业投资 224090.0 亿元，增长 8.0%；第三产业投资 311939.0 亿元，增长 10.6%。房地产开发投资 95979.0 亿元，增长 1.0%。其中，住宅投资 64595.0 亿元，增长 0.4%；商业营业用房投资 14607.0 亿元，增长 1.8%。

与全国相比，山西固定资产投资增幅高于全国 4.8 个百分点，其中第一产业投资增幅高于全国 37.3 个百分点，第二产业投资增幅低于全国 4.0 个百分点，第三产业投资增幅高于全国 5.1 个百分点。山西房地产开发投资增幅高于全国 5.5 个百分点，其中住宅投资增幅高于全国 8.3 个百分点，商业营业用房投资增幅低于全国 12.3 个百分点。山西固定资产投资额占全国的比重为 2.5%，房地产开发投资额占全国的比重为 1.6%。

在全国 31 个省区市中，山西固定资产投资额排第 18 位，介于内蒙古和云南之间；山西固定资产投资增幅排第 12 位，介于广东和内蒙古之间。

5. 内外贸易

2015 年，山西社会消费品零售总额 6030.0 亿元，增长 5.5%。按经营地统计，城镇消费品零售额 4913.5 亿元，增长 5.4%；乡村消费品零售额 1116.5 亿元，增长 5.7%。按消费形态统计，商品零售额 5491.3 亿元，增长 5.5%；餐饮收入额 538.7 亿元，增长 5.0%。山西进出口总额 147.1 亿美元，下降 9.3%。其中，进口额 62.9 亿美元，下降 13.7%；出口额 84.2 亿美元，下降 5.8%。

2015 年，全国社会消费品零售总额 300931.0 亿元，增长 10.7%。按经营地统计，城镇消费品零售额 258999.0 亿元，增长 10.5%；乡村消费品零售额 41932.0 亿元，增长 11.8%。按消费形态统计，商品零售额 268621.0 亿元，增长 10.6%；餐饮收入额 32310.0 亿元，增长 11.7%。全国进出口总额 39454.8 亿美元，下降 7.0%。其中，进口额 16775.6 亿美元，下降 13.2%；出口额 22679.2 亿美元，下降 1.8%。

与全国相比，山西社会消费品零售总额增幅低于全国 5.2 个百分点。其中，城镇消费品零售额增幅低于全国 5.1 个百分点，乡村消费品零售额增幅低于全国 6.1 个百分点；商品零售额增幅低于全国 5.1 个百分点，餐饮收入额增幅低于全国 6.7 个百分点。山西社会消费品零售总额占全国的比重为 2.0%，山西进出口总额占全国的比重为 0.37%。与全国相比，山西进出口总额增幅低于全国 2.3 个百分点；山西进口额增幅低于全国 0.5 个百分点；出口额增幅低于全国 4.0 个百分点。

在全国 31 个省区市中，山西社会消费品零售总额排第 21 位，介于内蒙古和江西之间；山西社会消费品零售总额增幅排第 31 位。山西进出口总额排第 25 位，介于吉林和海南之间；山西进口额排第 25 位，介于云南和贵州之间；山西出口额排第 24 位，介于贵州和黑龙江之间。

6. 交通运输

2015 年，山西完成旅客运输量 3.1 亿人，下降 12.8%；完成货物运输量 16.2 亿吨，下降 1.9%。旅客周转量 380.0 亿人千米，下降 1.2%；货物周转量 3438.6 亿吨千米，下降 7.3%。全省民用汽车保有量 473.7 万辆（包括三轮汽车和低速货车 7.1 万辆），增长 10.2%，其中，私人汽车保有量 419.3 万辆，增长 12.6%。轿车保有量 290.0 万辆，增长 13.7%，其中，私人轿车保有量 270.9 万辆，增长 15.4%。

2015 年，全国完成旅客运输量 194.0 亿人，下降 4.4%；完成货物运输量 417.0 亿吨，增长 0.2%。旅客周转量 30047.0 亿人千米，增长 4.9%；货物周转量 177401.0 亿吨千米，下降 1.9%。全国民用汽车保有量达到 17228.0 万辆（包括三轮汽车和低速货车 955.0 万辆），增长 11.5%，其中，私人汽车保有量 14399.0 万辆，增长 14.4%。轿车保有量 9508.0 万辆，增长 14.6%，其中，私人轿车保有量 8793.0 万辆，增长 15.8%。

与全国相比，山西旅客运输量增幅低于全国 8.4 个百分点；货物运输量增幅低于全国 2.1 个百分点。旅客周转量增幅低于全国 6.1 个百分点；货物周转量增幅低于全国 5.4 个百分点。山西民用汽车保有量增幅低于全国 1.3 个百分点，其中，私人汽车保有量增幅低于全国 1.8 个百分点。轿车保有量增幅低于全国 0.9 个百分点，其中，私人轿车保有量增幅低于全国 0.4 个百分点。

在全国 31 个省市区中，山西旅客运输量排第 23 位，介于吉林和内蒙古之间；山西货物运输量排第 11 位，介于陕西与江西之间。

7. 邮电旅游

2015 年，山西邮电业务总量 511.3 亿元，增长 18.6%。其中，邮政业务总量 43.1 亿元,增长 18.0%;电信业务总量 468.2 亿元,增长 18.7%。宽带接入用户 606.1 万户,增长 6.1%;互联网上网人数 1975 万人,增长 7.5%;互联网普及率达到 54.2%。山西旅游总收入 3447.5 亿元,增长 21.1%。其中,旅游外汇收入 3.0 亿美元,增长 5.8%;国内旅游收入 3428.9 亿元,增长 21.2%。商业住宿设施接待入境过夜游客 59.4 万人次,增长 5.1%;接待国内游客 3.6 亿人次,增长 20.2%。

2015 年,全国邮电业务总量 28221 亿元,比上年增长 29.2%。其中,邮政业务总量 5079.0 亿元,增长 37.4%;电信业务总量 23142.0 亿元,增长 27.5%。宽带接入用户 21337.0 万户,增长 6.4%;互联网上网人数 6.88 亿人,增长 6.1%;互联网普及率达到 50.3%。全国旅游总收入 4.13 万亿元,增长 12.2%。其中,旅游外汇收入 1137 亿美元,增长 7.8%;国内旅游收入 34195.0 亿元,增长 13.1%。商业住宿设施接待入境过夜游客 5689 万人次,增长 2.3%;接待国内游客 40.0 亿人次,增长 10.5%。

与全国相比,山西邮电业务总量增幅低于全国 10.6 个百分点,其中,邮政业务总量增幅低于全国 19.4 个百分点,电信业务总量增幅低于全国 8.8 个百分点。山西互联网上网人数增幅及互联网普及率均高于全国,分别比全国高 1.4 个和 3.9 个百分点;宽带接入用户增幅比全国低 0.3 个百分点。山西邮电业务总量占全国的比重为 1.8%。

与全国相比,山西旅游总收入增幅高于全国 8.9 个百分点。其中,旅游外汇收入增幅低于全国 2.0 个百分点;国内旅游收入增幅高于全国 8.1 个百分点;商业住宿设施接待入境过夜游客增幅高于全国 2.8 个百分点;接待国内游客增幅高于全国 9.7 个百分点。山西旅游总收入占全国的比重为 8.3%。

在全国 31 个省市区中,山西邮电业务总量排第 21 位,介于贵州和黑龙江之间;山西邮政业务总量排第 20 位,介于广西和吉林之间;山西电信业务总量排第 20 位,介于贵州和黑龙江之间;山西互联网普及率排第 11 位,介于青海与海南之间;山西旅游总收入排第 15 位,介于贵州与河北之间。

8. 文化建设

2015 年,山西有公共图书馆 126 个,文化馆 119 个,群众艺术馆 12 个,文化站 1409 个(其中:乡镇综合文化站 1196 个),博物馆 97 个。艺术表演团体 164 个。广播人口覆盖率 98.47%,电视人口覆盖率 99.31%,有线电视用户 517.0 万户。出版各类报纸 60 种（不含高校校报）、19.8 亿份，各类期刊 200 种、2682.1 万册，各类图书 4288 种、10632.7 万册。

2015 年，全国有公共图书馆 3136 个，文化馆 3315 个，博物馆 2956 个。艺术表演团体 2052 个。广播人口覆盖率 98.2%，电视人口覆盖率 98.80%。有线电视用户 2.39 亿户，有线数字电视用户 2.02 亿户。出版各类报纸 440.0 亿份，各类期刊 30.0 亿册，各类图书 81.0 亿册（张）。人均图书拥有量 5.91 册（张）。

与全国相比，山西广播人口覆盖率高于全国 0.27 个百分点，电视人口覆盖率高于全国 0.51 个百分点。山西公共图书馆、文化馆、博物馆、艺术表演团体，占全国的比重分别为 4.02%、3.59%、3.28%、7.99%。山西出版的各类报纸、各类期刊、各类图书，占全国的比重分别为 4.50%、0.89%、1.31%。

在全国 31 个省市区中，山西广播人口覆盖率排第 18 位，介于黑龙江和河南之间；山西电视人口覆盖率排第 8 位，介于陕西与河北之间；山西公共图书馆数量排第 9 位，介于辽宁和安徽之间；山西文化馆数量排第 15 位，介于安徽和新疆之间；山西博物馆数量排第 19 位，介于福建和云南之间。

9. 医疗卫生

2015 年，山西有医疗卫生机构（含诊所、村卫生室）41000 个，床位 18.3 万张。卫生防疫、防治机构 134 个，妇幼保健院（所、站）133 个。卫生技术人员 21.4 万人。

2015 年，全国有医疗卫生机构（含诊所、村卫生室）990248 个，床位 708.0 万张。卫生防疫、防治机构 3492 个。卫生技术人员 803.0 万人。

2015 年，山西医疗卫生机构（含诊所、村卫生室），占全国的比重为 4.14%；山西床位数量，占全国的比重为 2.58%；山西卫生防疫、防治机构，占全国的比重为 3.84%；山西卫生技术人员人数，占全国的比重为 2.67%。

在全国 31 个省市区中，山西医疗卫生机构（含诊所、村卫生室）数量排第 7 位，介于广东和江西之间；山西床位数量排第 17 位，介于贵州和江西之间；山西卫生技术人员人数排第 17 位，介于福建和黑龙江之间。

10. 人口发展

2015 年，山西常住人口 3664.0 万人。出生人口 36.0 万人，出生率 9.98‰；死亡人口 20.0 万人，死亡率 5.56‰；自然增长率 4.42‰。城镇化率 55.03%。

2015 年，全国大陆总人口为 137462.0 万人。出生人口 1655.0 万人，出生率为 12.07‰；死亡人口 975.0 万人，死亡率为 7.11‰；自然增长率为 4.96‰。城镇化率 56.10%。人均预期寿命 76.34 岁。

与全国相比，山西人口出生率低于全国 2.09 个千分点；山西人口死亡率低于全国 1.55 个千分点；山西人口自然增长率低于全国 0.54 个千分点。山西常住人口占全国的比重为 2.67%。山西城镇化率低于全国 1.07 个百分点。

在全国 31 个省市区中，山西常住人口数量排第 17 位，介于陕西和贵州之间；山西人口出生率排第 23 位，介于陕西与江苏之间；山西人口死亡率排第 22 位，介于天津和吉林之间；山西人口自然增长率排第 20 位，介于湖北和重庆之间；山西城镇化率排第 17 位，介于海南和陕西之间。

11. 人民生活

2015 年，山西居民人均可支配收入 17854.0 元，增长 8.0%。按常住地分，城镇居民人均可支配收入 25828.0 元，增长 7.3%，城镇居民人均消费支出 15819.0 元，增长 8.1%；农村居民人均可支配收入 9454.0 元，增长 7.3%，农村居民人均消费支出 7421.0 元，增长 6.1%。城镇居民家庭恩格尔系数 25.2%，农村居民家庭恩格尔系数 29.0%。

2015 年，全国居民人均可支配收入 21966.0 元，增长 8.9%。按常住地分，城镇居民人均可支配收入 31195.0 元，比上年增长 8.2%，城镇居民人均消费支出 21392.0 元，增长 7.1%；农村居民人均可支配收入 11422.0 元，增长 8.9%，农村居民人均消费支出 9223.0 元，增长 10.0%。

与全国相比，山西居民人均可支配收入与全国相差 4112.0 元，增幅低于全国 0.9 个百分点；山西城镇居民人均可支配收入与全国相差 5367.0 元，增幅低于全国 0.9 个百分点；农村居民人均可支配收入与全国相差 1968.0 元，增幅低于全国 1.6 个百分点；山西城镇居民人均消费支出与全国相差 5573.0 元，增幅高于全国 1.0 个百分点；农村居民人均消费支出与全国相差 1802.0 元，增幅低于全国 3.9 个百分点。

在全国 31 个省市区中，山西城镇居民人均可支配收入排第 23 位，介于河北与河南之间；山西农村居民人均可支配收入排第 23 位，介于广西与新疆之间。山西城镇居民人均可支配收入增幅居全国第 18 位，介于陕西与吉林之间；山西农村居民人均可支配收入增幅居全国第 24 位，介于新疆与宁夏之间。

2015 年，山西居民消费价格上涨 0.6%，其中，食品价格上涨 0.4%。全国居民消费价格上涨 1.4%，其中食品价格上涨 2.3%。与全国相比，山西居民消费价格上涨低于全国 0.8 个百分点，在全国 31 个省市区中排第 30 位，介于河北与新疆之间。

12. 社会保障

2015 年，山西参加城镇职工基本养老保险 714.3 万人，增加 22.3 万人；参加城乡居民基本养老保险 1540.3 万人，增加 2.9 万人；参加城镇基本医疗保险 1113.7 万人，增加 13.0 万人；参加失业保险 411.3 万人，增加 3.6 万人；参加工伤保险 573.1 万人，增加 10.0 万人；参加生育保险 456.5 万人，增加 2.4 万人。享受城市最低生活保障救济人数 60.0 万人，全年共发放城市最低保障资金 23.0 亿元。15.4 万人纳入农村五保供养。

2015 年，全国参加城镇职工基本养老保险 35361.0 万人，增加 1236.0 万人；参加城乡居民基本养老保险 50472.0 万人，增加 365.0 万人；参加城镇基本医疗保险 66570.0 万人，增加 6823.0 万人；参加失业保险 17326.0 万人，增加 283.0 万人；参加工伤保险 21404.0 万人，增加 765.0 万人；参加生育保险 17769.0 万人，增加 730.0 万人。1708.0 万人享受城市居民最低生活保障，4903.2 万人享受农村居民最低生活保障，农村五保供养 517.5 万人。按照每人每年 2300 元（2010 年不变价）的农村扶贫标准计算，2015 年农村贫困人口 5575 万人，减少 1442 万人。

2015 年，山西参加城镇职工基本养老保险人数，占全国的比重为 2.02%；山西参加城乡居民社会养老保险人数，占全国的比重为 3.05%；山西参加城镇基本医疗保险人数，占全国的比重为 1.67%；山西参加失业保险人数，占全国的比重为 2.37%；山西参加工伤保险人数，占全国的比重为 2.68%；山西参加生育保险人数，占全国的比重为 2.57%。

在全国 31 个省市区中，山西参加城镇职工基本养老保险人数排第 18 位，介于福建和江西之间；山西参加城镇基本医疗保险人数排第 20 位，介于云南和广西之间；山西参加失业保险人数排第 16 位，介安徽与陕西之间。

二　周边比较

山西地处华北地区和黄河中游地区，四周与一区（内蒙古自治区）三省

（河北、陕西、河南）毗邻接壤。环视 2015 年周边省区经济社会发展，从年度经济社会发展指标体系的视角，考察比较山西与周边一区三省经济社会的发展状况，是认识和把握山西在大区域发展格局中所处方位之省情状况的基本点和重要内容。

1. 生产总值

2015 年，山西地区生产总值 12802.6 亿元，增长 3.1%。其中，第一产业增加值 788.1 亿元，增长 1.0%，占生产总值的比重为 6.2%；第二产业增加值 5224.3 亿元，下降 1.1%，占生产总值的比重为 40.8%；第三产业增加值 6790.2 亿元，增长 9.8%，占生产总值的比重为 53.0%。人均地区生产总值 35018.0 元。

2015 年，内蒙古地区生产总值 18032.8 亿元，增长 7.7%。其中，第一产业增加值 1618.7 亿元，增长 3.0%，占生产总值的比重为 9.0%；第二产业增加值 9200.6 亿元，增长 8.0%，占生产总值的比重为 51.0%；第三产业增加值 7213.5 亿元，增长 8.1%，占生产总值的比重为 40.0%。人均地区生产总值 71992.7 元。

2015 年，河北地区生产总值 29806.1 亿元，增长 6.8%。其中，第一产业增加值 3439.4 亿元，增长 2.5%，占生产总值的比重为 11.5%；第二产业增加值 14388.0 亿元，增长 4.7%，占生产总值的比重为 48.3%；第三产业增加值 11978.7 亿元，增长 11.2%，占生产总值的比重为 40.2%。人均地区生产总值 40367.2 元。

2015 年，陕西地区生产总值 18171.8 亿元，增长 8.0%。其中，第一产业增加值 1597.6 亿元，增长 5.1%，占生产总值的比重为 8.8%；第二产业增加值 9360.3 亿元，增长 7.3%，占生产总值的比重为 51.5%；第三产业增加值 7213.9 亿元，增长 9.6%，占生产总值的比重为 39.7%。人均地区生产总值 48023.0 元，增长 7.6%。

2015 年，河南地区生产总值 37010.3 亿元，增长 8.3%。其中，第一产业增加值 4209.6 亿元，增长 4.4%，占生产总值的比重为 11.4%；第二产业增加值 18189.4 亿元，增长 8.0%，占生产总值的比重为 49.1%；第三产业增加值 14611.3 亿元，增长 10.5%，占生产总值的比重为 39.5%。人均地区生产总值 39222.4 元。

与周边内蒙古、河北、陕西、河南 4 省区相比，山西地区生产总值总量最小，增幅也最小。山西第一产业、第二产业增加值总量及增幅均最小；第三产业增加值总量最小，但增幅高于内蒙古、陕西，排 5 省区第 3 位。山西第一产业增加值、第二产业增加值占生产总值的比重在 5 省区均最小；第三产业增加值占生产总值的比重最大，居 5 省区首位。山西人均地区生产总值排 5 省区最末一位。

2. 公共财政

2015 年，山西公共财政收入 1642.2 亿元，下降 9.8%。公共财政支出 3443.4 亿元，增长 11.2%。公共财政支出为收入的 2.10 倍。

2015 年，内蒙古公共财政收入 1964.4 亿元，增长 6.5%。公共财政支出 4290.1 亿元，增长 10.6%。公共财政支出为收入的 2.18 倍。

2015 年，河北公共财政收入 2648.5 亿元，增长 8.3%。公共财政支出 5675.3 亿元，增长 22.4%。公共财政支出为收入的 2.14 倍。

2015 年，陕西公共财政收入 2059.9 亿元，增长 12.1%。公共财政支出 4375.5 亿元，增长 10.4%。公共财政支出为收入的 2.12 倍。

2015 年，河南公共财政收入 3009.7 亿元，增长 9.9%。公共财政支出 6806.5 亿元，增长 12.9%。公共财政支出为收入的 2.26 倍。

与周边内蒙古、河北、陕西、河南 4 省区相比，山西公共财政收入总量最小；增幅最小。山西公共财政支出总量最小；增幅高于内蒙古、陕西，排 5 省区第 3 位。山西公共财政支出与收入之比最小。

3. 工业农业

2015 年，山西规模以上工业增加值下降 2.8%。规模以上工业企业实现主营业务收入 14393.7 亿元，下降 16.9%。规模以上工业利润盈亏相抵后净亏损 68.1 亿元，其中，国有控股企业净亏损 95.5 亿元。建筑业实现增加值 847.2 亿元，增长 5.2%。粮食产量 1259.6 万吨，减少 71.2 万吨，减产 5.4%。

2015 年，内蒙古规模以上工业增加值增长 8.6%。规模以上工业企业实现主营业务收入 18522.7 亿元，下降 0.3%。规模以上工业企业实现利润 940.5 亿元，下降 23.8%。建筑业实现增加值 1263.2 亿元，增长 6.7%。粮食产量 2827.0 万吨，增长 2.7%。

2015 年，河北规模以上工业增加值增长 4.4%。规模以上工业企业实现利润 2181. 4 亿元, 下降 11. 0%。建筑业实现增加值 1782. 0 亿元, 增长 4. 6%。粮食产量 3363. 8 万吨, 增长 0. 1%。

2015 年, 陕西规模以上工业增加值增长 7. 0%。规模以上工业企业实现主营业务收入 18336. 3 亿元, 下降 0. 3%。规模以上工业企业实现利润 1339. 8 亿元, 下降 21. 8%。建筑业实现增加值 1787. 2 亿元, 增长 9. 5%。粮食产量 1226. 8 万吨, 增长 2. 4%。

2015 年, 河南规模以上工业增加值增长 8. 6%。规模以上工业企业实现主营业务收入 72381. 4 亿元, 增长 6. 6%。规模以上工业企业实现利润 4840. 6 亿元, 下降 0. 1%。建筑业实现增加值 2146. 0 亿元, 增长 3. 2%。粮食产量 6067. 1 万吨, 增长 5. 1%。

与周边内蒙古、河北、陕西、河南 4 省区相比, 山西规模以上工业增加值增幅最小; 山西规模以上工业企业主营业务收入最少, 增幅也最小; 山西规模以上工业企业实现利润总量最小, 下降幅度低于内蒙古、河北、陕西, 排 5 省区第 2 位。山西建筑业增加值总量最小; 增幅高于河北、河南, 排 5 省区第 3 位。山西粮食产量高于陕西, 排 5 省区第 4 位; 增幅最小, 是 5 省区中唯一减产的省份。

4. 固定投资

2015 年, 山西全社会固定资产投资 14137. 2 亿元。其中, 固定资产投资 (不含跨省、农户) 13744. 5 亿元, 增长 14. 8%。其中, 第一产业投资 1500. 0 亿元, 增长 69. 1%; 第二产业投资 5205. 0 亿元, 增长 4. 0%; 第三产业投资 7039. 5 亿元, 增长 15. 7%。

2015 年, 内蒙古全社会固定资产投资 (不含农户) 13824. 8 亿元, 增长 14. 5%。其中, 第一产业投资 893. 4 亿元, 增长 6. 3%; 第二产业投资 6614. 6 亿元, 增长 16. 9%; 第三产业投资 6316. 8 亿元, 增长 13. 3%。

2015 年, 河北全社会固定资产投资 29448. 3 亿元。其中, 固定资产投资 (不含农户) 28905. 8 亿元, 增长 10. 6%。其中, 第一产业投资 1409. 3 亿元, 增长 35. 4%; 第二产业投资 14649. 4 亿元, 增长 12. 3%; 第三产业投资 12847. 1 亿元, 增长 6. 5%。

2015 年, 陕西全社会固定资产投资 20178. 0 亿元。其中, 固定资产投资 (不含农户) 19826. 7 亿元, 增长 8. 0%。其中, 第一产业投资 1006. 5 亿元,增长 49.9%；第二产业投资 6361.2 亿元，增长 8.0%；第三产业投资 12459.0 亿元，增长 5.6%。

2015 年，河南全社会固定资产投资 35660.3 亿元。其中，固定资产投资（不含农户）34951.4 亿元，增长 16.5%。其中，第一产业投资 1473.4 亿元，增长 31.9%；第二产业投资 16999.7 亿元，增长 10.7%；第三产业投资 16478.3 亿元，增长 21.8%。

与周边内蒙古、河北、陕西、河南 4 省区相比，山西固定资产投资额（不含农户）最小；增幅高于内蒙古、河北、陕西，排 5 省区第 2 位。山西第一产业投资额及增幅均高于内蒙古、河北、陕西、河南，排 5 省区第 1 位。山西第二产业投资额最小；增幅最小。山西第三产业投资额高于内蒙古，排 5 省区第 4 位；增幅高于内蒙古、河北、陕西，排 5 省区第 2 位。

5. 内外贸易

2015 年，山西社会消费品零售总额 6030.0 亿元，增长 5.5%。其中，城镇消费品零售额 4913.5 亿元，增长 5.4%；乡村消费品零售额 1116.5 亿元，增长 5.7%。山西进出口总额 147.1 亿美元，下降 9.3%。其中，进口额 62.9 亿美元，下降 13.7%；出口额 84.2 亿美元，下降 5.8%。

2015 年，内蒙古社会消费品零售总额 6107.7 亿元，增长 8.0%。其中，城镇消费品零售额 5538.0 亿元，增长 7.7%；乡村消费品零售额 569.7 亿元，增长 10.7%。内蒙古进出口总额 790.4 亿美元，下降 11.6%。其中，进口额 440.1 亿美元，下降 12.2%；出口额 350.3 亿美元，下降 10.8%。

2015 年，河北社会消费品零售总额 12934.6 亿元，增长 9.4%。其中，城镇消费品零售额 10069.4 亿元，增长 9.3%；乡村消费品零售额 2865.2 亿元，增长 9.8%。河北进出口总额 514.8 亿美元，下降 14.2%。其中，进口额 185.4 亿美元，下降 23.6%；出口额 329.4 亿美元，下降 7.8%。

2015 年，陕西社会消费品零售总额 6578.1 亿元，增长 11.1%。其中，城镇消费品零售额 5794.9 亿元，增长 10.7%；乡村消费品零售额 783.2 亿元，增长 14.3%。陕西进出口总额 304.4 亿美元，增长 12.8%。其中，进口额 156.9 亿美元，增长 18.4%；出口额 147.5 亿美元，增长 7.4%。

2015 年，河南社会消费品零售总额 15740.4 亿元，增长 12.6%。其中，城镇消费品零售额 12886.6 亿元，增长 12.0%；乡村消费品零售额 2853.8 亿元，增长 14.1%。河南进出口总额 738.5 亿美元，增长 15.3%。其中，进口额 307.6 亿美元，增长 21.9%；出口额 430.9 亿美元，增长 11.0%。

与周边内蒙古、河北、陕西、河南 4 省区相比，山西社会消费品零售总额最小；增幅最小。山西城镇消费品零售额最小；增幅最小。山西乡村消费品零售额高于内蒙古、陕西，排 5 省区第 3 位；增幅最小。山西进出口总额最小；增幅高于内蒙古、河北，排 5 省区第 3 位。山西进口额最小；增幅高于河北，排 5 省区第 4 位。山西出口额最小；增幅高于内蒙古、河北，排 5 省区第 3 位。

6. 交通运输

2015 年，山西完成旅客运输量 3.1 亿人，下降 12.8%；完成货物运输量 16.2 亿吨，下降 1.9%。旅客周转量 380.0 亿人千米，下降 1.2%；货物周转量 3438.6 亿吨千米，下降 7.3%。

2015 年，内蒙古完成旅客运输量 1.98 亿人，增长 0.2%；完成货物运输量 20.9 亿吨，增长 2.1%。旅客周转量 365.9 亿人千米，增长 0.7%；货物周转量 4401.5 亿吨千米，下降 3.3%。

2015 年，河北完成旅客运输量 5.7 亿人，下降 6.6%；完成货物运输量 23.1 亿吨，增长 9.3%。旅客周转量 1206.1 亿人千米，下降 5.5%；货物周转量 12936.9 亿吨千米，增长 1.8%。

2015 年，陕西完成旅客运输量 7.7 亿人，增长 2.4%；完成货物运输量 16.4 亿吨，增长 4.5%。旅客周转量 956.0 亿人千米，增长 1.6%；货物周转量 3549.6 亿吨千米，增长 0.7%。

2015 年，河南完成旅客运输量 14.61 亿人，增长 3.0%；完成货物运输量 21.19 亿吨，增长 6.0%。旅客周转量 1941.9 亿人千米，增长 4.6%；货物周转量 7582.4 亿吨千米，增长 3.1%。

与周边内蒙古、河北、陕西、河南 4 省区相比，山西完成旅客运输量高于内蒙古，排 5 省区第 4 位；增幅最小。山西完成货物运输量最低；增幅最小。山西旅客周转量高于内蒙古，排 5 省区第 4 位；增幅高于河北，排 5 省区第 4 位。山西货物周转量最低；增幅最小。

7. 邮电旅游

2015 年，山西邮电业务总量 511.3 亿元，增长 18.6%。其中，邮政业务总量 43.1 亿元，增长 18.0%；电信业务总量 468.2 亿元，增长 18.7%。互联网上网人数 1975.0 万人，增长 7.5%；互联网普及率达到 54.2%。山西旅游总收入 3447.5 亿元，增长 21.1%。其中，旅游外汇收入 3.0 亿美元，增长 5.8%；国内旅游收入 3428.9 亿元，增长 21.2%。

2015 年，内蒙古邮电业务总量 400.3 亿元，增长 19.1%。其中，邮政业务总量 23.2 亿元，增长 19.3%；电信业务总量 377.1 亿元，增长 19.0%。互联网上网人数 1259.0 万人，增长 10.3%；互联网普及率达到 50.3%。旅游总收入 2257.1 亿元，增长 25.0%。其中，旅游外汇收入 9.6 亿美元，下降 4.0%；国内旅游收入 2193.8 亿元，增长 25.7%。

2015 年，河北邮电业务总量 994.6 亿元，增长 20.5%。其中，邮政业务总量 131.5 亿元，增长 34.9%；电信业务总量 863.1 亿元，增长 18.5%。互联网上网人数 3731.0 万人，增长 3.6%；互联网普及率达到 50.5%。旅游总收入 3434.0 亿元，增长 34.1%。其中，国际旅游外汇收入 6.2 亿美元，增长 16.3%；国内旅游收入 3395.6 亿元，增长 34.3%。

2015 年，陕西邮电业务总量 757.1 亿元，增长 133.6%。其中，邮政业务总量 61.5 亿元，增长 33.8%；电信业务总量 695.6 亿元，增长 33.6%。互联网上网人数 1886.0 万人，增长 8.1%；互联网普及率达到 50.0%。旅游总收入 3005.8 亿元，增长 19.2%；旅游外汇收入 16.0 亿美元，增长 13.0%；国内旅游收入 2903.9 亿元，增长 19.3%。

2015 年，河南邮电业务总量 1317.3 亿元，增长 30.3%。其中，邮政业务总量 163.8 亿元，增长 40.5%；电信业务总量 1153.5 亿元，增长 29.0%。互联网上网人数 3703.0 万人，增长 6.6%；互联网普及率达到 39.2%。河南旅游总收入 5035.3 亿元，增长 15.3%。

与周边内蒙古、河北、陕西、河南 4 省区相比，山西邮电业务总量高于内蒙古，排 5 省区第 4 位；增幅最小。山西邮政业务总量高于内蒙古，排 5 省区第 4 位；增幅最小。山西电信业务总量高于内蒙古，排 5 省区第 4 位；增幅高于河北，排 5 省区第 4 位。山西旅游总收入高于内蒙古、河北、陕西，排 5 省区第 2 位；增幅高于陕西、河南，排 5 省区第 3 位。山西旅游外汇收入最少；增幅高于内蒙古，排 5 省区第 3 位。山西国内旅游收入高于内蒙古、河北、陕西，排 5 省区第 2 位；增幅高于陕西、河南，排 5 省区第 3 位。

与周边内蒙古、河北、陕西、河南 4 省区相比，山西互联网上网人数高于内蒙古、陕西，排 5 省区第 3 位；增幅高于河北、河南，排 5 省区第 3 位。互联网普及率高于其他 4 省区，排 5 省区第 1 位。

8. 文化建设

2015 年，山西有公共图书馆 126 个，文化馆 119 个，群众艺术馆 12 个，文化站 1409 个（其中：乡镇综合文化站 1196 个），博物馆 97 个。艺术表演团体 164 个。山西广播人口覆盖率 98.47%，电视人口覆盖率 99.31%，有线电视用户 517.0 万户。

2015 年，内蒙古有公共图书馆 116 个，文化馆 105 个，博物馆 78 个。艺术表演团体 96 个。广播人口覆盖率 99.10%，电视人口覆盖率 99.10%，有线电视用户 345.9 万户。

2015 年，河北有公共图书馆 173 个，文化馆 181 个，博物馆 103 个。艺术表演团体 134 个。广播人口覆盖率 99.35%，电视人口覆盖率 99.27%，有线电视用户 821.7 万户。

2015 年，陕西有公共图书馆 114 个，文化馆 122 个，博物馆 221 个。艺术表演团体 119 个。广播人口覆盖率 98.80%，电视人口覆盖率 99.40%。

2015 年，河南有公共图书馆 159 个，文化馆 206 个，博物馆 268 个。艺术表演团体 173 个。河南广播人口覆盖率 98.28%，电视人口覆盖率 98.43%，有线电视用户 1017.0 万户。

与周边内蒙古、河北、陕西、河南 4 省区相比，山西公共图书馆数量高于内蒙古、陕西，排 5 省区第 3 位；山西文化馆数量高于内蒙古，排 5 省区第 4 位；山西博物馆数量高于内蒙古，排 5 省区第 4 位。山西艺术表演团体数量高于内蒙古、河北、陕西，排 5 省区第 2 位。山西广播人口覆盖率高于河南，排 5 省区第 4 位；山西电视人口覆盖率高于内蒙古、河北、河南，排 5 省区第 2 位，山西有线电视用户高于内蒙古，排 5 省区第 4 位。

9. 医疗卫生

2015 年，山西有医疗卫生机构（含诊所、村卫生室）41000 个，床位 18.3 万张。卫生防疫、防治机构 134 个，妇幼保健院（所、站）133 个。卫生技术人员 21.4 万人。

2015 年，内蒙古有医疗卫生机构（含诊所、村卫生室）23886 个，床位 13.4 万张。卫生防疫、防治机构 119 个，妇幼保健院（所、站）114 个。卫生技术人员 16.2 万人。

2015 年，河北有医疗卫生机构（含诊所、村卫生室）78613 个，床位 31.9 万张。卫生防疫、防治机构 193 个，妇幼保健院（所、站）204 个。卫生技术人员 37.3 万人。

2015 年，陕西有医疗卫生机构（含诊所、村卫生室）37030 个，床位 21.2 万张。卫生技术人员 35.0 万人。

2015 年，河南有医疗卫生机构（含诊所、村卫生室）71397 个，床位 46.0 万张。卫生防疫、防治机构 179 个，妇幼保健院（所、站）164 个。卫生技术人员（含村卫生室）52.0 万人。

与周边内蒙古、河北、陕西、河南 4 省区相比，山西医疗卫生机构（含诊所、村卫生室）数量高于内蒙古、陕西，排 5 省区第 3 位；山西床位数量高于内蒙古，排 5 省区第 4 位；山西卫生防疫、防治机构数量高于内蒙古、陕西，排 5 省区第 3 位；山西妇幼保健院（所、站）数量高于内蒙古、陕西，排 5 省区第 3 位；山西卫生技术人员数量高于内蒙古，排 5 省区第 4 位。

10. 人口发展

2015 年，山西常住人口 3664.0 万人。出生人口 36.0 万人，出生率 9.98‰；死亡人口 20.0 万人，死亡率 5.56‰；自然增长率 4.42‰。城镇化率 55.03%。

2015 年，内蒙古常住人口 2511.0 万人。出生人口 19.4 万人，出生率 7.72‰；死亡人口 13.3 万人，死亡率 5.32‰；自然增长率 2.40‰。城镇化率 60.30%。

2015 年，河北常住人口 7424.9 万人。出生人口 84.0 万人，出生率 11.35‰；死亡人口 42.9 万人，死亡率 5.79‰；自然增长率 5.56‰。城镇化率 51.33%。

2015 年，陕西常住人口 3792.9 万人。出生人口 38.2 万人，出生率 10.10‰；死亡人口 23.8 万人，死亡率 6.28‰，人口自然增长率 3.82‰。城镇化率 53.92%。

2015 年，河南常住人口 9480.0 万人。出生人口 135.8 万人，出生率 12.70‰；死亡人口 75.4 万人，死亡率 7.05‰；自然增长率 5.65‰。城镇化率 46.85%。

与周边内蒙古、河北、陕西、河南 4 省区相比，山西常住人口总量高于内蒙古，排 5 省区第 4 位；山西人口出生率高于内蒙古，排 5 省区第 4 位；山西人口死亡率低于河北、陕西、河南，排 5 省区第 4 位；山西人口自然增长率高于内蒙古、陕西，排 5 省区第 3 位。山西城镇化率高于河北、陕西、河南，排 5 省区第 2 位。

11. 人民生活

2015 年，山西居民人均可支配收入 17854.0 元，增长 8.0%。按常住地分，城镇居民人均可支配收入 25828.0 元，增长 7.3%，城镇居民人均消费支出 15819.0 元，增长 8.1%；农村居民人均可支配收入 9454.0 元，增长 7.3%，农村居民人均消费支出 7421.0 元，增长 6.1%。城镇居民家庭恩格尔系数 25.2%，农村居民家庭恩格尔系数 29.0%。

2015 年，内蒙古居民人均可支配收入 22310.0 元，增长 8.5%。按常住地分，城镇居民人均可支配收入 30594.0 元，增长 7.9%，城镇居民人均消费支出 21876.0 元，增长 4.7%；农村居民人均可支配收入 10776.0 元，增长 8.0%，农村居民人均消费支出 10637.0 元，增长 6.7%。城镇居民家庭恩格尔系数 28.4%，农村居民家庭恩格尔系数 29.4%。

2015 年，河北城镇居民人均可支配收入 26152.0 元，增长 8.3%，城镇居民人均消费支出 17587.0 元，增长 8.5%；农村居民人均可支配收入 11051.0 元，增长 8.5%，农村居民人均消费支出 9023.0 元，增长 9.4%。城镇居民家庭恩格尔系数 26.1%，农村居民家庭恩格尔系数 28.6%。

2015 年，陕西居民人均可支配收入 17395.0 元，增长 8.8%。按常住地分，城镇居民人均可支配收入 26420.0 元，增长 7.5%，城镇居民人均消费支出 18464.0 元，增长 5.2%；农村居民人均可支配收入 8689.0 元，增长 8.3%，农村居民人均消费支出 7901.0 元，增长 8.9%。

2015 年，河南居民人均可支配收入 17125.0 元，增长 7.7%。按常住地分，城镇居民人均可支配收入 25576.0 元，增长 6.7%，城镇居民人均消费支出 17154.0 元，增长 4.6%；农村居民人均可支配收入 10853.0 元，增长 7.6%，农村居民人均消费支出 7887.0 元，增长 7.1%。

与周边内蒙古、河北、陕西、河南 4 省区相比，山西城镇居民人均可支配收入高于河南，排 5 省区第 4 位；增幅高于河南，排 5 省区第 4 位。农村居民人均可支配收入高于陕西，排 5 省区第 4 位；增幅最小。山西城镇居民人均消费支出最少；增幅高于内蒙古、陕西和河南，排 5 省区第 2 位。农村居民人均消费支出最少；增幅最小。

2015 年，山西居民消费价格上涨 0.6%，其中，食品价格上涨 0.4%。内蒙古居民消费价格上涨 1.1%，其中食品价格上涨 1.4%。河北居民消费价格上涨 0.9%，其中食品价格上涨 0.8%。陕西居民消费价格上涨 1.0%，其中食品价格上涨 0.9%。河南居民消费价格上涨 1.3%，其中食品价格上涨 1.8%。与周边内蒙古、河北、陕西、河南 4 省区相比，山西居民消费价格上涨幅度与食品价格上涨幅度均最低。

12. 社会保障

2015 年，山西参加城镇职工基本养老保险 714.3 万人，增加 22.3 万人；参加城镇基本医疗保险 1113.7 万人，增加 13.0 万人；参加失业保险 411.3 万人，增加 3.6 万人；参加工伤保险 573.1 万人，增加 10.0 万人；参加生育保险 456.5 万人，增加 2.4 万人。享受城市最低生活保障救济人数 60.0 万人，全年共发放城市最低保障资金 23.0 亿元。15.4 万人纳入农村五保供养。

2015 年，内蒙古参加城镇职工基本养老保险 579.0 万人，增长 10.3%；参加城镇基本医疗保险 1008.1 万人，增长 1.0%；参加失业保险 242.1 万人。

2015 年，河北参加城镇职工基本养老保险 952.0 万人；参加城镇基本医疗保险 1702.0 万人。参加失业保险 511.0 万人，增加 2.3 万人；参加工伤保险 809.7 万人，增加 31.0 万人；参加生育保险 710.0 万人，增加 26.0 万人。

2015 年，陕西参加城镇职工基本养老保险 759.6 万人；参加城镇基本医疗保险 1247.3 万人；参加失业保险 347.7 万人；参加工伤保险 427.3 万人；参加生育保险 265.3 万人。城市居民最低生活保障救济人数 50.9 万人；农村居民最低生活保障救济人数 161.2 万人。13.1 万人纳入农村五保供养。

2015 年，河南参加城镇职工基本养老保险 1508.7 万人；参加城镇基本医疗保险 2344.9 万人；参加失业保险 783.3 万人；参加工伤保险 856.7 万人；参加生育保险 609.5 万人。城市居民最低生活保障救济人数 107.9 万人，发放城市居民最低生活保障资金 31.7 亿元；农村居民最低生活保障救济人数 393.3 万人，发放农村居民最低生活保障资金 55.8 亿元。

与周边内蒙古、河北、陕西、河南 4 省区相比，山西参加城镇职工基本养老保险人数高于内蒙古，排 5 省区第 4 位；山西参加城镇基本医疗保险人数高于内蒙古，排 5 省区第 4 位；山西参加失业保险人数高于内蒙古、陕西，排 5 省区第 3 位。

三　中部比较

在国家区域经济板块中，山西属中部地区（山西、安徽、江西、河南、湖北和湖南）六省份之一。纵览 2015 年中部六省经济社会发展全局，从年度经济社会发展指标体系的视角，考察比较山西与其他五省经济社会的发展状况，是认识和把握山西在中部区域发展格局中所处方位之省情状况的基本点和重要内容。

1. 生产总值

2015 年，山西地区生产总值 12802.6 亿元，增长 3.1%。其中，第一产业增加值 788.1 亿元，增长 1.0%，占生产总值的比重为 6.2%；第二产业增加值 5224.3 亿元，下降 1.1%，占生产总值的比重为 40.8%；第三产业增加值 6790.2 亿元，增长 9.8%，占生产总值的比重为 53.0%。人均地区生产总值 35018.0 元。

2015 年，河南地区生产总值 37010.3 亿元，增长 8.3%。其中，第一产业增加值 4209.6 亿元，增长 4.4%，占生产总值的比重为 11.4%；第二产业增加值 18189.4 亿元，增长 8.0%，占生产总值的比重为 49.1%；第三产业增加值 14611.3 亿元，增长 10.5%，占生产总值的比重为 39.5%。人均地区生产总值 39222.4 元。

2015 年，安徽地区生产总值 22005.6 亿元，增长 8.7%。其中，第一产业增加值 2456.7 亿元，增长 4.2%，占生产总值的比重为 11.2%；第二产业增加值 11342.3 亿元，增长 8.5%，占生产总值的比重为 51.5%；第三产业增加值 8206.6 亿元，增长 10.6%，占生产总值的比重为 37.3%。人均地区生产总值 35997.0 元。

2015 年，湖南地区生产总值 29047.2 亿元，增长 8.6%。其中，第一产业增加值 3331.6 亿元，增长 3.6%，占生产总值的比重为 11.5%；第二产业增加值 12955.4 亿元，增长 7.4%，占生产总值的比重为 44.6%；第三产业增加值 12760.2 亿元，增长 11.2%，占生产总值的比重为 43.9%。人均地区生产总值 42968.0 元，增长 7.9%。

2015 年，湖北地区生产总值 29550.2 亿元，增长 8.9%。其中，第一产业增加值 3309.8 亿元，增长 4.5%，占生产总值的比重为 11.2%；第二产业增加值 13503.6 亿元，增长 8.3%，占生产总值的比重为 45.7%；第三产业增加值 12736.8 亿元，增长 10.7%，占生产总值的比重为 43.1%。人均地区生产总值 50808.4 元。

2015 年，江西地区生产总值 16723.8 亿元，增长 9.1%。其中，第一产业增加值 1773.0 亿元，增长 3.9%，占生产总值的比重为 10.6%；第二产业增加值 8487.3 亿元，增长 9.4%，占生产总值的比重为 50.8%；第三产业增加值 6463.5 亿元，增长 10.0%，占生产总值的比重为 38.6%。人均地区生产总值 36724.0 元，增长 8.5%。

与中部河南、安徽、湖南、湖北、江西 5 省相比，山西地区生产总值总量最小，增幅也最小。山西第一产业增加值总量、第二产业增加值总量在 6 省之中最小，第三产业增加值总量高于江西，排 6 省第 5 位；第一产业增加值、第二产业增加值、第三产业增加值增幅在 6 省之中均最小。山西第一产业、第二产业增加值占生产总值的比重均最小；第三产业增加值占生产总值的比重高于其他 5 省，排 6 省首位。山西人均地区生产总值最小，排 6 省最末一位。

2. 公共财政

2015 年，山西公共财政收入 1642.2 亿元，下降 9.8%。公共财政支出 3443.4 亿元，增长 11.2%。公共财政支出为收入的 2.10 倍。

2015 年，河南公共财政收入 3009.7 亿元，增长 9.9%。公共财政支出 6806.5 亿元，增长 12.9%。公共财政支出为收入的 2.26 倍。

2015 年，安徽公共财政收入 2454.0 亿元，增长 10.6%。公共财政支出 5239.0 亿元，增长 12.3%。公共财政支出为收入的 2.13 倍。

2015 年，湖南公共财政收入 4008.1 亿元，增长 10.2%。公共财政支出 5684.5 亿元，增长 13.3%。公共财政支出为收入的 1.42 倍。

2015 年，湖北公共财政收入 3005.4 亿元，增长 17.1%。公共财政支出 6094.2 亿元，增长 23.5%。公共财政支出为收入的 2.03 倍。

2015 年，江西公共财政收入 2165.5 亿元，增长 15.1%。公共财政支出

4419.9 亿元，增长 13.8%。公共财政支出为收入的 2.04 倍。

与中部河南、安徽、湖南、湖北、江西 5 省相比，山西公共财政收入总量最小；增幅也最小。山西公共财政支出总量最小；增幅也最小。山西公共财政支出与收入之比高于湖南、湖北、江西，排 6 省第 3 位。

3. 工业农业

2015 年，山西规模以上工业增加值下降 2.8%。规模以上工业企业实现主营业务收入 14393.7 亿元，下降 16.9%。规模以上工业利润盈亏相抵后净亏损 68.1 亿元，其中，国有控股企业净亏损 95.5 亿元。建筑业实现增加值 847.2 亿元，增长 5.2%。粮食产量 1259.6 万吨，减少 71.2 万吨，减产 5.4%。

2015 年，河南规模以上工业增加值增长 8.6%。规模以上工业企业实现主营业务收入 72381.4 亿元，增长 6.6%。规模以上工业企业实现利润 4840.6 亿元，下降 0.1%。建筑业实现增加值 2146.0 亿元，增长 3.2%。粮食产量 6067.1 万吨，增长 5.1%。

2015 年，安徽规模以上工业增加值增长 8.6%。规模以上工业企业实现利润 1852.7 亿元，增长 4.2%。建筑业实现增加值 1698.9 亿元，增长 8.6%。粮食产量 3538.1 万吨，增产 122.3 万吨，增长 3.6%。

2015 年，湖南规模以上工业增加值增长 7.8%。规模以上工业企业实现利润 1548.6 亿元，增长 0.3%。建筑业实现增加值 1877.7 亿元，增长 7.3%。粮食产量 3002.9 万吨，增长 0.1%。

2015 年，湖北规模以上工业增加值增长 8.6%。规模以上工业企业实现主营业务收入 44123.2 亿元，增长 7.6%。规模以上工业企业实现利润 2233.1 亿元，增长 2.1%。建筑业实现增加值 1970.9 亿元，增长 3.0%。粮食产量 2703.3 万吨，增产 119.1 万吨，增长 4.6%。

2015 年，江西规模以上工业增加值增长 9.2%。规模以上工业企业实现主营业务收入 32459.4 亿元，增长 4.3%。规模以上工业企业实现利润 2128.0 亿元，增长 2.4%。建筑业实现增加值 1500.6 亿元，增长 11.5%。粮食产量 2148.7 万吨，增长 0.2%。

与中部河南、安徽、湖南、湖北、江西 5 省相比，山西规模以上工业增加值增幅最小；山西规模以上工业企业实现利润最少，下降幅度最大。山西建筑业增加值最小；增幅高于河南、湖北，排6省第4位。山西粮食产量最少；增幅最小。

4. 固定投资

2015年，山西全社会固定资产投资14137.2亿元。其中，固定资产投资（不含跨省、农户）13744.5亿元，增长14.8%。其中，第一产业投资1500.0亿元，增长69.1%；第二产业投资5205.0亿元，增长4.0%；第三产业投资7039.5亿元，增长15.7%。

2015年，河南全社会固定资产投资35660.3亿元。其中，固定资产投资（不含农户）34951.4亿元，增长16.5%。其中，第一产业投资1473.4亿元，增长31.9%；第二产业投资16999.7亿元，增长10.7%；第三产业投资16478.3亿元，增长21.8%。

2015年，安徽固定资产投资（不含农户）23965.6亿元，增长12.7%。其中，第一产业投资763.3亿元，增长40.8%；第二产业投资10699.4亿元，增长13.6%；第三产业投资12502.9亿元，增长10.7%。

2015年，湖南固定资产投资（不含农户）25954.3亿元，增长18.2%。其中，第一产业投资914.5亿元，增长28.8%；第二产业投资11027.6亿元，增长18.3%；第三产业投资14012.2亿元，增长17.6%。

2015年，湖北固定资产投资（不含农户）28250.5亿元，增长16.2%。其中，第一产业投资687.3亿元，增长28.2%；第二产业投资12146.5亿元，增长13.2%；第三产业投资15416.7亿元，增长18.3%。

2015年，江西全社会固定资产投资17388.1亿元。其中，固定资产投资（不含农户）16993.9亿元，增长16.0%。其中，第一产业投资428.8亿元，增长35.7%；第二产业投资9035.3亿元，增长13.3%；第三产业投资7529.8亿元，增长18.4%。

与中部河南、安徽、湖南、湖北、江西5省相比，山西固定资产投资额最小；增幅高于安徽，排6省第5位。山西第一产业投资额及增幅均高于其他5省，均排6省第1位。山西第二产业投资额及增幅均是6省之中最小。第三产业投资额是6省之中最小；增幅高于安徽，排6省第5位。

5. 内外贸易

2015年，山西社会消费品零售总额6030.0亿元，增长5.5%。其中，城镇消费品零售额 4913.5 亿元,增长 5.4%;乡村消费品零售额 1116.5 亿元,增长 5.7%。山西进出口总额 147.1 亿美元,下降 9.3%。其中,进口额 62.9 亿美元,下降 13.7%;出口额 84.2 亿美元,下降 5.8%。

2015 年,河南社会消费品零售总额 15740.4 亿元,增长 12.6%。其中,城镇消费品零售额 12886.6 亿元,增长 12.0%;乡村消费品零售额 2853.8 亿元,增长 14.1%。河南进出口总额 738.5 亿美元,增长 15.3%。其中,进口额 307.6 亿美元,增长 21.9%;出口额 430.9 亿美元,增长 11.0%。

2015 年,安徽社会消费品零售总额 8908.0 亿元,增长 12.3%。其中,城镇消费品零售额 7856.4 亿元,增长 11.9%;乡村消费品零售额 1051.6 亿元,增长 12.5%。安徽进出口总额 488.0 亿美元,下降 0.8%。其中,进口额 156.9 亿美元,下降 11.3%;出口额 331.1 亿美元,增长 5.2%。

2015 年,湖南社会消费品零售总额 12023.9 亿元,增长 12.1%。其中,城镇消费品零售额 10883.8 亿元,增长 12.1%;乡村消费品零售额 1140.1 亿元,增长 12.2%。湖南进出口总额 293.0 亿美元,下降 3.7%。其中,进口额 102.0 亿美元,下降 5.1%;出口额 191.0 亿美元,下降 2.9%。

2015 年,湖北社会消费品零售总额 13978.1 亿元,增长 12.3%。其中,城镇消费品零售额 11754.2 亿元,增长 12.0%;乡村消费品零售额 2223.9 亿元,增长 13.8%。湖北进出口总额 455.9 亿美元,增长 7.3%。其中,进口额 164.0 亿美元,增长 1.4%;出口额 291.9 亿美元,增长 11.0%。

2015 年,江西社会消费品零售总额 5895.9 亿元,增长 11.4%。其中,城镇消费品零售额 4885.5 亿元,增长 11.0%;乡村消费品零售额 1010.4 亿元,增长 13.4%。江西进出口总额 424.1 亿美元,增长 0.7%。其中,进口额 93.2 亿美元,下降 11.7%;出口额 330.9 亿美元,增长 4.8%。

与中部河南、安徽、湖南、湖北、江西 5 省相比,山西社会消费品零售总额高于江西,排 6 省第 5 位;增幅最小。山西城镇消费品零售额高于江西,排 6 省第 5 位;增幅最小。山西乡村消费品零售额高于安徽、江西,排 6 省第 4 位;增幅最小。山西进出口总额、进口额、出口额以及增幅均是 6 省之中最小。

6. 交通运输

2015 年,山西完成旅客运输量 3.1 亿人,下降 12.8%;完成货物运输量

16.2 亿吨，下降 1.9%。旅客周转量 380.0 亿人千米，下降 1.2%；货物周转量 3438.6 亿吨千米，下降 7.3%。

2015 年，河南完成旅客运输量 14.6 亿人，增长 3.0%；完成货物运输量 21.2 亿吨，增长 6.0%。旅客周转量 1941.9 亿人千米，增长 4.6%；货物周转量 7582.4 亿吨千米，增长 3.1%。

2015 年，安徽完成旅客运输量 8.7 亿人，下降 37.9%；完成货物运输量 34.6 亿吨，下降 20.3%。旅客周转量 1256.0 亿人千米，下降 11.3%；货物周转量 10387.8 亿吨千米，下降 23.0%。

2015 年，湖南完成旅客运输量 15.1 亿人，下降 7.0%；完成货物运输量 21.5 亿吨，增长 5.7%。旅客周转量 1768.2 亿人千米，增长 12.8%；货物周转量 4143.3 亿吨千米，增长 0.8%。

2015 年，湖北完成旅客运输量 10.7 亿人，增长 3.2%；完成货物运输量 16.0 亿吨，增长 3.7%。旅客周转量 1514.6 亿人千米，增长 5.1%；货物周转量 5902.2 亿吨千米，增长 1.7%。

2015 年，江西完成旅客运输量 7.0 亿人，增长 3.0%；完成货物运输量 16.1 亿吨，增长 6.2%。旅客周转量 990.9 亿人千米，增长 4.9%；货物周转量 3904.4 亿吨千米，增长 1.9%。

与中部河南、安徽、湖南、湖北、江西 5 省相比，山西完成旅客运输量最小；增幅高于安徽，排 6 省第 5 位。山西完成货物运输量高于湖北、江西，排 6 省第 4 位；增幅高于安徽，排 6 省第 5 位。山西旅客周转量最小；增幅高于安徽，排 6 省第 5 位。山西货物周转量最小；增幅高于安徽，排 6 省第 5 位。

7. 邮电旅游

2015 年，山西邮电业务总量 511.3 亿元，增长 18.6%。其中，邮政业务总量 43.1 亿元，增长 18.0%；电信业务总量 468.2 亿元，增长 18.7%。互联网上网人数 1975.0 万人，增长 7.5%；互联网普及率达到 54.2%。山西旅游总收入 3447.5 亿元，增长 21.1%。其中，旅游外汇收入 3.0 亿美元，增长 5.8%；国内旅游收入 3428.9 亿元，增长 21.2%。

2015 年，河南邮电业务总量 1317.3 亿元，增长 30.3%。其中，邮政业务总量 163.8 亿元，增长 40.5%；电信业务总量 1153.5 亿元，增长 29.0%。互联网上网人数3703.0万人，增长6.6%；互联网普及率达到39.2%。河南旅游总收入5035.3亿元，增长15.3%。

2015年，安徽邮电业务总量815.0亿元，增长29.3%。其中，邮政业务总量116.2亿元，增长43.7%；电信业务总量698.8亿元，增长27.2%。互联网上网人数2395.0万人，增长7.7%；互联网普及率达到39.4%。安徽旅游总收入4120.2亿元，增长20.4%。其中，旅游外汇收入22.6亿美元，增长23.0%；国内旅游收入3980.5亿元，增长20.3%。

2015年，湖南邮电业务总量893.8亿元，增长20.0%。其中，邮政业务总量104.2亿元，增长28.2%；电信业务总量789.6亿元，增长18.9%。互联网上网人数2685.0万人，增长4.1%；互联网普及率达到39.9%。湖南旅游总收入3712.9亿元，增长21.7%。其中，旅游外汇收入8.6亿美元，增长7.2%；国内旅游收入3660.0亿元，增长21.9%。

2015年，湖北邮电业务总量962.7亿元，增长33.6%。互联网上网人数2723.0万人，增长3.7%；互联网普及率达到44.6%。湖北旅游总收入4310.2亿元，增长14.9%；旅游外汇收入16.7亿美元，增长35.0%；国内旅游收入4206.0亿元，增长14.3%。

2015年，江西邮电业务总量599.4亿元，增长34.5%。其中，邮政业务总量69.7亿元，增长35.5%；电信业务总量529.7亿元，增长34.3%。互联网上网人数1759.0万人，增长14.0%；互联网普及率达到38.7%。江西旅游总收入3637.7亿元，增长37.3%；旅游外汇收入5.7亿美元，增长2.0%；国内旅游收入3600.5亿元，增长37.7%。

与中部河南、安徽、湖南、湖北、江西5省相比，山西邮电业务总量最小；增幅也最小。山西邮政业务总量最小；增幅也最小。山西电信业务总量最小；增幅也最小。山西旅游总收入最少；增幅高于河南、安徽、湖北，排6省第3位。山西旅游外汇收入最少；增幅高于江西，排6省第5位。山西国内旅游收入最少；增幅高于河南、安徽、湖北，排6省第3位。

与中部河南、安徽、湖南、湖北、江西5省相比，山西互联网上网人数高于江西，排6省第5位；增幅高于河南、湖南、湖北，排6省第3位。互联网普及率高于其他5省，排第1位。

8. 文化建设

2015年，山西有公共图书馆126个，文化馆119个，群众艺术馆12个，文化站 1409 个（其中：乡镇综合文化站 1196 个），博物馆 97 个。艺术表演团体 164 个。山西广播人口覆盖率 98.47%，电视人口覆盖率 99.31%，有线电视用户 517.0 万户。

2015 年，河南有公共图书馆 159 个，文化馆 206 个，博物馆 268 个。艺术表演团体 173 个。河南广播人口覆盖率 98.28%，电视人口覆盖率 98.43%，有线电视用户 1017.0 万户。

2015 年，安徽有公共图书馆 117 个，文化馆 120 个，博物馆 178 个，文化站 1437 个。安徽广播人口覆盖率 98.76%，电视人口覆盖率 98.92%，有线电视用户 830.0 万户。

2015 年，湖南有公共图书馆 136 个，文化馆 143 个，博物馆 115 个。艺术表演团体 271 个。湖南广播人口覆盖率 94.06%，电视人口覆盖率 97.98%，有线电视用户 1133.6 万户。

2015 年，湖北有公共图书馆 112 个，文化馆 122 个，博物馆 140 个。艺术表演团体 86 个。湖北广播人口覆盖率 98.86%，电视人口覆盖率 98.88%，有线电视用户 1105.0 万户。

2015 年，江西有公共图书馆 113 个，文化馆 104 个，博物馆 109 个。艺术表演团体 85 个。江西广播人口覆盖率 97.6%；电视人口覆盖率 98.6%，有线电视用户 677.0 万户。

与中部河南、安徽、湖南、湖北、江西 5 省相比，山西公共图书馆数量高于安徽、湖北、江西，排 6 省第 3 位；山西文化馆数量高于江西，排 6 省第 5 位；山西博物馆数量最少；山西广播人口覆盖率高于河南、湖南、江西，排 6 省第 3 位；山西电视人口覆盖率高于其他 5 省，排 6 省第 1 位；山西有线电视用户数最少。

9. 医疗卫生

2015 年，山西有医疗卫生机构（含诊所、村卫生室）41000 个，床位 18.3 万张。卫生防疫、防治机构 134 个，妇幼保健院（所、站）133 个。卫生技术人员 21.4 万人。

2015 年，河南有医疗卫生机构（含诊所、村卫生室）71397 个，床位 46.0 万张。卫生防疫、防治机构 179 个，妇幼保健院（所、站）164 个。卫生技术人员（含村卫生室）52.0 万人。

2015 年，安徽有医疗卫生机构（含诊所、村卫生室）24936 个，床位 26.8 万张。卫生防疫、防治机构 121 个，妇幼保健院（所、站）121 个。卫生技术人员 28.5 万人。

2015 年，湖南有医疗卫生机构（含诊所、村卫生室）62646 个，床位 36.9 万张。卫生防疫、防治机构 88 个，妇幼保健院（所、站）139 个。卫生技术人员 37.1 万人。

2015 年，湖北有医疗卫生机构（含诊所、村卫生室）36097 个，床位 33.9 万张。卫生技术人员 44.7 万人。

2015 年，江西有医疗卫生机构（含诊所、村卫生室）38557 个，床位 18.0 万张。卫生防疫、防治机构 148 个，妇幼保健院（所、站）112 个。卫生技术人员 21.1 万人。

与中部河南、安徽、湖南、湖北、江西 5 省相比，山西医疗卫生机构（含诊所、村卫生室）数量高于安徽、湖北、江西，排 6 省第 3 位；山西床位数量高于江西，排 6 省第 5 位；山西卫生防疫、防治机构数量高于湖南、湖北、安徽，排 6 省第 3 位；山西妇幼保健院（所、站）数量高于安徽、湖北、江西，排 6 省第 3 位；山西卫生技术人员数量高于江西，排 6 省第 5 位。

10. 人口发展

2015 年，山西常住人口 3664.0 万人。出生人口 36.0 万人，出生率 9.98‰；死亡人口 20.0 万人，死亡率 5.56‰；自然增长率 4.42‰。城镇化率 55.03%。

2015 年，河南常住人口 9480.0 万人。出生人口 135.8 万人，出生率 12.70‰；死亡人口 75.4 万人，死亡率 7.05‰；自然增长率 5.65‰。城镇化率 46.85%。

2015 年，安徽常住人口 6143.6 万人。出生人口 79.0 万人，出生率 12.92‰；死亡人口 36.3 万人，死亡率 5.94‰；自然增长率 6.98‰。城镇化率 50.50%。

2015 年，湖南常住人口 6783.0 万人。出生人口 91.8 万人，出生率 13.58‰；死亡人口 46.4 万人，死亡率 6.86‰；自然增长率 6.72‰。城镇化率 50.89%。

2015 年，湖北常住人口 5851.5 万人。出生人口 62.7 万人，出生率

10.74‰；死亡人口 34.0 万人，死亡率 5.83‰，人口自然增长率 4.91‰。城镇化率 56.85%。

2015 年，江西常住人口 4565.6 万人。出生人口 60.1 万人，出生率 13.20‰；死亡人口 28.4 万人，死亡率 6.24‰；自然增长率 6.96‰。城镇化率 51.60%。

与中部河南、安徽、湖南、湖北、江西 5 省相比，山西常住人口总量最少；山西人口出生率最低；山西人口死亡率最低；山西人口自然增长率最低；山西城镇化率高于河南、安徽、湖南、江西，排 6 省第 2 位。

11. 人民生活

2015 年，山西居民人均可支配收入 17854.0 元，增长 8.0%。按常住地分，城镇居民人均可支配收入 25828.0 元，增长 7.3%，城镇居民人均消费支出 15819.0 元，增长 8.1%；农村居民人均可支配收入 9454.0 元，增长 7.3%，农村居民人均消费支出 7421.0 元，增长 6.1%。城镇居民家庭恩格尔系数 25.2%，农村居民家庭恩格尔系数 29.0%。

2015 年，河南居民人均可支配收入 17125.0 元，增长 7.7%。按常住地分，城镇居民人均可支配收入 25576.0 元，增长 6.7%，城镇居民人均消费支出 17154.0 元，增长 4.6%；农村居民人均可支配收入 10853.0 元，增长 7.6%，农村居民人均消费支出 7887.0 元，增长 7.1%。

2015 年，安徽居民人均可支配收入 18363.0 元，增长 7.9%。按常住地分，城镇居民人均可支配收入 26936.0 元，增长 7.0%，城镇居民人均消费支出 17234.0 元，增长 7.0%；农村居民人均可支配收入 10821.0 元，增长 7.7%，农村居民人均消费支出 8975.0 元，增长 12.5%。城镇居民家庭恩格尔系数 33.7%，农村居民家庭恩格尔系数 35.8%。

2015 年，湖南居民人均可支配收入 19317.0 元，增长 8.1%。按常住地分，城镇居民人均可支配收入 28838.0 元，增长 6.9%，城镇居民人均消费支出 19501.0 元，增长 6.4%；农村居民人均可支配收入 10993.0 元，增长 8.1%，农村居民人均消费支出 9691.0 元，增长 7.4%。城镇居民家庭恩格尔系数 31.2%，农村居民家庭恩格尔系数 32.9%。

2015 年，湖北居民人均可支配收入 20026.0 元，增长 9.5%。按常住地分，城镇居民人均可支配收入 27051.0 元，增长 8.8%，城镇居民人均消费支出 23561.0 元，增长 7.8%；农村居民人均可支配收入 11844.0 元，增长 9.2%，农村居民人均消费支出 9542.0 元，增长 10.9%。

2015 年，江西居民人均可支配收入 18437.0 元，增长 10.2%。按常住地分，城镇居民人均可支配收入 26500.0 元，增长 9.0%，城镇居民人均消费支出 16732.0 元，增长 10.5%；农村居民人均可支配收入 11139.0 元，增长 10.1%，农村居民人均消费支出 8486.0 元，增长 12.4%。

与中部河南、安徽、湖南、湖北、江西 5 省相比，山西居民人均可支配收入高于河南，排 6 省第 5 位；增幅高于河南、安徽，排 6 省第 4 位。山西城镇居民人均可支配收入高于河南，排 6 省第 5 位；增幅高于河南、安徽、湖南，排 6 省第 3 位。山西城镇居民人均消费支出最少；增幅高于河南、安徽、湖南、湖北，排 6 省第 2 位。农村居民人均可支配收入最少；增幅最小。农村居民人均消费支出最少；增幅最小。

2015 年，山西居民消费价格上涨 0.6%，其中，食品价格上涨 0.4%。河南居民消费价格上涨 1.3%，其中食品价格上涨 1.8%。安徽居民消费价格上涨 1.3%，其中食品价格上涨 2.3%。湖南居民消费价格上涨 1.4%，其中食品价格上涨 3.0%。湖北居民消费价格上涨 1.5%，其中食品价格上涨 2.2%。江西居民消费价格上涨 1.5%，其中食品价格上涨 3.3%。与中部河南、安徽、湖南、湖北、江西 5 省相比，山西居民消费价格上涨幅度与食品价格上涨幅度均是 6 省最小。

12. 社会保障

2015 年，山西参加城镇职工基本养老保险 714.3 万人，增加 22.3 万人；参加城镇基本医疗保险 1113.7 万人，增加 13.0 万人；参加失业保险 411.3 万人，增加 3.6 万人；参加工伤保险 573.1 万人，增加 10.0 万人；参加生育保险 456.5 万人，增加 2.4 万人。享受城市最低生活保障救济人数 60.0 万人，全年共发放城市最低保障资金 23.0 亿元。15.4 万人纳入农村五保供养。

2015 年，河南参加城镇职工基本养老保险 1508.7 万人；参加城镇基本医疗保险 2344.9 万人；参加失业保险 783.3 万人；参加工伤保险 856.7 万人；参加生育保险 609.5 万人。城市居民最低生活保障救济人数 107.9 万人，发放城市居民最低生活保障资金 31.7 亿元；农村居民最低生活保障救济人数 393.3 万人，发放农村居民最低生活保障资金 55.8 亿元。

2015 年，安徽参加城镇职工基本养老保险 857.8 万人；参加城镇基本医疗保险 1734.9 万人；参加失业保险 436.6 万人，参加工伤保险 528.9 万人；参加生育保险 499.3 万人。城市居民最低生活保障救济人数 64.7 万人；农村居民最低生活保障救济人数 196.3 万人，农村五保供养 42.1 万人。

2015 年，湖南参加城镇职工基本养老保险 1160.7 万人；参加城镇基本医疗保险 2660.5 万人；参加失业保险 521.2 万人，增加 11.7 万人；参加工伤保险 777.9 万人，增加 29.9 万人；参加生育保险 544.3 万人，增加 6.7 万人。城市居民最低生活保障救济人数 127.3 万人，发放城市居民最低生活保障资金 41.6 亿元；农村居民最低生活保障救济人数 318.0 万人，发放农村居民最低生活保障资金 45.3 亿元。

2015 年，湖北参加城镇职工基本养老保险 1315.7 万人；参加城镇基本医疗保险 1022.7 万人；参加失业保险 528.4 万人；参加工伤保险 640.1 万人；参加生育保险 500.2 万人。城市居民最低生活保障救济人数 84.6 万人；农村居民最低生活保障救济人数 159.6 万人。

2015 年，江西参加城镇职工基本养老保险 587.9 万人；参加城镇基本医疗保险 585.0 万人；参加失业保险 281.5 万人；参加工伤保险 500.6 万人；参加生育保险 251.3 万人。城市居民最低生活保障救济人数 97.6 万人，发放城市居民最低生活保障资金 33.9 亿元；农村居民最低生活保障救济人数 169.6 万人，发放农村居民最低生活保障资金 33.6 亿元。22.7 万人纳入农村五保供养。

与中部河南、安徽、湖南、湖北、江西 5 省相比，山西参加城镇职工基本养老保险人数高于江西，排 6 省第 5 位；山西参加城镇基本医疗保险人数高于湖北、江西，排 6 省第 4 位；山西参加失业保险人数高于江西，排 6 省第 5 位；山西参加工伤保险人数高于安徽、江西，排 6 省第 4 位；山西参加生育保险人数高于江西，排 6 省第 5 位。

第四篇
区域发展

　　山西省辖太原、大同、朔州、忻州、阳泉、吕梁、晋中、长治、晋城、临汾、运城11个地级市。2015年，这11个地级市区域经济社会发展变化的情况，是全省经济社会发展变化的重要内容和具体体现。研究这些区域经济社会发展变化的情况，有利于更加全面认识和把握山西全省境域经济社会发展变化的状况。

一　太原市

　　太原市是山西省辖11个地级市之一，是山西省省会所在地。位于省境中央，东、南、西、北四周与省内阳泉市、晋中市、吕梁市、忻州市交界接壤。下辖6区（小店区、迎泽区、杏花岭区、万柏林区、尖草坪区、晋源区）3县（清徐县、阳曲县、娄烦县）1市（古交市）。辖区总面积6988平方公里，占全省总面积的4.45%。境域西、北、东三面环山，中南部河谷平原为太原盆地北边缘带，整个地形北高南低呈簸箕形；地形地貌以山地、丘陵为主，约占总面积的82%。境内煤、铁、铝矿产资源丰富，煤、铁开发历史悠久。太原市，地名源自战国末年秦国取"大而加甚谓之太""高而平坦谓之原"之意，在汾河中游设置太原郡。太原市，古称晋阳，别称并州、"龙城"，建城史有2500多年，曾为九朝（赵国、前秦、东魏、北齐、北晋、后唐、后晋、后汉、北汉）古都。明代始，山西作为行中书省建置起，太原即成为省府所在地，民国16年（1927年）始建市。古代和近代，太原地区一直是我国北方的军事和工商业重镇。新中国成立以来，太原市成为省会城市，是全省政治、经济、文化、交通和国际交流中心，也是国家不断支持建设的全国重要能源和工业基地、中东部通往大西北的交通枢纽。太原市曾经多次区划调整，于1997年形成现状。2015年末，全市常住人口达431.87万人，占全省总人口的11.79%，在全省11个市居第3位。

2015年，太原市积极应对经济下行压力，主动适应经济发展新常态，以"五个一批"（一批重大产业项目、一批重大基础设施项目、一批重大民生项目、一批重大不稳定因素化解、一批重大改革事项）为抓手，全面推进"六大发展"（创新发展、协调发展、绿色发展、开放发展、共享发展、廉洁和安全发展），统筹稳增长、促改革、调结构、惠民生、防风险各项工作，保持了经济社会平稳健康发展。

1. 经济运行

2015年，太原市实现地区生产总值2735.34亿元，增长8.9%，增幅高于全省5.8个百分点。地区生产总值占全省的比重为21.37%，地区生产总值在全省11个市中居首位。人均地区生产总值63483元，比上年增长8.4%，按年平均汇率计算达到10195美元。人均地区生产总值在全省11个市中居首位。

全年一般公共预算收入274.24亿元，增长5.9%。公共财政预算收入占全省的比重为16.70%，在全省11个市中居首位。公共财政预算支出420.09亿元，增长30.2%。其中，教育、医疗卫生、社会保障和就业、住房保障、交通运输、节能环保、城乡社区事务等民生支出346.64亿元，增长28.1%，占全市公共财政预算支出的82.5%。公共财政预算支出占全省的比重为12.27%，在全省11个市中居首位。

全年固定资产投资2025.61亿元，增长16.0%。固定资产投资占全省的比重为14.73%，在全省11个市中居首位。按项目归属分类，中央项目投资154.23亿元，下降16.4%；省属项目投资240.42亿元，增长2.3%；市属及以下项目投资1630.96亿元，增长22.9%。按产业分类，第一产业投资35.55亿元，增长39.5%；第二产业投资455.35亿元，增长3.0%；第三产业投资1534.71亿元，增长20.0%。三次产业投资比重为1.8%、22.5%和75.7%。第二产业中，工业投资450.42亿元，增长2.8%，其中非煤产业投资397.65

亿元,占工业投资的比重为88.3%;新兴接替产业投资312.57亿元,占工业投资的比重为69.4%。

全年社会消费品零售总额1540.80亿元,增长6.2%。社会消费品零售总额占省的比重为25.55%,在全省11个市中居首位。按经营地统计,城镇消费品零售额1433.61亿元,增长6.4%,占全社会消费品零售总额比重的93.0%,居主导地位;乡村消费品零售额107.19亿元,增长4.6%。

全年外贸进出口总额106.77亿美元,增长0.1%。外贸进出口总额占全省的比重为72.26%,在全省11个市中居首位。其中,出口额65.92亿美元,增长0.3%;进口额40.85亿美元,下降0.3%。有贸易往来的国家和地区达到151个,其中年进出口额在千万美元以上的国家和地区56个,同比增加2个。全年新设立外商投资企业13家。直接到位外资额8.50亿美元,增长下降21.0%。

年末规模以上工业企业有408家。全年规模以上工业增加值600.47亿元,增长5.7%。其中,中央企业增加值104.89亿元,增长9.1%;省属企业增加值214.55亿元,下降4.3%;市属企业增加值18.28亿元,增长1.7%;县及县以下企业增加值262.77亿元,增长7.7%。规模以上工业主营业务收入2594.65亿元,下降22.3%;利税总额48.59亿元,下降55.1%;利润总额减少42.50亿元。

年末全市金融机构本外币各项存款余额10830.05亿元,比年初增长5.6%,其中人民币各项存款余额10593.91亿元,增长4.7%。本外币各项贷款余额9121.35亿元,增长13.2%,其中人民币各项贷款余额9027.59亿元,增长13.6%。年末金融机构本外币各项存款余额、贷款余额分别占全省的37.8%、57.0%,总量分别居全省11个市第1位、第1位。

2. 产业发展

2015年,太原市第一产业增加值37.43亿元,增长1.3%,占生产总值的比重为1.4%;第二产业增加值1020.14亿元,增长6.0%,占生产总值的比重为37.3%;第三产业增加值1677.77亿元,增长11.4%,占生产总值的比重为61.3%。三次产业比重由2014年的1.5:40.0:58.5变化为1.4:37.3:61.3。

第一产业中,都市现代设施农业、特种种养、休闲农业、生态农业加快发展。全年实施万亩、千亩高产创建示范片各6个,推广地膜覆盖28.9万亩，新发展设施蔬菜 8895 亩、发展新果园 3366 亩、改造中低产果园及老龄果园 5220 亩、新发展中药材 12300 亩，农业基础进一步夯实。全年改良绵羊 12.12 万只、山羊 15.91 万只、猪 25.71 万头、鸡 10 万只，畜牧业生产健康推进。农业新型经营主体进一步规范发展，新创建省级示范社 21 家、市级示范社 40 家、县级示范社 66 家，农民合作社总数发展到 3700 家（包含合作联社 23 家）；累计登记家庭农场 253 家，新认定省级示范农场 2 家；农业产业化企业发展到 218 个，其中加工型 143 个、基地型 52 个、流通型 23 个。围绕"特色农业、城市需求、产业链延伸"，健全完善农产品加工、物流配送、休闲农业服务"三大体系"，培育各类农业产业园区 130 多个，获得国家级命名的 10 个，农产品加工、休闲农业、"互联网 + 农业"等特色高效农业亮点纷呈。全年全市农产品加工业企业销售收入 187.45 亿元，同比增长 15%。全市初具规模的休闲农业与乡村旅游点发展到 129 家，全年接待游客量达 380.6 万人次，营业额实现 2.79 亿元。全年全市粮食种植面积 75.57 千公顷，产量 29.93 万吨，下降 11.7%；蔬菜种植面积 21.12 千公顷，产量 128.83 万吨，增长 0.5%；水果产量 88500 吨，增长 16.7%；肉类总产量 5.60 万吨，增长 4.8%；禽蛋产量 2.99 万吨，增长 3.1%；牛奶产量 10.18 万吨，增长 2.4%。农产品加工销售收入达到 187.45 亿元，增长 15.0%。全年实现农林牧渔业总产值 73.93 亿元，增长 1.8%。

第二产业中，装备制造、钢铁、煤炭、炼焦、电力及材料、能源、电子信息和食品加工等为支柱产业，其中装备制造、钢铁、煤炭、电子信息产业在全省及全国有较大影响。2015 年，全市工业投资总量实现增长，促进产业内部结构趋于优化。全年工业投资 450.42 亿元，占全市投资的比重为 22.2%，比上年下降 2.9 个百分点；增长 2.8%，拉动全市投资增长 0.7 个百分点。虽然工业投资低增长、拉动作用有限，但工业投资的内部结构发生明显的积极变化。新兴接替产业投资快速增长，完成投资 312.57 亿元，占工业投资的比重为 69.4%，增长 25.9，比上年提高 12.7 个百分点。传统产业投资深幅下滑，完成投资 137.85 亿元，占工业投资的比重为 30.6%，下降 27.3。非煤产业投资比重提高，完成投资 397.65 亿元，占工业投资的比重为 88.3%，增长 11.5%，比上年提高 6.8 个百分点；煤炭产业投资大幅下降，完成投资 52.77 亿元，占工业投资的比重为 11.7%，下降下降 6.8 个百分点。

2015 年，全市规模以上工业十大行业占全市规模以上工业增加值 83.7%。十大行业中增长的有 7 个：通信及计算机设备制造业，煤炭开采和洗选业，烟草制品业，燃气生产供应业，交通运输设备制造业，电力、热力生产和供应业，仪器仪表制造业；下降的有 3 个：钢铁行业，通用设备制造业，专用设备制造业。全市传统行业增加值 197.84 亿元，下降 5.2%，占全市规模以上工业增加值的 32.9%，其中煤炭开采和洗选业增加值增长 6.6%，电力、热力生产和供应业增加值增长 6.4%，黑色金属冶炼及压延加工业增加值下降 8.5%，石油加工和炼焦业增加值下降 29.1%。新兴接替产业增加值 402.64 亿元，增长 8.2%，占全市规模以上工业增加值的 67.1%，其中装备制造业增加值 267.95 亿元、增长 9.2%，占全市规模以上工业增加值的 44.6%、同比提高 3.0 个百分点，这其中通信及计算机设备制造业增加值 185.75 亿元、增长 15.0%，交通运输设备制造业增加值 20.30 亿元、增长 11.5%。全年全市规模以上工业主要产品产量：原煤 3988.88 万吨，增长 9.3%；洗煤 2822.03 万吨，增长 0.7%；焦炭 1029.40 万吨，下降 4.6%；发电量 257.48 亿千瓦小时，下降 1.8%；生铁 777.37 万吨，下降 8.8%；粗钢 1078.60 万吨，下降 5.8%；不锈钢 401.84 万吨，增长 5.6；钢材 1018.53 万吨，下降 6.2%；水泥 478.07 万吨，下降 0.9；橡胶轮胎外胎 154.98 万条，下降 6.2%；采矿设备 4.84 万吨，下降 40.5%；金属轧制设备 3.02 万吨，下降 47.2%；起重机 2.15 万吨，下降 46.7%；移动通信手持机 2038.36 万台，下降 9.6%；减速机 4605 台，增长 141.2%；铁路货车 3322 辆，增长 479.8%；车轴 8.88 万吨，增长 14.4%；车轮 14.00 万吨，下降 1.5%；食醋 47.01 万吨，增长 36.3%；白酒（折 65 度）4205 千升，增长 54.7%；碳酸饮料 17.45 万吨，增长 21.9%。其中，原煤、焦炭、生铁、粗钢、钢材、水泥、白酒 7 种产品产量分别占全省的 4.1%、12.8%、2.2%、28%、23.9%、13.4%、5%。不锈钢、橡胶轮胎外胎、采矿设备、起重机、移动通信手持机、减速机、铁路货车、车轴、车轮是太原市特有特色产品。

第三产业中，金融、电子商务、商贸物流、文化旅游、房地产开发、会展等服务业的发展较快。实施金融振兴，推动金融创新发展。全年太原市金融机构各项贷款快速增长，年末金融机构本外币各项贷款余额 9121.35 亿元，比年初增加 1066.72 亿元，增长 13.24%，较上年同期多增 280.35 亿元，贷款全年新增额继 2009 年以来再次突破千亿元大关。与此同时，新增 1 家企业在创业板上市，首发融资 3.1 亿元，实现了全市企业登陆创业板"零"的突破；新增 17 家企业在"新三板"挂牌，总数达到 20 家，占全省总数的近二分之一。年末全市有上市公司达到 19 家，其中主板 16 家、中小板 2 家、创业板 1 家。电子商务超常规发展，"太原国家电子商务示范城市"创建和"清徐县国家电子商务进农村示范县"创建，步伐加快。全年全市新建"中国·太原互联网＋智慧产业园"等电商产业园（基地）4 个，太原武宿综合保税区建设跨境电商基地，高新区电商园被认定为国家电子商务示范基地；200 余家电商企业中有 4 个国家级示范企业和 9 个省级示范企业，30 家跨境电商企业入驻综保区跨境电商基地；有活跃网商 8000 余户，从业人员 3 万余人。全年电子商务交易额约 30 亿元，网络零售额 80 亿元，大宗商品电子交易额 8000 亿元以上。电子商务逐渐发展成为全市新兴的支柱产业。全市有商品交易市场 18 家，其中 10 亿元以上的 3 家，5000 平方米以上大型商业设施 36 个，各类连锁便利店 3500 家，流通规模达 1500 亿元。外贸进出口总额 106.77 亿美元，增长 0.1%，增速高于全省 9.4 个百分点，高出全国 7.1 个百分点。其中，加工贸易进出口额占全市进出口总额的比重提高到 78.3%，机电和高新技术产品出口占全市出口总额的比重分别提高到 68.6% 和 57.3%，对外贸易结构进一步优化。文化旅游业持续发展，全年接待入境游客 21.01 万人次，增长 4.7%；国内游客 4891.47 万人次，增长 17.1%；实现旅游总收入 588.35 亿元，增长 17.7%，其中国内旅游收入 583.34 亿元、增长 17.8%，旅游外汇收入 0.81 亿美元、增长 5.1%。全年房地产开发投资 604.22 亿元，占全市总投资的比重为 29.8%，增长 25.0%，同比提高 2.1 个百分点；占第三产业投资的 39.4%，同比提高 1.6 个百分点。全年太原市内各大型场所举办各类大型会展活动百余场，其中中国（太原）煤炭交易中心举办各类会展 60 多场，涉及汽车、工业、农业、文化产业、生活服务、食品餐饮、服装、医疗等多个领域；省展览馆举办各类会展 30 多场，涉及教育装备、高新科技成果、煤炭工业、节能减排、新能源汽车等领域。全年全市第三产业增加值 1677.77 亿元，增长 11.4%，增加值占 GDP 的比重达到 61.3%，同比上年提高 2.8 个百分点。其中，金融业增加值 373.62 亿元，增长 15.9%；交通运输、仓储和邮政业增加值 137.62 亿元，增长 8.6%；批发零售和住宿餐饮业增加值 447.86 亿元，增长 1.7%；房地产业增加值 143.44 亿元，增长 4.0%；营利性服务业增加值 300.33 亿元，增长 11.5%；非营利性服务业增加值 273.23 亿元，增长 33.3%。

3. 改革创新

2015 年，太原市坚持把改革作为推动发展的根本动力，立足实际探索改革创新，一些重点领域和关键环节的改革创新取得了阶段性成果。

深化行政审批制度改革和政府职能转变。积极承接、调整、下放的行政审批事项，取消、调整、下放市级行政审批事项 119 项，审批时限压缩 21.6%。编制完成市级权力清单和责任清单，行政职权事项由 6033 项精简到 2764 项，精简率达到 54%。公车改革有序推进，12 月 31 日全市参改车辆全部封存停驶。

推动金融振兴和创新。出台政策举措，积极支持企业上市融资，其中对在主板上市的企业奖励 1000 万元，在中小板、创业板上市的企业奖励 500 万元，对在"新三板"挂牌上市的企业奖励 165 万元。全年全市新增 1 家企业在创业板上市，实现了太原市企业登陆创业板"零"的突破；新增 17 家企业在"新三板"挂牌，总数达到 20 家，占全省总数的近三分之二。在创业板上市的企业为"山西东杰智能物流装备股份有限公司"，首发融资 3.1 亿元。年末全市有上市公司达到 19 家，其中主板 16 家、中小板 2 家、创业板 1 家。

深化推进商事制度改革。2014 年，太原在全省率先启动了以公司注册资本认缴登记制度、企业年检改年报制度改革。2015 年，又新启动实施了放宽市场主体住所（经营场所）登记条件改革，推进了工商登记"先照后证"改革，启动了工商登记"三证合一"改革。其中，放宽市场主体住所（经营场所）登记条件改革，实行"一址多照""一照多址"、集群注册登记等新举措。"先照后证"改革，主要是将部分原先需要先行政审批的工商登记事项，改为后置审批，即创业者只要到工商部门领取一个营业执照，就可以从事一般性的生产经营活动，如果从事需要许可的生产经营活动，再向主管部门申请行政许可证。这是对此前"先证后照"制度的重大改革，不仅降低了门槛，还就为企业先期发展争取了时间。"三证合一"改革，即将由工商行政管理、质量技术监督、税务三个部门分别核发工商营业执照、组织机构代码证和税务登记证，改为由工商行政管理部门核发一个加载法人和其他组织统一社会信用代码的营业执照，即"一照一码"登记模式。商事制度改革的深化，极大地激发了市场活力。全年全市新增民营企业 1.88 万户、增长 16.22%，总量达到 27.92 万户，实现民营经济增加值 1571.53 亿元、增长 10.1%，占全市 GDP 的比重达 57.46%。

大力实施创新驱动战略。全社会研究试验经费投入 93.21 亿元，占地区生产总值的比重为 3.4%。太重集团承建的"矿山采掘装备及智能制造国家重点实验室"获批国家级重点实验室，加上此前获批建设的太钢集团"先进不锈钢材料国家重点实验室"，太原市拥有企业建国家重点实验室达到 2 家。新增高新技术企业 107 家，增长 39.77%，累计达到 376 家。新增省级企业技术中心 8 家，累计达到 90 家。新建 8 个单位"院士工作站"，新引进 9 名两院院士，累计建成 35 个单位"院士工作站"、引进两院院士 42 名。院士工作站覆盖全市装备制造、高新技术、信息化、软件开发、医疗卫生、环境保护、科研机构、食品生产、药品生产等行业的企事业单位。全年市内技术合同成交额 21.96 亿元，增长 162%；规模以上工业高新技术产业增加值 248.05 亿元，占地区生产总值的比重为 9.1%，同比提高 0.3 个百分点。

加快推进太原晋中同城化和深化区域经济合作。7 月 22 日，位于太原与晋中两市间的山西科技创新城综合服务平台一期工程开工建设，标志着山西科创城建设项目进入全面开工建设阶段。7 月 30 日，晋中至太原城际铁路 2 号线试验段暨城市交通枢纽工程正式开工建设。这两项重大工程的开工建设，进一步推进了太原晋中两市的同城化发展。9 月 9 日，环渤海区域合作市长联席会第十七次市长会议在太原召开。会议审议通过了《推进环渤海区域产业合作的太原共识》（简称"《太原共识》"），内容涉及明确区域产业合作目标、加强区域产业规划衔接、明确区域产业合作发展路径、支持鼓励区域产业转移对接合作、探索共建区域产业合作示范园区、加强区域产业创新协同合作、加强区域产业合作课题研究和完善区域产业合作会商机制等 8 个方面，标志着环渤海各成员市将重点围绕产业协同发展开展广泛合作。会议还通过了山西省忻州市、晋城市、大同市、阳泉市以及内蒙古自治区巴彦淖尔市 5 市加入市长联席会的决议。至此，环渤海区域合作市长联席会成员市规模已达50 家。

大力推进开发区拓展发展。针对市区内的高新技术开发区、经济技术开发区、民营经济开发区、不锈钢工业园区四个开发区原规划范围小、发展空间不足、好项目不能落地等瓶颈问题，太原市在充分利用现有空间和规划布局的基础上，大力推进四个开发区的拓展发展，并作出总体布局规划。其中，高新技术开发区在原基础区 3.3 平方公里的基础上，在汾东拓展 3.22 平方公里，在阳曲县拓展 34.68 平方公里，在晋源区姚村镇拓展 2.86 平方公里，总计管理范围 44.06 平方公里。经济技术开发区在原基础区 9.6 平方公里的基础上，在汾东新区拓展 35.6 平方公里，在清徐县拓展 48.8 平方公里，同时对托管的综保区，在 2.94 平方公里的基础上，整合已有土地拓展 2.28 平方公里作为发展用地，总体合计管理范围 99.22 平方公里。民营经济开发区在原基础区 3.64 平方公里的基础上，在阳曲县拓展 37.89 平方公里，总计管理范围 41.53 平方公里。不锈钢工业园区在原基础区 2.34 平方公里的基础上向东拓展 12.52 平方公里，在阳曲镇拓展 3.5 平方公里，总计管理范围 18.36 平方公里，同时在尖草坪区范围实现区区融合发展战略。如是拓展，四个开发区在已有规划管理范围合计 24.74 平方公里的基础上，将拓展形成共计203.17 平方公里的发展大空间。

积极争取国家对改革创新事项的支持。5 月 25 日，《全国流通节点城市布局规划（2015～2020 年）》发布实施，太原市入选 37 个国家级流通节点城市之列。太原处在"五条东西向流通大通道"中的西北北部流通大通道上，该通道以天津滨海新区为龙头，以北京、呼和浩特、石家庄、太原、银川、乌鲁木齐为支点，经哈萨克斯坦、俄罗斯、白俄罗斯到达欧洲。成为国家级流通节点城市，可获得资金支持、用地指标、税收减免等方面的优惠政策。6 月1 日，首批"全国小微企业创业创新基地城市示范"竞争性评审结束，入围城市名单公布，太原市等 15 个城市成功入围。入围城市每年可获得中央财政小微企业创业创新基地专项扶持资金 3 亿元，连续 3 年，共 9 亿元。对工作完成好、成绩突出的城市，中央财政还将按资金规模的 10% 加大奖励。这一项目的建设与实施，对推动太原市小微企业发展，支持全市大众创业、万众创新，乃至促进全省发展升级具有重要意义。6 月下旬，太原市西山生态产业园区获准创建"国家新能源示范园区"。园区将开发利用新能源与资源型城市转型和旅游业开发相结合，积极推进太阳能、生物质能和地热能等各类新能源的综合利用。到 2020 年，新能源占园区能源消费的比重预计达到 56%，年替

代标准煤49万吨。

4. 城乡建设

近年来，太原市以南北拓展拉大交通框架为引导，"五城联动"（新城、老城、古城、山城、县城）协调推进城乡建设，取得显著成效。2014年，太原市城乡建设进一步发力推进。2015年，太原市统筹城乡发展，城乡基础设施、生态环境等各项建设进一步推进。

加强城市基础设施建设和改善城市人居环境。六城区（小店区、迎泽区、杏花岭区、尖草坪区、万柏林区和晋源区）新改建主次干道31项，改造背街小巷32条，建设里程113.23公，其中太榆路、学府街、南内环街、南沙河路等相继改造完工，城市快速路网体系日趋完善，逐步进入立体交通时代。地铁2号线一期全线招标开工，首开段车站主体工程封顶。开工建设晋阳湖、和平公园等13个公园，新建46个小游园，完成阳兴大道、建设路、南沙河路等主干道景观绿化，新增绿地3000亩，建成区绿化覆盖率、绿地率、人均公园绿地面积分别达到41%、36.07%、11.56平方米，同比上年分别提高0.5、0.5、0.3个百分点。继续推进实施城市生活上门收集处理，无害化处理率达98%。继续推进实施省城环境质量改善"五大工程"（集中供热全覆盖、气化太原、城中村整村拆迁、污染企业搬迁、水污染治理）和"五项整治"（工业污染治理、机动车尾气控制、扬尘污染控制、商品交易市场和饮食服务行业综合整治、垃圾秸秆焚烧污染控制），关停太原二电厂3×20万千瓦燃煤机组等污染企业34家，减少燃煤180万吨；集中供热扩网3104万平方米，集中供热率达到95.2%；新建改建供气管网178公里，燃气普及率达98.55%；实施城边村气化改造16个，减少冬季燃煤100万吨；推动实施54个城中村改造，其中47个村基本完成整村拆除、完成总拆迁量的88%，46个村启动安置房建设，拆除的城中村整村数量是过去11年拆除的16倍；改造城南污水处理厂、新增日处理能力15万吨，晋阳污水处理厂通水调试，污水处理率上升到90%以上；加强对主要道路的清洗，道路机率达85%、道路清洁度达70%；加强在建工地扬尘控制，95%的工地达到控制标准；淘汰老旧机动车和黄标车3.35万辆；秸秆综合利用80.92万亩。全年市区空气质量综合指数下降7.76%，优良天数达到230天、比上年增加33天，优良率达到63%；PM2.5达标253天，达标比率为69.3%。

推进实施改善农村人居环境工程和打造新农村建设升级版。继续坚持以农民安居乐业为目标，以提升农民生活品质为核心，以完善基础设施为重点，以建设美丽宜居示范村为导向，着力推进"四大工程"（农村提质工程、农民安居工程、环境整治工程和宜居示范工程）建设。全年实施改造农村公路203公里、其中提质改造村通水泥（油）路131.32公里，新建28处农村饮水工程，惠及迎泽、尖草坪、万柏林、清徐、阳曲、娄烦、古交7个县（市、区）的38个村庄、2.28万人。推进乡村环境整治工程，建立了农村生活污水防治工作机制，建设垃圾转运站27个、规范处置点230个，创建环境卫生达标村260个，绿化村庄55个。推进人居安居工程建设，采煤沉陷治理搬迁涉及的5个县（市、区）16个乡镇、11个建设项目全部开工建设；农村危房改造涉及4850户，全部开工建设并竣工；农村地质灾害治理搬迁涉及阳曲、清徐、古交3县483户，完成313户，其中88户实现搬迁，225户实现开工建设；易地扶贫移民搬迁涉及的阳曲、清徐2县共计5288人，整个工程分三年完成，其中2015年主体完工率达到40%，完成2115人。全面启动美丽宜居示范村"三级联创"活动，创建省级示范村6个、市级示范村10个、县级示范村22个。

2015年，太原市市域城镇化率84.40%，比上年提高0.15个百分点。城镇化率在全省11个市中居首位。

2015年，太原市公路线路里程累计达到7360公里，其中高速公路287公里。公路密度105.3公里/百平方公里。

5. 民生社会

2015年，太原市着力保障和改善民生，社会事业全面进步。全年公共财政民生支出达346.70亿元，占全市公共预算支出的82.5%。

全年城镇新增就业10.50万人，其中创业带动就业2.29万人；4.16万名下岗失业人员实现再就业，其中就业困难人员再就业1.10万人。转移农村劳动力11986人．年末城镇登记失业率3.43%。落实机关事业单位增资政策，提高了机关事业单位人员津贴和生活补贴。提高最低工资标准，六城区月最低工资标准首次突破1500元，达到1620元。提高企业退休人员基本养老金，月平均增资258元，涉及人员36.8万人。建立统一的城乡居民养老保险制度，并提高城乡居民基础养老金，由每人每月75元提高到90元，同时农村幼儿教师基础养老金，由每人每月 260 元提高到 275 元。全年城乡居民养老参保人数达 72.47 万人。提高城乡最低生活保障标准，分别提高 6%、5%。年末城市低保覆盖人口 3.32 万人，农村低保覆盖人口 3.98 万人，农村五保供养 4238 人，全年发放最低保障资金 3.09 亿元。农村五保集中供养率达 75%，处于全省领先水平。新建城市、农村日间照料中心 109 个，城乡养老服务能力进一步提升。城镇职工医保、城乡居民医保、大病医保、医疗救助等医疗制度有效衔接，其中城镇居民基本医保财政补助标准由年人均 320 元提高到 380 元。全年参加城镇基本医疗保险达 242.18 万人；新农合参合人数达 105.82 万人，参合率达 99.65%。全面推开县级公立医院改革，28 所县市区公立医院全部实行药品零差率销售，减轻群众就医负担 1.74 亿元；城市公立医院优质资源进一步下沉，在全国首创城市医生帮扶乡村医生"千医千村牵手"帮扶模式，建成 19 个县乡医疗联合体，县域内医疗卫生服务能力进一步提高；在全国率先实行新农合"现住院后付费"改革措施，惠及百万新农合人群。继续实施"百院兴医"工程，6 个原址改扩建项目 4 个已封顶，6 个迁建项目 4 个已开工建设。新建续建 16 所学校工程进展顺利，新建改建 16 所农村幼儿园项目主体工程全部完工。实施安居工程建设，新开工建设各类保障性住房 57711 套，基本建成 45510 套。继续实施"一元菜"惠民活动，全年累积销售"一元菜"3665 万斤，让利居民 6600 多万元。继续推进公交都市建设，新增公交线路 232 公里，公交线路增加到 192 条，线路增加到 3129.75 公里，基本实现六城区具备条件的行政村通公交全覆盖。公交出行分担率提高到 32.26%。公共自行车累计投放 4.1 万辆，全年骑行总量达 1.46 亿人次，日均免费租用率 98.76%。开展"文化太原，幸福龙城"文化惠民活动、电影惠民月活动、"书香太原全民阅读"活动等，惠及城乡百姓。安全生产形势稳定好转，安全生产事故和死亡人数分别下降 4.46%、3.25%。

2015 年，太原市全市居民人均可支配收入 25408 元，增长 7.8%。城镇常住居民人均可支配收入 27727 元，增长 7.6%；城镇常住居民人均可支配收入在全省 11 个市中居首位。城镇居民人均消费支出 15455 元，增长 7.1%；农村常住居民人均可支配收入 13626 元，增长 8.0%；农村常住居民人均可支配收入在全省 11 个市中居首位。农村居民人均消费支出 10124 元，增长 7.2%。城乡居民收入比为 2.03∶1，比 2014 年缩小 0.01 个百分点。农村居民收入快于城镇居民收入，差距进一步缩小。

2015 年，太原市全市居民、城镇居民、农村居民人均可支配收入均高于全省，分别是全省的 1.42 倍、1.07 倍、1.44 倍。太原市全市居民、城镇居民、农村居民人均可支配收入在全省 11 个市中均居首位。

6. 经济特区

太原高新技术产业开发区、太原经济技术开发区、太原民营经济开发区、太原不锈钢生态园区和山西清徐经济开发区，是太原市境内享受特殊政策的国家和省级经济特区。

太原高新技术产业开发区，创建于 1991 年，1992 年经批准成为国家级高新区。高新开发区由新建区和政策区两部分组成，其中新建区位于太原市小店区，规划面积 8 平方公里。经过多年建设和发展，高新开发区发展成为太原市率先发展的先导区、全省发展高新技术产业的重要基地，初步形成了以电子装备与信息产业园、新材料园、E—制造园、数码港为载体，以电子信息与光机电一体化、新材料新能源、生物医药、环保节能等为代表的富有特色的高新技术产业格局。近年来，高新开发区大力推进"一区多园"建设，2013 年在汾东新区开工兴建了物联网园区，2014 年进一步拓展发展空间，启动了规划建设"太原高新区阳曲新能源新材料产业园""太原高新区迎泽电子商务仓储物流园""太原高新区清徐工业产业园"。2015 年，高新开发区的"一区多园"建设进一步推进，新启动了姚村产业园。至 2015 年，高新开发区共有各类企业 3700 多家，其中经认定的高新技术企业 211 多家；有 4 家国家级企业技术中心，26 家省级企业技术中心，5 家市级企业技术中心，14 家区级企业技术中心；有国家级工程技术中心 1 家，省级工程技术中心 4 家；有国家级公共服务平台 4 家。2015 年，高新开发区实现科工贸总收入 1719.1亿元，增长 1.1%；实现工业总产值 1451.3 亿元，增长 0.75%；实现地区生产总值 415 亿元，增长 3.5%；实现利税 73.7 亿元，下降 7.5%；实现出口创汇 4.87 亿美元，增长 86.8%。实现地区生产总值 87.1 亿元，增长 10.2%，其中服务业增加值 40.08 亿元，增长 16.6%；规模以上工业增加值 47.66 亿元，增长 6.7%。完成固定资产投资 89.29 亿元，增长 21.9%。完成公共财政预算收入 11.46 亿元，下降 14.7%。2015 年，高新技术区新增授权专利 563建（其中发明专利 137 件），技术合同成交总金额达 17 亿元。全国高新区评价结果显示，全国 115 个国家级高新区（含苏州工业园）中，太原高新区综合排名第 42 位，比上年前移了 10 位，其中知识创造和技术创新能力、可持续发展能力、产业升级和结构优化能力三个一级指标有所前移。

太原经济技术开发区，始建于 1992 年，2001 年经批准为国家级经济技术开发区。开发区位于太原市小店区，总规划面积 9.6 平方公里，实际管辖面积 26.6 平方公里。经过多年建设和发展，开发区基本形成了装备制造（主要由煤机成套装备、高速铁路装备、新能源汽车装备三大产业板块组成）、电子信息、新能源新材料、食品及农产品加工、生物制药等五大产业基地。至 2015 年，开发区共有各类企业 1124 家，其中规模以上工业企业 51 家，外资企业 25 家，高新技术企业 33 家，进出口企业 20 家，世界 500 强投资企业 23 家。区内已聚集了富士康、江铃重汽、太重轨道交通、中天信、阳煤化机、太重煤机、中煤科工、通泽重工、青岛啤酒、宏全食品、中国国药集团、亚宝药业等一批世界 500 强及国际国内知名企业。2015 年，开发区实现地区生产总值 220.57 亿元，增长 17.8%；规模以上工业企业实现增加值 218.1 亿元，增长 17.9%；完成固定资产投资 124.12 亿元，增长 20.8%；完成进出口总额 63.96 亿美元，增长 16.29%；完成财政总收入 41.1 亿元，增长 23.6%，其中公共财政收入 14.28 亿元，增长 15.5%。规模以上工业增加值占太原市总量的 36%。高新技术企业产业销售产值 227.79 亿元，占规模以上企业销售总产值的 36.07%，科技创新实力进一步彰显。

太原民营经济开发区，始建于 1995 年，1997 年经批准为省级开发区。开发区分为基础区、工业新区两个部分，其中基础区位于太原市迎泽区、杏花岭区东山一带，规划面积约 4 平方公里；工业新区位于太原市北部阳曲县城东南部，前期规划 15.85 平方公里。经过多年建设和发展，开发区基础区建设取得重大进展，建成为国家级物流服务标准化试点园区，成为太原市最大的物流集散地，汇集了盛唐物流、唐久物流、金虎物流、晋豫鲁铁路通道、大秦物流等一批现代物流企业。开发区也是市政府确立的八大功能区之一的东山民营物流区。2012 年，开发区在阳曲县异地扩区建设工业新区以来，重点发展了新材料、节能环保、装备制造三大产业。2015 年 12 月，政府正式批复同意民营经济开发区在阳曲县境内扩区，建设工业新区，规划面积约 32 平方公里。2015 年，开发区企业主营业务收入 200 亿元，与上年持平；规模以上工业实现增加值 2.33 亿元,增长 10.7%;完成固定资产投资 35.97 亿元,增长 54.6%;完成公共财政收入 3.77 亿元,增长 1.0%。

太原不锈钢产业园区,始建于 2003 年,2006 年经批准为省级开发区,是全国唯一的以不锈钢深加工为特色的产业开发区。园区位于太原市尖草坪区,规划面积 2.33 平方公里,实际管辖面积 14.86 平方公里。经多年建设和发展,基本形成了不锈钢深加工、新型装备制造、现代物流产业三大产业格局,是国家新型工业化产业示范基地。园区聚集了以太钢大明、无缝钢管为龙头的不锈钢加工产业集群企业 42 家,以太锅集团、威迩思为示范的新型制造产业集群企业 38 家,以鼎泰交易中心为代表的不锈钢物流、润恒农产品物流、海尔 3C 电子物流及国药、华润、万美医药物流等现在物流产业企业。2015 年,园区实现地区生产总值完成 17.42 亿元,增长 0.33%;完成工业总产值 66.01 亿元,增长 10.57%,其中规模以上企业工业总产值完成 49.77 亿元,增长 108.94%;完成工业增加值 15.36 亿元,增长 39.13%。完成固定资产投资 28.66 亿元,下降 22.0%;完成财政总收入 3.32 亿元,增长 30.20%,其中公共财政收入 1.94 亿元,增长 29%;

清徐经济开发区,始建于 1992 年,2003 年经批准为省级开发区。开发区位于太原市南部清徐县境内,规划面积 14.1 平方公里。经多年建设和发展,开发区逐步形成了以煤焦化工、精密铸造、食品加工、新型建材为主的产业格局。近年来,开发区积极推进"一区三园一带"扩区建设,取得初步进展。"一区三园一带",即以现有经济开发区为核心,以孟封食品产业园、徐沟文化产业园、王答产业园、208 沿线产业带为拓展。2015 年,开发区实现地区生产总值 15.33 亿元,下降 21%;完成工业总产值 38.1 亿元,下降 17%;企业主营业务收入 38.9 亿元,下降 14%。完成财政收入 1.57 亿元,下降 45%;完成固定资产投资 20.34 亿元,下降 50%;进出口总额 2172 万美元,增长 7%。

7. 县域经济

太原市共辖清徐县、阳曲县、娄烦县、古交市、小店区、迎泽区、杏花岭区、尖草坪区、万柏林区和晋源区 10 个县(市、区)。娄烦县是国定扶贫开发重点县,阳曲县是省定插花贫困县。

太原市 10 个县(市、区),清徐县、阳曲县、娄烦县和古交市 4 县(市)

是郊县市，小店区、迎泽区、杏花岭区、尖草坪区、万柏林区、晋源区是6城区。4郊县市中，清徐县、阳曲县、娄烦县煤炭资源和产量较少，古交市煤炭资源和产量较大。6城区中，万柏林区是产煤大区，小店区、杏花岭区、晋源区为少煤区，迎泽区、尖草坪区是无煤区。各县（市、区）主要产业是：清徐县产业以煤焦化工、精密铸造、食品加工、新型建材为主，蔬菜、农产品加工等现代都市农业发达，是著名的葡萄之乡；阳曲县新型园区工业和现代都市农业发展较快；古交市产业以煤炭、电力及新能源、新材料为主；娄烦县产业以铁矿、煤炭和马铃薯、小杂粮等特色农业为主；迎泽区、杏花岭区服务业发达；小店区工业经济、现代都市农业、服务业都比较发达；尖草坪区、万柏林区工业经济较为发达；晋源区旅游业、现代都市农业较为发达。

2015年，太原市10县（市、区）实现地区生产总值分别为迎泽区534.98亿元、杏花岭区453.23亿元、万柏林区352.21亿元、小店区350.05亿元、尖草坪区246.17亿元、清徐县115.92亿元、晋源区52.38亿元、阳曲县31.02亿元、古交市21.99亿元、娄烦县13.198元。完成一般公共预算收入分别为小店区23.42亿元、迎泽区16.13亿元、杏花岭区16.09亿元、万柏林区15.37亿元、古交市7.77亿元、尖草坪区6.65亿元、晋源区6.46亿元、清徐县6.16亿元、阳曲县3.36亿元、娄烦县2.85亿元。对全市地区生产总值贡献最高的是迎泽区，最低的是娄烦县。全年地区生产总值在100亿元以上的有迎泽区、杏花岭区、万柏林区、小店区、尖草坪区、清徐县6县（市、区），其中迎泽区、杏花岭区地区生产总值突破400亿元。公共财政预算收入在10亿以上的县（市、区）有小店区、迎泽区、杏花岭区、万柏林区4县（市、区）。

全年太原市10县（市、区）城镇常住居民可支配收入分别为杏花岭区28417元、迎泽区28352元、小店区28322元、尖草坪区27805元、晋源区27767元、万柏林区27673元、清徐县26778元、古交市25788元、阳曲县20160元、娄烦县17511元。只有古交市、阳曲县、娄烦县低于全省平均水平，其余县（市、区）均高于全省平均水平；农村常住居民人均可支配收入分别为万柏林区18764元、小店区18543元、迎泽区17970元、杏花岭区15782元、清徐县15692元、古交市13072元、尖草坪区12858元、晋源区12412元、阳曲县7078元、娄烦县5535元。阳曲县、娄烦县2县低于全省平均水平，其余各县（市、区）均高于全省平均水平。

2015 年末，太原市 10 县（市、区）常住人口分别是小店区 82.92 万人、万柏林区 77.38 万人、杏花岭区 65.95 万人、迎泽区 60.64 万人、尖草坪区 42.80 万人、清徐县 35.08 万人、晋源区 22.85 万人、古交市 21.18 万人、阳曲县 12.24 万人、娄烦县 10.83 万人。

二　大同市

大同市是山西省辖 11 个地级市之一。位于省境北端，北与内蒙古自治区乌兰察布市毗邻，东与河北省张家口市、保定市接壤，西、南与省内朔州市、忻州市相接。下辖 4 区（城区、南郊区、矿区、新荣区）7 县（大同县、阳高县、天镇县、浑源县、广灵县、灵丘县、左云县）。辖区总面积 14176 平方公里，占全省面积的 9.1%。境域内地形地貌复杂多样，山地、丘陵、盆地、平川兼备，山地、丘陵主要集中于西、北及东南部，盆地平川主要分布于北中部，土石山区、丘陵区占总面积的 79%。境内矿产资源富集，主要有煤、铁、金、银、铜、石灰石、耐火黏土等，其中以煤炭资源最为丰富。大同，其地名取自"天下大同"之意，古称云中、平城，别称"凤凰城"，曾是北魏都城、辽金陪都。因境内以云岗石窟为代表的古代雕塑艺术文化遗产丰富，素有"中国雕塑之都"之称。大同市是新中国成立后国家长期支持建设的重要的优质动力煤生产基地和能源重化工基地，有"中国煤都"之美誉。2015 年末，全市常住人口 340.64 万人，占全省总人口的 9.3%，居省 11 个市第 6 位。

2015 年，大同市委、市政府坚持以提高经济发展质量和效益为中心，突出转方式调结构发展主线，立足自身比较优势，坚持稳中求进工作总基调，以"六大发展"为目标，以"十大工程"（名城复兴、百企强市、百园立农、百校兴教、安居保障、城镇提质、收入倍增、生态建设、城乡清洁、平安创建）为抓手，以项目建设为引擎，科学认识、主动适应经济发展新常态，着力深化改革开放，着力推进"三个突破"，着力保障改善民生，着力强化风险防控，促进了全市经济稳健发展、社会稳定和谐、人民安居乐业。

1. 经济运行

2015 年，大同市实现地区生产总值 1052.9 亿元，比上年增长 9%，地区生产总值占全省的比重为 8.2%，居全省 11 个市第 5 位，增幅高全省 5.9 个百分点，增速全省第一。人均地区生产总值 30975 元，增长 8.5%；总量是全省的 88.5%，居全省 11 个市第 7 位。

全年公共财政预算收入 92.4 亿元，总量居全省 11 个市中第 5 位，增速居第 6 位。公共财政预算支出 292.4 亿元，增长 31.7%，总量居全省 11 个市第 2 位；民生支出达 252.6 亿元，占总支出的 86.9%。

全年固定资产投资 1145.4 亿元，增长 6.8%。总量居全省 11 个市第 7 位，增速居第 9 位。其中，第一产业投资 293.7 亿元，增长 124.4%；第二产业投资 473.0 亿元，增长 29.2%；第三产业投资 378.7 亿元，下降 34.2%。其中房地产开发投资 139.2 亿元，下降 41.4%。

全年社会消费品零售总额 567.7 亿元，增长 4.8%；总量居全省 11 个市第 4 位。其中，城镇消费品零售额 478.2 亿元，增长 4.78%；乡村消费品零售额 89.5 亿元，增长 5.2%。

全年外贸进出口总额 257635 万元，下降 13%。其中，进口 80715 万元，下降 26.9%；出口 176920 万元，下降 4.7%；总量居全省 11 个市第 4 位。新设外商投资企业 4 家；外资实际到位 26461 万美元，增长 5.2%，总量居全省第 5 位。

全年实现农林牧渔业总产值 106.8 亿元，按可比价格计算，总量居全省 11 个市第 6 位，占比达 7%。

年末规模以上工业企业 177 户，比上年增加 4 户。规模以上工业增加值完成 355.69 亿元，增长 8.4%，增幅高全省 11.2 个百分点，增速全省第一。全年规模以上工业主营业务收入 2116.3 亿元，下降 5.3%；实现利税 70.8 亿元，增长 5.2%；实现利润 16.5 亿元，下降 47.3%。规模以上工业总产值完成 1054.2 亿元，总量居全省 11 个市第 6 位；主营业务收入总量居全省 11 个市第 2 位。

年末全市金融机构各项存款余额 2419.06 亿元，比年初增长 6.6%；年末全市金融机构各项贷款余额 1181.61 亿元，比年初增长 14.4%。年末金融机构各项存款余额、贷款余额分别占全省的 8.4%、6.4%，总量分别居全省 11 个市第 2 位、第 3 位。

2. 产业发展

2015 年，大同市第一产业增加值 56.4 亿元，增长 2.0%，占生产总值的比重为 5.3%；第二产业增加值 440.0 亿元，增长 7.9%，占生产总值的比重为 41.8%；第三产业增加值 556.5 亿元，增长 11%，占生产总值的比重为 52.9%。三次产业比重由上年的 5.7：44.5：49.8 调整变化为 5.3：41.8：52.9。

第一产业中，设施农业、规模养殖、特色产业、农产品加工等现代农业加快发展。"百园立农"工程（建设 100 个左右现代农业园）进一步推进实施，畜牧、果蔬、优质杂粮、特色农业四大主导产业发展壮大。全年新建扩建标准化养殖小区 201 个，重点培育了 10 个规模大、标准高的标杆园区，标准化养殖小区累计达到 860 个；新建设施农业 3.04 万亩，累计达到 25.3 万亩；新增"一村一品"村 144 个、"一县一业"项目 25 个，累计分别达 751 个和 71 个；农民合作社、家庭农场分别达 5800 个和 556 个；新增杂粮播种面积 6.6 万亩、占粮食作物的 43.7%，杂粮"三品"认证累计达到 34 个。天镇县小杂粮质量安全示范区成功认定为全省首批 4 个省级出口食品农产品质量安全示范区之一。绿苑饮品和上皇庄岗酒成功挂牌三版市场。天镇中地、新荣伊磊和南郊四方 3 个万头奶牛养殖园区建成投产，增强了奶牛产业的发展实力。规模以上农业产业化龙头企业发展到 158 户，实现销售收入 77.8 亿元，同比增长 13%。全年粮食总产量达 103.50 万吨，减少 0.53 万吨，下降了 0.5%；生猪出栏 100.6 万头、增长 1.3%，牛出栏 8.1 万头、增长 6.0%，羊出栏 153.4 万只、增长 12.4%，家禽出栏 375.9 万只、增长 17.0%；猪存栏 65.0 万头、增长 2.7%，牛存栏 18.2 万头、增长 8.0%，羊存栏 214.5 万只、增长 30.2%。肉类总产量达 14.1 万吨，增长 3.0%，其中猪羊肉产量 11.9 万吨，增长 0.9%。牛奶产量 24.4 万吨，增长 2.9%；禽蛋产量 5.4 万吨，增长 18.7%。

第二产业中，煤炭、电力、冶金、建材、医药、机械制造为传统主导产业，转型发展加快。推进实施火电、煤化工项目建设，进一步提高煤炭就地转化和清洁生产能力，晋北煤电基地建设取得新进展，同煤塔山二期 2×66 万千瓦、同煤阳高 2×35 万千瓦、京能左云 2×35 万千瓦低热值煤项目开工建设，同煤浑源 2×35 万千瓦、同煤大唐三期 1×66 万千瓦等项目取得路条。至年末，全市火电总装机达 736 万千瓦，占全省的 10.6%。大同采煤沉陷区国家先进技术光伏示范基地获批，成为我国实施光伏产业"领跑者"计划首个获批的基地，一期 100 万千瓦的 13 个子项目全部开工。至年末，全市并网发电风电总装机达150万千瓦、光伏发电总装机达32万千瓦，新能源电力总装机容量达182万千瓦，占全市电力总装机容量的20%。与此同时，继续推进新型装备制造、煤化工、新型医药、电子制造等新兴产业基地建设。大齿集团轻量化项目竣工开始试产，同车公司30吨轴重货运电力机车将批量生产，新成新材料股份公司电力机车受电弓滑板项目、同煤中海油40亿立方米煤制气项目、同煤60万吨烯烃项目、同煤4万吨高岭土和4.8亿块烧结煤矸石砖项目等建设加快推进，重点医药企业搬迁产业园区升级发展生产能力逐渐提升。7月21日，山西省玄武岩纤维技术应用院士工作站在大同市装备制造园区山西晋投玄武岩公司正式揭牌运行。院士工作站以防护工程专家、中国工程院院士周丰峻及其专家团队为技术核心，重点开展原料优质、均质化的课题研究，并就进一步提高生产工艺的稳定性水平、提升产品质量提供技术支持。院士工作站的成立，标志着我国玄武岩纤维产业发展将迈入新的里程碑。全年全市化学原料药产量达到2.2万吨。全年全市工业经济平稳增长，规模以上工业增加值完成355.7亿元，增长8.4%。传统产业依然是工业增长的主导因素，传统产业占全市规模以上工业比重为85.1%，新型接替产业为14.9%。煤炭、电力、冶金、建材、医药、化工、装备制造等七大行业增加值呈现"二增五降"，其中煤炭行业完成增加值241.37亿元，增长20.2%；化工行业完成增加值3.84亿元，同比增长43.8%；而电力、冶金、建材、医药、装备制造行业均同比有所下降。同煤集团完成增加值328亿元，占全市总产值的31%，占全市规模以上工业的70%，拉动全市工业增长13.8个百分点，对全市工业增长的贡献率高达164.2%。全年规模以上工业主要产品产量：原煤产量1.23亿吨，增长7.4%；发电量360.42亿度，下降11.6%；水泥产量399.09万吨，下降14.6%；烧碱1.2万吨，下降16.1%；合成橡胶1.8万吨，下降13.3%；生铁7.3万吨，下降88.2%；机车149台，下降288.7%；钢材4.5万吨，下降91.6%；化学原料药2.2万吨，增长16.4%；汽车变速箱产量52179台，下降18.3%。其中，原煤、发电量、水泥、合成橡胶、机车产量分别占全省的13%、14.7%、11.2%、100%、100%。

第三产业中，文化旅游、金融、物流、电子商务等新兴产业发展较快。经过近年来不断建设，基本形成了以古城修复保护为中心，以云冈石窟、北岳恒山为两翼的文化旅游景区格局。2015年，大同市荣获"中国避暑旅游城市"称号，同时入围中国最具特色旅游城市排行榜和中国文化遗产保护传承十佳城市排行榜两个榜单，分别排名第29和第10。云冈石窟景区荣登旅游业"2015最美中国榜"，荣获"最美中国·文化魅力特色魅力旅游目的地景区"称号。大同城墙景区成功创建为国家4A级景区。全年共接待国内外游客3194.5万人次，增长16.1%；旅游总收入达281.2亿元，增长17.8%。金融产业实现增加值71.4亿元，增长11.7%，占地区生产总值比重达到6.78%，比上年提高0.36个百分点，成为新的支柱产业。商贸物流稳步发展，新云中商贸物流园区、东信购物广场等带动辐射城南商圈逐渐成熟，万昌、和泰、新发地等物流园区带动全市物流产业快速发展。第三方物流和电子商务等新业态快速发展，大同电子商务园区投入使用，阿里巴巴集团在大同建立了电商基地。电商产业园区，聚集了电子商务品牌企业40余家，注册的电商企业达1243家。全年全市第三产业占比达到52.9%，超第二产业11.1个百分点，同比提高了3.1个百分点。

3. 改革创新

2015年，大同市围绕转型综改，加快推进改革创新，在一些重要领域和关键环节取得积极进展。

深化行政审批制度改革和推进政府职能转变。率先在全省公布市级政府部门权力清单和责任清单，取消、调整、下放行政审批等权力事项374项，清理行政职权6587项，减少为2840项，精减率达56.9%。各项审批事项办理平均承诺时限从9.7个工作日降到5.2个工作日。加快建立统一规范的公共资源交易平台，平台建设整合工作已基本完成，农业、林业、水利、交通等行业建设工程纳入平台交易。全年共为1336项建设项目提供了交易服务，总投资额85亿元。公车改革有序推进，12月29日全市参改车辆全部封存停驶。

深化投资体制和商事制度改革。出台《大同市政府核准的投资项目目录（2015年本）》，进一步下放审批权限，精简前置审批条件，推行前置审批和项目核准并列办理，提高了效能。改革创新投融资机制精神，在基础设施和公用事业建设方面推出了4个政府和社会资本合作项目。全面推行"三证合一""一照一码"商事制度改革（即将由工商行政管理、质量技术监督、税务三个部门分别核发工商营业执照、组织机构代码证和税务登记证，改为由工商行政管理部门核发一个加载法人和其他组织统一社会信用代码的营业执照），新增市场主体2.5万户。

推进国有企业改革和金融改革创新。关闭破产企业4户，安置职工729人。全面公开市属国有企业重大信息。企业负责人薪酬和履职待遇管理制度改革加快实施。支持企业融资，阳光小贷公司在"新三板"挂牌，绿苑饮品有限公司和上皇庄岗酒厂在Q板挂牌，同煤集团实现直接融资158亿元，柒柒金融服务公司开展互联网金融试点、线下融资1.8亿元。

推进农村产权制度改革和启动扩权强镇试点。农村土地承包经营权确权登记颁证工作全面开展，清查完成全市9个农业县（区）的291.9万亩耕地。农村土地流转稳步推进，累计流转农村土地67.13万亩。灵丘县东河南镇、阳高县东小村镇启动开展了扩权强镇试点，下放事权、扩大财权、改革人事权、保障用地等扩权内容逐步对接下放。

推进区域经济合作和开发区升级建设。8月18日，第二届蒙晋冀（内蒙古乌兰察布市、山西大同市、河北张家口市）长城金三角合作区联席会议在大同召开，三地政府共同签署了《协同推进蒙晋冀（乌大张）长城金三角合作区规划》认同书，合作进入新阶段。主动对接京津冀、融入京津冀协同发展。11月15日，大同市与北京市科委签署科技创新战略合作框架协议，并揭牌了合作共建的"中国国际技术转移中心大同合作中心"。协议双方将依托北京丰富的科技资源优势与大同核心区地缘等优势，搭建平台，广泛开展科技、成果、项目、人才、政策等方面的交流与合作，共同实现创新驱动发展。左云经济技术开发区获批为省级开发区，实行省级经济技术开发区的政策，成为大同经济发展的新平台和发展开放型经济的新窗口。左云经济技术开发区位于大同市左云县城以北约4公里的三屯乡境内，总规划面积30.13平方公里，总投资1197亿元。主要项目有：由大同煤矿集团公司和中国海洋石油总公司投资兴建的一期每年40亿立方米、二期每年100亿立方米，两项合计投资588亿元的煤制天然气项目和煤基高端石化产业（煤制烯烃、煤制芳烃）、京能集团2×35MW配套电厂及年产12万吨焦油加氢制石脑油和柴油等18个项目。

4. 城乡建设

近年来，大同市紧紧围绕建设区域性现代化大城市的目标，坚持高起点规划、高水平建设、高效能管理，促进城镇化水平不断提高。其中，主城区确立了"一轴双城，分开发展；古今兼顾，新旧两利；传承文脉，创造特色；不求最大，但求最佳"的城市大规划，不断推进了"名城复兴"工程建设；各县（区）也依据各自地形地貌、产业基础、历史背景等，按照"大县城"战略，因地制宜地推进了城乡规划、产业发展、市场体系、基础设施、公共服务和管理体制等"六个一体化"建设。主城区、各县（区）大县城、重点镇等城乡基础设施建设取得显著成效。2015年，全市城乡建设进一步推进。

继续推进主城区"名城复兴"工程。西城墙瓮城主体工程建设加快实施，大力推进了制约城墙合拢的拆除、搬迁和建设工程。代王府中轴线、明堂公园修复工程主体完工。御东新区大剧院、图书馆、美术馆、体育中心等公共设施收尾工程继续推进。御东新区的大同汽车客运东站主体完工。

统筹推进城乡基础设施建设和改善人居环境。大力推进市政基础设施建设，市县承载能力持续提升。主城区开源桥、北环桥等道路桥梁新建、扩建项目按进度推进，北环桥主体完工，新建城市道路48.1公里；南城墙带状公园、北城墙带状公园、儿童公园改造等重点工程进展顺利，建成区新增绿化面积170万平方米。城市建成区绿化覆盖率、绿地率、人均公共绿地分别达到40.09%、35.96%和14.79平方米/人；新增供热面积250万平方米，集中供热率达99.7%；同煤集团煤气置换天然气工程扎实推进，城市气化率达98.6%；富乔生活垃圾焚烧发电扩建工程完工，日处理能力增加500吨，日处理生活垃圾达1000吨，生活垃圾无害化处理率达99%。供水普及率99.8%，水质合格率100%；污水处理率达86.3%，中水回用率21.1%。以控煤、治污、管车、降尘为工作抓手，不断加大大气污染综合整治力度，淘汰老旧和黄标车辆6313辆，更新了部分公交车。全年市区空气质量二级以上良好天数达到292天，空气质量综合指数5.4，两项指标排名均列全省第一。浑源县、新荣区、阳高县生活垃圾收集转运系统建设项目和广灵县城污水处理厂升级改造项目进展顺利。继续实施改善农村人居环境"四大工程"（农村提质工程、农民安居工程、环境整治工程和宜居示范工程），累计完成投资36.6亿元，新完成农村公路改造183.5公里，新完成农村困难家庭危房改造15700户、农村住房抗震加固改建9500户、移民搬迁10697人，改善了4.6万农村人口饮水条件；累计配备农村清扫保洁人员6873名、乡镇监管人员

593 名，配备农村垃圾收集清运车 3471 辆，建设密闭式收集池 2934 个、简易垃圾填埋场 1594 个、小型中转站 18 座。南郊区杨家窑，灵丘县车河、上北泉，阳高县大泉山、镇边堡，天镇县新平堡、窑沟，大同县营坊沟，浑源县东辛庄、麻庄等一批文化旅游、生态休闲、镇村一体、工矿一体和移民新区等美丽宜居示范村建设，在巩固提高中发展。以国家和省重点生态建设工程为依托，造林绿化工程持续推进，开展了 27 万亩京津风沙源治理工作，新增营造林面积 32 万亩，完成县乡通道绿化 l47.6 公里。大同县入选为"全国生态保护与建设示范区"。

境内跨城乡的重大交通基础设施建设进一步推进。灵（丘）涞（河北涞源）高速公路建成通车，京（北京）新（新疆）高速公路天镇段主体完工，国道 108 线改建工程开工。大（同）张（家口）高铁开工建设。该高铁起自山西大同，止于河北怀安县，与京张铁路、呼张铁路、大西客专衔接，是贯通京、津、冀、晋、陕的重要客运通道。项目全长 140 公里，其中山西境内124 公里，设计行车速度 250 公里/小时，工期 4 年，2019 年建成通车。此外，大同—乌兰察布高铁、大同—西安高铁（大同至原平段）等项目前期工作顺利推进。云冈机场扩建完工，成功开通国际航空业务。

2015 年，大同市公路通车里程达到 12546.5 公里，公路密度达 89 公里/百平方公里。高速公路通车里程达 549.3 公里，2013 年已实现县县通高速。

2015 年，大同市城镇化水平进一步提高，市域城镇化率达 61%，比 2014年提高 0.96 个百分点。

5. 民生社会

2015 年，大同市保障和改善民生的事业全面进步。全年全市公共财政预算支出 292.40 亿元，比上年增长 31.7%，其中用于民生支出达到 252.6 亿元，比上年增长 44.6%，占用公共财政预算总支出的 86.9%。

全年全市新增城镇就业 5.62 万人，失业人员再就业 2.41 万人，转移农村劳动力 3 万人。年末城镇登记失业率 3%，低于 4.2% 的控制目标。实施"收入倍增"工程，提高最低工资标准和企业工资增长指导线，最低工资标准平均提高了 170 元；提高市直机关、事业单位津补贴和绩效工资标准，并向低职级人员倾斜。

实施精准扶贫，全市有 80 个贫困村、5.9 万贫困人口脱贫。提高企业和城乡养老保险待遇，企业职工基本养老保险连续五年按 10% 的幅度提高，城乡居民基本养老保险基础养老金最低标准由每人每月 65 元提高至 80 元；提高困难群众基本生活保障标准，其中城乡低保平均标准每人每月提高 27 元，农村低保每人每年提高 264 元。连续提高各类优抚对象的相关补助标准，农村五保户集中供养的人年均提高 200 元、分散供养的人年均提高 100 元，新建农村老年人日间照料中心 75 个。医疗卫生筹资和保障能力进一步增强，新农合和城镇居民医保财政补助标准从 320 元提高到 380 元；基本公共卫生服务人均财政补助标准从 35 元提高到 40 元；大病医疗保险已覆盖所有城乡居民基本医保参保人群，报销比例提高到 50% 以上；年末职工医保、居民医保和新农合三项基本医保参保人数分别达到 88.4 万人、38.3 万人和 154.1 万人，新农合参合率达到 98.42%；全市 10 个县区 17 所县级公立医院综合改革实现全覆盖，组建了以市一医院为核心医院的医疗联合体，全市医疗联合体达到 4 个，基本消除了卫生室空白村。新开工建设保障性住房 7.9 万套、建成 1.6 万套。继续实施"百校兴教"工程，大同铁一中新校区投入使用，十二中初中教学楼、大同师范改扩建等项目完工，特教学校新校、十一中综合教学楼主体工程完工；新建、改扩建 16 所公办幼儿园和 24 所农村幼儿园；市职教中心扩建项目完工，浑源、左云职教中心达到省级标准。全年发生各类生产经营性事故 59 起、死亡 44 人，同比事故起数和死亡人数实现双下降，事故起数减少 17 起、下降 22.37%，死亡人数减少 5 人、下降 10.2%，安全生产形势良好。

2015 年，大同市全市居民人均可支配收入 17472 元，增长 8.4%。城镇居民人均可支配收入 24771 元，增长 8.1%；城镇居民人均消费支出 11342 元，增长 8.1%。农村居民人均可支配收入 7708 元，增长 8.0%；农村居民人均消费支出 5961 元，增长 9.3%。城镇占调查总户数 20% 的低收入家庭人均可支配收入 9983 元，增长 7.7%；农村占人口 20% 的低收入者收入 2010 元，增长 12.7%。

2015 年，大同市全市居民、城镇居民、农村居民人均可支配收入均低于全省，分别是全省的 97.9%、95.9%、81.5%。在全省 11 个市中，全市居民、城镇居民、农村居民人均可支配收入分别居第 7 位、第 8 位、第 9 位。城镇居民、农村居民人均消费支出均低于全省，分别是全省的 71.6%、80.3%，在全省 11 个市中分别居第 9 位、第 9 位。

6. 经济特区

大同经济技术开发区、左云经济技术开发区，是大同市境内享受特殊政策的经济特区。其中，大同经济技术开发区是国家级开发区，左云经济技术开发区是新批准设立的省级开发区。

大同经济技术开发区，始建于 1992 年，1997 年批准为省级经济开发区，2010 年升级为国家级经济技术开发。开发区包括老区和医药工业园区。其中老区包括，位于大同主城区城东 6 公里处文瀛湖东畔的湖东片区和位于主城区南部的城南片区，总体规划面积 8.2 平方公里。近年来，开发区扩区建设不断推进，新建了 21.98 平方公里的医药工业园区、51.58 平方公里的新能源产业园区，共约 73.56 平方公里。多年来，开发区已吸引美、印、英、澳和港台等多个国家和地区企业来区投资，项目涉及医药化工、机械制造、食品加工、新材料、节能环保和现代服务业等多个领域。初步形成了以生物医药、医疗器械、现代服务、高新技术四大产业为支撑的现代新兴产业体系。其中，以医药工业园为平台，重点发展了现代医药、药品物流、医疗器械三大主导产业；以高新技术园区为平台，重点发展了新型材料、高端制造、节能环保、食品加工四大产业；以现代服务园区为平台，重点发展了现代商贸、信息咨询和以地产建筑为主的总部经济三大主导产业。2015 年，大同市经济技术开发区完成地区生产总值 43.73 亿元，增长 0.4%；规模以上工业总产值完成 58.5 亿元，下降 0.4%；规模以上工业增加值完成 15.7 亿元，增长 16.7%；第三产业增加值完成 15.0 亿元，增长 0.1%；固定资产投资完成 75.2 亿元，增长 16.2%；进出口总额完成 20051 万美元，下降 1.8%，其中出口 19875 万美元，下降 2.5%；社会消费品零售总额完成 22.6 亿元，增长 5.2%；公共财政预算收入 3.97 亿元，增长 2.8%。

左云经济技术开发区，是 2015 年 9 月 30 日省政府新批准设立的省级开发区。该开发区位于大同市左云县城以北约 4 公里的三屯乡境内，总规划面积 30.13 平方公里，总投资 1197 亿元。主要项目有：由大同煤矿集团公司和中国海洋石油总公司投资兴建的一期每年 40 亿立方米、二期每年 100 亿立方米，两项合计投资 588 亿元的煤制天然气项目和煤基高端石化产业（煤制烯

烃、煤制芳烃)、京能集团 2×35MW 配套电厂及年产 12 万吨焦油加氢制石脑
油和柴油等 18 个项目。左云经济技术开发区的设立和建设,是大同市经济社
会发展的新平台、新动能,对于促进传统产业升级、增加财政收入、带动劳
动就业、促进区域经济转型发展,具有重要意义。

7. 县域经济

大同市共辖大同县、阳高县、天镇县、左云县、浑源县、灵丘县、广灵
县和城区、矿区、南郊区、新荣区 11 个县(区)。

大同市是全国 14 个集中连片贫困地区之一,11 个县(区)中有 5 个国定
扶贫开发重点县(天镇县、阳高县、广灵县、灵丘县、浑源县),全部属于太
行山连片特困地区,贫困面比较大。全市 11 个县(区)资源与产业各具特
点。南郊区、左云县、新荣区为重点产煤县区,煤炭产业在县域经济中占主
导地位。浑源县矿产资源丰富,旅游资源得天独厚,煤炭、花岗岩、旅游为
三大支柱产业。灵丘县各种金属、非金属矿产资源丰富,其中铜、银、锰、
铁矿储量大、品位高,分布集中,冶金工业是支柱产业。阳高县、天镇县、
广灵县、大同县产业以农业为主。城区、矿区地处市区,现代服务业、商贸
物流业相对发达,占主导地位。

2015 年全市 11 个县(区)实现地区生产总值分别为南郊区 416 亿元、
城区 139.4 亿元、浑源县 36.2 亿元、左云县 34.9 亿元、灵丘县 28.0 亿元、
阳高县 27.8 亿元、大同县 25.8 亿元、新荣区 24.4 亿元、矿区 22.7 亿元、
广灵县 21.4 亿元、天镇县 20.7 亿元。公共财政预算收入分别为南郊区
11.1 亿元、左云县 4.03 亿元、城区 3.8 亿元、浑源县 2.86 亿元、新荣区
1.7 亿元、大同县 1.7 亿元、阳高县 1.13 亿元、矿区 1.1 亿元、灵丘县
1.07 亿元、广灵县 0.9 亿元、天镇县 0.8 亿元。对全市地区生产总值贡献
最高的是南郊区,最低的是天镇县,城区、南郊区 2 区实现的地区生产总
值占全市的 53%。

全市 11 个县(区)城镇居民人均可支配收入分别为城区 27264 元、矿区
26777 元、左云县 22758 元、灵丘县 22708 元、南郊区 22208 元、新荣区
20685 元、浑源县 19216 元、天镇县 18658 元、广灵县 18596 元、阳高县
18121 元、大同县 17065 元;农村居民人均可支配收入分别为左云县 12508
元、南郊区 10022 元、大同县 7675 元、新荣区 7628 元、阳高县 6260 元、灵

丘县 6251 元、浑源县 6205 元、广灵县 6038 元、天镇县 5685 元。除城区、矿区外，其他各县区城镇居民人均可支配收入均低于全省平均水平。除南郊区、左云县外，其他各县区农村居民人均可支配收入均低于全省平均水平。

2015 年末，全市 11 县（区）常住人口分别是城区 74.26 万人、矿区 51.16 万人、南郊区 41.74 万人、浑源县 35.28 万人、阳高县 27.9 万人、灵丘县 24.06 万人、天镇县 21.19 万人、大同县 19.11 万人、广灵县 18.78 万人、左云县 16.08 万人、新荣区 11.08 万人。

三　朔州市

朔州市是山西省辖 11 个地级市之一。位于省境西北部，西依管涔山脉，东靠恒山山脉，处在大同盆地南沿，内外长城之间，西北与内蒙古自治区呼和浩特市、乌兰察布市交界，北、东、南与省内大同市、忻州市相邻。下辖 2 区（朔城、平鲁）4 县（山阴、怀仁、应县、右玉）。辖区东西宽 144.5 公里，南北长 133 公里，总面积 10632.6 平方公里，占全省总面积的 6.8%。境域四面环山，中东部是平川，山地丘陵面积约占 60%。境内农业生产条件较差，以畜牧业和小杂粮、玉米、土豆、蔬菜种植业为主；煤炭、石灰岩、铝土矿、耐火黏土等矿藏资源丰富，各类矿产资源潜在价值占全省 17%。工业主导产业有煤炭、电力、建材、陶瓷、乳制品等，是国家重要的动力煤生产基地和电力生产基地，也是北方重要的日用瓷生产基地。朔州，北扼杀虎口，南临雁门关，秦称马邑、唐为鄯阳、明归朔平府，历史上是中原农耕文明与游牧文明的融合之地，也是少数民族与汉民族冲突交融的战略缓冲地。朔州市是在 20 世纪 80 年代中国改革开放大潮中随中美合作兴建平朔安太堡露天煤矿诞生的一座新型城市，1989 年建市。2015 年末，全市常住人口为 176.2 万人，占全省总人口的 4.8%，居全省 11 个市第 10 位。

2015 年，面对严峻复杂的宏观形势和经济持续下行的考验，朔州市积极应对挑战，主动适应新常态，紧紧围绕"优化经济结构、提升发展质量"两大任务，顶住压力，负重前行，着力保障和改善民生，有序推进经济、政治、文化、社会和生态文明建设，经济社会稳步发展，全面建成小康社会迈出坚实步伐。

1. 经济运行

2015 年，朔州市实现地区生产总值 901.1 亿元，下降 2.3%。地区生产总值占全省的比重为 7.0%，居全省 11 个市第 9 位。人均地区生产总值 51256 元，下降 2.8%，总量是全省的 146%，居全省 11 个市第 2 位。

全年财政总收入 113.1 亿元，下降 33.1%。公共财政预算收入 54.3 亿元，下降 37.3%；总量居全省 11 市第 10 位。公共财政预算支出 138.3 亿元，下降 3.3%，总量居全省 11 市第 10 位；民生支出 113.1 亿元，下降 2.8%，占总支出的 81.8%。

全年固定资产投资 937.1 亿元，增长 14.9%；总量居全省 11 市第 10 位，增速居第 5 位。其中，第一产业投资 146.5 亿元，增长 69.3%；第二产业投资 425.1 亿元，增长 5.4%；第三产业投资 365.4 亿元，增长 35.8%。其中房地产开发投资 67.7 亿元，下降 12.3%。

全年社会消费品零售总额 270.1 亿元，增长 4.6%；总量居全省 11 市第 11 位。其中，城镇消费品零售额 190.4 亿元，增长 4.5%；乡村消费品零售额 79.7 亿元，增长 4.7%。

全年外贸进出口总额 36488 万元，下降 35.9%；总量居全省 11 市第 11 位。其中，进口 17504 万元，下降 56.4%；出口 18984 万元，增长 13.5%。外商直接投资 15420 万美元，总量居全省 11 市第 8 位。

全年实现农林牧渔总产值 119.1 亿元，下降 6.0%；总量居全省 11 市第 10 位。

年末规模以上工业企业 259 户，减少 5 户。全年规模以上工业增加值完成 254.9 亿元，下降 5.9%。规模以上工业主营业务收入 737.6 亿元，下降 30.1%；实现利润 -24.9 亿元，下降 140.7%。规模以上工业总产值完成 766.4 亿元，总量居全省 11 市第 9 位。

年末全部金融机构本外币各项存款余额 1191.7 亿元，比年初增长 6.3%。各项贷款余额 558.6 亿元，比年初增长 8.9%。年末金融机构本外币各项存款余额、贷款余额分别占全省的 4.2%、3.0%，总量分别居全省 11 个市第 11 位、第 11 位。

2. 产业发展

2015 年，朔州市第一产业增加值 55.5 亿元，下降 5.6%，占生产总值的比重为 6.2%；第二产业增加值 406.3 亿元，下降 5.8%，占生产总值的比重为 45.1%；第三产业增加值 439.3 亿元，增长 4.6%，占生产总值的比重为 48.7%。三次产业比重由上年的 6.1：54.1：39.8 调整变化为 6.2：45.1：48.7，继续呈现一三产比重逐步上升，二产比重逐步下降的态势。

第一产业中，农业产业结构正在发生积极变化，草业经济、特色农业、新型经营主体发展较快。一是启动实施全国草牧业发展试验试点。2014 年，国家启动实施草牧业发展试验试点，朔州市被确定为全国唯一整体推进草牧业发展试验试点的市，其中朔城区、山阴县、应县 3 个县（区）列为粮改饲试点，平鲁区、怀仁县、右玉县 3 个县（区）为草牧业发展试点。"粮改饲"试点，主要是引导种植全株青贮玉米，同时因地制宜，在适合种优质牧草的地区推广牧草，将单纯的粮仓变为"粮仓＋奶罐＋肉库"。草牧业发展试点，主要是强调草畜并重、草牧结合，探索构建"草业＋草食畜牧业＋相关延伸产业"发展模式。2015 年朔州市全面启动试点工作，年内重点扶持了山阴农牧场、平鲁向阳堡、右玉张千户岭 3 个种草示范点，带动全市完成种草 35 万亩，种植结构由粮经二元结构向粮经草三元结构加快转变。二是加快特色农业产业发展。实施"一村一品"专业村主导产业扶持项目 110 个，"一村一品"专业村总数达到 537 个，从业人数达 12 万人；实施"一县一业"基地县产业发展项目 14 个，总投资 640 万元，40% 的养殖园区完成现代化升级改造，规模健康养殖迈上新台阶。朔城区的城郊型现代农业、平鲁区的马铃薯、山阴的奶牛、怀仁的肉羊、应县的蔬菜、右玉的小杂粮已基本形成"一县一业"产业格局。三是推进农业经营主体多元发展。农业产业化经营龙头企业发展到 352 个，其中加工带动型企业 222 个。农产品加工企业完成销售收入达 180 亿元，增长 11.8%。专业大户、家庭农场和农民合作社等新型经营主体发展壮大，全市进入省级家庭农场目录并通过审核的各类家庭农场总数达到了 1791 个；新增在工商部门登记注册的各类合作社 584 个，达到了 6156 个。全年粮食产量 110 万吨，下降 14.2%；油料产量 2.5 万吨，下降 21.9%；蔬菜及食用菌产量 71.6 万吨，下降 32.8%；水果产量 11.8 万吨，其中园林水果产量 0.6 万吨，下降 7.6%。羊出栏 307.7 万只，增长 11.7%；家禽出栏数 128.2 万只，增长 24.5%；生猪出栏数 28.8 万头，下降 5.6%。年末牛存栏数达到 19.3 万头，增长 2.4%，其中奶牛存栏达 18.31 万头。肉类总产量 9.3

万吨，增长3.9%，其中猪肉产量2.8万吨，下降5.5%；羊肉产量5.4万吨，增长11.1%。牛奶产量52.3万吨，增长0.7%。禽蛋产量2.4万吨，增长34.9%。其中，玉米、油料、瓜果、羊肉、牛奶年产量分别占全省的11%、16.3%、12.9%、78.3%、56.9%。

第二产业中，煤炭、电力等传统产业工业转型升级步伐加快，新兴产业和循环经济产业成效明显。加快推进现代化矿井建设，标准化矿井达到45座。大力提升传统火电产业，加快发展低热值煤发电、风力发电、光伏发电新产业。平朔木瓜界2×66万千瓦、平朔安太堡2×35万千瓦、同煤朔南2×35万千瓦3个低热值煤发电项目和中电国际神头发电公司2×100万千瓦火电项目开工建设。全年新增电力装机容量166.75万千瓦，总装机容量达到953.35万千瓦。其中，低热值煤电装机容量267万千瓦，占总装机容量的28%；风电装机容量253.95万千瓦，占总装机容量的26.6%，比上年提高7.6个百分点；太阳能光伏发电和生物质能发电装机分别为40万千瓦和2.4万千瓦，占总装机容量的4.4%，比上年提高3.1个百分点。蒙西至天津南、晋北至江苏两条特高压输电线路顺利开工，为建设综合能源基地拓宽了发展空间。煤炭生产、洗选、外运量位居全省第一，低热值煤发电装机、风能和太阳能等新能源发电装机均居全省第一，"亿吨级煤炭、千万千瓦级电力"基地初具规模。铺开装备制造、食品、医药等新兴产业项目126个，完成投资106亿元。非煤电产业投资占工业投资比重达到34.5%，比上年提升3.1个百分点。全年全市煤炭行业实现增加值188.1亿元，下降3.2%，占规模以上工业增加值的73.8%；电力工业实现增加值36.4亿元，下降11.8%，占规模以上工业增加值的14.3%；陶瓷、医药、水泥、新型材料、装备制造、铁合金、电解铝等非煤电产业实现工业增加值30.3亿元，下降17.4%，占规模以上工业增加值的11.9%。以国家级工业固废综合利用基地和工业绿色转型发展试点市建设为抓手，大力推进发展循环经济发展，各工业园区重点项目加快建设。全年全市工业固废年消化量达到3000万吨以上，综合利用率达到63%，产业化水平走在全国前列。全年规模以上工业主要产品产量：原煤18220万吨，下降10%；发电量267.5亿千瓦时，下降15.3%；水泥205万吨，下降17.1%；液体乳2.0万吨，下降5.3%；软饮料1.8万吨，增长71.3%；白酒766万升，下降14.8%。其中，原煤、发电量、液态乳年产量分别占全省的

19.3%、10.9%、22%。

第三产业中，电子商务、物流业、旅游业发展较快。朔州市电子商务公共服务平台和朔州市中小商贸流通企业公共服务平台年内上线运营，辐射带动各类企业800多户。怀仁汽车文化城启动，应县集装箱货用业务开通，规模、体量最大的商业综合体——美都汇购物广场建成投入使用。全年新增进出口企业6家，对外贸易经营者备案登记企业11家，新批外商独资企业1家，利用外资7261万美元。全年全市社会消费品零售总额270.1亿元，增长4.6%，其中商品零售额236.5亿元，增长4.4%；餐饮收入额33.6亿元，增长5.8%。以"边塞文化"为核心，以"休闲避暑"为特色的旅游业加快发展。全年全市共接待国内旅游者1415.7万人次，增长23.3%；国内旅游收入133.4亿元，旅游总收入133.6亿元，分别增长22.2%和22.2%；接待入境旅游者人数6133人次，同比增长4%，旅游外汇收入210.3万美元，增长5%。此外，交通运输、仓储和邮政、机电维修、住宿餐饮等传统产业也平稳发展。全年服务业增加值增速快于地区生产总值增速6.9个百分点，服务业成为拉动经济发展新的增长点。

3. 改革创新

2015年，朔州市以转型综改试验区建设为统领，全面推进改革开放，创新体制机制，重要领域和关键环节的改革创新取得阶段性成果。

转变政府职能和深化行政审批制度改革。推进并全面完成市县政府机构改革，其中市工商局、市质检局由省垂直管理改为市政府管理，县级机构也随之作出相应调整。推进公务用车制度改革，完成改革的各项准备工作，并于年底全部封存涉及改革的公车。积极推行市级政府部门权力清单和责任清单制，取消或部分取消行政审批事，共清理行政权力事项2749项，由原5306项市级行政职权精简为目前的2557项，精简率达51.8%。市级政务服务平台和公共资源交易平台"两平台"建设成效明显。全年，政务服务平台共受理业务167738件，办结167680件，办结率为99.97%；公共资源交易平台共交易294项，交易额总计约24.62亿元。

继续推进全国农村改革试验区建设。朔州市是2012年国家确定的24个全国新一轮农村改革试验区之一。改革试验的主要任务是：探索完善农村基本经营制度、健全严格规范的农村土地管理制度、完善农业支持保护制度、建立现代农村金融制度、建立促进城乡经济社会发展一体化制度、健全农村民主管理制度等六大制度建设。至 2015 年末，经过多年探索，各项改革取得重大成效。其中，通过移民搬迁，怀仁县金沙滩镇扩容提质成为省级园林城镇和全国重点镇，也为金沙滩陶瓷工业园区提供了充足的劳动力资源，促使该镇成为北方重要的日用陶瓷生产基地；平鲁区双碾乡在退耕搬迁移民村庄土地上建成了 5 万亩草场，在旧村庄复垦建设了 13 个畜牧养殖园区。土地流转不断加快，全市 47 个乡镇、1142 个村全面开展土地确权颁证，分别占全市乡镇、村庄总数的 64.4% 和 67.7%。由土地流转推动的现代农业和适度规模经营初具规模，全市在工商部门登记注册的各类农民专业合作社达到 5822 个，出资总额 89.4 亿元，实现了所有行政村和主导产业两个全覆盖。通过审核的各类家庭农场 1752 个，共经营耕地 26 万亩，其中千亩以上种粮大户 65 户，家庭农场和种粮大户数量位居全省前列。

创新地方金融发展机制。启动农村信用社改革，山阴县农信社改制农商行工作取得重大进展，获国家银监会批准；启动朔城区和平鲁区农信社产权制度改革，筹建朔州农村商业银行。引进了华夏银行在朔州市设立分支机构。引入尧都农商行、五台山农商行，成功组建了怀仁、应县村镇银行。成立了创业就业小额贷款担保中心。新增一家注册资本金 1 亿元的民营融资性担保公司。加快发展资本市场，润臻公司、特别特文化传播公司在上海股权托管中心挂牌；宏力再生股份有限公司在"新三板"成功挂牌，实现了"新三板"挂牌上市的零突破。推进政府与社会资本合作，民间投资占全市固定资产投资比重达到 40.9%。

推进商事制度改革和城市公交体制改革。积极推进和深化商事登记制度改革，相继落实了放宽注册资本登记条件、简化住所（经营场所）登记事项、变企业年度检验制度为年报公示制度、变前置审批为后置审批、实施"三证合一"、"一照一码"等改革措施，简化了登记环节、提高了办事效率，大大降低了市场准入门槛，市场主体总量有了明显增长。全年新发展各类市场主体 11851 户，同比增长 8.74%，其中私营企业新增 2724 户，同比增长 21.93%，个体工商户新增 8261 户，同比增长 28.34%。坚持城市公交国有化的主导地位，推进多年来形成的市区民营公交运营改制，对安达、安通、运风三家民营公交公司进行整合，回收民营公交车 114 辆，构建起了市区公交国有经营体制。

大力实施创新驱动发展战略。设立了 2000 万元工业项目专项扶持资金，用于奖励、补助非煤电困难企业进行技术改造和节能降耗；设立了 4000 万元企业技术研发创新项目补贴专项资金，支持企业推动新技术新产品研发推广。"煤电污染控制及废弃物资源化利用山西省重点实验室"加快推进。与北京大学合作建设的固废研发中心成效不断显现，已开发新产品近 30 个，80% 以上属于国内首创，60% 处于国际领先水平。全年新增企业技术中心 20 多家，各类技术中心达到近 80 家；新增高新技术企业 2 家，高新技术企业达到 13 家。

深化区域经济合作和扩大开放。积极与环渤海、长三角和珠三角地区部分城市政府、商协会、投资机构以及部分企业家在项目对接、能源供应、金融支持、开发区合作、人才培养、文化交流等方面开展交流合作。组织举办了广东潮州陶瓷产业推介会、湖北武汉先进装备制造和家政服务考察对接活动、山西朔州·江浙沪产业恳谈会、山西应县·厦门产业对接恳谈会、山西右玉·内蒙古产业对接恳谈会和山西朔州·广东产业对接恳谈会、山西雁门关生态畜牧经济区特色农产品展销暨技术交流北京招商引资洽谈会等，取得了深化区域合作和招商引资的积极成效。全年签约招商引资项目 119 个，到位外来资金 606.2 亿元。

4. 城乡建设

近年来，朔州市以"五城联创"（创建全国文明城市、国家园林城市、国家卫生城市、全国环保模范城市、国家级双拥模范城市）为抓手，大力推进中心城市建设，推进大县城和重点镇建设以及农村环境的改善，城乡建设进展明显。2013 年，成功创建国家园林城市。2015 年，朔州市城乡建设进一步加快。

加强基础设施建设和改善人居环境。全面实施改善城市人居环境"四大工程"（设施提升工程、城市安居工程、城中村改造工程、环境提质工程），推进城市道路、供水、供气、供热、污水垃圾处理等市政基础设施建设。继续推进实施七里河综合治理、朔州老城改造；新建和改造城市道路 51 公里、各类市政管网 388 公里；新增城市集中供热面积 492 万平方米，完成市污水处理厂提标改造，基本建成市第二污水处理厂，市区污水处理率达到 98.6%，提高 0.07 个百分点；市区生活垃圾无害化处理率达到 100%；城市集中供热总面积达到 2496.5 万平方米，集中供热普及率达到 90.03%，提高 0.01 个百分点。城市总体规划获得省政府批复，市、区两级规划管理实现统一。至年末，中心城区建成主干道路 86.4 公里，道路面积 507 万平方米，人均道路面积 16.85 平方米，形成了 158 平方公里的城市大框架，城市发展空间明显变大。大力防治空气污染，淘汰黄标车 1894 辆，全部取缔市区 10 蒸吨以下燃煤锅炉，淘汰 65 台燃煤小锅炉，提标改造 77 台 859 蒸吨大锅炉，市区道路机械化清扫率提高 6 个百分点，达到 73.5%；创建省级保洁示范街 4 条、容貌示范街 3 条。全年市区空气质量二级以上天数 216 天，比上年减少 46 天，大气综合污染指数为 6.77，比上年增长 1.5%。各县（区）的城市基础设施建设也稳步推进。平鲁区、应县 3 座城市污水处理厂提标改造完工，提高了日处理污水能力。全市新开工各类保障性住房 13613 套，基本建成 20522 套，完成投资 35.74 亿元。继续实施改善农村人居环境"四大工程"（完善提质工程、农民安居工程、环境整治工程、宜居示范工程）。解决了 35 个村、1.35 万人饮水困难。统筹推进采煤沉陷区治理、地质灾害治理、农村危房改造、扶贫易地搬迁，安置 6716 户农民，易地搬迁 1411 人。农村危房改造全部完成。新改扩建农村五保户集中供养服务机构 6 所，新增床位 394 张。累计配套乡村环卫监管员 583 人、保洁员 3730 人，配套垃圾清运车辆 511 台，实现乡村卫生清洁的常态化。创建城乡清洁工程达标村 345 个。建成生态文明村 7 个，生态环境乡镇 1 个，建成乡村污水处理厂 2 座。省市县三级联创美丽宜居示范村 14 个，其中省级示范村 8 个。农村人居环境大幅改善。

大力推进跨城乡的重大交通基础设施建设和生态环境建设。右玉至平鲁高速公路开工建设。加快推进平万线虎头山隧道工程、省道虎山线右玉段路面改造工程、省道平朔线平鲁段路面改造工程、国道 109 线朔州境内平鲁段路面改造工程、国道 208 线朔州境内山阴段路面改造工程等干线公路建设项目。完成县乡公路改造工程 110 公里，旅游公路工程、村通水泥（油）路完善提质工程、农村公路安全生命防护工程等推进实施。大（同）西（安）高铁朔州段前期工作正式启动，朔州机场选址通过专家评审。积极推进大荒山治理、通道绿化、景区建设和种苗种植四大林业生态工程建设，完成营造林 22 万亩，全市森林面积达到 382.8 万亩，森林覆盖率达 24%。

2015 年，朔州市新增公路通车里程 7.3 公里，总里程达到 10170.2 公里。其中，高速公路 388.7 公里，普通干线公路 815.5 公里，农村公路 8966.1 公里。

2015 年，朔州市市域城镇化率达 53.2%，同比提高 1 个百分点。城镇化率在全省 11 市中列居第 5 位。

5. 民生社会

2015 年，朔州市着力保障和改善民生，社会事业取得新进步。全年全市公共预算支出 138.3 亿元，下降 3.3%。其中，民生领域投入 113.1 亿元，占到公共财政预算支出的 81.78%，同比上年提高 2.8 个百分点。

全年全市发放各类就业补贴资金 9807 万元，享受补贴人数 4.22 万人，稳定了就业形势，扩大了就业服务体系覆盖面。通过政府购买服务方式，向高校毕业生提供 1452 个就业岗位。城镇新增就业人数 2.3 万人，年末城镇登记失业率 3.1%，比控制目标 4.2% 低 1.1%。全面实行机关事业单位养老保险制度改革，机关事业单位人员基本工资调整等民生提标政策落实到位，在职人员平均月增资 887 元，离退休人员平均月增资 337 元，市本级机关事业单位人员的工资标准与省直机关差距继续缩小。实施"百企千村"产业扶贫开发工程，带动周边 6000 多农民实现增收，帮助 3500 多贫困农民实现脱贫；通过干部包扶、工作队驻村等措施，推进实现 50 个整村、2.3 万人脱贫。对低收入农户冬季取暖用煤由实物发放改为货币化补贴，发放供暖补贴 1.33 亿元。提高企业退休人员基本养老金，人均月增加 234 元；提高城乡居民基本养老保险基础养老金财政补助标准，月标准由每人每月 95 元提高到 110 元；提高城乡低保标准，分别提高 30 元和 25 元，平均达到 406 元/月和 2691 元/年水平。提高农村五保供养标准，集中和分散供养标准平均提高至 4500 元/年和 3100 元/年水平，新改扩建农村五保户集中供养服务机构 6 所，新增床位 394 张，提高了集中供养水平。加强老年人健康服务，为 38249 名 60 岁至 64 岁老年人提供了免费健康体检。加强义务教育学校标准化建设，新改扩建学校 190 所；8.2 万寄宿学生喝上饮用奶，实现义务教育阶段饮用奶工程全覆盖。提高城镇居民医保、新农合财政补助标准，年人均补助标准由 320 元提高到 380 元。全面推开县级公立医院综合改革，全部取消药品加成，全面实施城乡居民大病保险制度，缓解了群众看病贵问题。深入推进国家公共文化服务体系示范区建设，县区图书馆、文化馆全部达标；实施文化惠民工程，开展送戏下乡、周末大舞台等活动，丰富了群众文化生活。安全生产形势稳定好转，各类安全生产事故死亡人数同比下降27.14%。

2015年，朔州市全市居民人均可支配收入18983元，增长7.9%。城镇居民人均可支配收入27500元，增长6.9%，城镇居民人均消费支出14096.4元，增长3.4%；农村居民人均可支配收入10816元，增长6.7%，农村居民人均消费支出6837.1元，增长6.3%。城镇占调查总户数20%的低收入家庭人均可支配收入10533元，增长9.0%；农村占人口20%的低收入者收入3477元，增长13.3%。

2015年，朔州市全市居民、城镇居民、农村居民人均可支配收入均高于全省，分别是全省的1.06倍、1.06倍、1.14倍。在全省11个市中，全市居民、城镇居民、农村居民人均可支配收入分别居第4位、第3位、第6位；城镇居民、农村居民人均消费支出均低于全省，分别是全省的89%、92%，在全省11个市中分别居第4位、第6位。

6. 经济特区

朔州经济开发区，是朔州市境内享受特殊政策的经济特区。朔州经济开发区始建于1992年，1996年批准为省级经济开发区。开发区区域总面积86.9平方公里，包括北部朔东新区16.4平方公里、南部朔南新区41.54平方公里、东部西盐池生态园区28.96平方公里，规划面积55.91平方公里。朔州经济开发区是山西省土地面积最大的省级开发区，也是全省开发区中唯一的"资源环境可持续发展综合改革试验区"和"十二五"规划编制试点区。

朔州经济开发区经过多年建设和发展，初步形成了房地产、煤电、煤机装备、现代服务业4大支柱产业体系。其中，朔东新区产业布局已基本成形，以装备制造业和现代服务业为主，有中煤平朔宇辰、同煤麻家梁矿、华电朔州热电、山西金能世纪科技有限公司、日本小松、繁盛煤机、诚信汽配城、农机示范中心、温州机电城、永长煤机、昌运达管业等500多家企业入驻。朔东新区在聚集产业发展的同时，通过城市房地产、基础设施建设，形成了一个4平方千米的城市副中心区。随着朔州客运北站、朔州师专、中北大学朔州能源学院等的兴建，区内常住人口4万多人，人流、物流、信息流汇聚，经济活力日益显现。朔南新区是朔州市的南大门和"十二五"期间重要的发展区域，在建的朔南大道贯通中心市区南北。区内矿藏丰富，年产1200万吨的同煤浙能麻家梁煤矿基本建成，与其配套的坑口电厂也已开工建设。

2015年，开发区招商引资成效明显，全年签约恩菲新能源（朔州）有限公司70兆瓦光伏发电项目、同煤煤炭综合利用项目、同煤LED照明材料生产项目、同煤综采设备生产与维修项目、华电朔州50MW光伏发电项目、同煤粉煤灰及煤矸石建材生产项目、中煤华昱50MW光伏发电项目、同煤薄膜电池生产8个项目，签约额114.66亿元。华电热电、同煤麻家梁煤业、中宇建安生产基地、诺浩机电矿山设备配件加工、中美新能源煤炭综合利用研发等16个续建项目和永长煤机装备、恩菲7万千瓦太阳能光伏电站、北京罗克森工业制动器等12个新建项目顺利推进。全年项目落地43.21亿元，项目开工52.53亿元，项目投产完成79亿元。

2015年，开发区完成地区生产总值47.25亿元，增长5.6%；财政收入完成3.27亿元，下降26%；公共财政预算收入完成2.01亿元，下降32%；规模以上工业企业工业增加值完成18.42亿元，增长20.5%；服务业增加值完成16.65亿元，增长0.2%；固定资产投资完成76.64亿元，增长25.6%；社会消费品零售总额完成9.43亿元，增长4.5%；外贸出口总额完成138万美元，增长2.2%。

7. 县域经济

朔州市共辖山阴县、怀仁县、应县、右玉县和朔城区、平鲁区6个县（区）。平鲁区为全省综改试点县（区），山阴县、怀仁县为全省扩权强县试点县，右玉县为国家贫困县。

朔州市6个县（区），除应县没有煤炭资源外，其余5县（区）都是全国重点产煤县（区），煤电产业是县域的支柱产业，非煤电产业发展相对滞后。在县域经济中，各县（区）因区位、资源不同而产业各具特点，特色产业发展比较明显。朔城区以煤炭、电力、冶金、建材、煤机加工制造为主，特色农业有蔬菜、瓜果、花卉、苗木、禽蛋养殖等。平鲁区以煤炭、电力、化工为主，特色农业有荞麦、莜麦、豌豆、胡麻、肉羊养殖等，平鲁区是全国第三大产煤县（区），2015年原煤产量9189.3万吨，电力装机达到330万千瓦。山阴县以煤炭、电力、建材、化工为主，特色农业有蔬菜、瓜果、花卉、莜麦、豌豆、胡麻、奶牛、生猪养殖等，山阴县奶牛存栏8万头以上。怀仁县区以煤炭、电力、陶瓷、建材、化工、医药为主，特色农业有蔬菜、瓜果、禽蛋、生猪、肉羊养殖等，怀仁县陶瓷产能达15亿件，肉羊出栏200万只以上。应县以陶瓷、化工、食品、皮革、锅炉制造为主，特色农业有蔬菜、大蒜、瓜果、花卉、甜菜、奶牛、肉羊养殖等。右玉县以煤炭、电力、食品、化工为主，特色农业有荞麦、莜麦、豌豆、胡麻、肉羊养殖等。

2015年朔州市6县（区）实现地区生产总值分别为朔城区283.3亿元、怀仁县202.8亿元、平鲁区161.7亿元、山阴县139.6亿元、应县62.8亿元、右玉县55.3亿元。公共财政收入分别为朔城区10.92亿元、山阴县6.47亿元、平鲁区5.95亿元、怀仁县5.45亿元、右玉县2.91亿元、应县1.63亿元。

全年朔州市6县（区）城镇居民人均可支配收入分别为怀仁县29233元、山阴县28964元、朔城区28460元、平鲁区21199元、应县20738元、右玉县19974元，怀仁县、山阴县、朔城区3县（区）高于全省平均水平；农村居民人均可支配收入分别为山阴县12565元、怀仁县12416元、朔城区11543元、应县8190元、平鲁区7795元、右玉县5809元，山阴县、怀仁县、朔城区3县（区）高于全省平均水平。

2015年末，朔州市6县（区）常住人口分别是朔城区52.0万人、应县33.7万人、怀仁县33.5万人、山阴县24.6万人、平鲁区20.9万人、右玉县11.5万人。

四 忻州市

忻州市是山西省辖11个地级市之一。位于省境中北部，西以黄河为界与陕西省榆林市、内蒙古鄂尔多斯市毗邻，西北以内长城为界与内蒙古呼和浩特接壤，东傍太行山与河北省保定市相邻，北与省内大同市、朔州市交界，南与省内吕梁市、太原市、阳泉市交界。下辖1区（忻府区）12县（定襄县、五台县、代县、繁峙县、宁武县、静乐县、神池县、五寨县、岢岚县、河曲县、保德县、偏关县）1市（原平市）。境内山峦连绵，梁峁起伏，沟壑纵横，地形地貌复杂。辖区南北长约170公里，东西宽约245公里，总面积25157.641平方公里，约占全省总面积的16.2%，居山西省第一位。境域西部、东侧为山地丘陵区，东部一带为盆地，地形地貌以丘陵、山地为主，丘陵约占36%，山地约占53.5%。气候属暖温带和中温半干旱的大陆性季风气候，四季比较分明，年平均气温5.1℃~9.1℃，年无霜期120~170天，年平均降水量在373~560毫米之间。矿产资源富集，探明的主要有煤、铁、铝、金等，是重要新兴能源和工业基地。小杂粮享誉全国，2014年，被中国粮食行业协会授予全国唯一的"中国杂粮之都"称号。忻州古称秀容，相传汉高祖在此摆脱匈奴追兵，六军欣然如归，因"欣"通"忻"，忻州之名由此而生。新中国成立后，长期为专区、地区建制并略有区划调整，2000年撤地建市。2015年末，全市常住人口314万人，占全省总人口的8.57%，总人口居全省11市第8位。

2015年，忻州市积极应对经济持续下行的压力，深刻认识、主动适应、积极引领经济发展新常态，坚持稳中求进工作总基调，坚持"产业第一、项目至上、企业为重、服务为本"，以提高经济发展质量和效益为中心，突出创新驱动，强化防控风险，把转方式调结构放到更加重要位置，全力推进"六大发展"（创新发展、协调发展、绿色发展、开放发展、共享发展、廉洁和安全发展），全面深化改革，扩大开放，保障改善民生，全面建成小康社会迈出坚实步伐。

1. 经济运行

2015年，忻州市实现地区生产总值681.2亿元，增长2.4%，增幅低于全省0.7个百分点。地区生产总值占全省的比重为5.3%，地区生产总值在全省11个市中居第10位。人均地区生产总值21731元。人均地区生产总值比全省低13287元，是全省的62.1%。人均地区生产总值在全省11个市中居第11位。

全年财政总收入130.6亿元，同比下降11.8%。公共财政预算收入73.7亿元，同比下降8.9%，总量在全省11个市中居第8位，增速居第5位。公共财政预算支出242.1亿元，同比增长14.0%，其中民生支出202.3亿元，增长15.9%，民生支出占公共预算支出的比重83.6%。公共财政预算支出在全省11个市中居第8位。

全年全社会固定资产投资1119.6亿元，首次突破千亿元，增长16.0%，总量居全省11个市第8位，增速居第3位。其中，第一产业投资243.7亿元，增长 50.2%；第二产业投资 443.8 亿元，增长 16.0%，全部为工业投资；第三产业投资 432.1 亿元，增长 2.8%，其中房地产开发投资 52.4 亿元，下降 15.1%。

全年社会消费品零售总额 311.2 亿元，增长 5.3%，总量居全省 11 市第 9 位。按经营地统计，城镇消费品零售额 219.1 亿元，增长 5.0%；乡村消费品零售额 92.1 亿元，增长 6.1%。按消费形态统计，商品零售额 272.9 亿元，增长 4.2%；餐饮收入额 38.3 亿元，增长 14.6%。社会消费品零售总额在全省 11 个市中列居第 9 位，增速居第 6 位。

全年外贸进出口总额 19501 万美元，同比下降 6.2%。其中，进口额 427 万美元，下降 34.4%；出口额 19704 万美元，下降 5.3%，总量居全省 11 个市第 9 位，增速居第 3 位。新设立外商直接投资企业 1 家；按全口径统计实际使用外商直接投资金额 4280 万美元，下降 0.9%。

全年实现农林牧渔业总产值 116 亿元，按可比价格计算，同比上年下降 5.7%。

年末规模以上工业企业有 352 户，比上年增加 30 户。全年规模以上工业增加值 333.07 亿元，增长 0.8%，增速居全省 11 个市第 4 位；主营业务收入 492.5 亿元，下降 19.3%，总量居全省 11 个市第 10 位，增速居第 8 位；实现利税 38.2 亿元，下降 47.9%；利润总额 1.8 亿元，下降 94.8%，其中国有控股企业利润总额 5.2 亿元，下降 77.1%。

年末全市金融机构本外币各项存款余额 1641.8 亿元，比年初增加 96.0 亿元，增长 6.2%。各项贷款余额 715.0 亿元，比年初增加 71.6 亿元，增长 11.1%。年末金融机构本外币各项存款余额、贷款余额分别占全省的 5.7%、3.9%，总量分别居全省 11 个市第 8 位、第 10 位。

2. 产业发展

2015 年，忻州市第一产业增加值 63.7 亿元，下降 7.0%，占生产总值的比重为 9.4%；第二产业增加值 304.5 亿元，增长 1.1%，占生产总值的比重为 44.7%；第三产业增加值 313.0 亿元，增长 6.3%，占生产总值的比重为 45.9%。三次产业比重由 2014 年的 9.6:47.5:42.9 调整变化为 9.4:44.7:45.9。

第一产业中，现代农业加快发展，小杂粮、畜牧业两大特色优势农业提质发展。全年创建千亩以上粮食高产示范片区 224 个，重点建设了其中的 64

个部、省级粮食高产创建示范片区（其中万亩片 49 个）。大力推进杂粮产业发展，杂粮种植面积达到 316 万亩（包括马铃薯），比上年增加 3.3 万亩，杂粮种植面积占粮食种植总面积的 48.9%。加快推进畜牧业发展，羊饲养量达到 803.6 万只，养羊户发展到 6 万户；繁峙县建成 70 万羽蛋鸡的规模养殖场，进入全省前十；猪牛羊鸡等规模养殖场发展到 873 个。新发展农民专业合作社 565 个，总数达到 9684 个；家庭农场注册登记 2205 家；新增百万元以上的农产品龙头企业 21 个，总数达到 191 个，农产品加工龙头企业实现销售收入 71 亿元，增长 6.08%。新增"三品一标"（无公害农产品、绿色食品、有机农产品和农产品地理标志）认证产品 106 个，总数达到 567 个，其中涉农著名商标达到 31 个。"一村一品"特色专业村总数达 818 个，其中从事特色玉米、杂粮等种植业的专业村 455 个，从事猪、牛、羊等养殖业的 207 个，从事干鲜果、苗木的 139 个。全年在遭遇多年不遇的严重伏旱的情况下，粮食产量小幅减产，总产达到 150.3 万吨，减少 26.7 万吨，减产 15.1%；蔬菜及食用菌产量达 22.5 万吨，减产 27.7%；水果产量达 19.0 万吨，减产 16.3%，其中园林水果产量达 12.5 万吨，减产 0.6%。猪牛羊肉总产量 12.4 万吨，增长 10.6%。其中，猪肉产量 5.9 万吨，增长 1.5%；牛肉产量 1.0 万吨，增长 34.1%；羊肉产量 4.8 万吨，增长 17.5%。牛奶产量 5.7 万吨，增长 2.6%。禽蛋产量 7.2 万吨，增长 14.8%。粮食、猪牛羊肉、猪肉、羊肉、牛肉、牛奶、禽蛋产量分别占全省的 11.9%、16.9%、9.9%、69.6%、16.9%、6.2%、8.3%。

第二产业中，煤炭、铁矿采选、电力、冶金、化工、装备制造等为主导产业，煤炭、电力两大产业实力进一步增强。全年原煤产量达 6117 万吨、增长 11.0%，洗煤产量 698 万吨、增长 3.1%；煤电一体化加快发展，新增火电装机容量 70 万千瓦，总量达到 496 万千瓦，加上火电在建和取得"路条"项目 606 万千瓦，总计达 1102 万千瓦，占全省的 13.4%，居全省第二位。电力能源结构也进一步优化，新增风电装机 42 千瓦，总量达到 197 万千瓦，占全省的 30.3%；光伏装机 11 万千瓦，总量达到 6 万千瓦，占全省的 12%；水电装机 200.4 万千瓦，占全省的 93%；新能源发电装机 417.1 万千瓦，占全省的 30%，居全省首位。全年规模以上工业增加值 310.7 亿元，增长 0.8%，其中规模以上工业六大行业占全市规模以上工业增加值 85.3%。六大行业增长的有 2 个、下降的有 4 个：煤炭开采和洗选业增长 3.5%，占比 33.6%；黑色金属矿采选业下降 8.3%，占比 21.9%；电力热力的生产和供应业下降 1.4%，占比 19.2%；有色金属冶炼及压延加工业增长 2.3%，占比 8.8%；通用设备制造业下降 3.6%，占比 4.7%，金属制品业下降 15%，占比 1.8%。全年规模以上工业主要产品产量：原煤 6117.1 万吨，增长 11%；洗煤 698.5 万吨，增长 3.1%；焦炭 198.7 万吨，增长 3.3%；铁矿石原矿 1636 万吨，增长 25.5%；铁矿石成品矿 1953 万吨，增长 11.5%；化肥 35.4 万吨，增长 10.9%；水泥 149.0 万吨，下降 22.2%；钢材 61.9 万吨，下降 32.2%；氧化铝 287.0 万吨，增长 4.0%；发电量 249.4 亿千瓦时，下降 6.0%；法兰 34.8 万吨，下降 7.1%。其中，原煤、焦炭、化肥、水泥、氧化铝、发电量 6 种产品产量分别占全省的 6.48%、8.69%、7.61%、4.18%、22.55%、10.1%。

第三产业中，文化旅游、电子商务等产业发展较快。忻州市文化旅游资源丰富，旅游目的地建设加快推进，忻府区云中河景区新升级为国家 4A 级景区，雁门关景区、芦芽山景区创建国家 5A 景区通过初验，五台山景区管理体制创新改革取得重大进展。全年全市商业住宿设施接待入境过夜游客 5.18 万人次，接待国内旅游者 2890.6 万人次，分别增长 5.2% 和 20.1%；旅游外汇收入 1716.4 万美元，同比增长 6.2%；国内旅游收入 283.0 亿元，增长 17.8%；旅游总收入 284.6 亿元，增长 17.9%。电子商务加快发展，其中集电商、金融、物流于一体的中国（太原）煤炭交易中心忻州交易处启动运营，静乐县于 7 月入选全省 8 个"国家电子商务进农村示范县"之一。总投资约 10 亿、占地 240 亩的忻州颐高国际电子商务产业园暨杂粮小镇项目于 7 月 8 日在忻州正式签约落地。全省首家线上线下相融合的杂粮电商平台"饭中有豆"于 8 月 23 日在忻州上线运行。静乐县农村电子商务暨农村淘宝项目于 12 月 23 日正式启动。此外，阿里巴巴、京东、苏宁、乐村淘等各大电商在忻州各县（市、区）建立运营中心、村级体验店等也不断推进。全年第三产业增加值 313.0 亿元，增长 6.3%，占生产总值的比重 45.9%，同比上年提高 3 个百分点。

3. 改革创新

2015 年，忻州市加快推进改革创新，一些重点领域和关键环节的改革创新取得了阶段性成果。

率先在全省开展收费制度改革。建立涉企行政事业性收费和政府性基金收缴分离制度，将过去由执收执法单位直接征收变为"执收单位开票、企业缴款、银行代收、收费大厅记账、财政统管"管理模式，实现了"收缴分离、票款分离、权钱分离"，并将全市非税收入全部纳入全省统一的非税收入收缴系统。建立"财政统管、收费局专管"的管理办法，对购票单位实行"分次限量购领、日常审旧领新"和年检制度相结合的管理模式，规范了单位的票据供应，强化对收费单位票据的监管。这项改革，从源头上治理涉企收费的违法乱纪行为。

深化煤炭体制改革和创新煤炭交易方式。加快煤炭项目审批改革，进一步简化煤层配采项目审批程序，取消《煤炭生产许可证》等"三证"审批发放。巩固煤焦公路销售体制改革成果，取消各种煤炭乱收费，涉煤收费项目全面清理规范，煤炭资源税实行从价计征，煤焦公路销售所有行政授权、运销票据、31座煤炭检查（稽查）站全部撤销。5月27日，中国（太原）煤炭交易中心忻州交易处正式启动运营，该交易处是中国（太原）煤炭交易中心在全省地级市设立的首家交易机构，是通过市场化手段吸引忻州市内外煤炭供需双方和物流企业进行交易的服务平台，对于创新忻州市域煤炭交易和经济发展具有重要意义。至年末，交易处累计注册交易商达到282户，1.1万家交易商进入交易平台，累计煤炭交易量达到5969.92万吨，交易额达到172.9亿元。

深化推进国有企业改革和商事制度改革。运用"人资分离"等办法，成功推进了云河集团等市属国有企业改制。云河集团是于1958年建厂创立的国有大中型纺织企业。2015年8月10日，田森集团与云河集团签署合作协议，协议双方在云河集团北区地块开发建设集全业态、泛功能、多客群、全天候等特征的新型城市生活广场——"忻州田森汇城市生活广场项目"。该合作协议的签署和项目的建设，标志着忻州市在探索国企转型改制、盘活资产、解决历史遗留问题等方面迈出新步伐。积极推进工商注册登记"先照后证"、注册资本登记制度、放宽市场主体住所登记条件、"三证合一、一照一码"改革等商事制度改革，不断激发了市场活力。全年新登记注册内资企业309户、新登记注册私营企业2735户、新登记个体工商户1.44万户、新登记注册农民专业合作社1153户，年末全市各类市场主体总数达到14.28万户。

积极推进五台山景区行政管理和经营体制改革。五台山是我国四大佛教名山之首，1982年被国务院确定为国家级风景名胜区。为加强对景区的建设和管理，1988年山西省政府提议、省人大常委会批准设立了副县级建制的五台山风景名胜区人民政府，隶属五台县人民政府领导，负责管理五台山景区的各项工作，行使县级政府的若干权力，管辖范围包括台怀镇、金岗库乡，总面积约286平方公里。五台山风景名胜区政府成立以来，为五台山风景区的保护和发展发挥了积极作用。但是随着五台山各项事业的发展，以副县级景区政府为主导的管理体制和运行机制存在层级较低、赋权不够、职能交叉、多头管理等诸多弊端，已经不适应五台山的保护、利用和开发的要求。为了切实促进五台山风景名胜区的保护利用和科学管理，2015年9月下旬省委、省政府组织专门人员，深入五台山景区认真调查研究，并赴省外类似景区考察学习，形成了调整改革五台山景区管理体制的意见。12月16日，省政府第105次常务会议研究部署了五台山风景名胜区管理体制改革工作。12月29日，五台山风景名胜区管委会筹委会和临时党委成立，标志着五台山风景区管理体制改革正式实施。改革的主要举措是：成立五台山风景名胜区管理委员会，撤销五台山风景区政府，探索建立健全政府为主导、企业为主体、市场化运作的经营管理体制。

推进区域经济合作和扩大开放。5月，忻州市与朔州、大同两市合作在北京举办了"山西雁门关生态畜牧经济区特色农产品展销暨技术交流招商引资洽谈会"。9月，在太原召开的环渤海区域合作市长联席会第十七次市长会议上，忻州市成功加入环渤海区域合作市长联席会，为进一步加强与环渤海区域城市的经济合作创造新的条件。12月25日，五台山机场顺利完成首航，机场正式建成通航运营，结束了忻州市没有民航机场的历史，也为忻州进一步扩大对外开放提供了新的窗口和重要平台。该机场位于定襄县宏道镇，于2008年12月正式启动，2013年6月10日开工建设，总投资9亿元，按照4C标准建设，可以起降波音737、空客A320等飞机，距忻州市区38公里，距五台山景区71公里。

4. 城乡建设

近年来，忻州市主城区扩容提质、各县城和重点镇建设以及农村环境改善不断推进，城乡建设取得重要进展。在2012年以来连续开展三个大干城建年活动的基础上，2015 年开展了"城市建设管理提升年"活动，并统筹推进了城乡人居环境的改善。

加强城市基础设施建设和改善人居环境。主城区围绕"完善干线路网、改造小街小巷、配套便民设施、加大生态建设、强化城市管理"目标，改造完成和平街、雁门大道、新建南路、通岗路、学府街、花园街等主次干道30条道路的建设与改造，总里程长约 25 公里，道路网络进一步完善。全年全市（含县城）新建供水管网 104.86 公里、改造 50.23 公里，建设污水处理配套管网 100.21 公里，新建集中供热管网 189.35 公里、改造 171.8 公里，新建供气管网 157.53 公里、改造 41.19 公里，新建城市道路 92.39 公里、改造城市道路 96.9 公里，新增城市集中供热面积 480.52 万平方米，新增城市绿化面积 426.08 万平方米；提标改造完成偏关县污水处理厂，推进了忻州市、繁峙县、代县、五台县污水处理厂的提标改造；新开工各类保障房 25845 套，基本建成 10226 套。至年末，全市（含县城）人均道路面积达 14.60 平方米，人均公园绿地达 15.92 平方米，建成区绿化覆盖率达 32%、人均绿地率达 30.27%，生活垃圾无害化处理率达 80%，污水处理率达 95.02%，供水普及率达 97.5%，燃气普及率达 81.3%；集中供热普及率达 86.62%。其中，主城区经过近年的建设，已形成了西起大运高速公路、东至同蒲路、南起牧马河、北至旭来街的九横十一纵的全新城市路网格局，建成了美化城市的富有地方文化特色和现代气息的云中河景区，城区面积达 71.8 平方公里。全年全市（含县城）突出"控煤、治污、管车、降尘"关键环节，大力开展了重点工业行业脱硫脱硝和除尘改造、规模畜禽养殖场所污染治理、清洁能源推广、淘汰黄标车老旧车等，实现了空气环境质量的持续好转。其中，主城区二级以上天数达到 255 天，较上年增加 30 天。其余 13 县（市），除代县超二级标准外，12 个县（市）全部达国家二级标准。

继续推进实施改善农村人居环境"四大工程"（完善提质工程、农民安居工程、环境整治工程、宜居示范工程）。全年全市实施农村完善提质工程，推进了县乡公路改造、连片贫困地区公路连通、县乡道路新建改造等，全面启动了村村通水泥（油）路完善提质工程，解决了 6.68 万农村人口和 7 所农村学校 2670 名师生的安全饮水问题，11.9 万户广播电视卫星户户通得到提质改造；实施农民安居工程，改造农村危房 11010 户，采煤沉陷区治理搬迁安置

10946 户；实施环境整治工程，全市 4910 个行政村配备清扫保洁人员 10981 名，配备乡镇环卫监管人员 1862 名，配备垃圾收集和清运车 9768 辆，建成村垃圾处置点 384 座、乡镇垃圾中转站 6 座，清理农村"四堆"114438 处，粉刷墙体 1445709 平方米，整修残坦断壁 29861 处，清运积存垃圾 1104654 吨，建设完成 36 个村污水处理设施，绿化村庄 60 个，创建乡村环境卫生达标村 783 个；实施宜居示范工程，创建 19 个省级、25 个市级、50 个县级美丽宜居示范村。全市农村人居环境进一步改善，面貌发生明显变化。

境内跨城乡的重大交通基础设施和生态环境建设进一步推进。在铁路建设方面，继续推进了大（同）西（安）高铁太原至原平段、静乐至娄烦静游铁路、朔州至内蒙古准格尔铁路忻州段、保德至兴县瓦塘铁路一期工程瓦塘至冯家川段等铁路工程建设。在高速公路建设方面，继续推进了原平至神池高速公路、神池至岢岚高速公路建设，开工建设河曲晋蒙黄河高速公路大桥。其中，原平至神池高速公路是全省高速公路网规划"三纵十二横十二环"第三横的重要组成部分，河曲晋蒙黄河高速公路大桥是该第三横高速公路连接内蒙古自治区高速网的关键节点，神池至岢岚高速公路是国家高速公路网规划 G59（呼和浩特至北海）、山西高速公路网规划"西纵高速公路"的重要组成部分。在其他公路建设方面，继续或启动实施了多项国道、省道部分路段的改线、路面改造工程，包括国道 208 线忻州过境改线、国道 108 线忻州境内部分路面改造、国道 209 线偏关堡子湾至五寨三岔段公路改建、国道 209 线忻州境内部分段路面改造工程、省道长原线五台县城至朱东社段改建、省道台忻线柳院至五台段路面改造、省道长原线长城岭至石盆口段路面改造、省道繁五线部分路面改造等。7 月 31 日，原平至神池高速公路控制性工程——全省在建规模最大的公路桥之一恢河特大桥双幅顺利安全合龙。在生态环境建设方面，根据全省统一部署，编制完成《忻州市汾河流域生态修复规划（2015～2030）》，对境内汾河流域源头及上游地区生态修复作出规划部署，涉及宁武、静乐两县 25 个乡镇 671 个行政村，总人口 23.81 万人，计划总投资 60 多亿元。9 月 9 日，全省造林绿化现场推进会在忻州市召开。至年末，全市森林面积达 42.7 万公顷，森林覆盖率 18.4%。

2015 年，忻州市市域城镇化率达 46.3，比上年提高 1.64 个百分点。城镇化率在全省 11 个市中居第 9 位。

2015 年，忻州市公路通车总里程达到 17250.6 公里，其中高速公路 744 公里，基本实现县县通。公路通车里程、高速公路里程在全省 11 个市中分别列居第 2 位、第 1 位。

5. 民生社会

2015 年，忻州市继续加大力度改善民生和发展社会事业，实现新进步。全市公共财政民生支出达 202.3 亿元，增长 15.9%，民生支出占公共财政支出的 83.6%。

全年全市城镇新增就业 3.7 万人，转移农村劳动力 3.9 万人。年末城镇登记失业率 3.9%。健全企业工资决定和正常增长机制，依法推进企业工资集体协商。执行省定最低工资标准，发布年度企业工资增长指导线。提高机关事业单位基本工资标准并建立正常调整和增长机制，实行乡镇工作补贴，向条件艰苦的偏远乡镇和长期在乡镇工作的人员倾斜。提高企业退休人员基本养老金，人均每月提高 10%。提高城乡居民基础养老金，每人每月增加 15 元。推进城乡居民基本医疗保险制度整合，城镇居民基本医保和新农合年人均财政补助标准由 320 元提高到 380 元，城镇居民大病医疗保险最高支付限额达到 40 万元。全面推开县级公立医院综合改革工作。基本公共卫生服务经费财政补助，人均补助标准提高到 40 元。市人民医院新址建成并投入使用，市儿童医院、早教中心、残疾人康复中心开工建设。大力发展学前教育，新建、改扩建 13 所标准化公办幼儿园。优化中心城区学校布局，忻州一中北校区、长征小学、实验幼儿园主体工程完工。市级博物档案馆、科技图书中心、大剧院和县级"三馆一院"等重点工程推进实施。"周末大戏台""乡村大舞台""梨花奖"舞台艺术大赛等"文化惠民"工程继续实施。完成 10 万户的广播影视"户户通"任务。全年共发生各类生产经营性事故 339 起、下降 9.6%，死亡 67 人、下降 6.9%；煤矿、非煤矿山实现零死亡。

2015 年，忻州市全市居民人均可支配收入 13415 元，增长 8.8%。城镇居民人均可支配收入 23452 元，增长 7.9%；城镇居民人均消费性支出 11175 元，增长 8.3%。农村居民人均可支配收入 6550 元，增长 7.3%；农村居民人均生活消费支出 4170 元，增长 8.4%。城镇占调查总户数 20% 的低收入家庭人均可支配收入 8138 元，增长 8.3%；农村居民占调查总户数 20% 的低收入家庭人均纯收入 1783 元，增长 13.8%。城镇居民家庭恩格尔系数（即居民家庭食品消费支出占家庭消费支出的比重）30.8%；农村居民家庭恩格尔系数36.2%。2015年，忻州市得到城市最低生活保障救济人数77426人，共发放城市最低保障资金2.6亿元。25580人纳入农村五保供养。

2015年，忻州市全市居民、城镇居民、农村居民人均纯收入均低于全省，分别是全省的75.1%、90.8%、69.2%，在全省11个市中分别居第11位、第10位、第11位。城镇居民、农村居民人均生活消费支出均低于全省，分别是全省的70.6%、56.2%，在全省11个市中分别居第11位、第11位。

6. 经济特区

忻州市境域开辟有忻州经济开发区、原平经济技术开发区2个省级开发区，是享受特殊政策的经济特区。

忻州经济开发区始建于1992年，1996年批准为省级经济开发区。开发区位于市区北部，规划面积4平方公里，建成区面积3平方公里。经过多年建设和发展，开发区已与忻州市区融为一体，形成了产城融合、城区一体化发展的大格局，初步建成承接环渤海产业转移示范基地和新型工业聚集地、文化旅游集散服务中心，是忻州经济发展最具活力和潜力的区域之一。2015年末，忻州经济开发区有各类工商企业87家，其中500强投资企业3家。区内初步聚集形成了煤机制造、生物医药、现代服务业为主的产业格局，包括以晋能集团、阳煤集团为引领的煤机制造业，以中恒、甘净为龙头的生物医药产业，以长城钨钼为代表的新材料产业，以丰园食品、天维乐为示范的农副产品加工业，以联通、移动等为主导的信息技术产业，以汽贸、金融、邮电等为带动的现代服务业。全年开发区财政总收入完成3.55亿元，同比下降12.63%，其中公共财政收入1.53亿元，同比下降28.25%。工业增加值完成40.18亿元，同比下降19.3%；固定资产投资完成23.4亿元，同比增长17.2%；进出口总额完成643.67万美元，同比增长79.68%；第三产业增加值完成17.42亿元，同比增长7.02%。忻州经济开发区和定襄县政府于2014年合作创建定襄庄力飞地经济园区（园区总占地3636亩，一期规划占地1856亩），各项基础设施建设、产业项目建设进一步推进实施。其中，道路交通网络初步形成，新上企业项目建成投产3个、开工建设1公里。

原平经济技术开发区，是2015年12月29日省政府新批准升级的省级开发区。位于原平市崞阳镇西部，周边京原铁路、108国道、大运、灵河高速等纵横交错，交通便利。规划面积 50 平方公里，一期建设 20 平方公里，二期建设 30 平方公里。总体采用"一心两轴六园"的空间结构。"一心"即综合服务中心，是开发区行政、公共服务中心。"两轴"即南北发展轴和东西发展轴。"六园"即现代煤化工园、机械装备园、科技产业园、电子产业园、新兴产业园和环保产业园。2011 年底开始规划筹建，实施水、电、路、气、排水、防洪、通信网络等基础设施建设。2015 年，开发区入驻项目 32 个，投资规模 187.3 亿元。全年完成工业总产值 36 亿元，实现销售收入 35.30 亿元，上缴税金 2.90 亿元，实现利润 1.11 亿元。开发区先后被确认为国家火炬原平煤机配套装备特色产业基地、山西省新型工业化产业示范基地、山西省工业循环经济产业基地、山西省中小企业创业基地、山西省"资源节约型、环境友好型"示范园区。

7. 县域经济

忻州市共辖忻府区、定襄县、原平市、五台县、代县、繁峙县、宁武县、静乐县、神池县、五寨县、岢岚县、河曲县、保德县、偏关县 14 县（市、区）。

忻州市是全国 14 个集中连片贫困地区之一，14 个县（市、区）中有 11 个国定扶贫开发重点县（神池县、五寨县、五台县、偏关县、静乐县、繁峙县、河曲县、保德县、岢岚县、代县、宁武县），6 个县（五寨县、神池县、岢岚县、静乐县、五台县、繁峙县）分别属于吕梁山、太行山连片特困地区，贫困面比较大。

忻州市 14 县（市、区）中，宁武、静乐、河曲、保德是重点产煤县，煤炭产业在县域经济中占主导地位。原平煤、铁、铝矾土资源优势突出，是全省重要的能源化工基地。定襄锻造业占全县生产总值的 50% 以上，是全省四大特色产业集群之一。代县、繁峙两县的支柱产业是铁矿采选业。忻府区的第三产业比较发达，城市化程度较高，服务业是拉动地区经济发展的主要动力。五台、宁武、代县旅游资源丰富，境内有世界文化遗产五台山、国家森林公园管涔山、国家自然保护区芦芽山、国家地质公园万年冰洞、雁门关关隘、长城景观等旅游资源。神池、五寨、岢岚、偏关以农业为主，神池是中国亚麻油籽之乡、五寨是中国甜糯玉米之乡、岢岚是中华红芸豆之乡。

2015 年，忻州市 14 县（市、区）实现地区生产总值分别为忻府区 114.1 亿元、原平市 109.6 亿元、河曲县 70.4 亿元、保德县 63.5 亿元、繁峙县

51.3 亿元、代县 50.9 亿元、宁武县 40.6 亿元、五台县 40.6 亿元、定襄县
35.7 亿元、偏关县 25.0 亿元、静乐县 22.2 亿元、岢岚县 20.0 亿元、神池县
19.2 亿元、五寨县 18.1 亿元。财政总收入分别为原平市 21.4 亿元、忻府区
15.02 亿元、河曲县 14.1 亿元、宁武县 12.2 亿元、代县 9.4 亿元、保德县
9.2 亿元、五台县 7.1 亿元、繁峙县 4.1 亿元、五寨县 3.84 亿元、定襄县 3.7
亿元、静乐县 3.6 亿元、神池县 3.21 亿元、偏关县 3 亿元、岢岚县 2.5 亿元。
对全市地区生产总值贡献最高的是忻府区，最低的是五寨县。全年地区生产
总值在 100 亿元以上的县（市、区）有忻府区、原平市 2 个区（市）；财政总
收入在 10 亿元以上的县（市、区）有原平市、忻府区、河曲县、宁武县 4 个
县（市、区）。地区生产总值增幅高于全省（3.1%）的有忻府区、五台县、
宁武县、静乐县、岢岚县、河曲县、保德县、原平市 8 个县（市、区）。财政
收入增幅高于全省（－9.8%）的有忻府区、定襄县、五台县、代县、静乐
县、五寨县、原平市 7 县（市、区）。

2015 年，忻州市 14 县（市、区）城镇居民可支配收入分别为原平市
25566 元、忻府区 25396 元、定襄县 25034 元、繁峙县 24873 元、保德县
24699 元、河曲县 23009 元、岢岚县 22374 元、五台县 22328 元、代县 22301
元、宁武县 20446 元、五寨县 20099 元、神池县 19481 元、静乐县 19455 元、
偏关县 18801 元，均低于全省平均水平；农村居民人均可支配收入分别为定
襄县 10637 元、原平市 8747 元、忻府区 8363 元、繁峙县 6474 元、神池县
6257 元、五寨县 6212 元、保德县 5981 元、偏关县 5620 元、静乐县 5575 元、
岢岚县 5492 元、河曲县 5463 元、五台县 5363 元、代县 4886 元、宁武县 4544
元，只有定襄县高于全省平均水平。

2015 年末，忻州市 14 县（市、区）常住人口分别是忻府区 55.97 万人、
原平市 50.16 万人、五台县 30.45 万人、繁峙县 27.42 万人、定襄县 22.33 万
人，代县 21.98 万人、宁武县 16.45 万人、保德县 16.44 万人、静乐县 16.02
万人、河曲县 14.86 万人、偏关县 11.50 万人、五寨县 11.05 万人、神池县
10.84 万人、岢岚县 8.64 万人。

五　阳泉市

阳泉市是山西省辖 11 个地级市之一。位于省境中部东侧太行山脉中段，

东与河北省石家庄市交界，北、西、西南与省内忻州市、太原市、晋中市相邻。下辖3区（城区、矿区、郊区）2县（平定、盂县）。辖区东西宽约42公里，南北长约106公里，总面积4569.91平方公里，占全省总面积的2.91%。境域地形地貌以山地、丘陵为主，山地、丘陵面积达89.6%，河谷、山间盆地仅占10.4%。境内矿藏资源丰富，煤、铁矿产开发历史悠久，素有"煤铁之乡"的美誉，是全国重要的无烟煤生产基地和老工业基地。工业主导产业为煤炭、电力、煤化工、铝材、建材、耐火、装备制造等。阳泉自古为晋冀间交通要道，区位优势独特，交通发达，是山西中东部出省的重要门户。阳泉市随着近代以来石（家庄）太（原）铁路的兴建而兴起，是中国共产党亲手创建的第一座人民城市，有着"中共第一城"美誉，后经区划调整于1983年形成现状。2015年末，全市常住人口139.83万人，占全省总人口的3.82%。

2015年，阳泉市面对持续加大的经济下行压力，坚持稳中求进工作总基调，主动适应经济发展新常态，统筹稳增长、调结构、促改革、惠民生、保安全、防风险各项工作，攻坚克难，奋力拼搏，经济社会发展在克服困难中取得新的成绩，全面建成小康社会迈出坚实步伐。

1. 经济运行

2015年，阳泉市实现地区生产总值595.7亿元，按可比价计算，比上年增长1.1%。地区生产总值占全省的比重为4.65%，居全省11个市末位，增速居第7位。人均地区生产总值42688元，下降3.8%；总量是全省的1.22倍，居全省11个市第4位。

全年公共预算收入完成44.16亿元，同比下降6.13%，总量居全省末位。公共预算支出100.71亿元，增长15.88%。其中，教育、医疗卫生、社会保障和就业、住房保障、文化体育与传媒、农林水事务、城乡社区事务、节能环保、粮油物资储备及交通运输等各项民生支出82.58亿元，占公共财政支出的81.99%，同比增长18.52%。

全年固定资产投资600.7亿元，增长16.1%，总量居全省第11位，增速居第2位。按产业分类，第一产业投资29.2亿元，增长11.8%；第二产业投资260.3亿元，增长16.5%；第三产业投资311.2亿元，增长16.2%。按登记注册类型分类，国有经济控股投资298.8亿元，同比增长29.2%；民间投资 296.9 亿元，同比增长 6.3%，占投资总额的 49.4%。

全年社会消费品零售总额 288.3 亿元，增长 4.3%，总量居全省 11 个地市第 10 位。其中，城镇消费品零售额 260.2 亿元，增长 5.7%；乡村消费品零售额 28.1 亿元，下降 6.7%。限额以上社会消费品零售总额 75.81 亿元，比上年下降 14.6%。

全年外贸进出口总额 20489 万美元，增长 4.5%，高于全省平均增幅 13.8 个百分点，总量居全省 11 个市第 8 位，增速居全省首位。其中出口额 15182 万美元，增长 1.7%，高于全省平均增幅 7.5 个百分点，全省排名第三；进口额 5037 万美元，增长 13.4%，高于全省平均增幅 27.1 个百分点，全省排名第一。新设立外商直接投资企业 2 家。实际使用外商直接投资 30500 万美元，增长 10.5%，总量居全省 11 个市第 4 位。

全年实现农林牧渔业总产值 19.9 亿元，按可比价格计算，比上年增长 1.1%，总量居全省 11 个市末位。

年末规模以上工业企业 133 户，比上年减少 7 户。规模以上工业企业实现工业增加值 178.8 亿元，下降 4.1%。规模以上工业企业实现利税 24.0 亿元，增长 7.1%；其中实现利润总额 - 12.1 亿元，减亏 8.0 亿元，实现税金 36.1 亿元，下降 15.1%。

年末全部金融机构本外币各项存款余额 1352.7 亿元，比年初增长 17.2%；各项贷款余额 721.3 亿元，比年初增长 11.1%。存款余额、贷款余额分别占全省的 4.7%、3.9%，总量分别居全省 11 个市第 10 位、第 9 位。

2. 产业发展

2015 年，阳泉市第一产业增加值 10.0 亿元，增长 1.0%，占地区生产总值的比重为 1.7%；第二产业增加值 296.8 亿元，下降 2.6%，占地区生产总值的比重为 49.8%；第三产业增加值 288.9 亿元，增长 6.5%，占地区生产总值的比重为 48.5%；三次产业比重由上年的 1.8：54.6：43.6 调整变化为 1.7：49.8：48.5。

第一产业中，以畜牧、核桃、蔬菜为主导，小杂粮、中药材、食用菌、蜂业、休闲观光农业等新兴产业加快发展。全年新增"一村一品"专业村 92 个，累计达到 321 个；农民专业合作社、家庭农场分别发展到 2271 个、154 家。畜牧规模化养殖进一步发展，年末畜禽规模养殖场达 316 个，其中生猪规模化率 72.0%、蛋鸡规模化率 75.5%、牛羊规模化率 55.3%。全年生猪饲养量 56 万头，肉鸡出栏 350 万羽，肉羊饲养量 30 万只，牛饲养量 1.5 万头。新改造核桃低产林 8000 亩，新增核桃基地 1.04 万亩，总计达到 40.4 万亩；全年核桃产量 600 万公斤，产值 1.8 亿元。新增设施蔬菜 1063 亩、总面积达 1.49 万亩，其中新增设施食用菌面积 27 万平方米、总面积达 85 万平方米；全年蔬菜种植总面积 11 万亩，食用菌生产面积 1692 亩。杂粮播种面积 25 万亩，总产量 0.4 亿公斤。新发展中药材种植面积 2.19 万亩，总计达到 3.67 万亩，其中千亩以上种植单位有 7 家，种植户近 1000 户；全年中药材采收面积 0.91 万亩，采挖量 955.6（干货）吨。新增蜂群 5000 群、蜂群总数突破 3 万群，其中 50 群以上规模养蜂户有 160 多家、100 群以上规模养蜂户有 30 多家；蜂蜜等蜂产品总产量 700 多吨。规模型休闲农业企业、园区、农庄 40 余家，年休闲农业营业收入 4.5 亿元。农产品龙头加工企业销售收入达到 25.3 亿元，增长 20%。在遭受伏旱、冰雹等自然灾害影响下，全年粮食产量 24.9 万吨，下降 15.1%；蔬菜及食用菌产量 8.1 万吨，下降 13.1%；园林水果产量 1.2 万吨，增长 24.7%；猪牛羊肉产量 1.87 万吨，下降 5.3%；牛奶产量 0.73 万吨，增长 12.0%；禽蛋产量 3.49 万吨，增长 25.5%。

第二产业中，工业转型和结构调整稳中有进，传统产业提质升级加速。稳定煤炭生产能力，煤矿单井平均产能达到 135 万吨，原煤入选率提高到 92.5%。加快电力建设，河坡 2×35 万千瓦项目并网发电，鑫磊 2×35 万千瓦项目加快建设，西上庄 2×66 万千瓦项目获核准，国际能源裕光煤电 2×100 万千瓦、阳煤远盛 2×35 万千瓦项目加快环评审批；风能、光伏新能源发电项目获批 8 个、总规模 12.58 万千瓦；外输电通道盂县至河北南网 500 千伏工程获得核准并加快推进。煤炭、电力"千万千瓦"级新型综合能源基地初具雏形。与此同时，扩大煤化、做强装备、创新冶金、重组耐材等传统产业提质升级工程扎实推进。阳煤乙二醇项目一期 20 万吨项目建设进入收尾阶段。新兴产业培育速度加快，历时 4 年建设的百度云计算一期 3 万台服务器正式投用，华越机械高端液压支架油缸、山西贝特瑞金刚石纯化粉项目建设进展顺利，中兴环能纳米洋葱碳等一批在孵项目中试加快。全年全市工业投资 259.6 亿元、增长 18.2%，其中新兴产业完成投资 138.9 亿元、增长 14.1%，占工业投资比重为 53.51%；非煤产业增加值 49.8 亿元，占整个工业的比重为27.9%。全年规模以上工业主要产品产量：原煤6463.2万吨，增长2.3%；洗煤3245.3万吨，下降14.1%；液体乳4751吨，下降6.4%；软饮料1.2万吨，增长19.5%；焦炭66.5万吨，下降6.0%；石墨及碳素4.29万吨，增长20.9%；水泥270.8万吨，下降25.7%；氧化铝66.4万吨，增长9.7%；原铝（电解铝）1.18万吨，下降84.4%；发电95.9亿千瓦时，下降10.9%。其中，原煤、液体乳、水泥、氧化铝产品产量和发电量分别占全省的6.85%、10.5%、7.6%、5.2%、3.9%。

第三产业中，文化旅游、商贸物流、电子商务、金融、养老服务等服务业发展较快。全年接待海外旅游者4329人次，接待国内旅游者2202.34万人次，分别增长8.4%和21.2%；旅游外汇收入95.29万美元，国内旅游收入181.89亿元，旅游总收入181.94亿元，分别增长9.1%、21.9%和21.8%。中粮蒙牛物流园、新晋商晋东物流园二期等项目加快建设，全年商贸物流业固定资产投资完成15.69亿元。商业综合体、社区多业态店、农家店"一网多用"等新型业态发展加快。阳泉特产网、阳泉市新农商网络科技有限公司和盂县"美淘村"等电商平台相继开通运行。年末全市电子商务交易主体180家，其中B2C电子商务企业3家、淘宝店157家、农村电商主体10家、O2O线上餐饮服务企业10家，建设中的电子商务园区、楼宇（包括众创空间）6家，农村电商体验店400家。同时，还率先在全省实现邮政快递城乡全覆盖。全年全市网上购销经济规模总量29.86亿元，快递件总量1493万件（出进比1：7.4），增长47%，人均11件，居全省首位。全社会消费品零售总额达到288.3亿元，增长4.3%。全年进出口总额完成20489万美元，增长4.5%，其中出口增长1.7%，进口增长13.4%。年末全市金融机构贷款余额721.3亿元，增长71.95亿元，存款余额1352.7亿元，增长198.6亿元；金融业增加值47.2亿元，占GDP比重达到7.9%，同比增长21%。新建农村老年人日间照料中心110个，年末全市城乡社区老年人日间照料中心202个，其中农村170个、城市32个。全市共有各类养老服务机构50个，实现了乡乡镇镇全覆盖。2015年，全市第三产业占生产总值比重达48.5%，同比提高4.9个百分点。

3. 改革创新

2015年，阳泉市以转型综改为统领，加快推进改革创新，一些重点领域和关键环节的改革创新取得阶段性成果。

推进行政审批制度改革和转变政府职能。深入推进行政审批"两集中、两到位"工作（将各部门、各单位行政许可事项集中到一个内设处（科、室），并将该处（科、室）成建制集中到区行政审批服务中心窗口或各单位便民服务大厅窗口；各部门、各单位实现向窗口授权到位，所有行政许可事项在中心或分中心办理到位），七大类 53 项民生类服务项目办理时限压缩51.5%。12 月 10 日，率先在全省公布了市级政府部门行政职权责任清单 3730项，涉及 39 个部门。扎实推进商事制度改革，放宽注册资本登记条件、简化住所（经营场所）登记事项、变企业年度检验制度为年报公示制度、变前置审批为后置审批、实施"三证合一""一照一码"等改革措施，激发了市场活力。全年新登记各类市场主体 11866 户，同比增长 24.6%，创历史最好水平。全市各类市场主体累计增至 65016 户。整合建立统一规范的公共资源交易平台，实现了市级政府投资工程建设项目全部进场交易。开展扩权强镇试点，荫营镇、娘子关镇、梁家寨乡扩权强镇试点第一批事项启动。

实施煤炭综合改革和深化国有企业改革。加快煤炭项目审批改革，取消《煤炭生产许可证》等"三证"审批发放，市级涉煤事项由 32 项减少到 15项。全面推进煤焦公路销售体制改革，取消各种煤炭乱收费，涉煤收费项目全面清理规范。全面落实煤炭资源税从价计征政策，共为企业减负 7.6 亿元。市属国有照相馆、理发馆、澡堂等 7 个小型商贸服务企业实现民营化改制。市直部门所属企业脱钩工作在全省走在前列。

大力实施创新驱动战略和金融改革创新。2014 年，阳泉市获批全省首家创建省级创新型城市试点，设立了全省首支市级科技股权投资基金，2015 年，全省首支市级科技股权投资基金——"阳泉市众科高新技术产业股权投资有限公司"筹集包括政府资金 1000 万元和社会资金 2000 万元合计 3000 万元作基金池子；高新技术创业园、科技孵化器、企业研发机构科技创新服务体系建设不断推进，至年末建成或在建科技孵化器 5 家，入孵企业累计达 90 余家；8 月 19 日，上海股权托管交易中心阳泉市企业孵化基地揭牌，澳丽丝科技涂料有限公司等 10 家科技型企业成功在上海股权托管交易中心挂牌上市，正式对接资本市场。创新金融，阳泉商业银行增资扩股改制为阳泉银行，郊区农村信用联社改制为阳泉农村商业银行，平定农村信用联社改制为平定农村商业银行；阳泉商业银行成功引入阳煤集团、山西汇丰投资有限公司等 6 家战略投资者资金 16.38 亿元进入股市。平定县入选全省"普惠金融试验区"，作为"助保贷""农保贷""信保贷"三大合作平台，进一步发挥了金融支持经济建设和促进民生改善的积极作用。

创新开发区管理体制和深化区域经济合作。针对阳泉经济技术开发区原先规划布局空间狭小和发展空间不足的问题，在近年来探索的基础上，从 2015 年 5 月起，正式实施开发区托管周边行政村重大改革，开发区托管了周边郊区李家庄乡侯家沟村、驼岭头村、长岭村和杨家庄乡张家洼村、路家山村及平定县巨城镇庙堰村 6 个行政村，面积达 8.63 平方公里，使开发区总面积几乎扩大了一倍，为下一步开发区改革创新实现新突破创造了条件。9 月，环渤海区域合作市长联席会第 17 次市长会议在太原市召开，阳泉市成功加入联席会，成为环渤海区域合作市长联席会 50 家成员之一。

积极落实和争取国家及省级对改革创新事项支持。阳泉市是典型的能源重工业城市，2013 年阳泉市被国家列入规划调整改造的老工业基地之一。2015 年，按照国家和省对老工业基地调整改造实施方案，阳泉市启动了城区老工业搬迁改造工作，规划搬迁改造范围总面积 15.26 平方公里，期限为 2015～2022 年，市属水泵厂、阀门厂等重点工业企业"退城进园、搬迁改制"工作已启动。与此同时，经过积极争取，3 月阳泉市被批准纳入全国中小城市综合改革试点城市之一，获批中小城市综合改革试点，国家将赋予其在产城融合、城市投融资、土地要素、民生保障、城市治理等重点领域进行改革创新的权力，可率先全面放开落户限制，探索财政转移支付与农业转移人口市民化挂钩机制。7 月阳泉市矿区被批准纳入国家独立工矿区改造搬迁工程试点，国家将在资金、项目、政策等方面给予支持。10 月，阳泉光伏基地建设项目整体发展规划方案通过国家能源局审查。2015 年，阳泉市在城区老工业区搬迁改造、矿区独立工矿区搬迁改造、平定县冶西独立工矿区搬迁改造工作中，有 18 个项目获得了 3.2 亿元中央和省资金补助支持。

4. 城乡建设

近年来，阳泉市以城市扩容提质、大县城和重点镇建设以及农村环境改善为重点，加大城乡基础设施建设力度。2015 年，阳泉市继续围绕城市扩容提质，统筹推进实施城乡人居环境改善工程，城乡居民生活条件进一步改善。

推进城市基础设施建设和改善人居环境。实施主城区旧城改造和新城建设工程，阳（泉）大（寨）铁路开工建设，泉西路建成通车，漾泉大道加快建设，平阳街和宁波北路一期工程完成规划设计。娘子关至阳泉一级公路通车，盂五高速公路基本具备通车条件。晋东化工公司搬迁改造和泵阀集团"退城入园"工程有序推进；万通西装饰城片区改造项目启动征地拆迁。实施城市饮用水水质改善工程和娘子关二期供水工程，加快建设日处理能力8万吨的污水二期处理工程。全年全市（不含平定县、盂县）年末人均拥有城市道路面积11.43平方米，提高了1.04平方米；新增集中供热面积190.48万平方米，集中供热普及率达96.03%；建成区绿化覆盖率41.5%、同比提高0.1个百分点，人均公共绿地面积达10.77平方米，建成区绿地率达35.78%；燃气普及率达98.05%，城市生活垃圾无害化处理率达100%，污水处理率达88%。积极开展控扬尘、治面源、减燃煤、管尾气、淘汰黄标车老旧车、查违法等工作，全年市区二级以上天数达到267天，同比增加89天；空气质量综合指数6.69，下降22.4%，在全省11个市中排名第六，成为全省空气质量改善幅度最大的市。与此同时，平定、盂县两县城大县城和重点镇基础设施建设和人居环境进一步改善，平定县张庄镇、娘子关镇和盂县南娄镇、西烟镇，郊区河底镇5个省级重点镇的市政基础设施和服务功能不断完善，城镇品位和集聚功能不断提升，发展空间进一步拓展。全年全市（含县城、重点镇）累计开工建设城市保障性住房16359套，基本建成15671套。

继续实施改善农村人居环境工程。公路完善提质、安全饮水、农民安居、乡村清洁、造林绿化、煤气天然气进村入户等工程进展顺利，年内完成农村公路完善提质工程300公里，农村公路安全生命防护工程60公里。改善和提高了31个自然村，8所学校，1.571万农村人口和农村师生的饮水安全水平。易地移民搬迁1196人、改造农村危房2460户。平定、盂县、郊区3个县区9个乡镇农村采煤沉陷区治理搬迁安置工程全面开工。实施乡村清洁工程，启动了14个村的污水防治项目治理，累计配备乡村清扫保洁人员3777人，配备环卫监督人员323人，配发、租赁各类垃圾收集清运车辆963台，建成规范垃圾处置点185个，建成垃圾中转站1座，创建达标村289个，达标乡镇10个，乡村保洁实现常态化。实施村庄绿化工程，完成省级村庄绿化20个、市级绿化重点村30个。实施美丽宜居示范村"三级联创"活动，建成5个省级、18个市级、88个县级美丽宜居村。

推进跨城乡重大交通基础设施和生态环境建设。在交通基础设施建设方面，继续推进五（台）盂（县）高速公路建设，开工建设阳（泉）大（寨）铁路。五（台）盂（县）高速公路路于2011年8月开工建设，是全省高速公路网"三纵十二横十二环"中东纵的重要组成部分，起点与忻阜高速公路相接，终点与阳泉至盂县高速公路相接，全长75.22公里。该段高速公路建成后将与阳（泉）盂（县）、阳（泉）左（权）高速公路组成跨阳泉市域的南北大通道，对于完善阳泉市高速公路网和经济社会发展具有重要作用。阳（泉）大（寨）铁路起点位于石家庄到太原客运专线上的阳泉北站，途经阳泉盂县、郊区、平定县和晋中昔阳县，终点位于昔阳大寨村，正线全长79公里，对于阳泉乃至晋东地区经济社会发展具有重要意义。在生态环境建设方面，继续开展森林城市创建核心区绿化，重点实施环城绿化、桃河流域综合治理、三北防护林、太行山绿化工程，实施阳（泉）五（台）高速通道绿化工程和平定县、盂县、郊区各3个绿色循环圈工程，全年完成各类造林11.22万亩。至年末，全市林地面积达13.0万公顷，森林覆盖率达28.5%。

2015年，阳泉市城镇化率为65.86%，比上年上升0.9个百分点。城镇化率在全省11个市中居第2位。

2015年，阳泉市公路线路通车里程5379.5公里，比上年增加8.9公里。其中，高速公路总长度277.8公里，高速公路密度6.27公里/百平方公里，居全省首位。市域内"一纵两横一环"骨干高速网基本形成，环网里程110.4公里。公路密度为123.6公里/百平方公里。

5. 民生社会

2015年，阳泉市一般公共预算支出100.71亿元，增长15.88%。其中，民生支出达82.58亿元，增长17.2%，占公共财政支出的81.99%，同比提高了1.7个百分点。

全年全市城镇新增就业25125人，失业人员再就业13164人，转移农村劳动力10079人。年末城镇登记失业率3.3%，低于4.2%的控制目标。落实机关事业单位增资政策，发布企业工资指导线，提高最低工资标准。城区、矿区、郊区最低工资标准为1620元，平定县、盂县为1420元，均比上年提高170元。实施精准扶贫，农村贫困人口7700人实现脱贫。对低收入农户冬季取暖实施货币化补贴，每户补贴230元。提高企业退休人员基础养老金，人均提高10%，70772名退休人员人均月增加养老金248元。提高城乡居民基本养老保险基础养老金，由每人每月70元提高到85元。提高城乡最低生活保障标准，城市由每人每月410元提高到430.5元，农村由每人每月225元提高到247.5元。提高农村五保供养标准，集中和分散供养标准每人每年分别提高200元和100元，达到6400元和3400元，继续走在全省前列。提高城镇居民医疗保险和新农合财政补助标准，分别从每人每月330元和320元提高到380元。提高基本公共卫生服务财政补助标准，由人均35元提高至40元。全面推进县级公立医院改革，率先在全省实现"药品零差率"政策全覆盖，基层医疗卫生机构全部实施基本药物制度，城乡居民大病保险全面实施。出台实施疾病应急救助基金管理办法、农村老年人免费体检方案。新农合参合人数达564876人，参合率达99.46%，新农合受益面和受益水平居全省前列。平定县和城区通过国家义务教育均衡发展验收，义务教育均衡发展率先在全省整体达标。新建改扩建城市公办标准化幼儿园12所、村级幼儿园16所。启动阳泉职业技术学院新校区建设工程。城乡公共文化服务实施进一步完善提质，公共文化场馆免费开放进一步落实，偏远贫困村"一年一场戏"文化惠民活动持续开展。刘慈欣作品《三体》获得世界科幻文学最高奖"雨果奖"，成为中国和亚洲获此奖项第一人。安全生产形势稳定好转，全年共发生各类安全事故258起，下降40.1%；煤矿百万吨死亡率下降到0.043。

2015年，阳泉市全市居民人均可支配收入20793元，城镇常住居民人均可支配收入26414元，增长6.4%；城镇常住居民人均消费性支出14063元，增长8.7%。农村常住居民人均可支配收入11494元，增长7.0%；农村常住居民人均生活消费支出6198元，下降1.5%。城镇占调查总户数20%的低收入户人均可支配收入8764元，增长9.3%；农村占调查总户数20%的低收入者收入4448元，增长14.7%。

2015年，阳泉市全市居民、城镇居民、农村居民人均可支配收入均高于全省，分别是全省的1.16倍、1.02倍、1.22倍。在全省11个市中，全市居民、城镇居民、农村居民人均可支配收入分别居第2位、第5位、第2位。城镇居民、农村居民人均消费支出均低于全省，居全省11市的第8位、第8位。

6. 经济特区

阳泉经济开发区，是阳泉市境内享受特殊政策的经济特区。阳泉经济开发区是于 1993 年成立的集科工贸于一体的省级经济开发区。开发区区域总面积 10.56 平方公里，规划建设面积 3.83 平方公里，分为东、西两区，西区为起步区，规划建设面积 1.33 平方公里，内设科研教育小区、工业生产小区、金融贸易小区、居民住宅小区；东区为扩展区，规划建设为 2.5 平方公里，主要安排资源加工工业项目。经过多年建设和发展，开发区已成为阳泉市一个先进生产要素聚集的新型工业园区，对全市产业结构调整、经济和城市建设中发挥着十分重要的示范作用。2015 年 5 月，开发托管了周边阳泉郊区李家庄乡侯家沟村、驼岭头村、长岭村和杨家庄乡张家洼村、路家山村及平定县巨城镇庙堰村 6 个行政村，面积达 8.63 平方公里。开发区面积由此扩大到 19.19 平方公里，辖 11 个行政村 8 个社区。

2015 年，阳泉经济开发区户籍人口 5.2 万人，总人口约 8 万人。区内绿地总面积达到 81.59 万平方米，公共绿地达到 51.49 万平方米。绿地率达到 45.76%，绿化覆盖率达到 50.22%，分别高出国家标准 14.76 和 14.22 个百分点。开发区有各类工商企业 1849 家，个体工商户 2510 家，其中规模以上工业企业 13 家，限额以上商贸流通企业和有资质建筑、房地产企业 40 家，进出口企业 15 家，外商投资企业 4 家。主要企业有：山西日本能源润滑油有限公司、方大添加剂（阳泉）有限公司、阳泉精诚化工有限公司和百度云计算技术（山西）有限公司。初步形成了以矿机装备制造、电子信息、现代化工和现代商贸物流为特色的四大产业。

2015 年，开发区实现地区生产总值 15.51 亿元，增长 10.08%；固定资产投资完成 30.93 亿元，增长 0.38%；财政总收入 3.54 亿元，下降 24.28%；公共财政预算收入 1.94 亿元，下降 33.77%；规模以上工业增加值完成 4.03 亿元，下降 15.37%；社会消费品零售总额 13.68 亿元，增长 1.4%；进出口总额完成 3863 万美元，下降 27.03%。

7. 县域经济

阳泉市共辖城区、矿区、郊区、平定县和盂县 5 个县（区）。境内煤炭储量丰富，除城区外，其他县区经济发展均以煤炭为基础、电力等与资源相关的延伸加工为主。

阳泉市 5 个县（区）因区位、资源不同而产业各具特点。平定县以煤炭、电力、新型材料、耐火、陶瓷、矿山机械制造、农产品加工为主，特色农业有畜牧、蔬菜、核桃、中药材种植等。盂县以煤炭、耐火、冶金、铸造、磁材、新型建材为主，特色农业有核桃、蔬菜、中药材、食用菌、畜牧养殖、农产品深加工等。郊区以煤炭、电力、耐火为主，特色农业有温室大棚、优质果品、核桃、中药材、休闲农业与乡村旅游。城区以现代物流、信息服务、文化创意、电子商务和金融服务业为主，特色产业是社区服务、健康养老服务新型服务业。矿区以煤炭及建筑安装、矿井建设、煤矿机电设备制造维修、工矿设备供应、现代服务业等为主，特色经济是"飞地经济""总部经济"。

2015 年阳泉市 5 县（区）实现地区生产总值分别为城区 152.0 亿元、盂县 124.3 亿元、矿区 110.0 亿元、平定县 84.7 亿元、郊区 80.7 亿元。公共财政预算收入分别为盂县 7.4 亿元、平定县 4.8 亿元、郊区 4.5 亿元、矿区 2.9 亿元、城区 2.7 亿元。

全年阳泉市 5 县（区）城镇居民人均可支配收入分别为城区 27467 元、矿区 27025 元、盂县 26318 元、平定县 24445 元、郊区 22195 元，城区、矿区、盂县 3 县（区）高于全省平均水平；农村居民人均可支配收入分别为郊区 12124 元、盂县 11536 元、平定县 10957 元，郊区、盂县、平定县 3 县（区）高于全省平均水平。

2015 年末，阳泉市 5 县（区）常住人口分别是平定县 34.30 万人、盂县 32.00 万人、郊区 28.94 万人、矿区 24.87 万人、城区 19.70 万人。

六　吕梁市

吕梁市是山西省辖 11 个地级市之一。位于省境中部西侧，西以黄河为界与陕西省榆林市毗邻，北与省内忻州市相连，东与太原市、晋中市相邻，南与临汾市接壤。下辖 1 区（离石）2 市（孝义、汾阳）10 县（交城、文水、中阳、交口、石楼、柳林、临县、兴县、岚县、方山）。辖区总面积 2.1 万平方公里，占全省总面积的 13.46%。吕梁市，因吕梁山脉纵贯全境而得名，境域地形地貌以山地为主，除东部边缘的太原盆地西缘平川地带外，其余大部分为黄土丘陵沟壑山区，山区半山区占总面积的 91.8%。境内矿产资源丰富，探明的各类矿产资源 40 余种，煤、铁、铝储量分别占到全省的 15.26%、29.6% 和 46%；盛产红枣、核桃、沙棘、小杂粮，历来有"红枣之都""核桃之乡""沙棘之府"等美誉。新中国成立后，1971年新设吕梁地区，2004年撤地设市。2015年末，吕梁市常住人口为383.22万人，占全省总人口的10.46%，居全省11个市第5位。

2015年，吕梁市牢牢把握"打基础、利长远、惠民生"总体要求，加快实施"六权治本"（依法确定权力、科学配置权力、制度限制权力、阳光使用权力、合力监督权力、严惩滥用权力），全力推进"六大发展"（廉洁发展、转型发展、创新发展、绿色发展、安全发展、统筹发展），努力适应经济发展新常态，经济社会发展砥砺前行，全面建成小康社会迈出坚实步伐。

1. 经济运行

2015年，吕梁市实现地区生产总值955.8亿元，同比下降4.7%。地区生产总值占全省的7.47%，居全省11个市第8位，增速居第11位。人均地区生产总值24941元，同比下降13.9%，较全省水平低10077元，为全省的71.2%，居全省11个市第9位。

全年公共财政预算收入90.7亿元，同比下降30.6%，总量居全省11个市第6位，增速居第10位。公共财政预算支出274.2亿元，同比增长3.9%，增支10.4亿元，其中民生支出达233.8亿元，占总支出的84.4%，为近十年来最高水平。

全年固定资产投资1166.4亿元，增长14.7%；总量居全省11个市第6位，增速居第6位。其中，第一产业投资35.7亿元，增长41.1%；第二产业投资572.6亿元，增长0.3%，其中工业投资572.6亿元，增长0.3%；第三产业投资558.1亿元，增长32.6%，其中房地产开发投资67.5亿元，增长56.5%。

全年社会消费品零售总额406亿元，增长4.4%；总量居全省11个市第7位。其中，城镇消费品零售额308.8亿元，增长3%；乡村市场零售额97.1亿元，增长9.2%。

全年海关进出口总额4.05亿美元，下降27.3%；总量居全省11个市第5位，增速居第8位。其中，进口额2.46亿元，下降32.3%；出口额1.59亿美元，下降18%。新设立外商直接投资企业3家。

年末规模以上工业企业538户，比上年减少18户。规模以上工业增加值完成516.1亿元，下降11.9%。全年规模以上工业企业主营业务收入1414.4

亿元，下降17.7%；实现利税74.4亿元，增长3.3%；实现利润负16.7亿元，亏损额下降31.4%。

年末全市金融机构本外币各项存款余额1616.4亿元，比去年同期增长2.4%；比年初增加43.3亿元，上升了2.89%。本外币各项贷款余额892.3亿元，比去年同期增长3.8%；比年初增加42.7亿元，上升了2.7%。

2. 产业发展

2015年，吕梁市第一产业增加值53.55亿元，下降9.0%，占地区生产总值的比重为5.6%；第二产业增加值544.5亿元，下降7.6%，占地区生产总值的比重为56.9%；第三产业增加值357.8亿元，增长2.9%，占地区生产总值的比重为37.5%。三次产业比重由上年的6.2∶62.2∶31.6调整变化为5.6∶56.9∶37.5。

第一产业中，农业现代化加快发展，小杂粮、养殖业、干果林特色鲜明。进一步夯实农业基础，创建粮食高产示范片27个、高标准农田12.15万亩，实施机械化保护性耕作面积95万亩；启动实施沟域经济发展和农业标准化示范市创建工作，创建示范区56个，面积43.8万亩。大力推进"8+2"农业产业化工程（"8"，即大力发展核桃、红枣、杂粮、畜牧、蔬菜、马铃薯、林下中药材、食用菌八大产业；"2"，即突出抓市场建设和龙头企业建设两个关键环节），实施面积达到55万亩、同比上年增加14.7万亩，参与农户扩大到10万户，比上年增加3万多户。累计建成"一县一业"9个特色产业基地县（岚县、临县、方山县马铃薯基地，兴县、中阳县、汾阳市、石楼县小杂粮基地，孝义市蔬菜基地，文水县蛋鸡基地）、"一村一品"1114个专业村，建成了一批区域化规模化的红枣、核桃、杂粮、食用菌、马铃薯等生产基地。全年新发展绿色杂粮7.1万亩、生产食用菌1720万棒、林下经济面积12.88万亩、建设绿色马铃薯基地5万亩，推广设施蔬菜新品种12705亩；红枣种植面积达200万亩，核桃种植面积达300多万亩。培育壮大农业经营主体，农业专业合作社达到1412户（其中示范社省级43家、市级52家，县级130家），新发展家庭农场100个，总计达到409个。大力发展规模化养殖，建成各类标准化规模养殖场1900多个，规模养殖比重达到养殖总规模的40%左右。市级以上农业产业化龙头企业达到150户（其中国家级4户，省级46户）。龙头企业加工农产品总量135万吨，销售收入130亿元。受干旱等自然灾害影响，全年粮食产量 72.38 万吨，减少 53.67 万吨，减产 42.58%。鲜枣产量 4 亿多公斤，约占全省产量的 70%。核桃产量 4 万多吨，占全省总产量 34%。猪牛羊肉总产量 9.46 万吨，增长 0.6%，其中猪肉产量 6.77 万吨、下降 0.9%，牛肉产量 1.53 万吨，增长 7.7%；羊肉产量 1.23 万吨，增长 1.7%。年末牛存栏 16.1 万头，生猪存栏 51.69 万头，羊存栏 105.17 万只。牛奶产量 2.42 万吨，减少 2.4%。禽蛋产量 10.41 万吨，增长 4.9%。其中，粮食、猪牛羊肉、猪肉、牛肉、羊肉、牛奶、禽蛋产量分别占全省的 5.7%、12.6%、11.2%、25.9%、17.8%、2.6%、11.9%。

第二产业中，煤炭、焦炭、钢铁、电力、酿酒等为优势传统产业，铝工业、煤化工、装备制造等为新兴产业。传统产业改造提升和新型产业的培育发展不断推进。煤炭主导产业实力进一步增强，新建成 8 个现代化矿井，累计建成千万吨级规模的煤炭主体企业 1 个、500 万吨级主体企业 8 个、300 万吨级主体企业 14 个，煤炭生产能力达到 1.5 亿吨。加快煤电一体化发展，交城国锦、汾阳国峰、文水国金 1# 机组等 3 个电厂实现并网发电，临县京能、兴县华电、晋能大土河、孝义晋能、文水国金 2# 机组等 5 个电厂项目核准并开工建设，电力装机（含核准在建）达到 900 万千瓦，同比上年扩大 2 倍，"产煤大市"向"输电大市"转变迈出坚实步伐；煤电联营进一步实施，促进了煤炭就地转化。发展壮大铝工业，氧化铝产能突破 1000 万吨，初步形成了全省乃至全国重要铝工业基地的发展格局。加快新能源开发建设，云顶山 25 万千瓦风电等项目核准开工，中电投岚县河口等 3 个 4.8 万千瓦风电和孝义太子科技一期 3 万千瓦光伏发电项目建成投产。增强酒业发展能力，杏花村酒业集中发展区完成投资 20 亿元，初步形成 10 万吨白酒生产能力。全年规模以上工业增加值 516.1 亿元，下降 11.9%，其中规模以上工业八大行业占全市规模以上工业增加值 89.9%。八大行业下降的有 7 个、增长的有 1 个：煤炭开采和洗选业增加值 250.7 亿元，下降 15.7%，占比 48.6%；黑色金属矿采选业增加值 14.6 亿元，下降 20.8%，占比 2.8%；酒制造业增加值 30.9 亿元，下降 6.6%，占比 5.99%；炼焦业增加值 32.3 亿元，下降 14.5%，占比 6.3%；化学原料和化学制品制造业增加值 74.9 亿元，下降 1.3%，占比 14.5%；黑色金属冶炼和压延业增加值 24.1 亿元，下降 19.7%，占比 4.67%；电力热力生产和供应业增加值 13.6 亿元，下降 12.5%，占比 2.6%；

有色金属冶炼和压延业增加值 21.1 亿元，增长 16.6%，占比 4.1%。主要工业呈现"一煤独大"的结构状况，其他产业成长不足，占比较小。全年规模以上工业主要产品产量：原煤 11556.7 万吨，下降 1.6%；洗煤 9308.3 万吨，下降 14.8%；洗精煤 6636 万吨，下降 15.6%；焦炭 1570.2 万吨，下降 14.7%；铁矿石原矿 2618.2 万吨，增长 19.8%；铁矿石合成品矿 700.4 万吨，下降 0.3%；铝土矿 580.8 万吨，增长 25.6%；饲料 63.9 万吨，下降 5.6%；白酒 62231.7 千升，下降 5.1%；氢氧化铝 455.62 万吨，增长 0.9%；化肥 22 万吨，增长 119%；水泥 428.9 万吨，下降 35.4%；生铁 388.5 万吨，下降 14.5%；钢材 295.4 万吨，下降 20%；氧化铝 619.2 万吨，增长 21.4%；发电量为 112.1 亿度，下降 7.2%。其中，原煤、焦炭、白酒、化肥、水泥、生铁、钢材、氧化铝、发电量 9 种产品产量分别占全省的 12.24%、19.57%、74.47%、4.8%、12.0%、10.84%、6.9%、48.6%、4.5%。

第三产业中，商贸物流、文化旅游、电子商务、信息等新兴服务业发展较快。离石天源物流、汾阳阳城商贸物流经济开发区、吕梁旭海农产品仓储物流交易市场、交城坤润现代农业产地集配中心、临县 8 万吨枣果现代冷链物流等一批商贸物流项目建设加快推进，城乡商贸流通市场体系不断完善。全年社会消费品零售总额 405.97 亿元，增长 4.4%。大力发掘文化旅游资源和推进旅游目的地建设，孝义市建成中西部最大的室内恒温水上乐园——星宇迪士尼·梦幻海，方山县北武当山、孝义市金龙山成功创建成国家 4A 级旅游景区。全年商业住宿设施接待入境过夜游客 5290 人次，接待国内旅游者 2677.55 万人次，分别增长 4.6% 和 24.5%；旅游外汇收入 203.64 万美元，国内旅游收入 226.94 亿元，旅游总收入 227.05 亿元，分别增长 5.2%、25% 和 25%。电子商务起步加速发展，孝义市入选全省 5 个阿里巴巴农村电商"千县万村"计划试点县（市）之一，兴县入选全省 8 个"国家电子商务进农村示范县"之一，试点工作稳步推进；组建吕梁市电子商务科创园，至年末有 30 家电商企业入驻；组织召开吕梁云计算中心与电商企业合作意向签约仪式大会，100 户优秀电商企业与云计算中心签订了合作意向书。全年电子商务交易额 160.6 亿元，网络零售交易额占社会消费品零售总额的 8%。积极探索借助军民融合发展平台推动信息服务业发展，"吕梁"1 号微纳卫星成功发射，云计算中心累计为国家相关核心部门和全国 160 多家科研院所提供高性能计算服务，取得显著成效。

3. 改革创新

2015 年，吕梁市继续加快推进改革创新，一些重点领域和关键环节取得了阶段性成果。

率先在全省先行试点"六权治本"。2014 年 12 月，召开的省委十届六次全体会议作出了实施"六权治本"（依法确定权力、科学配置权力、制度限制权力、阳光使用权力、合力监督权力、严惩滥用权力）重塑山西新形象的决策部署。随即，腐败问题较为严重的吕梁市率先开始在全省市级试点实施"六权治本"。试点工作以"三清单、两张图、两平台、一监督"为载体探索起步。"三清单"是指梳理"权力清单""责任清单"和投资领域的"负面清单"，"两张图"是在"三清单"的基础上明确"职权运行流程图"和"职权运行风险防控图"，前者是将"职权"运行的路线、时限、流程明晰于众，后者是压缩权力寻租的腐败空间。"两平台"就是建立"公共资源交易平台"和"公共办事平台"。"一监督"就是构建对权力的监督机制。吕梁市市级试点首先在 14 个单位进行了实践检验，在此基础上对市政府工作部门、依法承担行政职能的事业单位、垂直管理部门的行政职权进行了全面清理。经过全面梳理权力责任清单，吕梁市级政府部门共清理出行政职权 5612 项，列入清单 3726 项，精简率达 33.2%；责任事项 18600 余项，追责情形 29800 余项，追责依据 26000 余项；绘制职权运行流程图和风险防控图各 3726 张。同时，积极探索完善"公共资源交易平台"——市公共资源交易中心、"公共办事平台"——市政务大厅运行机制。其中，市公共资源交易中心在原来建设工程、政府采购、国土资源交易和产权交易四大类交易事项的基础上，将农林水、交通、药品和医疗器械采购事项全部纳入中心集中交易，实现了重点领域所有交易进平台、平台之外无交易，并且该平台与工程廉政监督平台联合运行，主管部门全程业务监督，群众全程电子化监督，交易过程全程留痕；市政务大厅聚集所有事关民生的行政审批工作，涉及 44 个部门 157 项行政审批和 85 项公共管理类事项，而且大多审批事项时限都缩减了一半左右。8 月底，45 个市政府部门在市委、市政府网站公布"两清单、两张图"。"六权治本"试点工作成为全省范式，为全省各部门提供了可复制、推广的经验。与此同时，吕梁孝义市开始在全省县级率先试点实施"六权治本"，梳理出覆盖县级政府部门到乡村、街道的权力清单，形成了"两单、两图、一表"的制度体系。在吕梁市市级、孝义市县级试点的基础上，吕梁市还将试点逐步向其他县（市、区）及乡村扩大，提出了"两清单"（权力和责任清单、服务清单）"两张图"（服务群众事项导引图和群众办事流程图）"一平台"（便民综合服务中心）工作机制。

深化商事制度改革和实施创新驱动战略。积极推行公司注册资本认缴登记制，取消公司最低注册资本限制，放宽公司注册资本和市场主体住所（经营场所）登记条件，实行企业年检改年报制度和市场主体信用公布制度，实行"先照后证""三证合一、一照一码"等商事制度改革，不断激发市场活力。全年新增企业 3373 户、农民合作社 857 户、个体户 14988 户，至年末全市企业总数达到 22414 户、农民合作社 7723 户、个体户 118869 户。加强与国防科技大学合作，推进了吕梁军民融合协同创新研究院的建设，重点实施云计算、能源互联网、无人机自主升降系统等一批高新技术项目。继续推进离石无人机产业基地、柳林李家湾光电子产业园、岚县江川国威新材料基地"三大基地"建设。

启动吕梁山片区"三个一"扶贫行动计划。吕梁山片区是山西贫困县、贫困人口最多的地区，涵盖吕梁、临汾、忻州 3 市部分县（区）。2015 年，省委、省政府立足吕梁山片区区域优势和产业特点，提出了在吕梁山片区实施"三个一"扶贫行动的计划，即"有序推进核桃、红枣等为主的百万亩经济林提质增效工程、百万千瓦的光伏扶贫工程和 10 万人的护工护理就业培训工程"，要求采取超常规举措，实现脱贫攻坚重点突破。吕梁市积极启动实施"三个一"扶贫行动计划，经济林提质增效稳步实施，光伏扶贫进展顺利，护工护理培训按期启动。9 月，吕梁市启动实施家政护理项目培训就业计划，委托吕梁卫校，由政府买单，聘请高端护理专家、专业老师进行授课讲解，免收一切费用，对贫困人口率先开办家政护理护工培训，培训内容涉及家庭护理、老人陪护、婴儿产妇及家庭烹饪、家居保洁等家政服务技能与知识。至年末，共培训 4 期 1428 人，并通过多种形式帮助 1000 多名扶贫对象实现异地就业。10 月，吕梁市光伏扶贫项目正式启动，至年末临县、兴县、岚县、方山、石楼等贫困县的 44 个贫困村光伏扶贫工程相继开工建设，总规模达 4600 千瓦，其中方山县、兴县建成 11 个村级电站实现并网发电。此外，在实施经济林提质增效工程方面，至年末累计建成 9.6 万亩红枣、核桃标准化管理示范园。

开通太原至吕梁城际列车和启动城市公交体制改革。8 月 1 日，太原至吕梁城际列车开通运行，运行时间 1 小时 45 分。这是山西历史上第一列一站直达式城际列车。开通太原至吕梁城际直达旅客列车，对于满足吕梁市群众出行需求，扩大吕梁对外开放程度，拉动经济增长都有着十分重要的意义。坚持城市公交国有化的主导地位，启动对多年来形成的市区民营公交运营改制。通过广泛征求意见，总的目标任务是：坚持"政府主导、企业实施、依法补偿、平稳推进、保障服务"的原则，以实现城市公共交通"总量上规模，车型上档次，服务上台阶，管理上水平"为目标，理顺运营管理体制，实现公车公营。2015 年，首先启动实施了公交 IC 卡"一卡通"，对市区三分之二的老旧出租车进行了更新换代。

4. 城乡建设

2015 年，吕梁市统筹城乡一体化发展，城乡基础设施、生态环境等各项建设进一步推进。

加强城市基础设施建设和改善人居环境。吕梁新区建设有序推进，11.5公里新区吕梁大道一期已建成投入使用，9 座桥梁全部建成；新区集中供热工程建成投入试运行，新增供热面积近 400 万平方米；新区供水一期工程已完工投入试运行，可解决 50 万人口的饮水问题；火车站站前广场主体完工，北川河生态治理、吕梁广场、纬 31 路、安置区配套污水管网建设项目完成部分前期工作。吕梁新区建设一期 12 平方公里的城区框架已基本形成，供水、供热、供气等基础设施基本完善。在推进吕梁新区建设的同时，大力实施了市区主城区和各县城（城市）道路、管网等基础设施改造提质、增绿、环境整治、大气污染防治工程。全年全市（含县城）新建城市道路 100.06 公里、改造道路 40.26 公里，新建城市供水管网 51 公里、改造城市供水管网 37.98 公里，新建供气管网 102.6 公里、改造供气管网 32.54 公里，新建供热管网121.99 公里、改造供热管网 385.05 公里，新建城市污水处理配套管网 105.97公里、新建城市雨水管网 62 公里、改造雨污合流排水管网 101.05 公里。方山、中阳、石楼 3 座生活垃圾无害化处理场全部开工建设。至年末，全市（含县城）建成区绿化覆盖率达 36.16%，城市生活垃圾无害化处理率达

85%，污水处理率达81%，污水再生利用率达25%，集中供热普及率达71.5%，燃气普及率达80.42%，供水普及率达93%。其中吕梁市区建成区绿化覆盖率达40.2%，集中供热普及率达80.27%；市区环境空气达标天数为290天，同比增加24天，全年优良率79.5%，空气质量综合指数为6.0，同比下降11.2%，在全省11个重点城市中排名第二。全年全市（含县城）累计开工建设城市保障性住房13453套。

继续实施改善农村人居环境工程。新建改建农村公路503公里（其中县乡公路改造177公里，农村公路完善提质工程307公里，村通水泥路19公里），完成农村公路安全生命防护工程131.39公里。开工并建成133处农村饮水安全工程，解决了156个自然村、8.07万农村居民和8所农村学校、0.81万学校师生的饮水安全问题。改造农村困难家庭危房22900户，完成年度任务的137%。完善县、乡（镇）、村三级联动机制，3128个行政村全面实施乡村清洁工程，共配备农村清扫保洁人员10936名，乡镇环卫监管人员1918名，农村垃圾收集车辆、垃圾清运车辆共3251台，农村垃圾桶36116个，共建垃圾转运站20座、垃圾处置点452座，累计清运农村垃圾68.11万吨，集中清理农村"四堆"74600处，整治乱搭乱建、乱贴乱挂、整修残垣断壁44980处，粉刷墙体立面82.79万平米，755个村庄创建成省级卫生清洁达标村。建设生态、宜居、休闲示范村77个，农村人居环境得到进一步改善。

推进实施跨城乡重大交通水利基础设施和生态环境建设。在铁路建设方面，继续推进兴县至保德铁路、吕梁至临县（孟门）铁路等铁路工程建设。在公路建设方面，继续推进临县至离石高速公路、吕梁环城高速公路建设并建成通车，开工建设国道209、省道340中阳县过境公路改线工程，新国道太克线方山焦家峪至临县苗家庄、临县梁家会至克虎段升级改造工程进展顺利。5月9日，临县至离石高速公路正式通车运营，该段高速是全省高速公路网三纵十二横十二环中西纵高速公路的重要组成部分，路线全长72.9公里，于2011年2月开工建设。11月10日，吕梁环城高速公路正式通车运营，环城高速位于吕梁市所辖离石区及方山县境内，是全省三纵十二横十二环高速公路网中的重要一环，于2011年4月开工建设。临县至离石高速公路、吕梁环城高速公路建成通车，将苛临（岢岚至临县）、太佳（太原至陕西佳县）和离军（离石至柳林军渡）高速连接在一起，完善了全省高速路网布局、提高了吕梁的区位优势，对于发展区域经济、改善沿线（临县、柳林、离石）的交通状况具有十分重要的意义。11月17日，国道209、省道340中阳县过境公路改线工程开工建设。该工程建成后对缓解中阳县城交通压力，加快中阳与离石同城化、促进区域经济发展具有重要推动作用。在水利基础设施建设方面，中部引黄和配套小水网建设有序推进，龙门供水、千年水库等重点水源工程建设接近尾声。在生态环境建设方面，全年造林49.92万亩，治理水土流失面积47万亩。至年末，全市林地面积达139.4万公顷，森林覆盖率达26.45%。

2015年末，吕梁市公路通车里程达到17270公里，比上年末增加117.3公里，其中等级里程占总里程的百分比达到94.4%，高速公路534公里。公路密度达到每百平方公里81.7公里。

2015年，吕梁市市域城镇化水平进一步提高，城镇化率达到46.24%，比上年提高1.57个百分点。

5. 民生社会

2015年，吕梁市公共财政预算支出274.2亿元，增长3.9%。其中，民生支出达233.8亿元，增长15.6%，占总支出的84.4%，同比提高0.4个百分点。

全年城镇新增就业人员56353人，城镇下岗失业人员再就业12057人，就业困难人员实现就业3476人，转移农村劳动力72107人。年末城镇登记失业率2.9%。落实机关事业单位增资政策，发布企业工资指导线，提高最低工资标准。各类地区最低工资标准普遍提高了170元。实施精准扶贫，93个贫困村实现整体脱贫，13.61万人脱贫，其中异地搬迁减贫15130人。积极维护劳动者合法收入，清理用工单位拖欠劳动者工资23584万元，涉及劳动者14.89万人。对低收入农户冬季取暖实施货币化补贴，每户补贴300元。提高企业退休人员基础养老金，人均提高10%，近5万名职工生活得到进一步改善。提高城乡低保对象最低生活保障标准，每人月均分别提高25元、22元，惠及41.8万人。提高优抚对象、老党员补助标准，人均提高40元。提高农村五保对象集中、分散供养标准，集中供养标准达到每人每年5300~6460元，分散供养标准达到每人每年2600~4600元。建成市级福利中心和80个农村老年人日间照料中心；实施60岁以上农村老人免费体检政策，对60~64周岁农村老年人每两年免费体检一次，对65岁以上老人每年免费体检一次。加强社会救助，全年筹集到临时救助资金1656万元，救助14338户。提高基本公共卫生人均经费财政补助标准，由人均35元提高至40元。新农合和城镇居民医保年人均补助标准提高60元，分别从每人每月330元和320元提高到380元。全面推进县级公立医院改革，医院药品全部实行零差率销售，城乡居民大病保险实现全覆盖，城镇基本医保费用实现省内异地就医即时结算。新农合住院补偿封顶线从15万元提高到30万元，住院补偿比例提高5个百分点，大病保障由原来的20个病种扩大到23个，实现了全市定点医院医保联网实时结算全覆盖。市120急救中心启动运行，市中心医院、市疾控中心和市妇幼计生服务中心项目奠基开工。至年末，全市城镇职工基本养老保险参保人数达32.6万人，增加1.63万人；参加城乡居民社会养老保险182.02万人，增加0.113万人；参加城镇基本医疗保险84.43万人，增加2.575万人；参加新农合279.8万人，参合率达98.8%。推进义务教育学校标准化建设，新建公办标准化幼儿园21所，改造农村幼儿园39所，石楼等5个县薄弱学校改造任务全面完成。交城、汾阳、离石3个县（市、区）通过国家义务教育均衡发展验收。普通高中和县级职教中心标准化建设步伐加快。安全生产形势总体稳定并持续向好发展，全年共发生各类生产经营性事故169起，同比减少45起，下降21.03%；死亡人数下降13.91%；煤炭百万吨死亡率0.0833。

2015年，吕梁市全市居民人均可支配收入13591元，同比增长7.7%；人均消费支出8663元，同比增长12.9%。城镇居民人均可支配收入22903元，增长6.6%；人均消费支出11228元，增长13.8%。农村居民人均可支配收入7193元，增长6.5%，人均消费支出6838元，增长11.6%。城镇占调查总户数20%的低收入家庭人均可支配收入7272元，增长8.2%；农村占调查总户数20%的低收入家庭人均可支配收入2280元，增长12.6%。

2015年，吕梁市全市居民、城镇居民、农村居民人均可支配收入均低于全省水平，分别是全省的76.1%、88.7%、76.1%，分别居全省11个市第10位、第11位、第10位。城镇居民、农村居民人均消费支出低于全省，分别居全省11个市第6位、第10位。

6. 经济特区

山西交城经济开发区、山西文水经济开发区和山西孝义经济开发区是吕梁市境内享受特殊政策的省级经济特区。

山西交城经济开发区，前身是 2003 年成立的吕梁夏家营生态工业园区，2006 年经批准成为省级经济开发区。开发区位于吕梁市交城县东北部，规划面积 24.7 平方公里，一期开发面积 13 平方公里，已建成 10 平方公里。开发区是全国最大的焦油加工基地之一，已形成煤焦、煤化工、冶炼、铸造、建材五大支柱产业。近年来，交城县以开发区为基础，将其与新规划的煤化工园区整合为晋沪吕梁煤化工园区，控制面积 64 平方公里。通过不断地扩展、建设，初步形成了"一轴、一带、五区"的总体格局。"一轴"是贯穿园区南北的综合性服务轴，即工业东路服务轴；"一带"是联系开发区北区、东区、南区的交通性轴带，即晋阳街、美锦路和工业南街组成的交通轴带；"五区"是园区依据用地功能划分的五个专业化片区，分别为综合服务区、仓储物流区、开发北区、开发东区、开发南区。至 2015 年年末，开发区入驻企业达到 119 户，其中停工停业企业 8 户，开发区内就业人数 1.45 万人。2015年，开发区实现工业总产值 93.38 亿元，同比下降 21%，主营业务收入 92.15亿元，同比下降 14%，实现利税 3.48 亿元，同比增长 4.6%。

山西文水经济开发区，前身是依托文水县原有振兴、金泰、金源、兴华等骨干化工企业于 2003 年创立的吕梁百金堡科技化工工业园区，2006 年经批准成为省级经济开发区。开发区位于吕梁市文水县城南 9.8 公里处，规划面积为 20.8 平方公里，一期开发面积 4.5 平方公里。经多年建设和发展，开发区初步形成了化学工业产业园、循环经济产业园、机械装备产业园、仓储物流园四个产业园和煤焦电化建循环经济产业链条、（煤焦 – 煤气）煤化工—精细化工产业链、钢坯—型材—机械加工产业链等三条产业链条。开发区产业以钾盐化工业为主，兼有机械装备、冶炼铸造、煤焦化综合循环利用等，主要产品为无机化工系列产品、煤化工系列产品、机械装备系列产品，衍生太阳能电池及组件等产品。至 2015 年年末，开发区入驻企业 26 户，其中停工停业企业 2 户，区内就业人数 5624 人。2015 年，开发区完成工业总产值 35.33 亿元，同比上升 13.33%，主营业务收入 36.88 亿元，同比上升 18.97%，实现利税 0.9 亿元，同比上升 9.06%。

山西孝义经济开发区，前身为 2003 年成立的吕梁孝义梧桐焦化工业园区，2006 年经批准成为省级经济开发区。开发区位于吕梁市孝义市南郊梧桐镇，规划面积 10 平方公里，一期开发面积 7.5 平方公里。近年来，开发区以"产城一体、融合发展"为理念，依托煤焦化、煤焦钢、煤电铝三大产业链，以产建城，以城促产，推进建设的项目涵盖了煤化工、铝产业、新型材料、清洁能源、电力、物流、仓储等诸多方面，形成了大机焦、大铝业、大化工、大电力、大钢铁、大物流、大仓储的多元产业格局。至 2015 年年末，开发区有入驻企业 62 户，区内就业人口 1.5 万人。2015 年，开发区工业总产值 147.25 亿元，主营业务收入 142.7 亿元，同比下降 6.2%，实现利税 17.5 亿元。

7. 县域经济

吕梁市共辖交城、文水、中阳、交口、石楼、柳林、临县、兴县、岚县、方山、孝义、汾阳和离石 13 个县（市、区）。中阳、兴县、临县、方山、岚县、石楼 6 县为国家贫困重点县，其中临县、兴县、石楼、岚县 4 县属国家吕梁山集中连片特困地区县。

吕梁市 13 个县（市、区）中，每个县（市、区）都有煤炭资源，孝义市、柳林县、兴县、交口县、离石区、交城县、临县、方山县、中阳县都是产煤大县（市、区），汾阳市、文水县、石楼县、岚县是少煤县（市）。孝义市产业以煤铝铁资源产业链条为主，柳林县产业以煤炭、煤化工、煤电为主，兴县产业以煤电铝和化工产业链为主，交口县产业以煤炭、煤焦化、冶炼铸造为主，离石区主要产业以煤炭、煤化工产业链为主，交城县产业以煤焦、煤化工、冶炼、铸造为主，临县产业以煤炭、煤化工为主，方山县产业以煤炭、煤化工为主，中阳县产业以煤焦、钢铁、建材为主，石楼县产业以农林业为主，岚县产业以煤炭、炼铁为主。各县（市、区）的农林牧业特色产业发展较有成效，柳林、临县、交城、石楼、兴县的红枣产业，汾阳、中阳的核桃产业，岚县、临县、兴县、方山的马铃薯产业等。此外，离石、临县、兴县、方山、交城、孝义、石楼的文化旅游业也在逐步兴起。

2015 年，吕梁市 13 县（市、区）实现地区生产总值分别为孝义市 334.3 亿元、柳林县 120.8 亿元、汾阳市 91.6 亿元、离石区 67.9 亿元、兴县 58.7 亿元、文水县 58.3 亿元、交城县 49.6 亿元、中阳县 43.5 亿元、临县 41.3 亿元、岚县 32.7 亿元、交口县 30.5 亿元、方山县 22.7 亿元、石楼县 7.9 亿元。一般公共预算收入分别为孝义市 18.2 亿元、柳林县 11 亿元、离石区 8.4 亿元、兴县 6.3 亿元、交口县 5.4 亿元、中阳县 4.2 亿元、岚县 3.8 亿元、交城县 3.8 亿元、临县 3.5 亿元、文水县 2.6 亿元、方山县 2.5 亿元、石楼县 0.4 亿元。

全年吕梁市 13 县（市、区）城镇居民人均可支配收入分别为孝义市 29078 元、柳林县 27036 元、离石区 24975 元、汾阳市 20102 元、中阳县 18991 元、交城县 18686 元、文水县 18441 元、兴县 18119 元、方山县 18110 元、交口县 17454 元、岚县 16987 元、临县 15183 元、石楼县 12441 元；农村居民人均可支配收入分别为孝义市 14211 元、汾阳市 11695 元、柳林县 9974 元、文水县 8458 元、交城县 8236 元、交口县 6467 元、中阳县 5791 元、离石区 5135 元、岚县 4370 元、临县 4159 元、方山县 3882 元、兴县 3769 元、石楼县 2727 元。除孝义市、柳林县外，其余各县（市、区）城镇居民人均可支配收入全部低于全省平均水平，汾阳市等 10 个县（市）还低于全市平均水平；文水等 10 个县（区）农村居民人均可支配收入低于全省平均水平，交口等 8 个县还低于全市平均水平。

2015 年末，吕梁市 13 县（市、区）常住人口分别是临县 59.6 万人、孝义市 48.1 万人、文水县 43.3 万人、汾阳市 42.9 万人、离石区 33.1 万人、柳林县 32.9 万人、兴县 28.8 万人、交城县 23.6 万人、岚县 17.9 万人、方山县 14.7 万人、中阳县 14.5 万人、交口县 12.3 万人、石楼县 11.5 万人。

七　晋中市

晋中市是山西省辖 11 个地级市之一。位于省境中东部，东依太行山脉中段与河北省石家庄市、邢台市、邯郸市交界，西与省内吕梁市隔汾河相连，东北、西北与省内阳泉市、太原市毗邻，东南、西南与省内长治市和临汾市接壤。下辖 1 区（榆次区）9 县（太谷县、祁县、平遥县、灵石县、榆社县、左权县、和顺县、昔阳县、寿阳县）1 市（介休市）。辖区总面积 1.64 万平方公里，占全省的 10.5%，居全省 11 个市第 4 位。境域地形地貌以山地、丘陵为主，山地和丘陵面积达 87.1%，其中东部、西南部为山地，中部为盆地，西部为汾河谷地。境内矿产资源极为丰富，具有开采价值的煤、铁、铝土、硫黄、石膏、陶瓷土等 20 余种，占全省探明储量矿种的 1/4，其中煤炭储量大、煤种全、品质优，是全国十大煤炭基地之一；农业生产条件优越，是全省粮食、蔬菜、畜产品、干鲜果的主要产区之一。晋中市，是历史上"货通天下"的中国第一商帮——晋商故里的腹地，因地处山西中部而得名。新中国成立后，曾设榆次专区、晋中专区、晋中地区，2000年撤地设市。2015年末常住人口333.6万，占全省的9.1%，居全省11个市第7位。

2015年，面对严峻复杂的经济形势和不断加大的经济下行压力，晋中市坚持稳中求进工作总基调，主动适应引领新常态，统筹推进稳增长、促改革、调结构、惠民生、防风险各项工作，经济社会发展取得新成绩。

1. 经济运行

2015年，晋中市实现地区生产总值1046.1亿元，增长6.4%，增幅高于全省3.3个百分点，居全省11个市第3位，比上年后移一位。地区生产总值占全省比重达到8.2%，地区生产总值在全省11个市中居第6位。人均地区生产总值31434元，增长5.9%。

全年公共财政预算收入100.2亿元，下降14.7%；总量居全省11个市第2位，增速居第7位。公共财政预算支出241亿元，增长11.1%，总量居全省11个市第7位。其中，社会保障和就业支出37亿元，增长34.7%；医疗卫生与计划生育支出28.2亿元，增长27%；教育支出52.1亿元，增长26.8%，农林水事务支出27.2亿元，增长28.1%。

全年固定资产投资1312.5亿元，增长18.7%。总量居全省11个市第5位，增速居第1位。按经济类型分类，国有投资320.2亿元，增长33.7%；非国有投资992.3亿元，增长14.5%。按产业分类，第一产业投资123.8亿元，增长50.5%；第二产业投资488.9亿元，下降3.3%；第三产业投资699.7亿元，增长35.1%。在第二产业中，工业投资488.6亿元，下降3.3%。

全年社会消费品零售总额529.7亿元，增长5.8%；总量居全省11个市第5位。按经营地统计，城镇消费品零售额342.1亿元，增长4.2%；乡村消费品零售额187.7亿元，增长8.8%。按消费形态统计，商品零售额493.9亿元，增长5.5%；餐饮收入额35.8亿元，增长10.7%。

全年外贸进出口总额20650万美元，下降42.6%；总量居全省11个市第7位。其中，进口额1333万美元，下降92.2%；出口额19317万美元，增长 2.7%。

全年农林牧渔业总产值 182 亿元，同比上年增长 1.7%；总量居全省 11 个市第 2 位。

年末规模以上工业法人企业 508 户，比上年增加 16 户。规模以上工业增加值完成 379.5 亿元，增长 5.7%，高于全省 8.5 个百分点。规模以上工业企业主营业务收入 962.5 亿元，下降 15.1%；实现利税总额 8.3 亿元，下降 71.6%；实现利润 -45.6 亿元，减少 18.7 亿元。

年末全市金融机构本外币各项存款余额 2050.2 亿元，比年初增长 7.3%，其中人民币各项存款余额 1436.5 亿元，比年初增长 8.6%。全市金融机构本外币各项贷款余额 1203.5 亿元，比年初增长 17.1%，其中人民币各项贷款余额 274.9 亿元。年末金融机构本外币各项存款余额、贷款余额分别占全省的 7.1%、6.5%，总量分别居全省 11 个市第 3 位、第 2 位。

2. 产业发展

2015 年，晋中市第一产业增加值 106.6 亿元，增长 1.4%，占生产总值的比重为 10.2%；第二产业增加值 457.4 亿元，增长 5.9%，占生产总值的比重为 43.7%；第三产业增加值 482.1 亿元，增长 8.0%，占生产总值的比重为 46.1%。三次产业比重由上年的 9.9:47.5:42.6 调整变化为 10.2:43.7:46.1，二产比重下降 3.8 个百分点，三产比重提高 3.5 个百分点，经济结构趋于优化。

第一产业中，农业现代化加开发展，粮食、蔬菜、果业、养殖、休闲农业五大产业提质发展。大力推进国家现代农业示范区建设，实施了"十个一"重点工程（一个现代农业精品示范园、一个 10 万亩种植业示范基地、一个标准化养殖示范园区、一个农业产业化龙头示范企业、一个农民合作联社示范社、一个农村产权流转交易中心、一个新型职业农民培训示范基地、一个现代农业改革发展试点村、一个一二三产融合发展的休闲观光农业示范点、一个美丽宜居示范村）和"四个一批"重点项目（一批农业主导产业转型升级项目、一批农副产品加工龙头企业发展项目、一批一二三产融合发展的休闲农业项目、一批改善生产生活条件的基础设施配套项目建设），完成投资 132 亿元。2015 年，全市一村一品专业村发展到 1020 个，占行政村总数的 37.1%，其中蔬菜 305 个、水果 208 个、干果 325 个、畜牧 116 个；农民专业合作社发展突破 9000 户，其中省级示范社 31 个、市级示范社 52 个、县级示范社 95 个；认定家庭农场 733 个，培育市级示范家庭农场 31 个。全年粮食播种面积 393.71 万亩；蔬菜播种面积 130 万亩，其中设施蔬菜面积 50 万亩（设施双孢菇栽培面积达到 400 万平方米）。新增干果经济林 10 万亩，改造低产低效干果林 10.5 万亩，建设和巩固提高市级干果示范基地 82 处。干果经济林总面积达到 187.9 万亩，其中核桃 117.5 万亩、红枣 32.8 万亩，挂果总面积 82.4 万亩。水果总面积达到 98 万多亩。畜牧业规模化标准化养殖进一步发展，标准化规模养殖场（小区）达到近 1400 多个，畜禽规模标准化养殖比重超过 70%，其中蛋鸡、肉鸡和奶牛达到 90% 以上，生猪达到 80% 以上。各类畜牧龙头企业达 70 多家。生态庄园发展到 500 余处，其中市级生态庄园（经营面积 1000 亩以上）70 个。全年全市粮食产量 175.8 万吨，下降 8.5%；蔬菜产量 282.3 万吨，下降 7.2%；水果产量 46.4 万吨，增长 17%；食用坚果产量 2.9 万吨，增长 68.8%。肉类总产量 20.6 万吨，增长 11.9%，其中猪肉产量 12.3 万吨，增长 2.9%；牛肉产量 1.6 万吨，增长 18.8%；羊肉产量 1.7 万吨，增长 17.5%；禽肉产量 4.9 万吨，增长 40.5%。牛奶产量 14.1 万吨，增长 22.7%。禽蛋产量 15.8 万吨，增长 11.6%。水产品产量 0.4 万吨，增长 41.3%。年末生猪存栏 106.4 万头，增长 2.8%；生猪出栏 139.8 万头，增长 0.6%。其中，粮食、蔬菜、水果、食用坚果、猪肉、牛肉、羊肉、牛奶、禽蛋产量分别占全省的 13.9%、21.7%、5.5%、15.5%、20.4%、27.1%、24.6%、15.3%、18.1%。

第二产业中，煤炭、焦炭、冶金、电力、机械、化工、建材、食品、医药等为主要产业，传统产业改造提升和新型产业的培育发展不断推进。一是推动传统产业提质增效。推进煤矿现代化矿井建设，建成竣工矿井 16 座，新建矿井 4 座。推进煤电基地建设，介休崇光、灵石启光、寿阳明泰、左权阳煤等 4 个低热值煤发电项目开工建设，寿阳河北建投 2×100 万千瓦坑口发电项目加快筹建。推进煤化业发展，阳煤寿阳 40 万吨乙二醇、阳煤昔阳烧碱聚氯乙烯、寿阳兰凯博 200 万吨醇醚燃料（一期 80 万吨）等建设加快。二是推进新兴产业发展。以园区集聚发展为引领，推动装备制造、新能源、新材料、信息、食品医药等新兴产业加速发展，吉利新能源汽车项目已建成试生产，灵石存山云计算中心、银河电子车载方舱、聚义煤矸石制纤维、寿阳地球卫士等项目投产，东方希望铝系循环经济园、北达新能源发动机、寿阳兰凯博醚基燃料、晋能光伏电池等一批重点项目开工建设。以新兴产业为主的晋中经济技术开发区、榆次工业园、祁县经济开发区，山西新能源汽车·机械装备制造区、安泰工业园、灵石中煤循环工业园、榆社化工园、平遥工业新区8大重点园区，全年完成工业增加值150.18亿元、占全市工业增加值的39.57%，完成销售收入429.29亿元、占全市工业销售收入的44.6%。全年全市规模以上工业增加值完成379.5亿元，增长5.7%。八大行业中增长的有5个：煤炭、焦炭、食品、机械、建材；下降的有3个：冶金、化工、电力。其中，煤炭工业增加值236.2亿元，增长7.8%；焦炭工业增加值22.6亿元，增长2.5%；食品工业增加值19亿元，增长19.1%；机械行业工业增加值17.7亿元，增长7.6%；建材工业增加值20亿元，增长12.4%；电力行业工业增加值19.3亿元，降低16.2%；冶金行业工业增加值17.8亿元，下降8.6%；化工工业增加值8.9亿元，下降11.1%。全年规模以上工业主要产品产量：原煤8824.5万吨，下降2.1%；发电193亿千瓦时，下降7.2%；焦炭1060.7万吨，下降5.3%；粗钢166.5万吨，增长9.2%；水泥428万吨，增长9.4%；白酒8149千升，下降44.1%；化肥46万吨，增长2%；合成氨41.5万吨，增长3.6%。

第三产业中，文化旅游、商贸物流、金融、电子商务、科技服务等服务业快速发展。晋中市是文化旅游资源大市，旅游目的地和各项建设不断推进。平遥古城景区升级为国家5A级景区，5A级景区达到3家，独占全省一半（介休绵山风景名胜区、乔家大院文化园区、平遥古城景区）；介休市张壁古堡、左权县太行龙泉风景区升级为国家4A级景区，4A级达到12家。祁县红海玻璃文化艺术园、榆社县云竹湖风景区目、祁县千朝农谷、山西大禾"NA-PA橡树谷"特色旅游、灵石红崖峡谷景区、灵石石膏山风景区入选全国优选旅游项目。全年全市商业住宿设施接待入境过夜游客21.1万人次，增长5.1%，其中，国外游客13.5万人次，增长5.3%，港澳台7.6万人次，增长4.8%；接待国内旅游者5018.5万人次，增长25.3%。旅游外汇收入11142.8万美元，增长5.7%，国内旅游收入506.6亿元，增长26.1%，旅游总收入513.4亿元，增长25.8%。大型商贸物流基础设施加快建设，晋中农产品现代流通和农村市场体系建设综合示范区项目竣工验收，中鼎物流园区北六堡铁路货运物流中心建设加快推进，苏宁物流配送中心、普洛斯物流、中储物流、经纬物流等项目开工建设。金融业创新发展，继2014年天津股权交易所山西运营中心在晋中市成立并正式运营后，2015年晋中市政府与上海股权交易托管中心签订战略合作协议，晋中市成为上海股权交易托管中心山西企业孵化基地；推进完成左权农信社改制为农商行，累计有3家县级农信社改制为农商行；设立和顺贵都村镇银行，累计达到7家；创新多层次资本市场融资机制，5家企业在上海股权交易托管中心中小企业股权报价系统（Q板）挂牌，全省首家企业资产证券化项目—瑞阳供热公司在上海交易所正式挂牌，全省首个"互联网＋"模式快速投融资平台—晋中银行上线"融e家"，辰兴房地产公司在香港联交所挂牌上市，实现全省企业在港交所主板IPO上市零的突破。全年全市有12家企业新上市或挂牌，至年末累计有3家企业上市和21家企业在新三板、天交所、上海股权托管交易中心挂牌。电子商务发展快速速，引进了阿里巴巴、京东商城等5大电商平台，介休市、太谷县和祁县入选全省阿里巴巴"千县万村"首批试点，左权县入选国家电子商务进农村首批示范县。2015年，全市第三产业投资699.7亿元，增长35.1％，第三产业投资占全部投资比重达53.3％。全年全市第三产业增加值占GDP比重达到46.1％，同比上年提高3.5个百分点。

3. 改革创新

2015年，晋中市以转型综改为统领，加快推进改革创新，一些重点领域和关键环节的改革创新取得了阶段性成果。

强力推进"六权治本"（依法确定权力、科学配置权力、制度约束权力、阳光行使权力、合力监督权力、严惩滥用权力）制度机制建设。紧紧扭住"两清单、两张图、两平台、一监督"这个载体，抓住对"一把手"加强监督管理这个关键，不断推进"六权治本"在全市的实施。重点完善了三方面的制度体系：一是"一把手""五个不直接分管"制度体系，即"一把手"不直接分管人财物、工程建设、政府采购、产权交易等重大工作制度，推动形成副职分管、正职监督、集体领导、民主决策的权力运行格局；二是"三重一大"决策制度体系，即明确界定单位"三重一大"事项的范围，形成单位重大事项目录，规范"三重一大"决策程序，制定重大决策"一把手"末位表态和票决制度，建立决策全程记录制度；三是权力行使分离制度体系，即，将高风险岗位权力进行分解，实行分岗设权、分事行权，对行政许可事项实行受理、办理、批准分离，对行政处罚和行政强制事项，实行调查、决定、执行分离。至年末，市政府确定的 37 个重点部门的权力清单、责任清单制定完成，并绘制出具体的权力运行流程图、权力运行风险防控图；各县（区市）权责清单编制也全面铺开将；政务服务平台和公共资源交易平台建设有序推进。通过清理和编制权力清单和责任清单，市级 37 个重点部门清理权力事项精简率达 26%，排查出权力运行的风险点 13400 多个。与此同时，积极推动六权治本"向乡村延伸的试点也取得重要进展。

深化国有企业改革和推进商事制度改革。创新工作机制，分类处置，推进完成了山西和顺天池能源公司、山西凯嘉能源集团股权划转，推进了晋中市保安公司、汾西矿区保安公司整体转让，推进了山西格芙兰纺织有限公司有序退出，解决了厂办大集体职工医疗保险和到龄职工养老保险问题；推进了晋华、锦纶、轻机三厂政策性破产终结，推进了晋中市药材公司改革、厂办大集体改革。实推进商事制度改革，放宽注册资本登记条件、简化住所（经营场所）登记事项、变企业年度检验制度为年报公示制度、变前置审批为后置审批、实施"三证合一""一照一码"等改革措施，激发了市场活力。2015 年全市新增各类市场主体 2.4 万户，比上年同期增长 27%。

积极落实和争取国家及省级对改革创新事项支持。启动实施实施"国家养老服务业综合改革试点"。晋中市于 2014 年入选"国家养老服务业综合改革试点城市，也是全省唯一入的试点城市。试点的主要任务包括健全养老服务体系，引导社会力量参与养老服务，完善养老服务发展政策，强化城市养老服务设施布局，创新养老服务供给方式，培育养老服务产业集群，加强养老服务队伍建设，以及强化养老服务市场监管。2015 年初，晋中市被批准纳入全国中小城市综合改革试点城市之一，被确定为"国家现代农业示范区"，获批"中国科协创新驱动示范市"。其中，获批全国中小城市综合改革试点，国家将赋予其在产城融合、城市投融资、土地要素、民生保障、城市治理等重点领域进行改革创新的权力，可率先全面放开落户限制，探索财政转移支付与农业转移人口市民化挂钩机制；被认定为国家现代农业示范区，范围覆盖榆次、太谷、祁县、平遥、昔阳、寿阳 6 县（区），主要任务是积极发展高效农业，力求在园艺种植及规模化养殖方面有所突破；获批"中国科协创新驱动示范市"，可获得全国学会、专家助力实施创新驱动战略和推动经济发展、产业转型升级的支持。"108区域一体化发展示范区"建设获批，上升为全省发展战略，示范区整体享受扩权强县和转型综改试点县相关政策。示范区范围涵盖榆次、太谷、祁县、平遥、灵石、介休4县（市、区），通过先行先试，为全省转型综改试验区建设提供示范。

实施创新驱动战略和推进区域经济合作。在实施创新驱动战略方面，积极支持中国科协组织全国学会专家在晋中与企业开展了创新驱动助力工程对接洽谈活动，达成多项技术合作意向；加强与与省农科院合作，签署了市院科技合作战略框架协议，为农业科研推广和现代农业快速发展提供技术支持；大力培育发展高新技术产业企业，21家企业被新认定为高新技术企业，总计达到59家，创造高技术产业总产值51.6亿元，增长14.8%。在推进区域经济合作方面，加快推进晋中太原同城化步伐，支持和推进"山西科技创新城综合服务平台一期工程"开工和建设，支持和推进了晋中至太原城际铁路2号线试验段暨城市交通枢纽工程开工和建设；积极推动实施与河北建投集团签订的电力战略合作协议，加快建设东山煤炭就地转化基地和打造电力能源产业基地，探索东山地区变输煤为输电、电力点对网跨省输送的发展道路，并以此为试点和示范主动融入环渤海经济圈。

4. 城乡建设

近年来，晋中紧紧围绕建设全省"四化"（工业新型化、农业现代化、市域城镇化和城乡生态化）率先发展区目标，大力实施"一区两翼"（以主城区为发展龙头，以东山各县建设新型能源基地和平川各县（市）打造"108综合发展廊带"为两翼）发展战略，统筹推进主城区、各县（市）城镇群建设，城乡面貌不断改善。其中，主城区建设，大力实施"北进、西联、南扩、东延"和"扩容提质"建设工程，特别是从2012年开始大规模实施"百亿城建重点工程"，推进城市扩容提质和晋中太原同城化进程；各县（市）不断推进 大县城、小城镇、中心村建设，形成各具特点的城镇化发展路子。2015年，晋中市统筹城乡一体化发展，城乡基础设施和改善人居环境等各项建设进一步推进。

主城区扩容提质与太原同城化建设加速进行。继续实施"百亿城建重点工程"。推进旧城改造，启动实施羊毫片区、迎宾广场片区、晋华片区、迎宾东片区和顺城西街片区5大片区、16个城市棚户区、20个城中村改造，取得实质性突破。加强公共服务设施建设，继续推进实施了博物馆（档案馆）、科技馆建设、图书馆（美术馆）、壁画艺术博物馆、第一人民医院迁建、工人文化宫、老年养护院、烈士陵园、殡仪馆、青少年实践基地等一大批场馆、学校、医院新建项目。加强城市道路、供水、供气、供热、污水垃圾处理等市政基础设施建设。实施了33条道路的新建改造，总长22.46公里，完成了内环道路快速化改造等14条道路改造，同步实施了18座人行天桥、21条小街巷、83处港湾式公交站台、8条道路的人行道无障碍设施、6处交叉路口、272处人行横道及缘石坡道等一大批道路交通设施扩容提质工程。实施了11项城市园林绿化项目，推进完成了百草坡森林植物园、百草坡文化主题乐园、潇河水上游乐园、汽车房车露营地等建设，新增绿化面积150万平方米。新建和改造供水管网17公里，供气管网100.3公里，置换天然气用户1.5万户，铺设集中供热管网64.7公里，新增集中供热面积207万平方米。年末，供气、供热普及率分别达到98.5%、97%，比上年提高0.3、0.4个百分点。同城发展步伐进一步加快，启动实施21项涉及同城化的项目。在同城化道路对接上，内环道路快速化改造项目如期完工，全长2.7公里的中都路北延全线通车，晋中至太原城际铁路2号线试验段全面开工

大县城、重点城镇组群建设加快。"108廊带区域一体化发展示范区"和"介（休）平（遥）灵（石）"城镇组群积极推进。介休市国家新型城镇化综合试点工作推进顺利。榆次区东阳镇、榆社县云竹镇、左权县麻田镇、和顺县李阳镇、昔阳县大寨镇、寿阳县宗艾镇、太谷县胡村镇、祁县东观镇、平遥县洪善镇、灵石县静升镇、介休市义安镇、介休市张兰镇等12个列入全省"百镇建设"名单的重点镇，按照"五建设两整治"（基础设施建设、公共服务设施建设、公园绿地建设、居住社区建设、商业街道建设，环境卫生整治、街景风貌整治）要求，完善基础设施，提高公共服务能力，改善居住环境，进一步提升了乡镇承载能力。平遥、祁县创建成省级园林县城。左权、昔阳创建国家园林县城通过初审。昔阳县启动创建国家卫生县城工作。介休市创建成国家卫生城市。

继续实施改善农村人居环境"四大工程"（完善提质工程、农民安居工程、环境整治工程和宜居示范工程）。改造农村县乡公路139公里，实施农村

公路完善提质工程 500 公里。开工建设农村安全饮水工程 185 处，提高标准解决了 5.4 万农村人口和 2.5 万学校师生的饮水安全问题。采煤沉陷区治理搬迁工程全部开工，农村地质灾害治理搬迁工程入住率达 79%，改造完成农村危房 6000 户；5000 人易地扶贫搬迁工程全部开工建设，完成易地扶贫搬迁 780 户、3299 人。改扩建完成 19 个不达标公有村卫生所，实施完成 31260 户农村广播电视卫星户户通工程。改建新建了 180 个农村社区老年人日间照料中心。实施乡村清洁工程，清理农村积存垃圾 26.35 万吨，清理"四堆"31116 处，完成 1314 个村村容村貌整治，完成农村改厕 4518 户，创建达标村 839 个，创建园林村 50 个。实施美丽宜居示范村创建活动，创建示范村省级 20 个、市级 30 个、县级 122 个美丽宜居和示范村。

境内跨城乡的重大交通、水利基础设施建设进一步推进。汾（阳）邢（台）高速公路左权至和顺段建成通车，成为全省第 19 个省界的高速公路出口。继续推进了阳（泉）黎（城）高速左权至黎城段工程建设，筹备推进了晋中—昔阳—衡水、祁县—离石两条高速公路项目工程建设。改造县乡公路 139 公里，改造 10 条农村城乡客运一体化线路。松塔、恋思、石膏山 3 座水库投入运行，新增供水能力 4100 万立方米。"山西大水网"晋中东山供水工程、中部引黄工程晋中段工程建设，以及受水区 5 县（市）的小水网建设规划加快推进。

持续推进城乡生态环境建设。一是积极推进污染减排和节能降耗。实施工业企业污染治理项目 182 个，淘汰燃煤锅炉 217 台，实施 16 家 21 台 685 吨燃煤采暖锅炉除尘改造和 14 家 35 台 740 吨锅炉脱硫改造，实施清洁能源替代燃煤锅炉、工业窑炉项目 116 项，淘汰黄标车 8448 辆，综合整治扬尘污染单位 41 家，治理油烟项目 268 项。全年工业总能耗 1170 万吨标煤，万元 GDP 能耗降幅 3%，。二是强化固废综合利用。加大对煤矸石、粉煤灰、炉渣、电石渣、铁尾矿等的利用，全年利用量 1068 万吨，利用率达 65%。三是实施新能源替代和引导绿色出行。推广技术成熟的节能环保车型 770 辆，新增新能源货车 1684 辆，更新新能源公交车 112 辆，更新新能源出租车 247 辆。启动实施市区公共自行车系统项目一期工程建设，建设完成站点 250 个、投放公共自行 5000 辆。四是加强水污染治理。实施 19 项重点水污染防治工程，地表水、饮用水质进一步好转。城市、乡镇集中式饮用水水源地水质，达标率均为 100%。五是加速实施平川现代林业展示区和东山生态经济林业示范区建设。全年营造林 35 万亩。年末全市森林面积达 253.6 千公顷，林木绿化率和森林覆盖率分别达到 35.85% 和 23.27%。全年全市空气环境质量改善明显。市城区空气质量二级以上天数达到 251 天，较上年增加 5 天；优良率 68.8%，较上年提高 1.4 个百分点。

2015 年，晋中市公路通车里程 15911.2 公里，比上年增加 72.4 公里，其中高速公路 560.7 公里。"县县通高速"于 2014 年实现。公路密度为 97.1 公里/百平方公里。

2015 年，晋中市城镇化水平进一步提高，市域城镇化率达 51.7%，同比提高 1.2 个百分点。城镇化率在全省 11 个市中居第 6 位。

5. 民生社会

2015 年，晋中市公共财政预算支出 241.0 亿元，增长 11.1%。其中，民生的支出达 201.5 亿元，增长 10.8%，占总支出的 83.6%。

全年城镇新增就业 3.62 万人，其中失业人员实现再就业 1.09 万人、就业困难人员实现再就业 2503、创业就业人数为 9209 人。年末城镇登记失业率为 2.12%。转移农村劳动力 3.88 万人。落实机关事业单位增资政策，机关事业单位 9.2 万在职人员人均增资 261 元；发放乡镇机关事业单位人员乡镇工作补贴，人均 200 元。提高提高企业退休人员养老金，人均每月增资 249 元；提高城乡居民基础养老金，每人每月增加 15 元，提高到 80 元。提高最低工资标准，各类地区最低工资标准普遍提高了 170 元。依法推进企业工资集体协商，发布企业工资增长指导线，基准线为 10%。积极维护劳动者合法收入，清理用工单位拖欠劳动者工资 5425.2 万元，涉及劳动者 5200 多人。深入开展精准扶贫，4.97 万农村贫困人口实现稳定脱贫。提高城乡最低生活保障标准，城市、农村保障标准分别达到每人每月 430 元和 227 元，人均分别提高了 41 元/月和 24 元/月，提高幅度分别达到 10.5% 和 11.7%。城乡居民医保年人均财政补助标准提高到 380 元，全面实施城乡居民大病保险，建立起疾病应急救助制度。实施农村 60 岁以上老年人免费健康体检政策。提高基本公共卫生服务财政补助标准，由人均 35 元提高至 40 元。全面推开县级公立医院改革，19 家县级公立医院药品全部实行零差率销售，实施零差率销售；按照"分层创建，全面覆盖"的思路，建立了省、市、县、乡医联体 24 个；昔阳县启动参合农民乡镇卫生院住院"全免费"模式。至年末，全市参加城镇职工基本养老保险47.9万人，增加8.1万人；参加城乡居民社会养老保险153.2万人，增加0.4万人。参加城镇基本医疗保险89.6万人、增加0.8万人，其中参加城镇职工基本医疗保险53.4万人、减少0.7万人，参加城镇居民基本医疗保险36.1万人、增加1.4万人。新农合参合率达到99.57%。全年全市纳入城市最低生活保障的居民11180人；纳入农村最低生活保障的居民28491人；纳入农村五保供养17546人。推进普惠幼儿园建设，新改扩建农村幼儿园39所、城镇公办标准化幼儿园17所；平遥、祁县、和顺、昔阳4县通过国家义务教育均衡发展验收，至此全市11个县（区、市）全部实现义务教育基本均衡，成为全省率先实现县域义务教育基本均衡的地市。加快推进城乡公共文化服务实施建设和完善提质，公共文化场馆免费开放进一步落实，深入开展"六个文化建设"（农村文化、社区文化、机关文化、校园文化、军营文化、企业文化）和"爱我晋中·全民文化活动季"活动，"文化晋中"惠及城乡百姓。强化安全发展，全年各类生产安全事故共死亡129人，煤炭生产安全事故死亡人数10人；亿元GDP生产安全事故死亡率0.12；煤炭生产百万吨死亡率为0.15。

2015年，晋中市全市居民人均可支配收入18631元，比上年增长8.2%。城镇常住居民人均可支配收入27525元，增长7.3%；农村常住居民人均可支配收入10877元，增长7.7%。城镇占调查总户数20%的低收入家庭人均可支配收入10845元，增长8.0%；农村占调查总户数20%的低收入者收入2904元，增长13.5%。全年居民人均消费支出10502元，增长6.4%。按常住地分，城镇居民人均消费支出13459元，增长6.1%；农村居民人均消费支出7334元，增长7.1%。城镇居民家庭恩格尔系数28.5%；农村居民家庭恩格尔系数28.9%。

2015年，晋中市全市居民、城镇常住居民、农村常住居民人均可支配收入均高于全省，分别高全省777元、1697元、1423元。在全省11个市中，晋中市全市居民、城镇居民、农村居民人均可支配收入分别居第5位、第2位、第5位。城镇居民、农村居民人均消费支出均低于全省，分别低全省2360元、87元。居全省11市第5位、第4位。

6. 经济特区

晋中经济技术开发区、榆次工业园区和祁县经济开发区，是晋中市境内享受特殊政策的三个省级以上经济特区。

晋中经济技术开发区，前身是经批准始建于 1996 年省级经济开发区，2012 年 3 月经批准升级为国家级经济技术开发区。开发区位于榆次区东及东北，地处省城太原市和晋中市城区之间的接壤地带，管辖面积 55.8 平方公里，规划面积 5.2 平方公里。开发区内有 17 个农村，常住人口 6.2 万。开发区区内地势平坦，交通便利，太旧高速、108 国道、汇通路（晋中市城区连接太原太榆路的交通主干线）穿境而过，石太、同蒲、太焦、太中银、大西等铁路在此交汇，具有明显的区位交通优势。经过多年建设和发展，先后创建了山西医药工业园、山西民营（企业）科技园两个省级园区及开发区汽贸园、机械工业园、纺机工业园等，基本形成了医药食品、装备制造、电子信息和现代物流 4 个主导产业。其中，医药产业的代表性企业有德元堂（华辉凯德）、振东安特等，食品产业的代表企业有双合成工贸、古城乳业和田森中央厨房等；装备制造产业主要企业有以鸿基科技为代表的纺织机械整机生产企业、以中航兰田特种车为代表的改装车（整车）生产企业，还有晋能艾斯特空冷设备、亚乐士环保技术公司等为代表的节能环保装备制造企业，以及建设中的国际能源公司脱销催化装置项目、潞安重工特大重型压力容器项目、华纳机械汽车后市场装置项目、泓鼎矿用设备项目等；电子信息产业的代表企业有北方自动控制技术研究所（207 所）、物联谷科技等，以及建设中的云狐电子科技公司特种手机装备项目；现代物流产业三晋国际商贸物流城、新华图书物流、汽贸园等，以及建设中的田森汇和万豪商业综合体项目、苏宁云商山西地区管理总部及配送中心项目、普洛斯晋中现代物流产业园、平安晋中金融电商综合物流产业园等。2015 年，开发区新认定高新技术企业 7 户，高新技术企业户数累计达 22 户。全年开发区实现地区生产总值 43.87 亿元，增长 14%；工业增加值完成 21.50 亿元，增长 10%；财政总收入完成 18.16亿元，增长 9.8%；固定资产投资完成 57.50 亿元，增长 16.3%；进出口总额完成 2607 万美元，增长 24.2%。

榆次工业园区，始建于 2002 年，2006 年经批准为省级工业园区。园区位于晋中市主城区榆次区西南，总体控制面积 20 平方公里。园区内石太、太焦、同蒲、太中银等多条铁路以及太旧、太长、大运高速和 108 国道等公路主干线在这里交汇，立体交通优势明显。"十一五"以来，园区扩区发展，逐步形成"一园区三基地"的构架。"一园"，即工业园区；"三基地"，即位于工业园西侧13.1平方公里的寇村高新技术产业基地，位于榆次区修文镇的9平方公里的修文能源化工产业基地，位于榆次区东外环8.9平方公里的先进装备制造产业基地。其中寇村高新技术产业基地重点发展纺机、液压、煤机、农产品加工、仓储特流和高新技术等产业；修文能源化工产业基地重点发展能源、化工、铬铁、冶金等产业；东外环先进装备制造产业基地重点发展以新能源汽车、发动机、专用车为主的先进装备制造业。至2015年，工业园入园企业纳入统计的有270多家，其中规模以上企业达到48户，初步形成以先进装备制造、农副产品加工、冶金制品、新材料和高新技术等五大产业为主导的产业格局。2015年，园区实现地区生产总值46.9亿元，与去年持平，其中工业增加值完成45.96亿元，增长4.67%；企业实现工业总产值153.18亿元、增长4.65%，其中规模以上工业总产值131.77亿元、下降6.62%；外贸进出口总额4013.83万美元，下降17.19%；主营业务收入完成105.99亿元、增长6.4%；固定资产投资23.56亿元，下降26.54%。

祁县经济开发区，前身是始建于1999年的祁县东观科技工业园，2006年经批准为省级祁县经济开发区。开发区首期规划面积为2平方公里，后逐步扩展为55.25平方公里，以208国道为主轴，东西两侧为双翼，辖"一区三园"（核心区49.22平方公里、食品工业园3.07平方公里、玻璃工业园2.96平方公里）。开发区内国道108、208和省道220（东夏线）交汇于此，榆（次）祁（县）高速、大（同）西（安）铁路客运专线穿区而过，交通便利。开发区核心区包括13个行政村，耕地面积5.4万亩，人口近1.6万人。经过多年建设和发展，开发区已形成玻璃器皿、酒类饮品、机械加工、仓储物流、新材料、有机饲料等主导产业。核心园区内有统一公司、今麦郎公司、伊利乳制品等大型食品加工类企业，有泰国正大、北京大北农等有机饲料生产企业，还有碳素加工等企业。玻璃工业园内有全国最大的人工吹制玻璃器皿企业——大华公司、全省工业旅游示范点——红海玻璃文化艺术园和国家玻璃器皿产品质量监督检验中心等。产品包括酒具、茶具等十大系列6000多个品种，远销以欧美市场为主的80多个国家和地区。2012年被授予"中国玻璃器皿之都"称号。食品园区内有北京红星集团六曲香分公司的原酒生产和灌装生产线，有全省农业产业化龙头企业——华祁食品公司和地方特色产品——

乔家啤酒有限公司等。开发区工业经济、财政收入在祁县全县占有很大比重，是推动祁县经济发展的重要动力，也是加快承接产业转移、优化产业布局、打造新型工业基地的重要平台。2015 年，开发区推进实施"外向带动、工业强区"战略，加快了产业集聚。其中，国家玻璃器皿产品质量监督检验中心通过国家认监委实验室资质认证，成为山西省乃至国内唯一的玻璃器皿专业检测机构。至年末，开发区入驻企业 73 户，职工 11495 人。全年开发区完成地区生产总值 15.24 亿元，增长 5.15%；完成工业总产值 48.59 亿元，增长 10.80%；完成工业增加值 13.62 亿元，增长 6.26%；固定资产投资 19.18 亿元，下降 15.01%；财政收入 2.72 亿元，增长 9.20%；公共预算收入 7630 万元，增长 9.20%；外贸进出口总额 2853.4 万美元，增长 17.42%。

7. 县域经济

晋中市共辖榆次区、榆社县、左权县、和顺县、昔阳县、寿阳县、太谷县、祁县、平遥县、灵石县、介休市 11 个县（市、区）。太谷县、祁县、榆社县是无煤县，平遥县是煤炭产量较小的县，灵石县、介休市、寿阳县、昔阳县、和顺县、左权县是产煤大县。和顺县、左权县还是国家扶贫重点县，榆社县、昔阳县是省定插花贫困县。

晋中市 11 个县（市、区），各县（市、区）依托区位和资源优势，发展形成了各具特色的产业体系。榆次区工业以冶金、机械、电气、化工、煤焦、建材、轻纺、食品八大产业为主，农业有粮食、设施蔬菜、苹果、核桃、养殖、苗木培育等。太谷县工业以煤化工、铸造、医药、冶金、食品加工为主，农业有红枣、蔬菜、养殖、水果、苗木花卉等。祁县工业以玻璃器皿、酒类饮品、材料加工（碳素业）、机械制造（水泵制造业）为主，农业有酥梨、蔬菜、肉牛养殖等。平遥县以煤焦、橡胶、铸造、橡胶、农副产品、轻纺产业、生物医药、新材料、新能源、旅游为主，农业有畜牧养殖、干鲜果业、观光农业、设施农业等。介休市工业以焦炭产业、煤炭产业、洗煤产业、碳素产业、机械制造产业为支柱产业，农业有设施蔬菜、高效养殖、干鲜果、农产品加工、休闲观光等。灵石县工业以煤焦、煤化工、冶金、建材、电力为主的五大骨干支柱产业体系，农业有特色养殖、核桃、梨、蔬菜、中药材、苗圃等。榆社县工业以电力、化工、医药、食品加工为主，农业有酥梨、苹果、杂粮、药材、养殖等。左权县工业以煤炭、电力、化肥、水泥为主，农业有核桃、畜牧养殖业、农产品加工等。和顺县工业以煤炭、化工、冶金、建材为主，农业有养牛、牧林等。昔阳县工业以煤、电、气、化为主，农业有绿色蔬菜、核桃干果、规模养猪、双孢菇种植等。寿阳县工业以煤炭、钢铁、化工、电力、机器制造、纺织、食品、维修、建筑器材为主。农业有杂粮、设施蔬菜、水果、草食畜养殖等。

2015 年，晋中市 11 县（市、区）实现地区生产总值分别为榆次区 208.8 亿元、灵石县 176.2 亿元、介休市 135.4 亿元、平遥县 97.9 亿元、寿阳县 88.8 亿元、太谷县 76.6 亿元、祁县 66.1 亿元、昔阳县 54.1 亿元、左权县 43.1 亿元、和顺县 42.6 亿元、榆社县 26.2 亿元。第一产业增加值分别为榆次区 19.4 亿元、太谷县 17.2 亿元、祁县 15.8 亿元、平遥县 14.2 亿元、寿阳县 12.9 亿元、介休市 5.9 亿元、灵石县 5 亿元、昔阳县 4.7 亿元、榆社县 4.4 亿元、左权县 3.5 亿元、和顺县 2.8 亿元。第二产业增加值分别为灵石县 109.3 亿元、介休市 72 亿元、榆次区 65.5 亿元、寿阳县 43.8 亿元、平遥县 34.3 亿元、昔阳县 27.1 亿元、和顺县 21.7 亿元、左权县 20.5 亿元、太谷县 19.9 亿元、祁县 17.7 亿元、榆社县 9.9 亿元。第三产业增加值分别为榆次区 123.8 亿元、灵石县 61.8 亿元、介休市 57.4 亿元、平遥县 49.5 亿元、太谷县 39.5 亿元、祁县 32.6 亿元、寿阳县 32.1 亿元、昔阳县 22.2 亿元、左权县 19 亿元、和顺县 18.1 亿元、榆社县 11.9 亿元。公共财政预算收入分别为榆次区 11.9 亿元、灵石县 10.6 亿元、介休市 10 亿元、寿阳县 5.9 亿元、昔阳县 5 亿元、左权县 4.5 亿元、平遥县 4.3 亿元、太谷县 4.2 亿元、和顺县 3.3 亿元、祁县 3.2 亿元、榆社县 1.9 亿元。对全市地区生产总值贡献最高的是榆次区，最低的是榆社县；对第一产业贡献最高的是榆次区，最低的是和顺县；对第二产业贡献最高的是灵石县，最低的是榆社县；对第三产业贡献最高的是榆次区，最低的是榆社县。全年地区生产总值在 90 亿元以上的有榆次区、灵石县、介休市、平遥县 4 县（市、区），其中榆次区、灵石县地区生产总值突破 150 亿元；公共财政预算收入在 10 亿以上的县（市、区）有榆次区、灵石县、介休市 3 县（市、区）。

全年晋中市 11 县（市、区）城镇常住居民人均可支配收入分别为灵石县 31624 元、寿阳县 29091 元、介休市 28970 元、榆次区 28935 元、祁县 26898 元、太谷县 25617 元、平遥县 25490 元、左权县 22325 元、昔阳县 21454 元、

和顺县 20702 元、榆社县 19013 元。灵石县、寿阳县、介休市、榆次区、祁县
5 县（市、区）高于全省平均水平，其余县（市、区）均低于全省平均水平；
农村常住居民人均可支配收入分别为太谷县 15254 元、榆次区 14684 元、灵石
县 14273 元、祁县 13961 元、介休市 11723 元、寿阳县 11217 元、平遥县
10386 元、昔阳县 7305 元、和顺县 5284 元、榆社县 4453 元、左权县 4430
元。昔阳县、和顺县、榆社县、左权县 4 县低于全省平均水平，其余各县
（市、区）均高于全省平均水平。

2015 年末，晋中市 11 县（市、区）常住人口分别是榆次区 65.6 万人、
平遥县 51.7 万人、介休市 41.8 万人、太谷县 30.7 万人、祁县 27.2 万人、灵
石县 27 万人、昔阳县 23.1 万人、寿阳县 21.4 万人、左权县 16.5 万人、和顺
县 14.7 万人、榆社县 13.8 万人。

八 长治市

长治市是山西省辖 11 个地级市之一。位于省境东南部太行山脉南端，东
倚太行山与河北省邯郸市、河南省安阳市交界，西、北、南与省内临汾市、
晋中市、晋城市相邻。下辖 2 区（城区、郊区）10 县（长治县、屯留县、长
子县、壶关县、平顺县、黎城县、襄垣县、武乡县、沁县、沁源县）1 市
（潞城市）。辖区东西长约 150 公里，南北宽约 140 公里，总面积 13955 平方
公里，约占全省总面积的 9.3%。境域地处太行山、太岳山环绕形成高原地形
的沁潞高原（又称上党盆地），地形地貌以丘陵、山地为主，分别占总面积的
31.3% 和 52%，平均海拔高度为 1000 米。境内四季分明，气候宜人，冬无严
寒、夏无酷暑，年平均气温 9.5℃，土壤肥沃，水资源丰富，农业生产条件得
天独厚，是全省农业经济较为发达的地区之一，素有"米粮川"之称；矿产
资源丰富，探明矿产有煤、铁、硅、锰、铝、硫磺、石灰石、石膏、大理石
等 40 余种，其中煤炭储量最大，总埋藏量约 906 亿吨，探明储量 277.3 亿吨，
占全省探明储量的 12%。工业主导产业为煤焦、化工、冶金、电力、装备制
造、中西制药、新能源新材料、绿色农产品加工等，是全省重要的新型能源
和工业基地。长治市区位优势独特，公路、铁路、航空交通发达，是晋东南
综合交通枢纽城市。长治古称上党，商为黎国，韩建别都，秦置上党郡，北

周名潞州，明朝时设潞安府，廓置长治县，取"长治久安"之意，长治由此得名。长治1945年10月解放并建市，后经区划调整，1985年撤地建市。2015年末，长治市常住人口为342.04万人，占全省总人口的9.3%，居全省第5位。

2015年，长治市主动适应经济发展新常态，坚持稳中有为、稳中有进总基调，全面落实"六大发展"（廉洁发展、转型发展、创新发展、绿色发展、安全发展、统筹发展），务实推进"五五战略"（着力项目建设、扶贫攻坚、城镇化建设、节能减排、体制机制改革"五大攻坚"，推进民生改善、创优环境、文明提升、本质安全、社会管理"五大工程"，打造全国一流的现代煤化工循环经济、先进装备制造、新能源新材料、休闲旅游度假、特色农产品生产加工"五大产业集聚区"，走出资源型经济转型、农村贫困人口脱贫致富、城乡一体化发展、高碳经济低碳发展、创新驱动"五条路子"，建设宜居、宜业、宜游、宜商、宜学"五宜长治"），经济社会发展取得新成效。

1. 经济运行

2015年，长治市实现地区生产总值1195.1亿元，按可比价格计算，比上年增长-2.9%。地区生产总值占全省的比重为9.3%，居全省11个市第2位，增速居第10位。人均地区生产总值35023元，下降3.4%；总量是全省的100.01%，居全省11个市第5位。

全年财政总收入203.01亿元，下降19.9%。公共财政预算收入96.4亿元，下降29.3%；总量居全省11个市第3位，增速居第9位。公共财政预算支出241.9亿元，下降0.7%，总量居全省11个市第7位；民生支出达205.9亿元，占总支出的85%。

全年固定资产投资1441.5亿元，增长15.7%；总量居全省11个市第2位，增速居第4位。其中，第一产业投资210.1亿元，增长60.8%；第二产业投资594.4亿元，增长2.6%，其中工业投资594.4亿元，增长2.6%；第三产业投资637.1亿元，增长18.9%，其中房地产开发投资87.5亿元，增长16.3%。

全年社会消费品零售总额524.4亿元，增长6%；总量居全省11个市第6位，增速居第2位。其中，城镇消费品零售额425.8亿元，增长6%；乡村消费品零售额98.6亿元，增长6.3%。

全年外贸进出口总额 15733 万美元，下降 77%；总量居全省 11 个市第 10 位，增速居第 11 位。其中，进口 12484 万美元，下降 60.8%；出口 3249 万美元，下降 91.1%。新设立外商直接投资企业 4 家。实际利用外资 45117.9 万美元，总量居全省 11 个市第 2 位。

全年实现农林牧渔业总产值 106.2 亿元，按可比价格计算，同比上年增长 1.01%；总量居全省 11 个市第 7 位，占比达 7%。

年末规模以上工业企业 337 户，比上年减少 3 户。规模以上工业增加值完成 555.2 亿元，下降 9.9%。全年规模以上工业主营业务收入 1108 亿元，下降 26.1%；实现利税 76.9 亿元，下降 38.1%；实现利润 0.8 亿元，下降 98.2%。规模以上工业总产值完成 1430.4 亿元，总量居全省 11 个市第 2 位；主营业务收入总量居全省 11 个市第 6 位。

年末全部金融机构本外币各项存款余额 2044.2 亿元，比年初增长 5.1%，其中人民币各项存款余额 2040.6 亿元，比年初增长 5.1%。全部金融机构本外币各项贷款余额 1132 亿元，比年初增长 11.3%，其中人民币各项贷款余额 1131.4 亿元，比年初增长 10.7%。年末金融机构本外币各项存款余额、贷款余额分别占全省的 7.1%、6.1%，存贷款总量均居全省 11 个市第 4 位。

2. 产业发展

2015 年，长治市第一产业增加值 58.4 亿元，增长 1.4%，占地区生产总值的比重为 4.9%；第二产业增加值 611.1 亿元，下降 7.5%，占地区生产总值的比重为 51.1%；第三产业增加值 525.6 亿元，增长 6.1%，占地区生产总值的比重为 44%。三次产业比重由上年的 4.4∶58.3∶37.3 调整变化为 4.9∶51.1∶44。

第一产业中，种植业、林业、畜牧业比较发达，玉米、小杂粮、干鲜果、食用菌、无公害蔬菜、中药材、畜禽养殖等特色产业发展加快。农业基础设施明显改善，屯留杨家湾、东庄沟和沁县待贤 3 座水库除险加固工程全部完工。积极推广公司 + 农户 + 基地的订单农业模式，全年新发展设施蔬菜 10.1 万亩，总面积达到 56.7 万亩，发展速度连续五年全省第一。新发展农业专业合作社 587 家，总数达到 10282 家，入社农户总数 12.4 万户，带动农户 20.9 万户；新认定农场 53 个，累计认定 355 家。农产品"三品一标"（无公害农产品、绿色食品、有机农产品和农产品地理标志）认证新认证"三品"144 个，累计达到 229 个。新增省级"一村一品"专业村 230 个，全市省级"一村一品"专业村总数达到 1109 个。新发展干果经济林 17.2 万亩，总面积达到 162.6 万亩。农产品加工龙头企业培育发展到市级以上 185 家，其中市级 136 家、省级 45 家、国家级 4 家。农产品加工销售收入达到 191.4 亿元，增长 6.3%。全年粮食总产量达 157 万吨，减产 3.2%。水果产量 3.9 万吨，增长 8%；蔬菜产量 102.7 万吨，下降 1.5%；食用菌产量 2.3 万吨，增长 5.1%；肉类总产量 10.4 万吨，增长 7.3%，其中猪牛羊肉产量 8.3 万吨；禽蛋产量 12.8 万吨，增长 2.2%；奶类产量 1.83 万吨，增长 9.8%；水产品产量 0.34 万吨，增长 3%。其中，粮食、水果、蔬菜、食用菌、猪牛羊肉、禽蛋、水产品产量分别占全省的 12.5%、0.4%、7.9%、9%、11.3%、14.7%、6.5%。

第二产业中，传统产业改造提升和新兴产业培育发展步伐加快，经济结构逐步优化，发展方式有了新转变。一是改造提升传统产业。煤炭产业加快"六型"（市场主导型、清洁低碳型、集约高效型、延伸循环型、生态环保型、安全保障型）转变，成功签约中国 3 号线煤炭能源物联网项目，开启了"互联网 + 煤炭"产业发展新模式，集约化水平进一步提升。长治欣隆煤矸石发电、潞安长子高河低热值煤发电、晋煤长子赵庄低热值煤发电和襄垣华电、漳泽电力"上大压小"等 5 个发电项目开工建设，总装机容量达 654 万千瓦，取得历史性突破。二是培育壮大新兴产业。加快发展现代煤化工业，襄矿年产 40 万吨聚氯乙烯二期、霍家工业公司 7 万吨无水乙醇、潞宝兴海年产 10 万吨双氧水、潞宝晋钢兆丰废液提盐、天脊集团 2×15 万吨硝酸氨钙等项目投产。大力发展新能源工业，沁源王和镇光伏发电等 6 个项目取得"路条"，新能源装机容量达 102 万千瓦，占全省新能源装机容量的 8% 左右。发展壮大先进装备制造业，积极开展老工业区搬迁改造，液压厂搬迁至屯留康庄园区项目已开工建设，潞酒厂搬迁至长子宋村工业园正在有序推进。全年规模以上工业中，煤焦、化工、冶金、电力等四大传统产业实现增加值 476.48 亿元，下降 8.77%，增加值占总值的 85.8%；现代煤化工、先进装备制造、生物医药、农副食品加工、建材等五大新型产业实现增加值 66.6 亿元，下降 13.98%，增加值占总值的 6.6%。全年规模以上工业主要产品产量：原煤 11784.8 万吨，下降 0.3%；洗精煤 4797.6 万吨，下降 12.9%；发电量 275.6 亿千瓦时，下降 18.0%；粗钢 563.8 万吨，下降 19.4%；钢材 576.3 万吨，下降17.5%；金属镁0.7万吨，增长53.3%；水泥403.3万吨，下降22.2%；化肥37万吨，下降1.6%；焦炭1373万吨，下降6.9%；生铁427.6万吨，下降22.6%，以上10种产品产量分别占全省的12.5%、10.8%、11.2%、14.7%、13.5%、13.5%、11.3%、8%、17.1%、12%。

第三产业中，文化旅游、金融、物流、电子商务等新兴产业发展较快。围绕打造红色旅游、峡谷山水、古建文化和神话故事四大文化旅游品牌，新建、续建重点旅游项目57个，完成投资14.14亿元，八路军文化园提档升级、太行山大峡谷游客集散中心、沁源山地自行车、北莱沟滑雪场、太行欢乐谷等一批旅游项目进展顺利。成功引进长春欧亚集团投资10亿元开发平顺神龙湾景区。全年接待入境游客2.4万人次，接待国内游客3260.9万人次，分别增长4.6%和21.2%；实现旅游总收入320.9亿元，增长21.2%。金融产业实现增加值77.3亿元，增长19.8%，占地区生产总值比重达到6.5%，成为新的支柱产业。现代物流业规模扩大，亚太时尚购物广场、潞州新世纪商贸综合体、凯德世家广场、中南铁路长子南运站、黎城华驰物流园区等一批商贸物流园区及完善配套功能建设项目进展顺利，已运行的较大规模物流园区达到6个。电子商务加快发展，太行山农产品、淘宝长治馆、京东蓝普、吃醋网，村捷、千汇等一批电商平台建成运行，电商企业达到3000余家，实现交易额达到150亿元，增长45%。全年服务业增加值增速快于地区生产总值增速9个百分点，服务业成为拉动经济增长的重要支撑。

3. 改革创新

2015年，长治市加快推进改革创新，一些重点领域和关键环节的改革创新取得了阶段性成果。

深化行政审批制度改革和政府职能转变。积极承接国家和省取消、下放审批事项，全年累计取消市级行政审批项目49项、下放50项。建成启用新的政务服务中心，市直39个行政审批职能部门、4个公共资源交易部门、20个公共服务部门和中介机构全部入驻，通过236个开放式窗口有效运行，实行"一个窗口对外、一站式审批、一条龙服务、限时办结、统一送达"，实现了"大厅之外无审批""中心之外无交易"。各项审批时限减少了53%。强力推进"六权治本"，构建起"两清单"（权力清单和责任清单）、"两张图"（权力运行流程图和权力运行廉政风险防控图）"两平台"（政务服务平台和公共资源交易平台）"两监督"（内部监督和外部监督）的制度体系和工作格局。至年末，市级 45 个部门、试点县对应的部门、非试点县对应市里的 15 个试点部门权力清单已全部挂网运行。与此同时，在全市农村推行了以"一单一图一册一室"为主要内容的"六权治本"运行模式。"一单"即农村基层权力清单，"一图"即权力运行流程图，"一册"即权力运行规范操作监管手册，"一室"即农村便民服务室。至年末，全市已有 1048 个行政村完成任务，占到全部行政村的 30.3%。

大力推动金融振兴和金融创新。沁源、黎城、沁县 3 县农信社改制农商行加快推进。至年末，全市 10 家已改制的农商行稳健运行。新组建了长子、襄垣、屯留、武乡、长治县 5 家村镇银行，总计达到 13 家。襄垣、武乡 2 县城镇化建设基金、长治县黎都金融股权投资基金投入运营。积极推广"助保贷"、"信义贷"等融资产品，累计发放助保贷款 3.4 亿元。成功通航于 2015 年 12 月 28 日在"新三板"挂牌，实现了长治市在"新三板"挂牌企业"零"突破，全市在各类全国性资本市场上市挂牌企业达到 12 家。建立健全市级政银企联席会议制度，定期举办政银企洽谈会，全年先后有潞宝集团、振东集团、中德型材等 200 余家企业与各类金融机构签订 343.8 亿元融资合作协议。扶持做大做强财鑫、农源、中小企业担保等市财政出资的重点担保公司，为企业提供更多更好的融资担保服务。年末，全市各类金融机构发展到 502 家，各项存款余额达到 2044.2 亿元，各项贷款余额 1132 亿元，分别增长 5.1% 和 11.3%。金融业实现增加值达到 77.3 亿元，占地区生产总值的 6.5%，占第三产业增加值的 14.7%。

推动科技创新和加快民营经济发展。率先在全省建成技术交易市场和技术交易信息服务平台，实现线上线下一站式服务，全年共签订技术合同 128 项，技术合同成交总额 3.0 亿元，同比增长 25%；新认定国家高新技术企业 18 家，总数达到 50 家。积极推进工商注册登记"先照后证"、注册资本登记制度、放宽市场主体住所登记条件、"三证合一、一照一码"改革等商事制度改革，新创办民营企业 3591 户，总数达到 1.5 万户。潞宝、沁新、通洲 3 家民营企业入围 2015 中国民营企业 500 强。民营经济增加值占生产总值比重达到 51.3%，较上年提高 3.2 个百分点。

积极争取国家及省对改革创新事项的支持。2015 年初，长治市先后入选为国家信息消费试点城市、国家现代农业示范区。入选为国家信息消费试点城市，在重大信息项目建设上将得到国家相关政策、融资、贷款等方面的倾斜和扶持，对加快促进城市信息消费升级、培育新的消费热点、实现信息产业跨越发展具有重要作用。入选国家现代农业示范区，范围涵盖长治市郊区、潞城市、长治县、长子县、屯留县、襄垣县6个县（市、区），任务是打造成全国优质玉米产业示范区和北方地区设施蔬菜产业样板区，这对于长治市推进农业的现代化发展具有重要意义。

推动园区升级发展和扩大对外开放。2015年初，国务院批复长治高新技术产业开发区升级为国家高新技术产业开发区，成为山西继太原高新区后的第二个国家级高新区，这对开发区的发展和长治市扩大开放提供了新的空间和创造了新的平台。主动融入"一带一路"，积极参与山西品牌"丝路行"、"中华行"等活动，与俄罗斯、匈牙利等国企业签订合作意向20多项，贸易订单1.3亿元。积极面向长三角、珠三角、京津等地区开展招商工作，引进项目293个、总投资1887.4亿元。

4. 城乡建设

2015年，长治市统筹城乡一体化发展，城乡基础设施、生态环境等各项建设进一步推进。

深入推进上党城镇群和新农村建设。以主城区、大县城、重点镇和中心村为内容的上党城镇群建设成效明显。主城区扩容提质加速推进，开工建设6条市政道路、3座市政桥梁、3座人行过街天桥等119项城建重点工程，完成投资41.8亿元；新建改造市政道路96.9公里，"三环八纵十二横"路网框架基本成型；新敷设供水管网142.3公里、供气管网68.1公里、供热管网90.9公里、排水管网28.7公里，集中供水、供气、供热普及率分别提高1、3.37和0.41个百分点。11个大县城共实施重点建设项目70项，完成投资17.9亿元，53个重点镇和240个中心村建设步伐加快。积极推动城镇污水处理厂提标改造，武乡、黎城污水处理厂投入运行，潞城市、沁县、壶关3座污水处理厂全面完工，长治县、襄垣县2座污水处理厂正在加紧建设。新农村建设以改善农村人居环境为抓手，投资35.8亿元全力实施完善提质、农民安居、环境整治和宜居示范"四大工程"，新启动郊区南村、霍家沟，长治县荆圪道、振兴等23个省级、17个市级、260个县级美丽宜居示范村建设，完成农村困难家庭危房改造 7787 户，采煤沉陷区治理搬迁 7313 户，新建改扩建农村幼儿园 35 所，建成农村安全饮水工程 156 处，解决了 6.2 万人的饮水安全问题。

大力推进重大交通基础设施建设。在航空机场建设方面，长治机场改扩建项目 7 个子项目中应急指挥综合楼、航管气象改造项目开工建设，航站区改扩建、飞行区改扩建、导航台、巡场路、飞行区保障用房等项目前期正在有序推进。在铁路建设方面，中南部铁路大通道项目建成通车，长子南集运站完工，太焦客运专线项目获批。在高速公路方面，黎（城）左（权）高速公路主体工程完工，长（治）邯（郸）高速公路改扩建工程、长（治）临（汾）高速公路部分控制性工程先期开工建设，黎（城）霍（州）高速公路项目获批。

持续推进城乡生态环境建设。强化节能降耗工作，加快节能技术在煤、焦、电、水泥等重点领域的推广工作，全力推进燃煤锅炉改造、余热余压利用、能量系统优化等节能工程，淘汰燃煤小锅炉 325 台，淘汰黄标车 9258 辆。强力推进治污减排，开展了焦化、电力、钢铁行业的对标升级改造，淘汰落后产能 150 万吨，完成 119 个工业减排项目、73 个畜禽养殖减排项目和 8 个生活污水处理厂提标改造。积极开展水系治理工程，推进浊漳河流域生态环境综合治理，主城区应急备用水源主体工程基本完工，Ⅲ类以上水质断面达标率 88.2%，辛安泉饮用水源达标率 100%。加大造林绿化力度，全年完成造林 41.3 万亩，超出年度目标任务 3.3 个百分点。治理水土流失面积 27 万亩，治理度达 60%，位列全省第一。年末城市（含县城）绿地面积达到 5957.1 公顷，同比增长 1.7%；城市建成区绿化覆盖率达到 46.2%，同比提高了 0.4 个百分点；森林覆盖率达到 30.9%。全年市区空气质量二级以上天数达到 242 天，比上年增加 7 天；城市（含县城）污水处理率达 91%，生活垃圾无害化处理率达 84.3%，集中供热普及率达 84.9%，燃气普及率达 90%。

2015 年，长治市市域城镇化水平进一步提高，城镇化率达到 50.02%，比上年提高 1.5 个百分点。城镇化率低全省 5.01 个百分点，居全省 11 市第 7 位。

2015 年，长治市新增公路通车里程 120.6 公里，总里程达 11466.6 公里，其中国道553.8公里，省道965.9公里，县道1748.2公里，乡、村道3846.1公里、专用道47.5公里，高速公路299.8公里。公路密度达82.2公里/百平方公里。

5. 民生社会

2015年，长治市公共财政预算支出241.9亿元，下降0.7%。其中，民生支出达205.9亿元，占总支出的85%，同比增长0.72%。

全年城镇新增就业4.33万人，城镇下岗失业人员再就业7200人，就业困难人员实现就业1822人，转移农村劳动力3.79万人。年末城镇登记失业率1.85%，低于4.2%的年度控制目标。扶贫开发稳步推进，通过移民搬迁、整村推进、片区开发、就业培训、百企千村带动、领导干部包村等措施，实现40个贫困村退出，4.84万贫困人口实现脱贫。城乡居民养老保险参保率达到99%；企业退休人员养老金标准人均提高258元，月人均达到2524元；城市低保标准每人每月提高25元，月人均达到520元；农村低保标准每人每年提高257.7元，年人均达到2763.4元；农村五保集中供养和分散供养标准分别提高45元和40元，分别达到5505元/年和2680元/年。新建老年人日间照料中心50家，累计达到156家。13个县市区均出台了县级公立医院综合改革实施意见，县级公立医院改革全面推开，开展了出生缺陷干预救助健苗工程，免费为7.4万名新生儿进行了听力筛查。城乡居民人均基本公共卫生服务财政补助标准由40元提高到45元，基本医保财政补助标准由人均320元增加到380元。新型农村合作医疗惠及224.4万人，参合率99.47%。县、乡、村三级医疗机构达标率93.5%。新开工各类保障性住房13453套，基本建成15488套。启动了职教园区建设，计划将晋东南幼儿师范、长治师范、沁县师范、市教育学院、市艺校、市一职高、二职高整合并入驻园区，最大限度地做到资源整合、用地节约。在主城区启动了新建、改扩建容海、金湛、泽馨园、体育路、体育北路、上南街、长子门、火炬等8所义务教育学校工作。新建、改扩建公办标准化幼儿园18所，新建改建农村幼儿园35所。大力实施文化惠民工程，连续5年蝉联山西省公共文化服务体系绩效考核第一名。安全生产事故起数和死亡人数连续保持"双下降"态势。集中开展食品药品安全专项整治行动，切实保障了全市人民饮食用药安全。

2015年，长治市全市居民人均可支配收入17889元，同比增长8.4%；人均消费支出 11138 元，同比增长 8.1%。城镇居民人均可支配收入 26407 元，增长 7.5%；人均消费支出 14411 元，增长 8.2%。农村居民人均可支配收入 11095 元，增长 7.6%，人均消费支出 8524 元，增长 6.6%。城镇占调查总户数 20% 的低收入家庭人均可支配收入 9829 元，增长 8.6%；农村占调查总户数 20% 的低收入家庭人均可支配收入 3135 元，增长 14.4%。

2015 年，长治市全市居民、城镇居民、农村居民人均可支配收入均高于全省，分别是全省的 100.2%、102.2%、117.4%，分别居全省 11 个市第 6 位、第 6 位、第 3 位。全市居民、城镇居民人均消费支出低于全省，分别是全省的 95%、91.1%，分别居全省 11 个市第 3 位、第 2 位；农村居民人均消费支出高于全省，是全省的 1.14 倍，居全省 11 个市第 3 位。

6. 经济特区

长治国家高新技术产业开发区和壶关经济技术开发区，是长治市境内享受特殊政策的经济特区。

长治高新技术产业开发区，始建于 1992 年，是全省最早创建的 5 家省级开发区之一，2015 年升级国家级开发区。开发区位于市区北部，规划建设面积 9.3 平方公里，预留区面积 28 平方公里，管辖捉马、史家庄、化家庄和小化家庄四个村，常住人口 10 万人，其中户籍人口 2.5 万人。经过多年建设和发展，开发区已建成德式工业园、星星标准工业园、科技工业园等三个工业园，产业初步形成了五大格局：以山西康宝集团、康宝生物疫苗基地为主导的生物医药产业；以西门子大型特种电机基地、玉华再制造、中德合资博太科电气、德国独资贝克电气为标志的先进装备制造产业；以飞利浦—中池联华、台资崧宇科技、山西福万达等为支撑的光电产业；以山西达利、佰和园、世龙为引领的高档食品产业；以居然之家、金威商贸、益东国际为范式的现代三产服务业。2015 年，开发区借升级为国家级开发区的机遇，大力实施了 "2345" 工作战略（以 "创新发展、率先发展" 两大主题为统领，以打造 "改革创新先行区、高新产业集聚区、产城融合示范区" 三区特色为目标，以 "立足发展实际、做大现有企业，突出孵化功能、加速创新创业，实施腾笼换鸟、盘活低效企业，推进提质扩区、承载更多产业" 四业并举为抓手，力争通过两三年的努力，使全区 "高新技术企业、外资企业、科技研发机构、高新技术产业产值、高新技术产业税收" 五项指标实现大幅提升）。至年末，开发区在园区拓展、发展"一区多园"方面取得重大进展,初步形成了辐射长治市城区、郊区、襄垣县、屯留县、潞城市、长治县等周边县市区的8个工业园的发展模式。2015年,开发区共有各类工商企业2200多家,其中工业企业400余家、高新技术企业31家、三资企业8家、投资上亿元企业15家。全年开发区完成营业收入332.52亿元、工业增加值134.39亿元、财政总收入21.66亿元、固定资产投资114.7亿元。

壶关经济技术开发区,始建于2001年,2006年4月经省政府批准为省级开发区,规划面积4000亩。壶关开发区现在实际管辖10个行政村,辖区范围20平方公里,主要产业为钢、铁、焦(化产)电、建材、装备制造、医疗器械等,高科技企业4家。除经济开发外,还承担辖区内教育、医疗、社保、文化、生态等社会事业发展职责。2015年,开发区完成工业总产值44.3亿元,税收收入1.08亿元,固定资产投资1.4亿元。区内有企业27家,其中,规模以上企业3家。

7. 县域经济

长治市共辖长治县、屯留县、长子县、壶关县、平顺县、黎城县、襄垣县、武乡县、沁县、沁源县、潞城市、城区、郊区13个县(市、区)。其中,国家级贫困县3个(壶关县、平顺县、武乡县),省级贫困县2个(沁县、沁源县)。长治县、屯留县、长子县、壶关县、襄垣县、武乡县、沁源县、潞城市、郊区9个县(市、区)都有煤炭资源,产出主要以长治县、襄垣、沁源、武乡、长子为主,其余4县产量很小。

长治市各县(市、区)因区位、资源不同而产业各具特点。城区以第三产业为主,以LED光电、新型建材、机械装备等特色工业为支撑。郊区以现代冶金、电力、煤化工、医药、机械装备业为主,特色农业有观光农业、设施蔬菜、规模养殖等。长治县以煤炭、机械制造、医药、新材料、现代物流为主,特色农业有设施蔬菜、休闲农业、乡村旅游等。潞城市以煤化工、煤炭、冶炼建材为主,特色农业有核桃、大葱、糯玉米、旱地西红柿等。屯留县以煤炭、电力、煤层气、煤化工、机械制造、医药、新能源新材料为主,特色农业有蔬菜、干鲜果、中药材、苗木药卉等。长子县以煤炭、电力、医药、化工为主,特色农业有设施农业、畜禽养殖、中药材、大青椒等。壶关县以冶金、装备制造、农产品深加工、文化旅游业为主,特色农业有旱地西红柿、食用菌、油用牡丹、花卉、小麦、玉米等。平顺县以文化旅游业、新能源为主，特色农业有旱地蔬菜、食用菌、中药材和观光农业等。黎城县以新能源新材料、装备制造、文化旅游、特色农业、现代物流为主，特色农业有核桃、花椒、柿子、眼镜蛇、虹鳟鱼、鸵鸟、休闲采摘、观光农业等。襄垣县以现代煤化工、机械制造、新能源新材料为主，特色农业有设施蔬菜、规模养殖、油用牡丹、中药材、晚秋黄梨、优质核桃等。武乡县以煤炭、电力、金属镁、文化旅游业为主，特色农业有小米、小杂粮、核桃、梅杏、油用牡丹、食用菌、规模养殖等。沁县以有机食品生产加工、优质矿泉水生产、文化旅游业为主，特色农业有沁州黄谷子、设施蔬菜、油用牡丹、中药材、食用菌、核桃、畜禽养殖等。沁源县以煤炭、煤化工、机械制造、铝产业为主，特色农业有脱毒马铃薯、道地中药材、生态肉驴、黑山羊、夏草莓、功能鸡蛋、食用菌等。郊区、长治县、襄垣县、屯留县、长子县、沁源县、潞城市7个县（市、区）的工业经济比较发达，第二产业尤其是工业是拉动地区经济发展的主要力量。

2015 年，长治市 13 县（市、区）实现地区生产总值分别为城区 190.7 亿元、郊区 165.5 亿元、长治县 125.7 亿元、襄垣县 138.7 亿元、屯留县 82.4 亿元、平顺县 20.6 亿元、黎城县 30.2 亿元、壶关县 49.1 亿元、长子县 96.2 亿元、武乡县 50.2 亿元、沁县 20.6 亿元、沁源县 88.7 亿元、潞城市 78.5 亿元。公共财政预算收入分别为襄垣县 13.6 亿元、长治县 12.1 亿元、城区 9.9 亿元、郊区 8.7 亿元、长子县 7.7 亿元、沁源县 7.2 亿元、潞城市 6.2 亿元、屯留县 6.1 亿元、武乡县 3.3 亿元、壶关县 2.5 亿元、黎城县 2 亿元、平顺县 1 亿元、沁县 0.9 亿元。公共财政预算收入超 10 亿元的有长治县、襄垣县 2 个县。

全年长治市 13 县（市、区）城镇居民人均可支配收入分别为城区 28244 元、郊区 32791 元、长治县 26666 元、襄垣县 29530 元、屯留县 22617 元、平顺县 19505 元、黎城县 15951 元、壶关县 19325 元、长子县 24365 元、武乡县 19885 元、沁县 16329 元、沁源县 28500 元、潞城市 24303 元。屯留、平顺、黎城、壶关、长子、武乡、沁县、潞城市等 8 个县（市）城镇居民人均可支配收入均低于全省和全市平均水平；平顺县、黎城县、壶关县、武乡县、沁县等 5 个县农村居民人均可支配收入均低于全省和全市平均水平。

2015 年末，长治市 13 县（市、区）常住人口分别是城区 50.9 万人、郊区 28.8 万人、长治县 35 万人、襄垣县 27.7 万人、屯留县 27.1 万人、平顺县 15.1 万人、黎城县 16.2 万人、壶关县 29.8 万人、长子县 36.1 万人、武乡县 18.4 万人、沁县 17.6 万人、沁源县 16.2 万人、潞城市 23.3 万人。

九　晋城市

晋城市是山西省辖 11 个地市之一。位于省境东南部太行山脉南段，东、南与河南省新乡市、焦作市、济源市交界，西与省内临汾市、运城市相邻，北与省内长治市毗邻。下辖 1 区（城区）4 县（泽州县、阳城县、陵川县、沁水县）1 市（高平市）。辖区总面积 9424.9 平方公里，占全省总面积的 6%。境域地形地貌以山地和丘陵为主，山地和丘陵面积达 87.1%。境内矿产资源丰富，煤、铁开发历史悠久，是全国和山西最大的无烟煤生产基地之一，素称“煤铁之乡”。晋城市，古称泽州，晋城之名相传来源于此地曾是春秋时期韩赵魏三家分晋后晋君流寓之地，最初在全国解放战争时期由中国共产党领导人民而建市，后经区划调整，于 1985 年形成现状。2015 年末，全市常住人口 231.5 万人，占全省总人口的 6.32%，居全省 11 个市第 9 位。

2015 年，晋城市坚持“稳中求进、改革创新”总基调，坚持“一争三快两率先”（争先综改、竞逐中原，加快产业转型升级、加快建设“美丽晋城”、加快城乡一体化进程，率先全面建成小康社会、率先走出资源型地区科学发展新路）总战略，坚持“只争朝夕、一抓到底”工作要求，主动适应经济发展新常态，统筹稳增长、促改革、调结构、惠民生、防风险各项工作，经济社会呈现持续健康稳定的发展态势。

1. 经济运行

2015 年，晋城市实现地区生产总值 1040.2 亿元，比 2014 年增长 3.3%，增幅高于全省平均水平 0.2 个百分点。地区生产总值占全省的比重为 8.15%，地区生产总值在全省 11 个市中居第 4 位。人均地区生产总值 44994 元，同比增加了 51 元。人均地区生产总值在全省 11 个市中居第 3 位，人均地区生产总值比全省多 10075 元。

全年财政总收入 192.5 亿元，下降 7.1%。公共财政预算收入完成 93.9

亿元，下降 4.2%。公共财政收入在全省 11 个市中居第 4 位。公共财政预算支出 180.1 亿元，增长 11.4%。其中，科学技术支出增长 13.4%，教育支出增长 15.6%，农林水事务支出增长 11.8%，社会保障和就业支出增长 12.2%，文化体育与传媒支出增长 4.6%，医疗卫生和计划生育支出增长 13.2%，节能环保支出增长 21.8%。公共财政预算支出在全省 11 个市中居第 9 位。

全年固定资产投资 1105.1 亿元，增长 13.4%，总量居全省 11 市第 9 位，增速居第 8 位。按经济类型分类，国有及国有控股投资 429.3 亿元，下降 4.5%；港澳台及外商投资 57.2 亿元，增长 7.3%；民间投资 618.6 亿元，增长 31%。按产业分类，第一产业投资 67.6 亿元，增长 21%；第二产业投资 448.2 亿元，增长 1.5%；第三产业投资 589.3 亿元，增长 23.5%。在第二产业中，工业投资 447.1 亿元，增长 1.2%。

全年社会消费品零售总额 358.8 亿元，增长 5.1%，总量居全省 11 个市第 8 位。按经营地统计，城镇消费品零售额 303.7 亿元，增长 1.9%；乡村消费品零售额 55.1 亿元，增长 27.2%。按消费形态统计，餐饮收入额 49.3 亿元，增长 18.1%。

全年外贸进出口总额 9 亿美元，下降 18.4%。其中，进口额 6.1 亿美元，下降 24.9%；出口额 2.9 亿美元，下降 0.2%。全年新设立外商直接投资企业 2 家，按全口径统计实际使用外商直接投资金额 25765 万美元，下降 9.4%。

年末规模以上工业企业 229 家，比 2014 年增加 8 家。规模以上工业增加值完成 382 亿元，比 2014 年增长 0.8%，增幅比全省平均水平高 3.6 个百分点，排名全省第四。规模以上工业企业实现主营业务收入 963.8 亿元，下降 12.8%。规模以上工业实现利税 123.9 亿元，下降 3.2%；实现利润 44 亿元，下降 21.1%。

年末全市金融机构本外币各项存款余额 1800.1 亿元，比年初减少 12.5 亿元，下降 0.7%；各项贷款余额 1007.5 亿元，比年初增加 85.4 亿元，增长 9.3%。年末金融机构本外币各项存款余额、贷款余额分别占全省的 6.3%、5.4%。

2. 产业发展

2015 年，晋城市第一产业增加值 49.2 亿元，增长 5.8%，占生产总值的比重为 4.7%；第二产业增加值 576.3 亿元，增长 0.8%，占生产总值的比重为 55.4%；第三产业增加值 414.7 亿元，增长 8.1%，占生产总值的比重为 39.9%。三次产业比重由 2014 年的 4.2∶58.8∶37 调整变化为 2015 年的 4.7∶55.4∶39.9。

第一产业中，畜牧、蚕桑、设施蔬菜、食用菌、水果、小杂粮等特色现代农业产业发展较快。全年新发展"一村一品"专业村 200 个，累计达到 486 个；新发展农民专业合作社 375 家，累计达到 5226 家。畜牧规模化养殖进一步发展，"生态养殖 + 沼气 + 绿色种植"的模式广泛推广，规模化饲养比例达 80% 以上。畜牧产业区域特色进一步增强，高平市、泽州县是全国生猪调出大县、"一县一业"基地县陵川县、沁水县、泽州县是肉羊生产基地，阳城县、沁水县、泽州县、高平市是养鸡生产基地。这些生产基地的畜禽饲养量都占到了全市同类畜禽饲养量的 80% 以上。改造低产桑园提质增效 5500 亩，新建养蚕大棚 1000 栋，蚕茧发种量 8.9 万张；新发展设施蔬菜面积 3940 亩，累计达到 6 万亩，设施蔬菜产量 14.5 万吨，增长 2.7%；食用菌产量 2.1 万吨，增长 3.3%；新发展果园面积 8600 亩，改造水果林提质增效 8879 亩，水果种植面积 21 万亩；小杂粮播种面积 64.7 万亩，产量 2 亿斤。全年农产品加工企业销售收入达到 68.9 亿元，亿元以上企业达 12 家。全年粮食总产量 96.2 万吨，增产 31.8%，为历史上第二高产年。全年肉类总产量 17.2 万吨，增长 8.5%。猪牛羊肉总产量 15.6 万吨，增长 6.8%。其中，猪肉产量 14.8 万吨，增长 6.6%；牛肉产量 0.2 万吨，增长 16.5%；羊肉产量 0.6 万吨，增长 7.6%。年末生猪存栏 115.7 万头，增长 8.5%；生猪出栏 199.2 万头，增长 7.5%。牛奶产量 0.06 万吨，增长 3.2%；禽蛋产量 7.9 万吨，下降 3.1%。蔬菜及食用菌产量 43.8 万吨，下降 3.9%；水果产量 7.6 万吨，增长 14.3%；食用坚果 1.12 万吨，增长 96.8%。其中，粮食、蔬菜及食用菌、水果、猪牛羊肉、猪肉产量分别占全省的 7.6%、3.4%、0.9%、21.4%、24.5%。

第二产业中，煤炭、电力、化工、建材、冶铸为支柱产业，装备制造业为主导产业，传统产业改造提升和新兴产业培育发展步伐加快。一是改造提升传统产业。煤炭工业加快转型发展，由单一煤炭开发向综合开发利用转变，投资 49.84 亿元、年产 500 万吨的晋城矿区东大矿井及选煤厂项目获得国家核准通过；积极应对煤炭经济下行态势，49 座建设矿井中累计停缓建矿井 13 座，规模 1170 万吨/年。积极化解落后产能，推进钢铁、水泥、铸造等行业改造升级，福盛钢铁、金隅水泥、维高水泥、泫氏铸管、清慧机械、骏通铸管、顺世达铸管等 7 户企业通过国家钢铁、水泥、铸造行业准入，21 户铸造企业通过省级审核；淘汰钢铁产能 5 万吨。二是培育壮大新兴产业。进一步加大煤层气开发利用，全年煤层气开发投资达 8 亿元，其中华港 200 万方煤层气液化项目基本建成；煤层气企业新增钻井数 112 口、累计达到 7868 口，新增投运井数 118 口、累计投运井数达 5974 口。加快推进风电、光伏发电项目建设，规模 10 万千瓦、投资 10 亿元的沁水远景、泽州华电、陵川中电投 3 个风电项目获得核准，泽州欣阳能源投资 6000 万元 6 兆瓦光伏发电项目获得核准，高平鑫万通、泽州晶耀和泽州万鑫顺达 3 个光伏发电项目审批取得新进展。大力培育发展信息技术、装备制造、医药、食品、轻工、纺织、材料、高新技术等新兴产业。全年新兴产业固定资产投资完成 278.8 亿元，占工业投资比重的 62.4%；高新技术企业销售额完成 87.36 亿元，占规模以上工业企业销售额比值达到 10.3%，创历史新高。全年全市规模以上工业"六大行业"增加值呈现"三增三降"的发展态势。其中煤炭、煤层气和装备制造业分别增长 0.3%、7.3% 和 4.5%，冶铸、电力和化工行业分别下降 4.6%、4.8% 和 2.7%。

全年规模以上工业主要产品产量：原煤 8791 万吨，增长 8.1%；洗煤 2805 万吨，增长 13.2%；化肥（折纯）261.8 万吨，增长 0.2%；煤层气 31.5 亿立方米，增长 5.5%；发电 225.9 亿千瓦时，下降 3.1%；焦炭 45.4 万吨，下降 15.5%；生铁 364.2 万吨，下降 2.1%；钢材 301.2 万吨，增长 0.8%；铸管产量 56.3 万吨，下降 20.4%；铸件产量 19 万吨，下降 5.1%；水泥 223.5 万吨，下降 5.2%；矿山专用设备 5.2 万吨，下降 12.1%；金属切削工具 474 万件，下降 22.3%；光电子器件 11.2 亿只，下降 6%。其中，原煤、化肥、煤层气、发电、焦炭、生铁、钢材、水泥 8 种产品产量分别占全省的 9.3%、56.1%、79.1%、9.1%、0.56%、10.1%、7.1%、6.3%。

第三产业中，文化旅游、电子商务、商贸物流、金融等服务业发展较快。晋城市是文化旅游资源大市，旅游目的地和各项建设不断推进。其中，高平炎帝文化旅游区项目建设加快推进，投资 2.3 亿元的炎帝陵修复保护工程主体部分全部完工；晋城市、高平市政府提供引导资金组建的全省首只旅游文化产业投资基金启动，首期注册资本为 5 亿元，计划依托大基金和大集团的资金和平台优势，进一步打造旅游产业集群；开通上线试运行了全省首家官方旅游惠民电商平台——"晋城旅游资讯网"，是为国内外旅游者提供方便快捷、实惠好用的一站式休闲旅游生活服务的电商平台；在中原经济区城市旅游联盟年会上，晋城市荣获"中原经济区区域旅游合作奖"。全年接待入境旅游者 12143 人次，增长 5.12%；接待国内旅游者 3244.14 万人次，增长 19.49%；旅游总收入 294.96 亿元，增长 21.70%。电子商务加快发展，乐村淘电子商务县级服务中心已经覆盖各县（市、区）；陵川县入选国家电子商务进农村首批示范县，建成 1 个县域电子商务公共服务中心、100 个村级电子商务服务站点；推进淘宝地市馆落地晋城，建成标准馆并开馆运行；建成"晋城购"和"阳城菜篮子"两个本地电子商务平台；积极推动外贸企业开展跨境电子商务，38 家企业入驻第三方电子商务平台。至年末，全市网络市场主体达到 523 个，平台 18 个，网站 505 个。全年 160 家拥有自建平台的电子商务企业，网上交易总额累计达到 30 亿元。全年限额以上批发零售业、住宿业、餐饮业单位网上分别实现零售额 4988.2 万元、156.8 万元和 243.3 万元，同比分别增长 1.7 倍、14.8 倍和 3.7 倍，成为全市消费品市场增长的亮点。加快大型商贸物流基础设施建设，兰花置业、红星美凯龙、水陆院步行街、兰花高平时代广场等商业基础设施项目工程进展顺利，新建改造了部分城市、农村鲜活农产品流通市场，继续推进了兰花国际物流园区项目、高平市煤炭建材矿山机械设备储运物流项目、晋煤宏圣现代煤炭加工综合利用配送中心项目——沁水龙港项目、阳城县矿山机电设备及相关物资物流项目等建设。兰花保税物流中心主体工程基本建成，海关、进出口商品检疫检验办公场所建设取得重大进展。全年交通运输、仓储和邮政业实现增加值 69.6 亿元、增长 8.7%，占第三产业增加值的 16.8%。金融业创新发展，推进完成了泽州、阳城、城区农村商业银行改制，组建了太行金融服务有限公司、晋城红土创业投资基金，出台了中小微企业贷款保证保险办法。全年金融保险业增加值 63.9 亿元、增长 10.0%，占第三产业增加值的 15.4%。2015 年，全市第三产业完成投资 589.3 亿元，增长 23.5%，第三产业投资占全部投资比重达 53.3%，首次实现过半。

3. 改革创新

2015 年，晋城市以转型综改为统领，加快推进改革创新，一些重点领域和关键环节的改革创新取得了阶段性成果。

推进行政审批制度改革和转变政府职能。深入推进行政审批"两集中、四到位"（各部门在不增加人员编制、不增设内设机构的前提下，各职能科室的审批、许可职能向一个科室集中，行政审批、许可科整建制进驻市政务中心集中办公；做到首席代表和审批、许可科室人员到位，向首席代表的授权到位，审批、许可事项办理到位，考评监督到位）改革，实现了一级政府"一站式"办理。以"三清单"（权力清单、责任清单、负面清单）、"两平台"（行政审批平台和行政处罚平台）、"一监督"（加强对一把手和关键岗位监督）为核心内容，全面推进"六权治本"，组建了市公共资源交易中心。至年末，明确梳理出市级政府部门权力及责任清单，共涉及的39个部门（其中包括31个政府工作部门、8个依法承担行政职能的事业单位）的3081项行政职权，清单架构的主要内容包括：行政职权及责任事项的职权类别、职权编码、职权名称、职权依据、责任事项、责任事项依据、追责情形、责任追究、问责依据、行使与责任主体、职权运行流程图和廉政风险防控图。扎实推进商事制度改革，放宽注册资本登记条件、简化住所（经营场所）登记事项、变企业年度检验制度为年报公示制度、变前置审批为后置审批、实施"三证合一""一照一码"等改革措施，激发了市场活力。全年新增各类市场主体2.2万户，其中新创办私营企业4987户，为上年同期的1.73倍，注册资本122.82亿元；新增个体工商户16544户，注册资本16.04亿元，较上年大幅增长。至年末，全市各类市场主体发展到102655户，市场主体总量首次突破10万户，其中新登记各类企业5018户，同比增长23.32%；新登记个体户16170户，同比增长86.72%；新登记农民专业合作社541户。

大力实施创新驱动战略和金融改革创新。在实施创新驱动战略方面，9家企业被新认定为高新技术企业，总计达到34家；总部位于晋城市的晋煤集团，继上年获批建承建"国家能源煤与煤层气技术重点实验室"之后，新获批建"煤与煤层气共采国家重点实验室"；市级财政在收入下行压力持续加大的情况下，科技研发专项资金投入5400万元，实现平稳增长。全年高新技术企业销售额完成87.36亿元，占规模以上工业企业销售额比值达到10.3%，创历史新高。在金融改革创新方面，推进完成了泽州、阳城、城区农村商业银行改制，组建了太行金融服务有限公司、晋城红土创业投资基金，出台了中小微企业贷款保证保险办法。全年金融保险业增加值实现 63.9 亿元，增长 10.0%，占地区生产总值的 6.1%，同比上年提高 0.5 个百分点。

积极落实和争取国家及省级对改革创新事项支持。启动推进泽州县"国家农村集体经营性建设用地入市改革试点"。泽州县于 2014 年底入选全国农村集体经营性建设用地入市试点县，是全国 15 个改革试点县（市）之一，也是山西唯一入选县。改革试点期限为三年。在 2015 年前期进行制度建设和顶层设计的基础上，12 月 1 日该县金村镇金村村农村集体经营性建设用地首宗地块入市，地块面积为 23.5 亩，用地性质为工业用地，入市途径为就地入市，入市方式为由科沃商贸有限公司土地租赁，租赁期限 20 年，每年租金为 11.75 万元。其中，金村村可留土地收益 9.4 万元（村集体可留土地收益 2.82 万元，村民可分配收益 6.58 万元），上缴县财政土地增值收益调节金 2.35 万元。这一改革实现了农村集体经营性建设用地与国有建设土地同等入市、同权同价，打破了"集体建设用地不能流转"的局面，对全省农村土地制度改革具有里程碑式的意义。启动推进"国家全民参保登记计划"城市试点。晋城市于 2014 年入选"国家全民参保登记计划"首批 50 个试点城市之一，也是山西入选的两个城市（朔州、晋城）之一。该项试点是以社会保险全覆盖为目标，通过信息比对、入户调查、数据集中管理和动态更新等措施，对各类群体参加社会保险情况进行记录、核查和规范管理，从而推进职工和城乡居民全面、持续参保的专项行动。至年末，全市已累计发放社会保障卡 168 万张，其中 102 项应用目录中已开通应用 60 项，已具有就医、待遇结算的凭证功能，持卡人社会保险缴费、职业资格和技能、就业经历等信息的记录功能，以及银行借记卡金融功能等多项功能。社保卡发放总量和功能位居全省第一。启动开展全省"居民健康卡"试点。晋城市 2015 年初被确定为开展该项工作的试点市，12 月 29 日全省"居民健康卡"——"晋城通"启用。该卡具有居民健康卡身份识别、基础健康信息存储、跨地区和跨机构就医、新农合费用结算和金融服务四大功能。2015 年初，高平市入选"国家现代农业示范区"，示范主题是畜牧产业（生猪）和园艺产业（设施蔬菜）为主的循环农业。这对于高平市继续发展壮大生猪、蔬菜两大主导产业，做大做强家庭农场（农业专业合作社）、农业园区、农产品加工企业、美丽宜居乡村四大载体，具有重要意义。

深化区域经济合作和扩大开放。5月下旬，中原经济区城市旅游联盟年会在河南省安阳市举行，晋城市荣获"中原经济区区域旅游合作奖"。中原经济区城市旅游联盟于2011年10月19日正式宣告成立，旨在促进区域内旅游更深层的合作与交流，提升中原经济区的旅游影响力，着力把旅游业打造成经济社会发展的支撑产业、改善民生的富民产业、促进经济发展方式转变的引领产业。2013年晋城市当选轮值主席城市，期间积极倡导"中原一家亲"的合作理念，推动各成员单位在建立无障碍旅游体系、互拓客源市场等方面加强区域合作，并将成员单位数量扩充到8省34个联盟会员城市。10月27日，晋城市政府与太原海关、山西检验检疫局分别就推进晋城海关建设和晋城检验检疫机构建设签署合作备忘录，标志着晋城海关、晋城检验检疫机构建设进入实质性阶段。此前，2010年国家质量监督检验检疫总局批复同意设立晋城国检机构，2014年中编办批复同意设立晋城海关。这次双方签署合作备忘录，对于加快晋城海关和检验检疫机构建设、促进晋城外向型经济发展、扩大开放具有重要意义。筹建太（原）焦（作）高铁工程项目加速推进并获批，为加快晋城市开放型经济的发展创造了新的条件。

4. 城乡建设

近年来，晋城市坚持推进生态城市战略，强化节能减排、环境治理和生态保护，持续推进市区、各县（市）城区和中心城镇的建设，取得显著成效。2015年，晋城市继续围绕城市扩容提质，进一步加快推进了城乡建设。

加强城市基础设施建设和改善人居环境。市区继续推进并新启动实施了一大批城市道路建设及市政基础设施建设工程。集中对泽州路、太行路、文昌街等两横五纵七条主次干道进行了升级改造，新建了凤展、圣亚两座人行天桥，改造了东上庄立交桥，其中新建道路71公里、改造道路31公里，整体完善提升了市区道路功能。文博路、景西路、书院街、207国道改线等工程持续推进。市区周边产业片区和村镇建设步伐加快，相继铺开西北片区、东南片区、兰花片区和金村新区、金匠园区等一批新建路网和配套设施建设，环城森林公园开始投资建设，沁河丹河生态修复、市区水系建设规划启动，建成了吴王山、白马寺山——东四义绿色通道，城东景观水系实现蓄水。市区新增3000辆公共自行车，新增自行车全部为电动助力车，成为全国唯一在公共自行车系统采用电动助力车的城市，新旧公共自行车实现覆盖整个城市中心区。新增煤层气为动力城市公交车辆92台。市政府与中国联通山西省分公司、腾讯科技（深圳）有限公司签署了"互联网＋"合作协议，共同建设智慧城市。与此同时，市区的供气、供热、污水垃圾处理、环境整治、大气污染防治等工程和各县城（城市）道路、管网等基础设施改造提质、增绿、垃圾处理、环境整治工程也不断推进实施。市区黄华街、建设路和沁水县滨河南路创建成省级容貌示范街道，市区太行路、高平市康乐东街、沁水县杨河新路创建成省级保洁示范街道。全年全市（含县城）新建供水管网47.5公里、供气管网97公里、供热管网88公里、污水管网72公里、雨水管网60公里，改造供水管网52公里、供气管网39公里、供热管网108公里、雨污合流排水管网120公里。年末全市（含县城）生活垃圾无害化处理率达到92%，污水处理率达到94%，供水普及率达到98%，集中供热普及达到86%，燃气普及率达到96%，人均城市道路面积达到13.8平方米。全市（含县城）建成区绿化覆盖率达到40%，整体绿化水平保持全省领先。其中，市区新增供热面积450万平方米，解决了25个片区的供热问题；煤层气管道用户基本实现全覆盖，城市生活垃圾无害化处理率达到100%；建成区绿化覆盖率达到45.6%，城市绿地率达到43.2%，人均公共绿地面积为15.5平方米，在全省排名第一。全市（含县城）突出"控煤、治污、管车、降尘"四个关键环节，全面开展了工业污染整治、城中村燃煤污染整治、面源污染整治、建筑拆迁施工扬尘污染整治、道路运输扬尘污染整治、机动车尾气污染整治"六大攻坚战"。其中，取缔了152台10蒸吨以下燃煤锅炉，完成587蒸吨燃煤锅炉清洁能源替代改造，淘汰黄标车6424辆，建成区主要路街的机械化清扫率达到43.49%；加快推进了电力、水泥、钢铁等重点行业达标改造步伐，电力行业完成脱硫87万千瓦、脱硝99万千瓦、除尘改造60万千瓦，钢铁行业完成除尘提标改造765平方米，水泥行业完成除尘改造3000吨/日，燃煤锅炉脱硝达新标改造1200蒸吨/小时。全年市区空气质量二级以上天数达263天，同比上年增加55天，是全省PM2.5和PM10下降幅度"双达标"的城市之一。全年全市（含县城）新开工建设各类保障性住房3805套，基本建成12701套。

继续实施改善农村人居环境工程。开工改造农村公路里程440公里，涉及6个县（市、区）57个乡镇、118（条）段道路，完成村通水泥（油）路完善提质路面铺装381.7公里。开工建设了147处饮水安全工程，解决改善了5.3万山区农村人口的饮水安全问题。农村危房改造3040户，移民搬迁5000人，启动31个村4518户12465人的采煤沉陷区搬迁安置工程。实施乡村清洁工程，累计配备清扫保洁人员12000余名、配备各级监管人员1306名、配备垃圾清运车辆5988辆、配备垃圾桶2万余个，建成垃圾中转站12座、垃圾处置点173座，村庄绿化40个，创建省级达标村464个达标村。建成12个行政村生活污水管网工程并投运，新开工建设26个行政村生活污水防治项目。创建20个市级美丽宜居示范村。

推进跨城乡重大交通水利基础设施和生态环境建设。在铁路建设方面，推进了太原至焦作客运专线晋城段、阳城县至大宁县煤矿铁路专用线扩建、阳城县晋豫铁路物流专用线项目的建设。在公路建设方面，继续推进了高平至沁水高速公路、高平市长晋高速神农互通工程建设，筹划推进阳城至河南济源、阳城至蟒河段蟒河高速公路建设。其中，高平至沁水高速公路是全省高速公路网规划"三纵十二横十二环"中第十一横的重要组成部分，全线长69.5公里，于2012年正式开工建设，将与高（平）陵（川）、阳（城）翼（城）、长（治）晋（城）三条高速公路联系到一起，是晋城市一条东部出省的快速通道。阳城至济源高速公路阳城至蟒河段是山西与河南两省对接的省际公路通道之一，是全省高速公路网规划"三纵十二横十二环"15条连接线中安泽至阳城蟒河连接线的重要组成部分。阳城至蟒河高速公路，全长40.125公里，北接阳（城）翼（城）高速，南抵河南济源，对于加强晋豫两省物资和文化交流、促进区域经济发展特别是对晋城市经济、旅游发展具有重要意义。在其他公路建设方面，继续推进或启动了国道207线晋城市过境段公路改线工程、国道207线新房洼至省界瓶颈路段改造工程等。在水基础设施建设方面，继续推进或启动了晋城市郭壁供水改扩建工程、晋城市杜河提水工程、张峰水库泽州供水工程、张峰水库高平市供水东延工程等。在生态环境建设方面，继续以创建国家森林城市为载体推进造林绿化和生态建设，全年完成营造林5.31万亩。至年末，全市森林覆盖率达到44%以上。

2015年末，晋城市新增公路里程514公里，公路通车总里程达8961公里，其中高速公路、国道、省道干线公路318.6公里、农村公路8006.8公里。全市公路通乡通村率达100%，公路密度达95.11公里/百平方公里、39.21公里/万人，在全省分别位居第6位和第7位。

2015 年，晋城市城镇化率 57.4%，比上年提高 0.9 个百分点。城镇化率在全省 11 个市中居第 4 位。

5. 民生社会

2015 年，晋城市民生保障更加有力，社会事业进一步发展。全年全市公共财政民生支出达 155.1 亿元，增长 12.2%，民生支出占公共财政支出的 84.5%。

全年新增城镇就业岗位 41400 个，其中创业就业 9652 人、失业人员再就业 7128 人、就业困难人员就业 2036 人，转移农村劳动力 23130 人。年末城镇登记失业率 1.6%，低 4.2% 控制目标 2.6 个百分点。改革机关事业单位养老保险制度，调整提高机关事业单位离退休人员离退休金；调整提高机关事业单位在职人员工资标准，人均月增资约 300 元。提高最低工资标准，月人均增加 170 元；发布企业工资指导线，基准线增长 10%；提高企业退休人员基本养老金，50894 名企业退休人员月人均增加 253 元养老金，月人均水平达 2200 元左右。建立了统一的城乡居民基本养老保险制度，提高城乡居民基本养老保险待遇水平，城区、开发区月人均达到 115 元，泽州、阳城、沁水月人均达到 105 元，高平、陵川月人均 95 元。对低收入农户冬季取暖实施货币化补贴，每户补贴 300 元。实施精准扶贫，30 个贫困村、1.62 万贫困人口实现脱贫。提高城乡居民最低生活保障标准，每人每月分别提高 30 元和 25 元，提高幅度分别达到 6.89% 和 12.4%，7% 和 13%，总额分别达到 320 元和 160 元。提高农村五保户供养标准，其中集中供养标准每人每年提高 300 元、平均达到每人每年 5267 元，分散供养标准每人每年提高 500 元，平均每人每年达 3183 元。县级公立医院综合改革实现全覆盖，14 所县级公立医院全部实行了药品零差率销售。提高城镇居民医疗保险和新农合财政补助标准，分别从每人每月 330 元和 320 元提高到 380 元；城镇职工医疗保险政策范围内报销比例达到 90% 以上，城镇居民医疗保险最高支付限额达到 50 万元，政策范围内报销比例达到 78%。新型农村合作医疗进一步提标扩面，人均筹资标准将由 390 元提高到 470 元，住院补偿封顶线达 15 万元，住院补偿比例保持在 70%；全面启动实施大病保险，新农合重大疾病保障病种达到 24 种，补偿比例达 70%，最高报销额达 55 万元。开展"建设群众满意的基层医疗卫生机构"活动，完成乡镇卫生院、村卫生室、社区卫生服务机构 20%、10%、10% 的机构创建任务。村卫生室覆盖率100%、县乡村三级医疗机构达标率均为100%。晋城大医院与6家县级综合医院及部分社区医院、乡镇医院、民营医院、企业医院等24家医疗机构建立医疗联合体。至年末，全市参加城镇职工基本养老保险39.5万人，增加2.6万人；参加新型农村社会养老保险112.0万人，增加5.5万人；参加城镇基本医疗保险61.0万人，增加0.5万人。共有146.8万农民参加新农合，新农合参合率99.25%。全面推进义务教育薄弱学校改善办学条件义务教育标准化建设，泽州县通过国家义务教育发展基本均衡县验收，累计达到4个县（市、区）。新建改扩建11所公办标准化幼儿园，改造18所农村幼儿园。完善公共文化服务体系，推进县乡村三级公共文化基础设施提质改造和免费开放，率先在全省新建立了街头24小时自助图书馆，文化惠民活动广泛开展，惠及城乡百姓。安全生产形势总体平稳，各类安全事故下降6.1%，事故死亡人数下降8.4%；亿元GDP生产安全事故死亡率0.0827，煤矿百万吨死亡率0.1487。

2015年，晋城市全市居民人均可支配收入19352元，增长8.1%，高出全省平均水平0.1个百分点。居全省11个市第3位。城镇居民人均可支配收入26651元，增长7%；居全省11个市第4位。农村居民人均可支配收入10914元，增长8.2%，增速比上年回落2.2个百分点，高出全省平均水平0.9个百分点，居全省11个市第4位。城乡居民收入倍差继续缩小，由上年的2.47缩小为2.44。城镇居民、农村居民人均消费支出均高于全省，分别居全省11个市的第1位、第3位。

6. 经济特区

晋城经济技术开发区，是晋城市境内享受特殊政策的经济特区。晋城经济技术开发区，始建于1992年，1997年批准为省级经济开发区，2013年升级为国家级经济技术开发区。开发区位于市区东部3公里处，至2015年批准规划面积9.86平方公里，管辖面积23.95平方公里。常住人口约10万人。经过多年建设和发展，开发区已成为晋城市一个聚集和承载高科技产业发展的高新技术产业开发区，在促进全市产业转型升级、工业新型化、城市区域发展等方面发挥着重要的带动和示范作用。

2015年，晋城经济技术开发区共有各类工商企业1313户。其中，规模以上工业企业16户、限额以上商贸流通企业和有资质的建筑房地产企业48户。

有 5 家世界 500 强企业入驻开发区，还有美国、英国、日本、南非、萨摩亚以及台湾、香港等国家和地区的外商投资企业 11 家。开发区初步形成了以精密光电制造、装备制造、新能源、新材料、商贸物流、现代服务业为特色的产业发展格局。其中，精密光电制造产业是第一大主导产业，主要产品有光通信部件、光学镜头模组、相机模组、半导体照明光源等。装备制造产业是第二大主导产业，主要产品包括精密刀具、精密模具、自动化数控机床、工业机器人、移动终端关键机构件、煤机装备、汽车零部件、机械部件、铁路部件、工业制动器、核电部件等；新能源产业是第三大主导产业，以中道能源、铭石煤层气、通豫煤层气、中联煤层气等企业为代表，主要产品包括锂离子电池、煤层气等。

2015 年，晋城经济技术开发区完成规模工业总产值 125 亿元，增长 4.89%；规模工业增加值增长 9.21%；财政收入完成 16.68 亿元，公共财政预算收入完成 2.94 亿元；外贸进出口总额（海关统计）完成 5.71 亿美元，其中，进口 3.63 亿美元，出口 2.08 亿美元；全口径实际利用外资 2.57 亿美元，增长 4.3%；固定资产投资完成 66.78 亿元，增长 16.12%；高新技术产业总产值完成 104.39 亿元，增长 2.87%。高新技术产业增加值增长 4%，占全区工业增加值比重的 87%。

7. 县域经济

晋城市共辖城区、泽州县、高平市、阳城县、陵川县、沁水县 6 个县（市、区）。沁水、陵川 2 个县是省定贫困县。

晋城市 6 个县（市、区），除城区外，其余 5 个县（市）都有煤炭资源。泽州县以煤、冶铸、装备制造、煤化工、新兴产业、科技文化和现代物流为主，高平市以煤、化学工业、丝麻、冶铸、装备制造、新型建材为主，阳城县以煤、冶铸、化工、建材、食品、机械制造为主，陵川县以煤炭、冶铸、化工、建材为主，沁水县以煤炭、煤层气、煤化工、煤电气、冶铸、食品加工、发电、建材、装备制造为主。近年来，各县（市、区）绿色、环保特色产业发展较快，主要有丹河、沁河流域设施蔬菜，城区的工厂化食用菌产业，泽州县、高平市的生猪产业，阳城的陶瓷、蚕桑产业，陵川县的中药材产业，沁水县的蚕桑、苗木花卉、核桃种植产业等。城区的第三产业比较发达，城市化程度较高，服务业是拉动地区经济发展的主要动力。泽州县、高平市、阳城县、陵川县、沁水县 5 个县（市）的工业经济比较发达，第二产业尤其是工业，是拉动地区经济发展的主要力量。

2015 年，晋城市 6 县（市、区）实现地区生产总值分别为城区 239.9 亿元、泽州县 215.7 亿元、高平市 199.7 亿元、沁水县 172.7 亿元、阳城县 169.5 亿元、陵川县 33.9 亿元。第一产业增加值分别为高平市 14.95 亿元、泽州县 12.9 亿元、阳城县 9.92 亿元、沁水县 5.7 亿元、陵川县 4.81 亿元、城区 0.87 亿元；第二产业增加值分别为泽州县 137.8 亿元、高平市 124.22 亿元、沁水县 124.5 亿元、阳城县 97.7 亿元、城区 83.66 亿元、陵川县 9.76 亿元；第三产业增加值分别为城区 155.4 亿元、泽州县 64.9 亿元、阳城县 61.93 亿元、高平市 60.56 亿元、沁水县 42.5 亿元、陵川县 19.3 亿元。完成财政总收入分别为城区 39.59 亿元、阳城县 32.69 亿元、沁水县 30.87 亿元、泽州县 30.25 亿元、高平市 27.05 亿元、陵川县 2.21 亿元。对全市地区生产总值贡献最高的是城区，最低的是陵川县；对第一产业贡献最高的是高平市，最低的是城区；对第二产业贡献最高的是泽州县，最低的是陵川县；对第三产业贡献最高的是城区，最低的是陵川县。全年地区生产总值在 150 亿以上的县（市、区）有城区、泽州县、高平市、沁水县和阳城县；财政总收入在 20 亿以上的县（市、区）有城区、阳城县、沁水县、泽州县和高平市。

全年，晋城市 6 县（市、区）城镇居民可支配收入分别为城区 28484 元、泽州县 27381 元、高平市 26893 元、阳城县 24629 元、沁水县 23576 元、陵川县 10566 元；农村居民人均可支配收入分别为泽州县 12217 元、高平市 11528 元、阳城县 10777 元、沁水县 9486 元、陵川县 7425 元。城区、泽州县、高平市城镇居民人均可支配收入均高于全省平均水平。除陵川县之外，其余各县（市）农村居民人均可支配收入均高于全省平均水平。

2015 年末，晋城市 6 县（市、区）常住人口分别是高平市 49.18 万人、泽州县 49.07 万人、阳城县 39.14 万人、城区 37.7 万人、陵川县 23.48 万人、沁水县 21.53 万人。

十　临汾市

临汾市是山西省辖 11 个地级市之一。位于省境西南部，西以黄河为界与陕西延安市毗邻，东与省内长治市、晋城市接壤，北与省内吕梁市、晋中市相邻，南与省内运城市交界。下辖1区（尧都区）14县（曲沃县、翼城县、襄汾县、洪洞县、古县、安泽县、浮山县、吉县、乡宁县、大宁县、隰县、永和县、蒲县、汾西县）2市（侯马市、霍州市）。境内有2个省级开发区（临汾经济开发区、侯马经济开发区）。辖区东西宽约200公里，南北长约170公里，总面积2.03万平方公里，占全省的13%。境域四周环山，中部为盆地平川，地形地貌以丘陵、山地为主，丘陵占51.4%，山地占29.2%。境内矿产资源丰富，煤、铁、石膏、石灰、白云岩、膨润土、花岗石、大理石、油页岩、耐火黏土等在省内及全国均占重要地位；矿产资源综合优势度为0.73，居全省第二；煤炭探明储量占全省的14%，是中国优质主焦煤基地之一。临汾市，古称平阳，系唐尧古都，因地处汾水之滨而得名。新中国成立后，长期为专区、地区建制并有区划调整，2000年撤地建市。2015年末，全市常住人口443.57万人，占全省总人口的12%，排在全省11个市的第2位。

2015年，面对经济下行压力持续加大的困难局面，临汾市坚持稳中求进工作总基调，主动适应引领新常态，着力推动"六大发展"（创新发展、协调发展、绿色发展、开放发展、共享发展、廉洁和安全发展），统筹推进稳增长、促改革、调结构、惠民生、防风险各项工作，全市经济社会发展取得新成就，全面建成小康社会迈出坚实步伐。

1. 经济运行

2015年，临汾市实现地区生产总值1161.1亿元，增长0.2%，增幅低于全省2.9个百分点。地区生产总值占全省的比重为9.07%，地区生产总值在全省11个市中列居第4位。人均地区生产总值26239元，比全省平均水平低8779元，是全省的74.9%。人均地区生产总量在全省11个市中居第8位。

全年财政总收入156.5亿元，下降21.7%。公共财政预算收入88.2亿元，下降25.4%。公共财政预算收入在全省11个市中列居第7位。公共财政预算支出287.0亿元，增长1.6%。其中，教育支出增长24.8%，农林水事务支出增长21.1%，社会保障和就业支出增长19.6%，节能环保支出增长19.0%，医疗卫生支出增长13.8%，公共安全支出增长9.3%。公共财政预算支出在全省11个市中居第8位。

全年全社会固定资产投资1401.2亿元，增长14%，总量居全省11市第3

位，增速居第 7 位。按经济类型分，国有及国有控股投资完成 546.2 亿元，下降 8.5%；非国有投资 855 亿元，增长 26%。按产业类型分类，第一产业投资完成 173.4 亿元，增长 125%；第二产业投资完成 494.5 亿元，下降 2.2%；第三产业投资完成 733.3 亿元，增长 13.4%。在第二产业中，工业投资完成 494.2 亿元，下降 2.3%。

全年社会消费品零售总额 572 亿元，增长 4.9%，总量居全省 11 市第 3 位。按经营地统计，城镇消费品零售额 455.6 亿元，增长 4.8%；乡村消费品零售额 116.4 亿元，增长 5.5%。按消费形态统计，商品零售额 526.5 亿元，增长 4.5%；餐饮收入额 45.5 亿元，增长 10.4%。

全年外贸进出口总额 30160 万美元，下降 24.5%。其中，进口额 13544 万美元，下降 39.4%；出口额 16615 万美元，下降 5.6%。全年新设立外商直接投资企业 1 家；实际利用外资 15660 万美元，总量居全省 11 个市第 7 位。

全年实现农林牧渔业总产值 173.5 亿元，按可比价格计算，同比上年减少 4.3%，总量居全省 11 个市第 3 位，占比达 11.4%。

年末规模以上工业企业 357 家，比上年减少 5 户。规模以上工业增加值完成 334.3 亿元，降低 7.1%，增速居全省第 9 位。规模以上工业企业实现主营业务收入 1268.35 亿元，下降 21.3%；实现利税 22.88 亿元，下降 66.4%；实现利润由上年 0.08 亿元转为亏 31.9 亿元，负增长 99.7%。

年末全市金融机构本外币各项存款余额 1966.45 亿元，比年初增长 6.09%，其中人民币各项存款余额 1962.07 亿元，比年初增长 6.06%；金融机构本外币各项贷款余额 1079.31 亿元，比年初增长 14.41%，其中人民币各项贷款余额 1079.20 亿元，比年初增长 14.61%。年末金融机构本外币各项存款余额、贷款余额分别占全省的 6.87%、5.81%，总量分别居全省 11 个市第 7 位、第 2 位。

2. 产业发展

2015 年，临汾市第一产业增加值 91.0 亿元，下降 3.4%，占生产总值的比重为 7.8%，第二产业增加值 563.4 亿元，下降 5.2%，占生产总值的比重为 48.5%；第三产业增加值 506.7 亿元，增长 10.3%，占生产总值的比重为 43.7%。三次产业比重由 2014 年的 7.8∶54.4∶37.8 优化到 7.8∶48.5∶43.7。其中，第二产业比 2014 年下降 11 个百分点，第三产业比 2014 年提高 16 个百分点。

第一产业中，现代农业加快发展，种植业、林业、畜牧业优势特色产业提质发展。坚持以高产、优质、高效、生态为方向，推进新增粮食产能、中低产田改造、水利基础设施等项目建设，进一步夯实农业基础地位。全年重点建设 31 个万亩粮食高产示范区，推广了标准化高产高效、绿色环保技术模式，在遭受干旱等自然灾害的情况下，保持了粮食总产的基本稳定。大力推进"四个百万亩"基地建设，西山以鲜果为主、东山以干果中药材为主、平川以蔬菜为主的三大特色农业快速发展。新发展设施蔬菜 2.72 万亩，设施蔬菜面积累计达到 31.5 万亩，蔬菜种植面积达到 95.2 万亩；新发展水果面积 10.5 万亩，水果总面积达 200.8 万亩，突破 200 万亩大关；干果林面积达到 341 万亩；新发展中药材种植面积达 70.12 万亩，总面积达到 204 万亩。农业产业化经营步伐加快，农民合作社达到 10059 家，同比增长 15%，累计培育示范合作社 738 家（其中国家级 30 家，省级 195 家，市级 223 家，县级 290 家）；家庭农场总数发展到 1042 个，同比增长 9.7%，农业产业化龙头企业 339 家（其中农产品加工企业 214 家，流通贸易型企业 18 家，基地型企业 107 家），农产品年加工销售收入达到 73 亿元，同比增长 4.3%。继续推进畜牧业规模化、标准化、产业化进程，尧都区和翼城县商品猪、洪洞县蛋鸡、汾西县肉鸡、霍州市皮肉兼用兔、隰县绒山羊、安泽县肉牛等畜牧业基地县建设取得显著成效，全市亿元以上畜牧业重点龙头企业达到 20 个、标准化示范场达到 60 个。年末生猪存栏 86.26 万头，下降 2.6%；牛存栏 7.49 万头，下降 5%；羊存栏 97.75 万只，增长 8.9%；禽存栏 1198.48 万只，下降 2%。全年粮食总产量 236.2 万吨，下降 14.4%；水果产量 77.8 万吨，增长 15.8%；食用坚果产量 3.5 万吨，增长 22.2%；蔬菜产量 121.6 万吨，下降 6%；猪牛羊肉总产量 11.6 万吨，增长 3.3%；牛奶产量 4.0 万吨，下降 1.9%；禽蛋产量 11.5 万吨，增长 2.7%；水产品产量 0.7 万吨，增长 1.5%。其中，粮食、水果、食用坚果、蔬菜、猪牛羊肉、牛奶、禽蛋产量分别占全省的 18.8%、9.2%、18.7%、9.3%、15.9%、4.4%、13.2%。

第二产业中，煤、焦、铁、电力、化工、装备制造为支柱产业，转型升级发展加快。2015 年，临汾市着力推进传统产业优化升级。煤、焦、冶、电等传统产业整体素质进一步提升，装备制造、铸造、现代煤化工、新能源、新型材料、电子信息等战略性新兴产业加快发展。推动煤炭产业"六型转变"（市场主导型、清洁低碳型、集约高效型、延伸循环型、生态环保型、安全保障型），调整规划布局了乡宁、蒲县、古县、洪洞、尧都区焦煤和安泽、翼城动力煤等七大煤炭基地，组建中国（太原）煤炭交易中心临汾办事处、建立了"互联网＋煤炭"电商交易平台，新竣工现代化矿井 21 座、累计建成投产现代化矿井 40 座，煤炭产业实力进一步增强。大力化解冶金、焦化、建材行业过剩产能，取缔淘汰煤焦铁落后产能 663 万吨。加快发展装备制造、新材料、新能源、食品医药等非煤产业，实施汾西其亚氢氧化铝、好利阀门、华翔精密铸件、东方恒略精密铸造、普泰发泡铝、沃特玛新能源汽车及零部件制造、德迅电梯、鸿鼎新材料等重点转型项目 218 个。新兴产业投资占工业投资的比重为 50.4%，规模以上非煤产业工业增加值占到全市工业增加值的 51%。加快发展新能源，汾西、大宁、吉县 3 县入选国家光伏扶贫试点县，占全国 30 个试点县的十分之一，占全省的三分之二，光伏扶贫发电指标 123 兆瓦，占到全省总规模 205 兆瓦的 60%；其他光伏电站建设项目批复指标 160 兆瓦，占到全省总规模 450 兆瓦的 36%。全年非煤产业投资完成 397.9 亿元，占工业投资比重 80.5%，提高 11 个百分点。全年规模以上工业主要产品产量：原煤 5647.8 万吨，增长 6.9%；洗精煤 4489.7 万吨，下降 6.7%；焦炭 1754.1 万吨，下降 6.9%；发电量 211.2 亿千瓦时，下降 0.8%，铁矿石原矿 301.8 万吨，下降 62.9%；饮料酒 2698 千升，下降 33.1%；软饮料 8800 吨，下降 16.2%；纱 1325 吨，增长 7.0%；硫酸（折 100%）14.2 万吨，下降 3.2%；化肥（折纯）11.3 万吨，增长 288.1%；水泥 253.2 万吨，下降 30.5；生铁 1040.9 万吨，下降 14.1%；粗钢 998.3 万吨，下降 3.6%；钢材 1261.6 万吨，下降 3.9%；精练铜 6.5 万吨，下降 14.7%。其中，原煤、焦炭、发电、纱、硫酸、化肥、水泥、生铁、粗钢、钢材 10 种产品产量分别占全省的 5.98%、21.8%、8.6%、2.5%、26.6%、2.4%、7.1%、29.1%、25.9%、29.6%。

第三产业，商贸服务、现代物流、电子商务、金融、文化旅游等发展较快。重大商贸服务转型项目加快建设，嗨都国际广场、生龙国际、新工贸、新百汇等商贸项目建成开业运营，奥特莱斯芭蕾雨、上东世纪 CBD 城市经济综合体、生龙国际商贸城、红星美凯龙等一批商贸转型城市综合体项目深入推进，临汾海吉星农产品商贸园区、东城城市综合体、新发地农产品物流园区等一批项目签约。加快布局推进国家"区域级流通节点城市"建设，以高铁、高速公路、临汾机场、海关等为主要依托，推动沿线、沿边、沿河商贸物流业发展，山西国际陆港园区、临汾中信空港仓储物流园区项目、侯马开发区商贸物流项目等重点项目进展顺利。电子商务加快发展，侯马市入选全省阿里巴巴"千县万村"计划首批试点和国家电子商务进农村首批示范县市；10 月 28 日农村淘宝临汾市级服务中心、仓储配送中心和首批 33 个村级服务站正式上线运营，在全省率先实现了阿里巴巴村淘项目全覆盖，村级服务站达到 45 家；山西黄河金三角工业品交易中心、山西亚欧有色金属等大宗商品交易中心功能进一步完善。至年末，全市电子商务经营主体突破 2000 家，其中电商应用企业 300 余家、个体户网店超过 1500 家，阿里、苏宁、乐村淘等县级电子商务运营中心近 20 家，农村电子商务服务站 2000 余家。全年电子商务交易额突破 100 亿元，其中大宗商品交易额完成 90 亿元、网络零售额 3 亿元。金融业创新发展，新引进新引进光大、兴业和中信 3 家股份制商业银行，新增 5 家地方性银行、1 家邮政储蓄银行、12 家农村信用合作联社、6 家村镇银行和 1 家农村资金互助社。全年金融业实现增加值 72.1 亿元，同比增长 15.3%，占服务业的比重为 14.2%，同比提高 0.5 个百分点。临汾市是文化旅游资源大市，旅游目的地建设不断推进，4A 级景区总数达到 11 个，位居全省第一。全年全市接待海外旅游者 3.6 万人次，接待国内旅游者 3175.52 万人次，分别增长 5.6% 和 20.89%；旅游外汇收入 1502.89 万美元，国内旅游收入 294.02 亿元，旅游总收入 294.94 亿元，分别增长 5.04%、21.78% 和 21.73%。全市第三产业增加值完成 506.7 亿元，同比增长 10.3%。2015 年，全市第三产业完成投资 733.3 亿元、增长 13.4%，第三产业投资占全部投资比重达 52.3%。全年全市第三产业增加值占 GDP 比重达到 43.6%，同比上年提高 5.8 个百分点。

3. 改革创新

2015 年，临汾市以转型综改为统领，加快推进改革创新，一些重点领域和关键环节的改革创新取得了阶段性成果。

深化推进煤炭体制改革和创新煤炭交易方式。推进完成公路运销体制改革 9 类涉煤票据全部取消，撤销煤焦销售营业站 62 个，撤销公路焦炭营业站、稽查站 17 个，转岗安置煤炭站点职工 4581 人，转岗安置焦炭企业职工 582 人。建立中国（太原）煤炭交易中心临汾交易处，搭建了市域内煤炭生产、消费、经营企业第三方交易平台，建立了集煤炭生产、运输、销售、库存、价格、煤质等综合信息于一体的公共信息服务大数据平台。

深化行政审批制度改革和转变政府职能。积极承接国家和省取消、下放审批事项，全年承接省级下放市级行政审批事项 13 项，下放县级行政审批 6 项，取消行政审批 11 项，取消年审年检事项 3 项，取消职业资格许可和认定事项 2 项，将工商登记前置审批改为后置审批的事项 36 项，决定保留工商登记前置审批事项 9 项。与此同时，对市级涉及行政审批事项的 39 个工作部门，按照规定的方法步骤进行全面清理核实，确定了市本级行政许可事项 102 项，服务管理事项 241 项，行政审批事项的行政许可、非行政许可分别下降了 39% 和 93%；对于涉企部门行政权力事项，取消行政权力事项 26 项，市级下放行政权力事项 48 项，改为属地管理行政权力事项 178 项。加强市政务服务中心建设，推进完善"两集中两到位"（将各部门、各单位行政许可事项集中到一个内设处（科、室），并将该处（科、室）成建制集中到区行政审批服务中心窗口或各单位便民服务大厅窗口；各部门、各单位实现向窗口授权到位，所有行政许可事项在中心或分中心办理到位）和"一委一办三中心"（政务服务中心管理委员会、政务服务中心管理办公室和行政审批管理中心、公共资源交易管理中心、行政服务监察中心）的管理体制，市本级行政审批事项全部完成流程再造。全年完成各种交易事项 1598 场次，日均交易 7 场次，总成交额 64 亿元。强力推进"六权治本"，加快推进市县权责清单编制工作，全市 17 个县（市、区）和市级权责清单全部公布；市本级确定行政职权事项 10 大类 3071 项，编制责任事项 18766 项，行政职权运行流程图 3071 张，查找廉政风险点 93830 个。启动扩权强镇改革试点，"百里汾河生态经济带"的 8 个乡镇先行先试，探索建立适应镇域发展需求的"小政府、大服务"管理体制和运行机制。推进公务用车制度改革，12 月 31 日，全市涉及改革的公务用车全部封存停驶。

大力推动金融振兴、民营经济发展、科技创新"三大突破"。在推动金融振兴方面，组建成立了山西尧信融资再担保有限公司，注入资本金 20.05 亿元，成为全省最大、实力最强的政策性担保公司，强化了对中小企业的融资担保功能；设立了5000万元的"企业资金链应急周转保障资金"和1.56亿元的"企业应急周转互助资金"，累计为41户企业，融资8.7亿元，帮助企业解决资金周转难题；完善财政奖补政策，支持澳坤生物、益通股份、三水能源、光宇股份、普泰股份等5家企业在"新三板"挂牌并成功融资。山西股权交易中心在省内设立第一个市级运营中心——临汾运营中心于5月19日在临汾经济开发区管委会正式揭牌运行，至年末临汾市有42家企业在山西股权交易中心挂牌，累计达到143家；新引进新引进光大、兴业和中信3家股份制商业银行，新增5家地方性银行、1家邮政储蓄银行、12家农村信用合作联社、6家村镇银行和1家农村资金互助社。在推动民营经济发展方面，积极推进工商注册登记"先照后证"、注册资本登记制度、放宽市场主体住所登记条件、"三证合一、一照一码"改革等商事制度改革，激发了市场活力。全年全市新创办小微企业3280户（其中，工业企业243户、农业企业303户、房地产建筑业236户、旅游文化业127户，餐饮、商务、物流、信息、科研等服务业2371户），培育"小巨人"企业2户，"小升规"企业32户；全市中小微企业11.55万户，工业产品销售产值670亿元，占到全市工业产品销售产值的53.4%。山西建邦集团、山西通才工贸、山西立恒钢铁3家民营企业入围2015中国民营企业500强。在推动科技创新方面，市政府与中科院北京分院签署科技战略合作框架协议，涉及煤化工、生物医药、冶金制造等六大合作领域；举办2015年度临汾市科技创新发展论坛，8家企业分别与省内外科研院所、大专院校签订了合作框架协议，明确了科技支撑经济发展的趋势和导向；在山西光宇半导体照明股份有限公司等16家单位设立了由我国半导体研究领域的著名物理学家夏建白院士领衔的"光宇照明院士工作站"；新增高新技术企业5家、累计达到33家，培育省级技术中心达到20家、市级技术中心达到49家、市级科技创新型企业达到56家、省民营科技企业发展到114家。全年全市高新技术产值达到76.07亿元。

　　积极落实和争取国家及省级对改革创新事项支持。启动开展老工业基地搬迁改造工作。临汾市尧都区东城是典型的老工业区，2013年被国家列入规划调整改造的老工业基地之一。2015年，按照国家和省对老工业基地调整改造实施方案，临汾市积极启动了尧都区东城老工业区老工业搬迁改造工作，编制了实施方案，获得国家、省支持资金9000多万元。推动实施"国家信息惠民试点市""国家节能减排财政政策综合示范城市"建设。临汾市是 2014 年全省入选"国家信息惠民试点市"的两个城市之一，是全省唯一入选的"国家节能减排财政政策综合示范城市"。2015 年，经过广泛论证和全国候选，最终临汾市与中科曙光集团就实施信息惠民国家试点城市建设达成合作协议。实施"国家节能减排财政政策综合示范城市"建设，在 2015—2017 年三年综合示范期内，临汾市纳入规划实施产业低碳化、交通清洁化、建筑绿色化、服务集约化、主要污染物减量化和可再生能源利用规模化六大类 72 个节能减排示范项目，可获得不少于 12 亿元的国家财政补贴资金。2015 年，临汾市一次性投入 2.6 亿元，购置纯电动公交车 223 辆，实现了市区主干线纯电动公交车全覆盖。2015 年上半年，曲沃县入选国家现代农业示范区，临汾市被国家确定为全国 66 个区域级流通节点城市之一、山西两城市之一。

深化区域经济合作和扩大开发。实施"引进来、走出去"战略，4 月举办了山西·临汾招商引资项目推介会，招商签约项目达 107.7 亿元；5 月举办 2015 山西临汾（广州）招商引资项目签约仪式，共签约项目 5 个，总签约金额 103 亿元；7 月底 8 月初举办了 2015 年中期（临汾）煤炭交易会，累计挂单 87 笔，挂单总量 2100 万吨，意向成交 41 笔合同，意向成交量合计 1283.5 万吨，意向成交金额合计 56.665 亿元；11 月举办了"帝尧之都·中国之源"临汾（上海）城市推介活动，上海文创交易中心临汾分中心平台上线，签约 28 项总投资达 310.8 亿。推进机场建设，9 月 23 日临汾民航机场试飞成功，标志着于 2012 年开工、历经 5 年建设的机场工程的竣工和即将通航。该机场是在上世纪五六十年代建成的原临汾民航机场的基础上改扩建的，总投资 12.9 亿元，位于乔李村北 2 公里处，距市区东北 15 公里。临汾民航机场建成，对于进一步促进临汾市扩大对外开放，优化投资环境，提高知名度和美誉度，具有重要意义。推动经济开发区扩区建设，临汾经济开发区整合洪洞·甘亭工业园扩区拓展加快实施，侯马经济开发区整合山西国际陆港综合保税园区及临近工业园区进行扩区拓展取得重要进展。

4. 城乡建设

近年来，临汾市按照"产城融合、城乡一体建设"的思路，统筹城乡发展，大力推进以尧都区、襄汾县城、洪洞县城连片发展的"一城三区"和"侯马曲沃同城"建设为主要内容的都市圈建设，城乡面貌不断改善。其中，

"百里汾河新型经济带"的建设，带动了霍州、洪洞、尧都、襄汾、曲沃、侯马 6 个县（市、区），以及临汾经济开发区和侯马经济开发区的城乡建设。2015 年，临汾市围绕创建国家环保模范城的目标，按照"生态环保，绿色崛起"的发展战略，进一步加快推进了城乡建设。

加强城市基础设施建设和改善人居环境。市区继续推进并新启动实施了一大批城市道路建设及市政基础设施建设工程。其中，继续推进完成了北城壕西段防汛排水及道路工程、中大街南段工程西赵路西段道路工程、河西规划三街南段道路工程，推进了东外环路拓宽改造、锣鼓大桥西延、规划三街北段、西赵路东段等道路改造；新部署启动了"七桥""三路""三校""三馆（楼）""一网三厂"重大工程和 40 个城中村改造项目。"七桥"包括：景观大道和滨河西路立交桥项目、彩虹桥和滨河西路立交桥项目、鼓楼西街横跨中大街立交桥项目、迎宾大道至滨河东路立交桥项目、108 国道和临汾机场快速通道立交桥项目、滨河东路和南环路立交桥项目、屯里桥加宽和滨河东西路互通项目。"三路"包括：临汾机场快速通道项目、规划三街南段项目和鼓楼南北街城市道路拓宽改造项目。"三校"包括：市委党校、山西师范大学、山西师大临汾学院搬迁项目。"三馆（楼）"包括：临汾市职工体育馆项目、临汾市奥体中心体育场和临汾市广电中心项目。"一网三厂"包括：临汾机场大道、秦蜀路南延道路排水管网和临汾市第一污水处理厂、第三污水处理厂、第四污水处理厂项目。40 个城中村改造项目位于临汾开发区和尧都区辖区范围内。与此同时，市区的绿化、环境整治、大气污染防治等工程和各县城（城市）道路、管网等基础设施改造提质、增绿、垃圾处理、环境整治工程也不断推进实施。市区鼓楼东大街、洪洞县恒富中大街、乡宁县迎旭大街 3 条街道被评为山西省容貌示范街道，市区景观大道、侯马市中心街、霍州市前进路、蒲县滨河大道、古县相如路 5 条街道被评为山西省城市保洁示范街道，市区南外环 69 号公厕、隰县鼓楼公厕、曲沃县晋都公园公厕、蒲县平安公园公厕、襄汾县桥西街公厕 5 座公厕被评为山西省城市星级公厕。全年全市（含县城）新建城市道路 131 公里、改造城市道路 70.9 公里，新建城市供水管网 79.1 公里、改造城市供水管网 65.2 公里，新建供气管网 171.3 公里、改造供气管网 116.2 公里，新建供热管网 154.5 公里、改造供热管网 84.7 公里，新建污水管网 108.3 公里、新建雨水管网 96.3 公里、改造雨污合流排水管网 132.94 公里。至年末全市城市（含县城）污水处理率达 86.5%，供水普及率达 99.17%，集中供热普及率达 79.04%，燃气普及率达 88.31%，人均城市道路面积达到 12.84 平方米。全年全市（含县城）新增绿地面积 162.07 万平方米，绿地率增加 0.88 个百分点，达到 33.36%；新增绿化覆盖面积 168.04 万平方米，绿化覆盖率增加 0.9 个百分点，达到 36.51%；人均公共绿地面积达到 9.83 平方米。其中，市区新增供热面积 60.6 万平米，改造天然气 10.4 万户；15 家焦化企业完成烟气脱硫升级改造，3 家电力企业完成超低排放改造；临钢原有焦炉、高炉、转炉等生产设施永久关停，华翔铸造彻底完成搬迁，城南顺泰焦化厂提前关闭；淘汰黄标车、老旧车 5303 辆；城市生活垃圾无害化处理率连续四年达到 100%，新增绿地面积 22.9 万平方米，绿地率增加 0.42 个百分点，达到 34.37%；绿化覆盖面积 22.9 万平方米，绿化覆盖率增加 0.43 个百分点，达到 37.79%；人均公共绿地面积达到 10.45 平方米。全年市二级以上天数达 266 天，同比比上年增加 26 天，其中一级天数 52 天，同比增加 11 天。全年全市（含县城、重点镇）累计开工建设城市保障性住房 8001 套，基本建成 15164 套。

继续实施改善农村人居环境工程。新建改建农村公路 466 公里，其中村通水泥（油）路和完善提质工程 307 公里、集中连片县乡公路 124 公里、其他县乡公路 35 公里。新建成农村饮水安全工程 185 处，解决了 7.12 万农村人口和 2.36 万农村学校师生的饮水安全问题。改造农村危房改造 14020 户。实施乡村清洁工程，累计配备保洁员 9647 名、监管员 2666 名，配备发放小型垃圾桶 66.14 万个、17 马力三轮垃圾清运车 661 台、28 马力三轮垃圾清运车 1044 台，共建设 22 座垃圾中转站、373 座垃圾处置点；开工建设 36 个乡村污水治理、生活污水防治工程；785 个村庄创建成省级卫生清洁达标村。绿化村庄 60 个。创建美丽宜居示范村 176 个，其中省级示范村 25 个、市级示范村 35 个、县级示范村 116 个。

推进跨城乡重大交通水利基础设施和生态环境建设。在铁路建设方面，继续推进了山西中南部通道铁路临汾段、黄陵至韩城至侯马（山西临汾段）铁路、张礼至台头铁路等项目建设。其中，张礼至台头铁路东起南同蒲铁路张礼站，向西跨越汾河，绕经尧都区、襄汾县地界，终点为乡宁县台头镇，线路全长 60.81 公里，全线在临汾市境域。在高速公路建设方面，继续推进了吉县至河津高速公路、永和至永和关高速公路建设，长治至临汾高速全面开工建设。其中，吉县至河津高速是全省省高速公路网"三纵十二横十二环"西纵主干线右玉至芮城高速的重要组成部分，线路全长 53.278 公里，途经临汾吉县、乡宁和运城稷山、河津 4 县（市），连接京昆、青兰国家高速公路。永和至永和关高速公路是连接霍永高速公路和陕西省延（安）延（川）高速公路的纽带，也是全省高速公路网规划"三纵十一横十二环"第八横的重要组成部分。长治至临汾高速公路是青岛至兰州国家高速公路中重要的一段，也是全省高速公路网规划"三纵十二横十二环"第十横的重要组成部分。在其他公路建设方面，继续或启动实施了多项国道、省道部分路段的改线、路面改造工程，包括国道 209 吉县过境改线工程、省道洪永线车家坡至岔口段改建工程、省道 342 台乡线乡宁过境段改线工程、国道 209 线部分段路面改造工程、国道 309 部分路面改造工程等。在机场建设方面，继续推进了临汾机场工程建设，至年末各项工程全部完工，具备了通航条件。在水利基础设施建设方面，继续推进了中部引黄、禹门口东扩引黄等大水网涉临骨干工程，开工建设跨流域调水工程——引沁入浮工程。其中，中部引黄工程涉及全省忻州、吕梁、临汾 3 市 14 个县（市、区），其中临汾市涉隰县、蒲县、大宁、汾西 4 个县。禹门口引黄东扩工程涉及运城、临汾 2 市，其中临汾市涉及襄汾、侯马、曲沃、翼城 4 县（市）。引沁入浮工程位于临汾古县、浮山县境内，是"山西大水网"的联通工程，也是和川取水输水和引沁入汾工程的配套工程。在生态环境建设方面，以"两山"（吕梁山生态脆弱区绿化、霍永高速路两侧荒山绿化）"两县"（永和、隰县示范县建设）为重点推进造林绿化和生态建设，全年完成营造林 40.13 万亩。至年末，全市森林面积 970 万亩，森林覆盖率 31.9%。

2015 年，临汾市市域城镇化率达 48.62%，同比上年提高 1.48 个百分点。城镇化率在全省 11 个市中居第 8 位。

2015 年，临汾市新增公路通车里程 131 公里，总里程达到 18245 公里，其中国道 813 公里、省道 1232 公里、县道 2567 公里。高速公路达到 475 公里。公路密度 89.98 公里/百平方公里，同比增加 0.64 公里，高于全省平均水平。

5. 民生社会

2015 年，临汾市继续加大力度改善民生和发展社会事业。在财政收入困难的情况下，全年全市公共财政民生支出达242.2亿元，增长1.6%，民生支出占公共财政支出的84.4%。

全年全市城镇新增就业岗位51306人，创业就业10673人，下岗失业人员再就业10587人，就业困难人员再就业4089人，转移农村劳动力就业53532人。年末城镇登记失业率为2.6%。大力促进居民增收，提高最低工资标准，月人均增加170元；扩大中等收入群体，及时发布了企业工资增长指导线，基准线增长10%；落实机关事业单位增资政策，提高工资水平；提高企业退休人员基本养老金，月人均养老金达到2281元；提高城乡居民基础养老金标准，从65元提高到每人每月80元。对低收入农户冬季取暖实施货币化补贴，每户补贴300元。实施精准扶贫，8.9万农村贫困人口实现脱贫。积极维护劳动者合法收入，共为1.6万余名职工追讨工资待遇近1.5亿元。提高农村五保供养标准，其中集中供养标准达到每人每年3600/年/人提高至7200元/年/人，分散供养标准达到每人每年5410~6600元。城乡居民医保年人均财政补助标准提高到380元；全面启动新农合大病保险赔付工作；城镇职工医保最高支付限额调整到60万元，城镇居民最高支付限额调整到46万元；人均基本公共卫生服务经费财政补助标准提高到40元。全面开展医疗联合体建设，形成了以临汾市人民医院、临汾市第四人民医院、临汾市妇幼保健院和侯马市人民医院为龙头的医疗联合体建设格局，覆盖了所有县级综合医院和妇幼保健院。全面推进县级公立医院改革，实现了县级公立医院综合改革全覆盖，所有县级医院全部实现药品零差率销售。至年末，全市参加基本养老保险的人数达248.71万人，增加3.76万人；参加城乡居民社会养老保险参保人数的人数达192.83万人，增加2.46万人；参加城镇基本医疗保险的人数达104.86万人，增加0.51万人。新农合参合率达到98.47%。霍州市、翼城县、古县、吉县4个县（市）通过国家义务教育均衡发展验收，累计达到6个县（市）。推进普惠幼儿园建设和农村学前教育、农村初中校舍改造、县级中等职业教育建设，新改扩建标准化幼儿园城镇28所、农村36所。修建完成乡镇综合文化站151个、村级文化娱乐活动场所2968个，乡镇文化场所免费开放3119个。完成2.4508万户广播电视卫星户户通。安全生产形势稳定好转，全年共发生生产经营性安全事故342起，死亡101人，同比上年增加32起，减少22人。煤矿百万吨死亡率为0.014人。

2015 年，临汾市全市居民人均可支配收入 16347 元，增长 8.6%。城镇居民人均可支配收入 25498 元，增长 8.0%；城镇居民人均消费性支出 12502 元，增长 18.8%。农村居民人均可支配收入 9376 元，增长 7.1%；农村居民人均生活消费支出 6623 元，增长 10.2%。城镇占调查总户数 20% 的低收入家庭人均可支配收入 11303 元，增长 8.1%；农村占人口 20% 的低收入者收入 3197 元，增长 12.9%。城镇居民家庭恩格尔系数（即居民家庭食品消费支出占家庭消费支出的比重）24.9%，农村居民家庭恩格尔系数 27.3%。

2015 年，临汾市全市居民、城镇居民、农村居民人均可支配收入均低于全省，分别是全省的 92%、99%、83%。在全省 11 个市中，临汾市全市居民、城镇居民、农村居民人均消费性支出分别居全省 11 市第 8 位、第 7 位、第 7 位。城镇居民、农村居民人均消费支出均低于全省，分别是全省的 79%、89%，分别居全省 11 市第 7 位、第 7 位。

6. 经济特区

临汾经济开发区和侯马经济开发区，是临汾市境内两个享受特殊政策的经济特区。

临汾经济开发区，是 1997 年批准成立的省级经济开发区。开发区位于临汾市区北郊，行政管辖面积 9.867 平方公里，城市规划面积 7.8 平方公里，是一个以清洁型一类工业为主体、以科技和商贸为双翼的新型生态园林式经济区。2010 年以来，开发区采取"飞地经济"模式，与洪洞县合作建设洪洞·甘亭工业园，形成在老区（现有区域）打造"临汾市高端商务中心和总部经济基地"、在异地工业园发展工业的新发展模式。洪洞·甘亭工业园，位于洪洞县甘亭镇，处于临汾市百公里经济带区域范围内，规划总面积 96.5 平方公里，一期规划面积 24.8 平方公里，起步区面积 5 平方公里，是一个高科技生态工业经济示范园。2015 年，临汾经济开发区整合洪洞·甘亭工业园扩区拓展进一步加快实施。临汾开发区老区已经建成了现代金融服务业、高端商业服务、新型总部楼宇经济服务、电子商务产业等经济板块。甘亭工业园区"五大工业产业基地"初步形成，即：以华翔为代表的精密制造加工基地，以投资 112 亿元的沃特玛项目为代表的新能源汽车基地，以鸿鼎等为代表的新材料基地，以锦江、龙信达为代表的现代物流基地，以飞虹微纳米、MO 源为代表的光电产业基地。华翔集团是以生产精密制造、机加工、汽车和冰箱压缩机配件的大型民营机械制造企业的，整体规模位居中国民营机械制造企业的前三名，其中白色家电零部件市场份额全球超过17%、行业排名全球第一，机械工程类单厂产量规模全国第一，汽车零配件、泵阀管件、高铁件等均为国内领先水平。2015年，临汾经济开发区（含洪洞·甘亭工业园）共有各类工商业企业2072家，规模以上企业68家。全年临汾经济开发区（含洪洞·甘亭工业园）实现地区生产总值72亿元，增长7%；工业总产值23亿元，增长4%；科工贸收入324亿元，增长10%；外贸进出口总额5999万美元，增长5%；固定资产投资48亿元，增长52%；财政总收入4亿元。

侯马经济开发区，是1997年批准成立的省级经济开发区。开发区位于临汾市辖县级市——侯马市区东部，规划面积为8.16平方公里，起步区面积2平方公里。经过多年建设和发展，开发区在全省率先搭建起山西方略保税物流中心平台、加工贸易梯度转移重点承接地平台、中国现代物流产业基地平台、国家电子商务示范基地平台4个国家级发展平台，成为全国唯一享有保税物流、加工贸易、电子商务等多重国家优惠政策的经济开发区。开发区依托4大平台进行园区建设，先后建设CBD商务办公园区、现代物流产业园区和承接产业转移示范园区三个园区。2015年，开发区重点围绕机电制造、电子商务、商贸物流和医疗健康等优势产业，推进"大机电""大电商"和"大健康"三大新兴产业群发展。至年末，开发区共有各类工商企业228家，其中工业企业5家，电子商务企业15家，医疗器械等大健康类企业64家，商贸物流及现代服务业企业144家。与此同时，开发区在整合山西国际陆港综合保税园区及临近工业园区进行扩区拓展方面也取得重要进展。2015年，侯马经济开发区实现地区生产总值50.72亿元，增长9.02%；财政总收入2.91亿元，减少3.11%，其公共财政预算收入1.13亿元，减少10.2%；企业主营业务收入242亿元增长10.79%；工业总产值31.64亿元，增长9.43%；固定资产投资39.41亿元，增长7.26%；进出口总额1458万美元，增长91.06%；实际引进到位资金33.01亿元，增长21.37%。

7. 县域经济

临汾市共辖曲沃县、翼城县、襄汾县、洪洞县、古县、安泽县、浮山县、吉县、乡宁县、大宁县、隰县、永和县、蒲县、汾西县、侯马市、霍州市、尧都区17个县（市、区）。隰县、吉县、汾西县、大宁县、永和县是国家扶贫开发工作重点县及集中连片特殊困难地区县，洪洞县、侯马市是省级综改试点县（市）。

临汾市 17 个县（市、区），除曲沃县、侯马市 2 县（市）没有煤炭资源外，其余 15 县（市、区）均有煤炭资源，其中霍州市、洪洞县、乡宁县、汾西县、翼城县、古县、安泽县、襄汾县、浮山县、大宁县、蒲县、尧都区 12 县（市、区）均为产煤大县。尧都区产业以煤电、煤化工、钢铁、铸造、建材、医药、电子等产业为主，特色农业和旅游业发展较快。侯马市产业以装备制造、医药化工、冶炼、电力、商贸物流为主。霍州市产业以煤炭、煤化工、电力、旅游业为主。曲沃县产业以钢铁、建材、焦化为主，粮食、蔬菜种植业发达。翼城县产业以钢铁、煤电、制造为主。襄汾县产业以焦铁、化工、炼钢、铸造业为主。洪洞县产业以煤焦、化工、制造业、旅游业为主。古县产业以煤炭、铝矿开采和核桃种植为主。安泽县以煤焦循环产业为主。浮山县产业以煤炭、煤焦化、陶瓷、冶炼为主，杂粮等特色农业明显。吉县是享誉全国、世界知名的优质苹果生产基地，苹果产业特色显著。乡宁县主导产业是煤炭及核桃、花椒等特色林果业。大宁县以苹果与有机蔬菜为主导产业。隰县是"中国金梨之乡"，梨果产业特色明显。永和县主导产业以红枣、核桃、苹果为主。蒲县以建材、煤化工、循环经济和核桃、脱毒马铃薯为主要产业。汾西县以肉鸡养殖为主导产业。

2015 年，临汾市 17 县（市、区）实现地区生产总值分别为尧都区 249.2 亿元、洪洞县 161.7 亿元、襄汾县 114.7 亿元、侯马市 88.9 亿元、曲沃县 86.6 亿元、乡宁县 80.4 亿元、霍州市 74.6 亿元、翼城县 70.7 亿元、蒲县 53.9 亿元、古县 43.0 亿元、浮山县 42.6 亿元、安泽县 42.1 亿、汾西县 19.3 亿元、吉县 19.0 亿元、隰县 13.2 亿元、永和县 7.0 亿元、大宁县 4.5 亿元。完成公共财政收入分别为尧都区 31.1 亿元、乡宁县 20.4 亿元、洪洞县 14.4 亿元、霍州市 14.4 亿元、蒲县 12.9 亿万元、侯马市 8.9 亿元、襄汾县 8.1 亿元、安泽县 8.0 亿元、翼城县 5.2 亿元、曲沃县 5.0 亿元、古县 4.7 亿元、吉县 2.1 亿元、浮山县 1.7 亿元、隰县 1.4 亿元、永和县 1.1 亿元、汾西县 0.8 亿元、大宁县 0.6 亿元。对全市地区生产总值贡献最高的是尧都区，最低的是大宁县。全年地区生产总值在 80 亿元以上的有尧都区、曲沃县、襄汾县、洪洞县、乡宁县、侯马市 6 个县（市、区），其中，尧都区、襄汾县、洪洞县在 100 亿元以上，公共财政收入在 10 亿元以上的有尧都区、洪洞县、乡宁县、蒲县、霍州市 5 个县（市、区）。

全年临汾市 17 县（市、区）城镇居民人均可支配收入分别为尧都区 28438 元、曲沃县 26521 元、古县 26259 元、襄汾县 25944 元、霍州市 25446 元、翼城县 25213 元、浮山县 25069 元、乡宁县 24602 元、侯马市 24500 元、安泽县 23836、洪洞县 23344 元、蒲县 23075 元元、汾西县 21998 元、隰县 20003 元、永和县 18099 元、吉县 17205 元、大宁县 16541 元；农村居民人均可支配收入分别为侯马市 12538 元、曲沃县 12287 元、尧都区 12120 元、襄汾县 11506 元、霍州市 11488 元、洪洞县 9921 元、翼城县 9738 元、古县 8601 元、乡宁县 8218 元、安泽县 7811 元、浮山县 7478 元、蒲县 7425 元、隰县 4762 元、吉县 4312 元、汾西县 3136 元、永和县 2974 元、大宁县 2690 元。尧都区、曲沃县、襄汾县、古县 4 县（区）城镇居民人均可支配收入高于全省平均水平。尧都区、曲沃县、翼城县、襄汾县、洪洞县、侯马市、霍州市 7 县（市、区）农村居民人均可支配收入高于全省平均水平。

2015 年，临汾市 17 县（市、区）常住人口分别是尧都区 97.14 万人、洪洞县 75.20 万人、襄汾县 45.59 万人、翼城县 31.92 万人、霍州市 29.02 万人、侯马市 24.66 万人、曲沃县 24.41 万人、乡宁县 24.01 万人、汾西县 14.86 万人、浮山县 13.02 万人、蒲县 11.04 万人、吉县 10.94 万人、隰县 10.67 万人、古县 9.47 万人、安泽县 8.44 万人、大宁县 6.64 万人、永和县 6.54 万人。

十一　运城市

运城市是山西省辖 11 个地级市之一。位于省境西南端，西北依吕梁山脉南端、东北依太岳山脉南端与省内临汾市相接，西、南以黄河为界与陕西省渭南市、河南省三门峡市毗邻，东以中条山脉东端及王屋山为界与省内晋城市、河南省济源市接壤。下辖 1 区（盐湖）2 市（河津、永济）10 县（临猗、万荣、稷山、新绛、绛县、闻喜、垣曲、夏县、芮城、平陆）。辖区东西长约 211 公里，南北宽约 127 公里，总面积 14233 平方公里，约占全省总面积的 9%。境域地跨临汾盆地，领运城盆地，地形地貌以盆地、河谷、平川为主，平原和滩地水面约占 63.4%，丘陵山地约占 36.6%。境内气候温和，土壤肥沃，水资源丰富，农业生产条件得天独厚，是山西农业和特色农产品大市，也是重要的麦棉基地、林果业基地、水产基地；矿产资源丰富，铜、玻璃石英砂岩、盐、硝、铝、金、银、锌、钴等矿产储量在山西乃至全国占有重要位置。工业主导产业为金属冶炼、纺织、医药、装备制造、化工、农产品加工等，是全国最大的无机盐生产基地和全国第六大铜矿基地，也是山西乃至全国重要的铝、镁、磁材和纺织工业基地。运城自古为晋、陕、豫黄河金三角交通要道，区位优势独特，交通发达，是山西西南部出省门户。运城，古称河东，因元代在此筑城置盐运使署衙而得名。新中国成立后，长期为专区、地区建制并有区划调整，2000 年撤地建市。2015 年末，运城市常住人口为 527.53 万人，占全省总人口的 14.39%，是山西人口第一大市。

2015 年，运城市坚持稳中求进工作总基调，积极适应经济发展新常态，全面落实"三个方案"（工业集群化、农业现代化和新型城镇化），大力实施稳增长调结构"三个一百"（帮扶 100 个左右重点企业解困，推动 100 个左右在建重点项目建设，促进 100 个左右重点招商项目签约落地），强化"32 字工作导向"（拼在基层、敬业担当，干在实处、贴紧民心，领导带头、以上率下，凝心聚力、攻坚克难），促进经济平稳健康发展和社会和谐稳定。

1. 经济运行

2015 年，运城市实现地区生产总值 1174 亿元，按可比价格计算，比上年增长 1.8%。地区生产总值占全省的比重为 9.17%，居全省 11 个市第 2 位。人均地区生产总值 22304 元，增长 1.3%；总量是全省的 63.7%，居全省 11 个市第 10 位。

全年财政总收入 105.5 亿元，增长 3.8%。公共财政预算收入 56.3 亿元，增长 6.6%；总量居全省 11 个市第 9 位，增速居第 1 位。公共财政预算支出 276.9 亿元，增长 16.0%，总量居全省 11 个市第 4 位；民生支出达 233.8 亿元，占总支出的 84.4%。

全年固定资产投资 1370.7 亿元，增长 14.0%；总量居全省 11 个市第 4 位，增速居第 7 位。其中，第一产业投资 186.8 亿元，增长 43.5%；第二产业投资 595.4 亿元，下降 1.9%，其中工业投资 594.6 亿元，下降 2.0%；第三产业投资 588.4 亿元，增长 26.3%，其中房地产开发投资 123.6 亿元，增长 5.0%。

全年社会消费品零售总额 661.0 亿元，增长 5.5%；总量居全省 11 个市第 2 位。其中，城镇消费品零售额 520.8 亿元，增长 5.2%；乡村消费品零售额 140.2 亿元，增长 6.7%。

全年外贸进出口总额 740945 万元，下降 19.2%；总量居全省 11 个市第 2 位。其中，进口 535856 万元，下降 13.9%；出口 205089 万元，下降 30.5%。新设立外商直接投资企业 1 家。实际利用外资 1745 万美元，总量居全省 11 个市末位。

全年实现农林牧渔业总产值 393 亿元，按可比价格计算，同比上年增长 2.0%；总量居全省 11 个市第 1 位，占比达 25.8%。

年末规模以上工业企业 486 户，比上年增加 9 户。规模以上工业增加值完成 264.5 亿元，下降 5.9%。全年规模以上工业主营业务收入 1273.5 亿元，下降 19.1%；实现利税 45.8 亿元，下降 29.9%；实现利润 16.5 亿元，下降 47.3%。规模以上工业总产值完成 1319.6 亿元，总量居全省 11 个市第 3 位；主营业务收入总量居全省 11 个市第 3 位。

年末全部金融机构本外币各项存款余额 1720.9 亿元，比年初增长 7.9%，其中人民币各项存款余额 1717.0 亿元，比年初增长 7.8%。全部金融机构本外币各项贷款余额 962.3 亿元，比年初增长 7.5%，其中人民币各项贷款余额 954.4 亿元，比年初增长 7.5%。年末金融机构本外币各项存款余额、贷款余额分别占全省的 5.7%、5.2%，总量分别居全省 11 个市第 7 位、第 7 位。

2. 产业发展

2015 年，运城市第一产业增加值 192.5 亿元，增长 0.8%，占地区生产总值的比重为 16.4%；第二产业增加值 440.4 亿元，下降 3.8%，占地区生产总值的比重为 37.5%；第三产业增加值 541 亿元，增长 8.5%，占地区生产总值的比重为 46.1%。三次产业比重由上年的 16.5∶41.3∶42.2 调整变化为 16.4∶37.5∶46.1。

第一产业中，现代农业发展加快，粮、果、棉、菜、畜五大主导产业和干果经济林、中药材、食用菌、优质苗木、休闲观光农业等特色产业提质增效。全年实施现代农业示范园区项目 459 个，其中实施并累计建成国家级现代水果高科技示范园 10 个、省级 15 个、市级 50 个，实施省级小麦、棉花高产创建万亩示范片 59 个，实施省级蔬菜重大项目 12 个。适度规模经营稳步扩大，新增流转面积 8.2 万亩，累计达到 212.8 万亩，占到家庭承包土地面积的 27%；新发展农民专业合作社 1459 个，总数达到 11475 个，入社农户总数 16 万户；新认定家庭农场 288 家，累计认定 1224 家。农产品"三品一标"（无公害农产品、绿色食品、有机农产品和农产品地理标志）认证新认证"三品" 88 个，累计达到 625 个。新发展干果经济林 12 万亩，总面积达到 180 万亩，每个县（市、区）都建成了 20 个高标准园林村。农产品加工龙头企业培育发展到市级以上 314 家，其中省级 70 家、国家 7 家。农产品加工销售收入 251.77 亿元，增长 9.48%。全年粮食总产量达 321.2 万吨，增长 1.8%，创历史新高，实现"五连增"；水果产量达 585.2 万吨，增长 5.4%，其中园林水果产量达 563 万吨，增长 6.2%；蔬菜产量 265.2 万吨，下降 8.1%；食用菌产量达到 4.96 万吨，增长 24%；肉类总产量 17.1 万吨，增长 1.2%，其中猪牛羊肉产量 12.8 万吨；禽蛋产量 25.5 万吨，增长 1.0%；奶类产量 5.1 万吨，增长 3.8%；水产品产量 2.5 万吨，增长 3.4%。其中，粮食、水果、蔬菜、食用菌、猪牛羊肉、禽蛋、水产品产量分别占全省的 25.5%、66.8%、20.4%、19.4%、17.5%、29.2%、48%。运城苹果代表中国苹果首次出口美国，打开了国际高端市场。

第二产业中，工业转型发展步伐加快，产业园区化和集群化发展成效明显。"5+15"园区（5 个省级开发区、15 个县级工业园区）规模以上工业企业完成工业总产值 955.3 亿元，占全部工业的 73.5%，提高 3.4 个百分点；煤电铝材、运输装备制造、煤焦化、金属镁、农副产品加工、化工、医药、新材料等九大产业集群 24 个板块完成工业总产值 754.5 亿元，占全部工业的 58%，提高 1 个百分点；大运汽车、华泽铝业、华圣铝业、亚宝药业、万荣汇源等龙头企业引领集群发展；100 家重点企业产值占到全部规模以上工业的 70%。运城铝工业基地（包括河津、永济、平陆和盐湖 4 个铝工业园区）被国家工信部授予"国家新型工业化产业示范基地"。新型化工、新能源、新材料、农产品加工等新兴产业发展提速。工业园区和产业集群成为拉动运城市工业增长的主引擎和重要支撑。规模以上工业中，黑色金属冶炼和压延加工、有色金属冶炼和压延加工、炼焦、化学原料和化学制品制造、电力热力生产和供应五大支柱行业，实现增加值 137.6 亿元，增长 1.9%，增加值占总值的

52%；铁路船舶设备、纺织服装和服饰、印刷、酒饮料精制茶制造、纺织、金属制品、医药制造等新型替代行业实现增加值127.2亿元，下降6.1%，增加值占总值的48%。全年规模以上工业主要产品产量：生铁420.9万吨，下降25.4%；粗钢413.2万吨，下降26.3%；钢材536.1万吨，下降15.1%；精炼铜（电解铜）11.6万，增长70.1%；氧化铝300.5万吨，增长27.4%；原铝（电解铝）57.8万吨，下降3.6%，金属镁14.7万吨，下降12.2%；铝材44.4万吨，下降1.2%；焦炭927.1万吨，下降11.5%；合成洗涤剂7.9万吨，下降14.2%；水泥338.9万吨，下降43.0%；发电量184.1亿千瓦时，下降7.1%，原煤358.2万吨，增长28.1%；电动机909.6万千瓦，下降42.1；化肥49.5万吨，增长5.7%；纱42212.5吨，下降9.4%；布3022.0万米，下降16.5%；改装汽车15029辆，下降8.8%。其中，生铁、粗钢、钢材、氧化铝、原铝（电解铝）、焦炭、水泥、发电、化肥、纱、布11种产品产量分别占全省的11.8%、10.7%、12.6%、23.6%、87.6%、11.5%、9.5%、7.5%、10.6%、79.6%、64.2%。

第三产业中，文化旅游、金融、物流、电子商务等新兴产业发展较快。"古中国"国际旅游目的地打造、旅游景区建设和提档升级、促销吸纳游客等持续推进，取得重要进展。全年接待游客4038.8万人次，增长16.5%，实现旅游总收入326.9亿元，增长21.6%。各类文化企业达到2100余家，其中培育建成国家级文化产业示范基地2家、省级5家，文化产业总产值达40多亿元。金融产业实现增加值67.3亿元，增长16.8%，占地区生产总值比重达到5.7%，成为新的支柱产业。商贸物流规模扩大，规模连锁企业达164家，占到商贸流通企业的30%；亨通医药、大汉隆成、义乌国际商品城等商贸物流项目和配送中心部分建成运营，夏县润恒现代农副产品冷链物流、新绛晋南农产品物流园、盐湖晋善晋美农产品物流园、晋陕豫黄河金三角智慧物流城等项目加快建设。电子商务加快发展，明日·宝真100同城O2O电商平台建成运行，乐村淘O2O服务平台在7个县建立县级管理中心，垣曲县入选全国电子商务进农村示范县，星河电子商务产业园入选省级电子商务示范基地。此外，交通运输、仓储和邮政、批零贸易、住宿餐饮等传统产业也平稳发展。全年服务业增加值增速快于地区生产总值增速6.7个百分点，拉动地区生产总值增长3.46个百分点。服务业成为拉动经济增长的新引擎。

3. 改革创新

2015 年，运城市加快推进改革创新，一些重点领域和关键环节的改革创新取得了阶段性成果。

推进和完成市县两级政府机构改革。政府机构改革是党的十八大全面深化改革的重大部署。2014 年市县政府机构改革工作在全省启动，在前期工作的基础上，运城市县两级政府机构改革按要求于 2015 年 9 月底全面完成。市级政府机构改革，工商局、质监局由省垂直管理改为市政府管理，卫生局、计生委合并组建市卫生和计划生育委员会，外侨办、文物局、旅游局合并组建外事侨务和文物旅游局，物价局并入发改委，撤销机关事务管理局，组建市机关事务管理服务中心。改革后，市政府设置工作部门 32 个，行政机构减少 5 个，精简率达 13.9%；县处级领导干部职数减少 11 名，精简率占改革部门领导职数的 19%。13 个县级政府机构改革，因地制宜加强体制机制创新，全部将卫生、计生整合组建卫生和计划生育局；12 个县将教育、科技合并组建教育科技局；9 个县将粮食局并入经信局；8 个县将工商、质监合并组建工商和质量监督管理局；4 个县将工商、质监、食药监 3 家合并组建市场和质量监督管理局。改革后，永济、河津、临猗 3 个大县（市）设置工作部门 24 个，其余 10 个县（区）设置工作部门 23 个，县级政府行政机构平均减少 3 个，精简率达 11.5%；改革部门科级领导干部职数平均减少 14 名，精简率达 20%。

深化和推进行政审批制度改革。整合职能，推进"两集中、两到位"，在市直 39 个行政审批职能部门设立行政审批科，把各部门分散在各科室的行政审批职能集中到一个科室，严格落实"一个窗口"受理，一厅高度指挥，一定时限办结，一网公开监督。通过改革，行政审批时限较法定时限压缩了 30%，提高了审批效率。依法依规精简审批事项，分两批承接省政府取消下放调整的行政审批事项 80 项，同时分两批自主取消下放调整行政审批事项 125 项，取消了非行政许可审批项目，市本级保留行政审批事项 217 项。积极推进"两清单""两张图"的编制，至年底市直 65 个单位的 2771 项行政权力的权力清单和责任清单、权力运行流程图、廉政风险防控图已编制完成。

深化和推进财政金融体制改革。深化财政预决算管理改革，实行了全口径预算。创新财政资金使用分配机制，积极推行财政资金基金化市场管理模式，设立了产业引导基金，建立健全了应急转贷专项资金以及风险补偿基金等，在全省率先成立了"企业应急转贷资金平台"。加快地方金融改革，推进农信社改制成为农商行，河津、盐湖、夏县、临猗、永济农商行挂牌开业，闻喜、芮城、绛县农信社改制加快推进；积极发展村镇银行和农村互助合作金融组织，万荣汇民村镇银行成为全省服务"三农"的标杆银行，新绛、临猗村镇银行相继成立，闻喜、永济的村镇银行加快筹建。

推进企业改革和创新园区管理。支持推进企业股改挂牌上市，永东化工成功在深圳证券交易所挂牌上市，打破了全省三年来无上市企业的记录；长荣农科、寰烁科技、宏安翔科技3家企业先后在新三板成功挂牌。国有企业、国有资产管理、发展混合所有制经济等国资国企改革有序推进。大型民营企业海鑫钢铁集团破产重整案取得成功。创新园区管理，明确了开发区管辖及开发范围、财政结算事项，剥离了开发区社会管理事务，将公安、质检、工商、国税、地税、规划、国土7个部门权力下放独立运行，催生了开发区内在活力，解放了开发区生产力。

加快推进区域合作和扩大开放。2014年国务院批复《晋陕豫黄河金三角区域合作规划》，地处"黄河金三角"的山西运城市、临汾市和陕西渭南市、河南三门峡4个市的区域合作上升为国家战略。20××年运城市与其他三市在检验检疫、果业协作、文化旅游、医疗卫生、基础设施、水利工程、生态环境、宣传思想文化联盟等区域合作方面的力度不断加大，领域不断拓展。运城市还与周边河南省济源市加强了区域战略合作。持续开展定向化、专业化、集群化招商，全年实施招商引资项目404项，实际到位资金600.9亿元，新批外资企业1家。历经三年多时间筹建，运城海关、出入境检验检疫局即将投入运营。

争取和推动多项重大战略事项上升为全省战略布局。把运城建设成为晋陕豫黄河金三角在新欧亚大陆桥、丝绸之路经济带上的重要节点，推进晋陕豫黄河金三角区域协调发展，建立"三省四市"省级协调机制，建设中西部特色农产品加工、能源原材料及装备制造业基地、全省铝工业基地、轨道交通装备基地、新能源汽车基地、新特药基地、内陆现代服务业集散基地，推进黄河中游综合治理、黄土高原生态建设、运三客运专线等重大事项纳入了全省"十三五"规划纲要，成为全省战略布局。

4. 城乡建设

2015 年，运城市统筹城乡发展，城乡基础设施、生态环境等各项建设进一步推进。

"四位一体"推进中心城市、大县城、小城镇和新农村建设。加快中心城市建设，其中人民北路拓宽改造、工农街跨解放路立交桥等道路工程完工通车；晋陕豫金融中心、智慧城市运营中心和云计算数据中心、第一医院、第三人民医院、河东西街延长线、棚户区改造等重点项目加快推进；启动开展文明城市、卫生城市、园林城市、食品安全城市"四城同创"活动，整治了市容市貌；新增绿地面积 50 万平方米，绿化覆盖率达到 39.5%。盐（湖区）临（猗）夏（县）一体化进程和河津、永济、闻喜等大县城建设加快推进。以"五建设两整治"（市政基础设施、公共服务设施、公园绿地、中心街市、居住社区五项建设和景观风貌、环境卫生两项整治）为重点，推进了纳入全省"百镇建设"范围的 15 个重点镇建设。新农村以"农村人居环境改善"为抓手，重点实施"完善提质、农民安居、环境整治和宜居示范"四项工程，加快推进美丽宜居示范村建设。全年新启动 19 个省级、12 个市级、1 个重点扶持的美丽宜居示范村建设，累计建设 25 个省级、26 个市级、53 个县级美丽宜居示范村，改善农村人居环境工作走在全省前列；新改建农村公路 46 公里，实施农村公路完善提质工程 100 公里；改造农村危房 8700 户，贫困人口易地搬迁 8689 人；乡村清洁工程配套资金、清运车辆及设施全部到位。

大力推进跨城乡的重大交通、水利基础设施建设。运（城）宝（河南灵宝）高速公路解州至陌南（黄河大桥桥头）段建成通车。该段高速长 30 余公里，穿越中条山，起点位于盐湖区解州镇，与运城绕城高速公路相接，途经盐湖、芮城两区（县），终点位于芮城县陌南镇，连接在建的黄河特大桥。运（城）宝（河南灵宝）高速公路黄河大桥、吉河（临汾吉县至运城河津市）高速公路运城段、蒙华铁路（内蒙古西鄂尔多斯市到华中江西省吉安市煤运铁路）运城段加快推进。其中，吉河高速公路主体工程完工，途经运城稷山、河津两县（市）；蒙华铁路山西段全长 134 公里，全部在运城市境域，途经河津、万荣、临猗、盐湖、平陆 5 个县（市、区）。"三引六扩、河库成网"（即小浪底水库、黄河青石板、三门峡水库三处引水工程和禹门口、西范、北赵、夹马口、尊村、大禹渡六大灌区改扩建工程；结合"三引六扩"，实施河与河、河与库、库与库之间的连通工程）重点工程继续推进。2015 年，全市农田水浇地面积达到 631 万亩，农业人均水浇地超过 2 亩。

继续推进城乡生态环境建设。实施城市（含县城）道路、公园（游园）绿化建设，新增绿地面积 138.57 万平方米；临猗、垣曲两县城创建成省级园林县城，实现了运城市创建园林县城零的突破；河津市启动省级园林城市创建工作；运城市中心城市和永济市于 2014 年创建成省级园林城市后，积极对标深化创建，向国家级园林城市进军。加强机动车污染防治，淘汰黄标车及老旧车 1 万余辆，在公交客运、出租客运等公共服务领域推广使用了新能源车型，同时全面供应符合国四标准的车用汽、柴油。加强节能降耗、淘汰落后产能、强化清洁生产和提高资源综合利用水平，在煤炭、冶金、化工、建材、焦化等行业推广全省强制性的节能技术，淘汰焦化行业企业 5 家、电解铝行业企业 1 家、水泥行业企业 2 家，工业固废综合利用率提高到 70.2%，高于全省平均水平。大力整治燃煤锅炉，建成区全部淘汰 10 蒸吨/小时及以下燃煤锅炉、茶浴炉，推进在用燃煤锅炉污染防治和清洁能源替代。加快推进涑水河、姚暹渠、汾河、盐湖、伍姓湖等重点生态环境综合治理工程，成效显著。加大造林绿化力度，全年完成造林 38 万亩，已于 2010 年至 2014 年间先后创建成省级林业生态县夏县、芮城、临猗、垣曲、平陆、绛县 6 县并进一步巩固和扩大成果。年末城市（含县城）绿地面积达到 6158.1 公顷，同比增长 2.1%；城市建成区绿化覆盖率达到 38.8%；森林覆盖率达到 31%，同比提高了 1 个百分点。全年中心城市空气质量二级以上（含二级）天数为 237 天；城市（含县城）污水处理率达 91.7%，生活垃圾无害化处理率达 80%，集中供热普及率达 77%，燃气普及率达 90%。

2015 年，运城市市域城镇化水平进一步提高，城镇化率达到 46.12%，比上年提高 1.67 个百分点。城镇化率低全省 8.91 个百分点。

2015 年，运城市新增公路通车里程 44.25 公里，总里程达 16069 公里，其中国道 289 公里，省道 1455 公里，县道 2784 公里，乡、村道及专用道 11540 公里，高速公路 591 公里。公路密度达 113.3 公里/百平方公里。

5. 民生社会

2015 年，运城市公共预算支出 276.9 亿元，增长 16.0%。其中，民生支出达 233.8 亿元，占总支出的 84.4%，同比增长 15.6%。

全年城镇新增就业人员 56353 人，城镇下岗失业人员再就业 12057 人，就业困难人员实现就业 3476 人，转移农村劳动力 72107 人。年末城镇登记失业率 2.93%。全市机关事业单位人员基本养老保险制度改革、基本工资调整等民生提标政策落实到位，市本级机关事业单位人员的津补贴标准与省直机关持平。实施"百村千企"扶贫开发工程，带动 10 万贫困户实现增收；570 个工作队驻贫困村帮扶，6.8 万人实现脱贫。城乡居民养老保险参保率达到 90%；企业退休人员养老金标准人均提高 246 元，达到 2638 元；城乡低保标准每人每月分别提高 20 元，分别达到 413 元和 223.9 元；农村五保集中供养和分散供养标准分别提高 200 元和 100 元，分别达到 4900 元/年和 3246 元/年。新建老年人日间照料中心 200 家，累计达到 717 家。城乡居民人均基本公共卫生服务财政补助标准由 35 元提高到 40 元，基本医保财政补助标准由人均 320 元增加到 380 元。新型农村合作医疗惠及 390.5 万人，参合率 99.3%。县、乡、村三级医疗机构达标率 100%。新开工各类保障性住房 13181 套，基本建成 13781 套。新建、改扩建公办标准化幼儿园 28 所，新建改建农村幼儿园 42 所。继上年垣曲、永济、临猗 3 县（市）之后，又有平陆、绛县、万荣、芮城四县，累计 7 县（市）通过国家义务教育发展基本均衡县达标验收。推动现代职业教育体系构建，新组建成立了现代农业、商贸物流、汽车职业教育三大集团。广泛开展"戏曲惠民、欢乐百姓"系列活动，惠及城乡百姓。安全生产形势稳定好转，食品安全放心城市创建工作成效明显。

2015 年，运城市全市居民人均可支配收入 14922 元，同比增长 8.9%；人均消费支出 8663 元，同比增长 12.9%。城镇居民人均可支配收入 24049 元，增长 8.2%；人均消费支出 11228 元，增长 13.8%。农村居民人均可支配收入 8718 元，增长 7.3%，人均消费支出 6838 元，增长 11.6%。城镇占调查总户数 20% 的低收入家庭人均可支配收入 7539 元，增长 9.4%；农村占调查总户数 20% 的低收入家庭人均可支配收入 2454 元，增长 14.3%。

2015 年，运城市全市居民、城镇居民、农村居民人均可支配收入均低于全省，分别是全省的 83.6%、93.1%、92.2%，分别居全省 11 个市第 9 位、第 9 位、第 8 位。城镇居民、农村居民人均消费支出低于全省，分别是全省的 71%、92%，分别居全省 11 个市第 10 位、第 5 位。

6. 经济特区

运城市境域开辟有运城经济开发区、运城空港经济开发区、运城盐湖工业园区、绛县经济开发区、风陵渡经济开发区 5 个省级开发区，是享受省级特殊政策的经济特区。

运城经济开发区，始建于 1992 年，1997 年 4 月经省政府批准为省级开发区，位于运城主城区东部，管辖面积 4 平方公里，开发面积 15 平方公里。2014 年，盐湖区 17 个村划归运城经济开发区管理，开发区面积进一步扩大。经多年建设和发展，开发区形成了新型工业园区、区域总部基地、现代商贸物流园区和技术应用研发中心"三大板块一个中心"发展格局。主要产业为新型装饰材料、汽车零配件加工制造、现代商贸物流、总部研发暨高端商务四个产业集群。其中，新型装饰材料产业集群以金博雅壁纸和奥圣管业为龙头；汽车零配件加工制造产业集群以 600 万只铝轮毂、卡乐仕汽车科技产业园、海博贝马消毒液、汽车前桥后桥为龙头；现代商贸物流产业以居然之家、美特好商超物流配送中心、豪德贸易广场和正在建设的百盛百贸为龙头；总部研发暨高端商务产业集群以运城职业技术学院、西北工业研究院运城分院、中国三系杂交小麦研发中心、阳煤丰喜总部、移动总部、煤运总部、翔宇总部等为龙头。2015 年，开发区内常住人口 10.64 万人，从业人员 5.38 万人，工商企业 1443 家，个体工商户 7805 户。世界 500 强企业入驻 3 家。2015 年实现地区生产总值 180.4 亿元，增长 11.1%，三次产业比例为 2：48：50，人均地区生产总值 60.5 万元；固定资产投资 89.7 亿元，增长 19.9%；工业总产值完成 154.9 亿元，增长 15.2%，其中高新技术领域企业工业总产值占全区工业总产值比重达 54.6%；外贸进出口总额 1.44 亿美元，增长 29%；财政总收入 7.68 亿元，增长 3.2%。

运城空港经济开发区，始建于 2002 年，2012 年经批准成为省级开发区。开发区位于运城市区东郊，距市中心 11 公里，规划面积 30 平方公里，已建成 16.7 平方公里。2013 年，开发区理顺管理体制，面积拓展为 68 平方公里。开发区北临运城机场，大（同）运（城）、运（城）风（陵渡）、运（城）三（门峡）3 条高速绕区而过，同蒲铁路穿越其间，交通十分便利。经多年建设和发展，开发区已形成三大产业集群，即以大运汽车制造、卓里机械为龙头的机械制造产业集群，以华润雪花啤酒、际华集团、康师傅饮品、华雄纺织、恒运制衣为龙头的轻工食品产业集群，以航空物流、烟草物流、运汽物流为龙头的现代物流产业集群等，为运城经济发展的重要增长极。2015年，开发区有各类入驻企业1028家，个体工商户3734户，其中大型研发机构和高新技术企业6家。2015年，开发区实现地区生产总值63.1亿元，增长6.8%，三次产业比例为9.8∶33.8∶56.3；固定资产投资38.6亿元，增长4.6%；工业总产值73.3亿元，增长4.1%；外贸进出口总额3264万美元，增长33.1%；财政总收入26484万元，下降1.12%。

运城盐湖工业园区，始建于2003年，2006年经批准为省级开发区。园区位于运城市主城区北郊，长远总体规划面积28.82平方公里，已开发面积8.158平方公里。经多年建设和发展，园区初步形成了以生物制药、彩印包装、塑料化工、机械电子、食品加工、新型建材、商贸流通等为主导的产业集群。2015年，园区有入驻企业130家，其中规模以上工业企业26家，高新技术企业9家。2015年，园区实现地区生产总值234096万元，增长4.3%，其中工业增加值占比89.9%；工业总产值796959万元，增长4.97%，其中规模以上工业企业总产值占比79.99%；企业主营业务收入903846万元，增长4.75%，其中规模以上工业企业主营业务收入占比73%；企业实现利润总额71404万元，增长13.8%。

风陵渡经济开发区，是1992年经批准设立的省级开发区。开发区位于运城市芮城县西南端的历史名镇风陵渡，依托风陵渡镇而起步建立，规划范围为风陵渡镇行政辖区范围，总面积188.5平方公里。开发区规划面积17.2平方公里，已开发面积6.2平方公里。经多年建设和发展，开发区初步形成了医药化工、电力、绿色食品、新型材料等主导产业。其中，医药产业以亚宝药业为代表，化工产业以嘉生药化为代表，电力产业以大唐电厂为代表，绿色食品产业以联侨食品为代表，新型材料产业以金水河金属材料为代表。至2015年，开发区共有工商企业230多户，其中工业企业66户，规模以上企业6户。亚宝药业集团股份有限公司为上市企业。2015年，开发区实现地区生产总值17.43亿元，增长2.73%，二三产业之比为83.1∶16.9，其中工业增加值14.33亿元，增长2.08%；固定资产投资22.5亿元，增长18.15%；工业总产值41.82亿元，下降14.28%；财政总收入5.25亿元，增长1.15%。

绛县经济开发区，曾为始建于1997年的省级山西省华信经济技术开发区，2006 年更名。开发区位于运城市绛县县城以东 8.5 公里处，是依托国家特大型企业中信机电制造公司（原五四一军工企业）而起步建立，规划面积 14.98 平方公里。2013 年，理顺管理体制机制后，管辖面积达到 21.79 平方公里。经多年建设和发展，开发区初步形成了铸造、机械加工、新能源材料、食品药品、化工、冶炼等主导产业。开发区是以铸造为主的装备制造业基地，是新型光电原材料——砷化镓生产基地，还是全国七大炭黑生产基地之一。2015 年，开发区拥有注册企业 123 家，企业职工约 3 万余人。2015 年，开发区实现地区生产总值 78522.2 万元，下降 6.8%，其中工业增加值 7.2 亿元；固定资产投资 20.25 亿元，增长 18.56%；财政总收入 5695 万元，增长 12.33%。

7. 县域经济

运城市共辖临猗县、万荣县、闻喜县、稷山县、新绛县、绛县、垣曲县、夏县、平陆县、芮城县、永济市、河津市、盐湖区 13 个县（市、区）。其中，国家级贫困县 1 个（平陆），省级贫困县 4 个（万荣、闻喜、垣曲、夏县）。河津、平陆、垣曲、夏县 4 县（市）有一定的煤炭储量，产出主要以河津市为主，其余 3 县产量很小。

运城市 13 个县（市、区）都是重要的农业主产区，现代农业比较发达。各县（市、区）因区位、资源不同而产业各具特点。临猗县以煤化工、纺织服装、运输装备制造、农产品深加工为主，特色农业有苹果、酥梨、枣、石榴、葡萄、樱桃等。万荣县以磁性材料、中药制药、化工建材、农副产品加工、文化旅游为主，特色农业有苹果、中药材、水产和畜牧养殖等。闻喜县以钢铁、金属镁、玻璃、建材、绿色食品加工为主，特色农业有核桃、山楂、甜柿、蔬菜、中药材、生猪养殖等。稷山县以印刷包装、农产品深加工、文化旅游为主，特色农业有板枣、蛋鸡养殖、中药材等。新绛县以煤化工、轻纺、中药制药、农副产品加工为主，特色农业有蔬菜、林果、畜牧、中药材等。绛县以新型能源、优特钢产业、炭黑综合利用、农产品深加工为主，特色农业有山楂、樱桃、中药材、牛和梅花鹿养殖等。垣曲县以金属镁、电解铜、陶瓷建材和生态文化旅游为主，特色农业有核桃、烟叶、蚕桑、养殖等。夏县以青铜文化、食品医药、农副产品加工、装备制造为主，特色农业有蔬菜、瓜果、高山绿茶等。平陆县以煤电铝材、新型能源、生态旅游、观光农业为主,特色农业有苹果、蔬菜、烟叶、养殖等。芮城县以现代医药、农产品加工、文化旅游为主,特色农业有苹果、蔬菜、畜牧养殖等。永济市以铝深加工、装备制造、医药化工、农产品加工、文化旅游为主,特色农业有蔬菜、干鲜果、肉鸡养殖等。河津市以铝工业、煤化工、农产品加工为主,特色农业有蔬菜、蛋鸡养殖等。盐湖区以现代服务业、商贸物流、高新技术产业和先进制造业为主,特色农业有苹果、酥梨、蔬菜、花卉等。

2015 年,运城市 13 县(市、区)实现地区生产总值分别为盐湖区 210.5 亿元、河津市 170.7 亿元、永济市 133.1 亿元、临猗县 131.95 亿元、新绛县 78.55 亿元、芮城县 77.09 亿元、稷山县 71.39 亿元、万荣县 62.34 亿元、闻喜县 61.81 亿元、绛县 59.95 亿元、垣曲县 46.81 亿元、夏县 46.25 亿元、平陆县 36.65 亿元。公共财政预算收入分别为盐湖区 8.5 亿元、河津市 7.6 亿元、永济市 4.1 亿元、芮城县 2.8 亿元、临猗县 2.4 亿元、新绛县 2.2 亿元、闻喜县 2.1 亿元、平陆县 1.9 亿元、垣曲县 1.7 亿元、稷山县 1.6 亿元、万荣县 1.3 亿元、夏县 1.3 亿元、绛县 1.2 亿元。

全年运城市 13 县(市、区)城镇居民人均可支配收入分别为盐湖区 25779 元、永济市 24921 元、芮城县 24602 元、河津市 24355 元、闻喜县 23971 元、临猗县 23871 元、新绛县 23646 元、稷山县 22106 元、万荣县 21188 元、绛县 21990 元、垣曲县 21725 元、夏县 21626 元、平陆县 19961 元;农村居民人均可支配收入分别为河津市 11303 元、永济市 10879 元、临猗县 10622 元、盐湖区 9938 元、新绛县 9524 元、芮城县 9225 元、稷山县 9014 元、闻喜县 8016 元、绛县 7933 元、万荣县 7623 元、夏县 6385 元、平陆县 5782 元、垣曲县 5779。各县(市、区)城镇居民人均可支配收入全部低于全省平均水平,闻喜等 9 个县还低于全市平均水平;芮城等 8 个县农村居民人均可支配收入低于全省平均水平,闻喜等 6 个县还低于全市平均水平。

2015 年末,运城市 13 县(市、区)常住人口分别是盐湖区 69.73 万人、临猗县 58.74 万人、永济市 45.62 万人、万荣县 45.16 万人、闻喜县 41.49 万人、河津市 40.71 万人、芮城县 40.64 万人、夏县 36.26 万人、稷山县 35.75 万人、新绛县 34.25 万人、绛县 28.94 万人、平陆县 26.49 万人、垣曲县 23.74 万人。

第五篇

大事纪要

2015 年，是山西全面深化改革的关键之年，也是"十二五"收官和"十三五"布局之年。这一年，全省发展极不平凡，经济、政治、文化、社会、生态、民生等领域呈现许多新变化、新特点。研究和梳理 2015 年山西发展变化的大事要事，是认识和把握 2015 年山西发展变化之省情的一个重要切入点和关键环节。

一月

1 日　新修订的《山西省专利实施和保护条例》施行。该条例于 2014 年 11 月 28 日由省十二届人大常委会第 16 次会议修订通过。

同日　即日起，全省煤炭企业不再缴纳原有的矿产资源补偿费、煤炭价格调节基金、煤炭可持续发展基金三项规费，一律按 8% 的税率从价计征资源税。国家从 2014 年 12 月 1 日起推行的清费立税、资源税"从量计征"转变为"从价计征"的煤炭资源税改革由此落地山西。

5 日　省政府办公厅印发《关于贯彻落实〈能源发展战略行动计划（2014～2020 年）〉的实施意见》，对推动能源供给革命、能源消费革命、能源技术革命、煤炭管理体制革命、加强能源领域合作等重点工作做出部署。

9 日　中国社会科学院考古学论坛发布"2014 年中国考古新发现"名单，全国有 6 个项目入选，山西忻州市九原岗北朝壁画墓位列其中。

同日　2014 年度国家科学技术奖励大会在北京举行，山西共有 6 个项目获奖，包括主持完成 3 项、参与完成 3 项。主持完成获奖的 3 项分别是：太原理工大学主持完成的"低渗透煤层高压水力割缝强化瓦斯抽采成套技术与装备"项目，获国家技术发明奖二等奖；太原理工大学主持完成的"界面性质与光电器件特性关系调控技术及应用"项目和太原钢铁（集团）有限公司主持完成的"先进铁素体不锈钢关键制造技术与系列品种开发"项目，获国家科技进步奖二等奖。

12 日 山西立恒钢铁股份有限公司获美国环境保护署 2014 年"温室气体减排证书"，成为全球第二家获得该证书的美国境外企业。据估算，该公司安装的燃气轮机热电联产机组每年可减少二氧化碳排放 30 万吨，相当于约 5.5 万辆汽车的年排放量。

16 日 全省百千万卫生人才培养工程启动，计划用 3 年到 5 年时间，为全省卫生计生系统培养百名高端领军人才、千名骨干精英人才和万名基层适宜人才。

21 日 全省食品安全工作会议召开，启动"农产品质量安全县"和"食品安全城市（县）"创建活动工作。全省确定首批太原、晋中、长治、晋城、运城 5 个市和太原杏花岭区、古交市、大同矿区、右玉县、繁峙县、盂县、介休市、昔阳县、孝义市、潞城市、泽州县、洪洞县、稷山县 13 个县（市、区）开展为期两年的食品安全城市（县）创建活动，旨在率先在提高食品安全综合保障水平上趟出路子。

同日 省政府印发《关于进一步健全完善临时救助制度的通知》，从明确对象范围、科学标准方式、完善受理审批、加强资金筹集管理等方面做出规定。其中规定：临时救助的对象包括家庭对象、个人对象两类；临时救助属于一次性救助，原则上个人年最高救助额不超过 5000 元，家庭年最高救助额不超过 10000 元；临时救助资金的筹集以政府投入为主，社会捐赠为辅。

23 日 省人大常委会公告发布《关于加强和改进人大监督工作的决定》，从依法确权、行政权力运行、预算决算、发挥审计作用、公正司法、规范性文件备案审查、预防职务犯罪、人员选举任命、跟踪问效、发挥代表作用等方面，对加强和改进人大监督工作做出明确规定。

同日 《山西省基本药物集中招标采购工作方案》和《山西省医疗卫生机构低价药品采购工作方案》印发施行。全省基层医疗卫生机构、县级以上公立医疗卫生机构开始实行药械集中网上竞价采购。

同日 省政府办公厅印发《山西省国家资源型经济转型综合配套改革试验2015年行动计划》，包括20项重大改革、20项重大事项、80个重大项目、5个重大课题，简称"2285"行动计划。

同日 全省农村工作会议在太原召开。会议总结2014年农业农村工作，研究依靠改革创新推进农业现代化的重大举措，部署2015年和此后一段时期农业和农村工作。此后，省委、省政府于3月13日印发了《关于加大改革创新力度加快农业现代化建设的实施意见》。

24日 山西省第三次全国经济普查主要数据公报（第一号、第二号、第三号）发布。该三次普查从2012年11月开始，经过各级普查机构和7万普查人员的辛勤努力，对以2013年12月31日为普查标准时点的全省境内从事第二产业和第三产业的全部法人单位、产业活动单位和个体经营户进行了全面普查。

25日 省委、省政府印发《关于深化煤炭管理体制改革的意见》，从资源配置、项目审批、建设生产、生态治理、安全监管、销售体制、交易方式、企业改革、权力约束、法治建设等重点领域和关键环节提出改革举措，目标任务是到2017年基本实现煤炭管理体制和管理能力现代化。

27日 省政府办公厅印发《关于推进公共法律服务体系建设的意见》，对全省推进以县、乡、村三级为重点的公共法律服务体系建设做出安排部署。该意见要求：2015年底在全省普遍建立县级法律服务中心，2017年底在全省普遍建立乡级法律服务站，2019年底在全省普遍建立村级法律服务点，2020年底全省最终形成纵向到底、横向到边，组织体系健全、管理运行规范的公共法律服务平台网络体系。

同日 "全国乡村好青年"推荐评选揭晓，全国有101人入选，山西有3人入选，其中临汾隰县水利水保局防洪防汛办公室的干部刘帅君、运城河津市下化乡半坡村卫生室医生贺俊峰入选道德类"全国乡村好青年"，阳泉市郊区平坦镇石板片村的党支部书记田玲入选创富类"全国乡村好青年"。

27～31日 省政协十一届三次会议在太原举行。会议审议并通过了政协常委会工作报告、提案工作报告、各项决议等。

28～2月1日 省十二届人大四次会议在太原举行。会议听取和审议了省政府工作报告、省人大常委会工作报告、省高院工作报告和省检察院工作报告，审查了计划报告、预算报告，通过或批准了各项决议。

31 日　省政府印发《关于加快推进法治政府建设的实施意见》，从依法全面履行政府职能、加强和改进政府立法制度建设、健全依法决策机制、深化行政执法体制改革、严格规范公正文明执法、强化对行政权力的制约和监督、全面推进政务公开、加强法治宣传教育和社会治理、依法维权和化解社会矛盾纠纷、加强法治队伍建设等方面，对加快法治政府建设做出安排部署。

二月

2 日　晋煤集团与同煤集团、焦煤集团、阳煤集团、潞安集团、晋能集团、山煤集团六家大型煤炭企业签署框架协议，启动"全省瓦斯抽采全覆盖工程"。随后，7 月 17 日省政府办公厅印发《山西省煤矿瓦斯抽采全覆盖工程实施方案》，对 3 年时间分阶段分步骤完成全省范围煤矿瓦斯抽采全覆盖工程做出规划部署。

6 日　2014 年度"三晋最美家庭"评选揭晓，110 户家庭荣获"三晋最美家庭"称号。这其中后来有阳泉"省级工艺美术大师"张文亮、运城"航天英雄景海鹏"之家景靠喜、太原广播电视大学教师陈恩光家庭 3 户入选 2015 年"全国最美家庭"，8 户获全国"最美家庭"提名奖。

同日　全省公安机关启动开展为期 100 天的打击文物犯罪专项行动。

同日　首届"中国最具价值文化（遗产）旅游目的地"颁奖授牌仪式在北京举行，全国有 14 个市县和 36 个景区获此荣誉称号，山西洪洞县位列其中。

7 日　省政府第 241 号令发布施行《关于废止和修改部分政府规章的决定》。该项决定于 1 月 26 日经省政府第 71 次常务会议审议并通过，决定废止《山西省实施〈电力设施保护条例〉办法》《山西省土地复垦实施办法》《山西省煤炭可持续发展基金征收管理办法》《山西省实施〈中华人民共和国车船税暂行条例〉和〈中华人民共和国车船税暂行条例实施细则〉办法》《山西省煤炭销售票使用管理办法》5 个规章，对《山西省消防安全责任制实施办法》《山西省散装水泥促进办法》《山西省企业负担监督办法》做出修改。

16日 省政府印发《山西省新型职业农民培育规划纲要（2015～2020年）》。目标任务是：从2015年起，每年组织培训10万名新型职业农民，到2020年培训新型职业农民60万人。

17日 省政府办公厅印发《山西省省属国有企业财务等重大信息公开实施细则（试行）》，对年度中期季度公开的内容、管理和监督等做出具体规定。

23日 "弊革风清三晋春"——全省廉政剧目展演活动启动。该项活动到3月中旬结束，持续近一个月。其间，晋剧《打金枝》《富贵图》《大脚皇后》《巴尔思御史》、京剧《紫袍记》、耍孩儿《布衣知府》、廉政晚会《清风颂》、话剧《段爱平》《饭局》、豫剧《吴琠晋京》、蒲剧《巡盐御史》等12台剧目，在全省各大剧院上演了21场。

26日 全省进一步推进户籍制度改革电视电话会议召开，对推进改革工作进行动员部署。此前，1月14日省政府印发了《关于进一步推进户籍制度改革的实施意见》。按照部署，全省将统一城乡户口登记制度，全面实施居住证制度，并全面放开建制镇和中小城市落户限制，有序放开大城市落户限制；到2020年基本建立规范有序的新型户籍制度，实现360万左右农业转移人口和其他常住人口在城镇落户。

27日 省委召开全省学习讨论落实活动专项整治工作部署会议，对全省启动开展为期3个月的整治工作进行动员部署。此前，2月25日省委办公厅、省政府办公厅印发了《关于在全省学习讨论落实活动中深入开展专项整治工作的通知》，提出了30项重点整治任务，涉及煤焦、土地、交通、房地产等容易滋生腐败的重点领域，涉及司法、教育、医疗、社保、涉农等民生领域，涉及资源配置、工程招标、政府采购、资金分配等权力密集的关键环节，涉及行政违规审批和滥用审批权问题。随后，该项专项整治工作在全省各地、各系统、各部门广泛开展，一直持续到5月底。

28日 中央精神文明建设指导委员会发布《关于表彰第四届全国文明城市（区）、文明村镇、文明单位的决定》，山西有宁武县凤凰镇、繁峙县砂河镇等43个村镇和云冈石窟景区、平遥古城景区等59个单位获此殊荣。

三月

1日 《山西省军人抚恤优待实施办法（修订）》施行。该办法（修订）

于 1 月 26 日由省政府令第 240 号公布。该办法是 2007 年 11 月颁布之后进行的首次大范围修订，扩大了抚恤优待对象范围，将参战退役人员纳入医疗保障范围，将参战参试退役人员、农村籍退役士兵、烈士子女纳入城乡社会救助保障范围。

同日 省政府办公厅印发《关于进一步加快推进全省燃煤发电机组超低排放改造工作的通知》，对全省现役单机 30 万千瓦及以上燃煤机组全部完成超低排放改造的时限由 2020 年提前至 2017 年底做出规定部署。

2 日 省政府办公厅印发《山西省高标准农田建设总体规划（2014~2020 年）》，对 7 年内在全省 11 个市的 106 个县建设高标准农田 1530 万亩做出规划部署。

3 日 2014 "榜样山西·最美劳动者" 推荐评选结果揭晓，晋中监狱四监区监区长戴建平等 10 人获评 "最美劳动者" 年度人物称号，太原公共交通控股（集团）有限公司驾驶员孟晓燕等 20 人获提名奖。

4 日 省军区召开大会，宣布任命郭志刚为省军区政治委员、李毅为省军区副司令员。

5 日 山西省纪念 "三八" 国际妇女节 105 周年大会召开，表彰 95 名 "三八红旗手"、46 个 "三八红旗集体"、191 个 "巾帼文明岗"、100 名 "巾帼建功标兵"。

6 日 2015 年省委巡视工作动员部署会召开，并启动 2015 年第一轮对省供销社、省妇联、省水利厅、省粮食局、山西焦煤集团、阳煤集团、中北大学、长治医学院 8 个单位开展专项巡视的工作。之后，省委 8 个专项巡视组于 4 月 23 日至 24 日向 8 个单位反馈了专项巡视情况。

同日 政府办公厅印发《山西省知识产权战略实施行动计划（2015~2020 年）》，从目标要求、工作重点、保障措施等方面对全省实施知识产权战略做出规划部署。

10 日 第三批 "全国法治县（市、区）创建活动先进单位" 评选揭晓，山西有太原市迎泽区、阳曲县、灵丘县、大同市南郊区、盂县、左权县、沁源县、长治市郊区、长子县、晋城市城区、应县、河曲县、吉县、襄汾县、临猗县和稷山县 16 个县（市、区）位列其中。

14 日 山西省中药材行业协会在太原成立。

15 日 《山西省石油天然气管道建设和保护办法》施行。该办法于 2 月 8 日由省政府令第 242 号公布。

15～23 日 副省长王一新应邀率省政府代表团对巴西、智利进行友好访问。

17 日 省政府印发《关于取消下放和调整一批行政审批项目等事项的决定》《关于落实和承接国务院取消和调整一批行政审批项目等事项的通知》。该《决定》决定：取消、下放和调整行政审批项目等事项 35 项，其中取消和下放 32 项行政审批事项（取消 11 项，部分取消 1 项，下放管理层级 9 项，部分下放管理层级 11 项），取消 3 项年审年检事项。该《通知》决定：落实和承接国务院 62 项行政审批项目等事项，其中取消行政审批项目 4 项，承接行政审批项目 5 项，取消职业资格许可和认定事项 4 项，改为后置审批的工商登记前置审批事项 49 项。

同日 省政府印发《关于 2015 年新实施强农惠农富农补贴政策的通知》，对新实施十项强农惠农富农政策做出安排部署，补贴资金达 15.76 亿元。

18 日 全省加强计划生育基层基础工作会议召开，启动开展"计划生育基层基础建设年"活动。活动的主要举措是："十县百乡千村"三级联创"计划生育优质服务县、计划生育依法行政示范乡（镇）、计划生育群众自治示范村（居）"示范单位。到年末，全省创建了 15 个国家级优质服务县，10 个省级优质服务先进县，300 个依法行政示范乡（镇），2000 个群众自治示范村（居）和 2000 个阳光计生窗口。

19 日 全省县乡医联体试点启动会议召开，对开展试点工作进行动员部署。试点工作首先在 34 个县开展，重点探索建立"四统一、四不变、两促进"的县乡医疗机构管理运行机制（即人员、业务、医疗设备、绩效考核统一管理，机构设置和行政建制、机构职能任务、财政投入保障机制、公共卫生服务指导关系均不改变，推进分级诊疗制度建设及县乡村一体化管理和服务模式转变），提高乡镇卫生院服务水平。

20 日 省政府办公厅印发《山西省深化采煤沉陷区治理规划（2014～2017 年）》《山西省采煤沉陷区治理 2015 年行动方案》，对在 2014 年完成试点的基础上全省全面开始实施采煤沉陷区治理，做出规划部署。总体目标任务是：到 2017 年力争完成全省 1352 个村的采煤沉陷区治理工作，基本解决采煤沉陷区受灾群众的安居问题，共涉及 21.8 万户 65.5 万人的治理搬迁任务。2015 年采煤沉陷区治理共涉及全省 11 个设区市、48 个县（市、区）、136 个乡（镇）、440 个村，74966 户 209769 人的搬迁安置。

25 日 第六批"全国民主法治示范村（社区）"评选揭晓，山西有太原市小店区营盘街道办并南西一社区、娄烦县天池店乡兑集沟村等 35 个村（社区）位列其中。

25～4 月 1 日 省委 6 个巡视组向太原等 6 市及所辖 48 县（市、区）和 9 所院校全面反馈了 2014 年第二轮巡视情况。此前，2014 年 10 月至 2015 年 1 月，省委巡视组对长治、临汾 2 个市，清徐、保德等 48 个县（市、区），太原师范学院、太原工业学院等 9 所高校及高职高专进行了巡视。

26～27 日 2015（第五届）国际炼焦煤资源与市场高峰论坛在中国（太原）煤炭交易中心举行，业内有关权威人士和国内外 300 余家大型企业代表与会交流探讨。

27 日 省委办公厅、省政府办公厅印发《关于引导农村土地经营权有序流转发展农业适度规模经营的实施意见》，从稳定完善农村土地承包关系、鼓励发展多种形式的土地流转、加强土地流转管理和服务、加快培育新型农业经营主体、健全农业社会化服务体系等方面提出 18 条具体措施。

四月

1 日 《山西省减轻企业负担促进工业稳定运行的若干措施》施行。该措施由省政府于 3 月 24 日第 76 次常务会议通过，3 月 26 日印发，包括"60 条措施"，其中涉企行政权力方面取消 29 项、下放 14 项、改为属地管理 219 项，共 262 项；涉及减免各种费用约 465 亿元、政策补贴约 36 亿元。

7 日 全省扶贫开发暨干部驻村帮扶工作动员会议召开，对全省扶贫开发确保做到"两个高于"（即贫困地区农民收入增幅高于全省平均水平，高于全国贫困地区平均水平）和对落实年度任务做出安排部署。

同日 国家文化部公布第四批国家级非物质文化遗产代表性项目保护单位，山西有 23 家单位位列其中。

7～13 日 省委巡视二、三、四、五、六组分别进驻晋中市、晋城市、运城市，临汾市所辖9县、长治市所辖5县，对3市、44个县及11所高职高专展开为期5个月左右的常规巡视。

9日 省政府与国家自然科学基金委员会在太原签署协议，共同设立煤基低碳联合基金。根据协议，从2015年至2019年，山西省政府和国家自然科学基金委员会每年共同安排经费5000万元投入煤基低碳联合基金，立足山西、面向全国，重点支持煤炭开采、煤层气、煤化工、煤机装备、新材料、煤电及新能源、节能环保等煤基低碳相关领域的科技创新项目。

同日 全国法院多元化纠纷解决机制改革工作推进会在四川眉山市召开，50家法院被确定为全国"多元化纠纷解决机制改革示范法院"，山西省怀仁县法院位列其中。此后，6月9日全省法院多元化纠纷解决机制改革推进会暨人民法庭工作会在太原召开，迎泽区、阳高县、五台县等10个法院被确定为全省"多元化纠纷解决机制改革示范法院"。

13日 省政府办公厅印发《关于发展商贸流通扩大消费的若干意见》，从扩大消费产业基础、扩大城乡居民消费、扩大消费良好环境三大领域17个方面，提出了推动商贸流通业发展和扩大消费的政策措施。

14日 山西旅游2015年省外宣传促销活动启动——"晋善晋美·美丽山西休闲游推介会"在四川成都举行。活动通过播放形象宣传片等，重点推介了世界遗产游、古建宗教游、晋商民俗游、寻根觅祖游、太行山水游、红色经典游、黄河风情游、吕梁风光游八大精品旅游线路。此后，推介会又分别于4月17日在重庆、4月20日在湖北武汉、6月24日在辽宁沈阳、6月25日在吉林长春、6月30日在黑龙江哈尔滨、7月6日在甘肃兰州、7月8日在宁夏西宁、7月13日在青海银川等地举行。

同日 全省新农合工作暨省级结算启动会议召开，决定11个市和53所新农合省级定点医院分两批实行新农合住院费用即时结算。随后，首批太原、晋中、吕梁、大同、朔州、运城、临汾7个市和10所省级三甲医院于5月1日启动工作，第二批忻州、阳泉、长治、晋城4市和43所医院于10月1日启动工作，实现省级医院即时结算全覆盖。

15日 省政府印发《山西省政府核准的投资项目目录（2015年本）》，其中承接国家核准项目12项、下放市县政府核准4项、取消核准6项。

同日 山西新闻网舆情频道正式开通上线。

15~18日　2015年全国古典式摔跤锦标赛在河北保定徐水县举行，山西代表队17名运动员参赛，获得团体总分第二名。

17日　全省涉农资金专项整治行动电视电话会议召开，对启动开展专项整治行动进行动员部署。此前，省政府办公厅于4月16日印发了《山西省涉农资金专项整治行动实施方案》。该行动为期6个月，对2013年和2014年度各级财政"三农"投入各项资金（包括农业基建投资）、2010年以来财政和审计部门检查发现问题的整改和处理情况、专项整治期间群众举报事项等进行了全面检查。

同日　省政府与中国科学院在太原举行工作会商并签署省院战略合作协议，确定重大科技合作项目46项。

19日　同煤集团姜家湾煤矿发生透水事故，21名矿工遇难。

20日　全省学习讨论落实活动总结暨"六权治本"推进会召开，对2014年11月底以来开展以"深入学习贯彻习近平总书记系列重要讲话精神，净化政治生态，实现弊革风清，重塑山西形象，促进富民强省"为主题的学习讨论落实活动进行了总结，对2014年12月省委十届六次全会提出"六权治本"（依法确定权力、科学配置权力、制度约束权力、阳光行使权力、合力监督权力、严惩滥用权力）的举措在试点的基础上深入推进做出部署。

同日　全省11市同时举行2015年侵权盗版及非法出版物集中销毁行动，共销毁各类盗版音像制品、电子出版物及非法图书报刊29.6万余件。

22~25日　全国政协副主席、农工党中央常务副主席刘晓峰在山西就"抗战遗址保护和利用情况"进行专题调研。

25~26日　首届中国古村落保护与开发研讨会在晋城高平市良户村召开，与会代表共同发起成立了"中国古村落保护与开发联盟"，发布了中国古村落保护与开发的《良户宣言》。

27日　省政府办公厅印发《关于加快经济技术开发区转型升级创新发展的实施意见》《山西省经济技术开发区设立升级扩区和退出管理办法》。其中该意见从明确新形势下的发展定位、推进体制机制创新、促进开放型经济发展、推动产业转型升级、坚持绿色集约发展、优化营商环境六大方面提出18条措施；该办法是规范省级以上经济技术开发区的设立、升级、扩区和退出的审批条件和程序，自2015年5月15日起施行，其中重大的措施是对连续3

年综合考核位列全省最末位的省级经济技术开发区实行末位淘汰制。

28～29日 全省改善农村人居环境培训班暨美丽宜居示范村三级联创活动启动仪式在阳城县召开，学习推广阳城县改善农村人居环境、建设美丽宜居乡村典型经验，安排部署美丽宜居示范村三级联创工作。在2014年全省启动实施改善农村人居环境工程的基础上，2015年3月12日省政府办公厅又印发了《山西省美丽宜居示范村三级联创活动方案》，对开展美丽宜居示范村三级联创活动做出安排部署。

29日 山西省"五一"表彰大会召开，全省69个单位荣获"山西省五一劳动奖状"，270名个人荣获"山西省五一劳动奖章"，104个集体荣获"山西省工人先锋号"称号。

30日 省委办公厅、省政府办公厅印发《关于推行各级政府工作部门权力清单制度的实施意见》，对县级以上政府部门等全面推行权力清单和责任清单制度做出部署。

同日 山西国新能源集团与中联煤层气有限责任公司在北京签署煤层气合作框架协议书。

同日 "全国向上向善好青年"推选活动结果揭晓，"爱岗敬业、创业创优、诚实守信、崇义友善、孝老爱亲"5类奖项各20名共100名青年获此殊荣。山西有太原铁路房建段大同方圆物业公司管道工常勇、太原大强家常菜馆老板王强两名青年分别入选"诚实守信""崇义友善"好青年。

五月

1日 按照全国统一部署，全省法院从即日起变立案审查制为立案登记制，对依法应该受理的案件，有案必立、有诉必理，当场登记立案。

同日 国家海关总署启动"丝绸之路经济带海关区域通关一体化改革"，山西、山东等9省（区）内太原、济南等10个沿线海关纳入通关一体化改革板块，旨在形成"十关如一关"的通关一体化格局。

4日 全国寻找100名"最美青工"第二季评选结果揭晓，山西同煤集团工程师段宏飞、焦煤集团采煤工程师李茂林、阳光发电公司技术员毕冠华3名青工入选，其中"博士矿工"段宏飞还是12名特别关注"最美青工"之一。该项评选活动由共青团中央于 2013 年发起。

4~5 日 省委 8 个专项巡视组进驻省住建厅等 16 个省直和省属企事业单位,开展为期两个月左右的第二轮专项巡视工作。此后,9 月 1 日公布巡视情况,16 个被巡视单位发现问题线索 218 件,涉及省管官员 46 人(件)。

5 日 省农村信用社联合社与省经济和信息化委员会(省中小企业局)签订战略合作协议,重点围绕装备制造、新材料、新能源、节能环保、食品医药、现代服务业等方面融合推进。

6 日 中国援吉布提医疗队总队长、大同市第二人民医院大夫王振日,医疗队翻译、山西黄河国际旅行社贾梅君,在吉布提共和国总理府举行的授勋仪式上被授予"总统勋章"。

9 日 临(县)离(石)高速公路正式通车运营。该高速公路于 2011 年 2 月开工,全长 72.9 千米,途经临县、方山、离石、柳林 4 县(区),与苛(岚)临(县)、太(原)佳(陕西佳县)、吕梁环城、离(石)军(柳林军渡)高速公路连接,完善了区域高速路网布局。

10 日 山西省廉政文化进机关进家庭"六个一"活动在太原启动。活动以全省党政机关党员干部及其家属为对象,以"开展一场读书思廉活动、举办一期反腐倡廉讲座、观看一出廉政剧目、进行一次廉洁警示教育、组织一场好家风好家训故事会、签订一份廉政承诺书"为主要内容。

11 日 全省民族工作会议暨第六次民族团结进步表彰大会召开,学习贯彻中央民族工作会议精神,安排部署全省民族工作,表彰先进单位和个人。

同日 省政府与神华集团签署战略合作框架协议,重点深化在高品质绿色发电、煤炭资源开发与整合、现代物流业、新能源产业等领域的务实合作。

同日 全省农村集体"三资"(资金、资产、资源)管理专项清理整治工作电视电话会议召开,部署启动专项清理整治工作。该项清理整治工作从 5 月开始到 11 月底结束。

同日 省政府办公厅印发《山西省严厉打击环境污染违法犯罪专项行动工作方案》,对在全省启动开展为期 5 个月的严厉打击环境污染违法犯罪专项行动做出安排部署。该项行动于 5 月 20 日起在全省各地广泛持续开展。

11~13 日 2015 年全国田径大奖赛在太原举行,37 支代表队的 1700 多名运动员参赛。随后,13 日至 15 日全国第一届青运会武术套路预赛在太原举行，23 支队伍的 250 名运动员参赛；19 日至 25 日 2015 年全国蹦床冠军赛在阳泉市举行，15 支代表队的 400 多名教练员、运动员参赛；20 日至 23 日，全国青年女子柔道锦标赛暨青运会预赛在太原举行，39 支代表队的 340 名运动员参赛。

11～13 日 2015 年晋粤产业合作项目推介活动在广州举行。其间，以多种形式推出 122 个重点招商对接项目，总投资额 2676.3 亿元，项目涉及文化旅游、装备制造、新材料、新能源、食品医药、现代服务业、农业等行业和领域；签约重点项目 15 个，总投资 428 亿元。

11～17 日 全国第九届残运会暨第六届特奥会特奥项目比赛在四川举行，山西代表团 35 名运动员参加了 8 个大项 65 个小项的比赛，取得 24 金 15 银 15 铜的成绩。

12 日 省委办公厅、省政府办公厅印发《关于进一步深化党政机关与所办企业脱钩改革工作方案》《关于进一步深化省国资委托管省直机关管理企业脱钩改革工作方案》，对深化脱钩改革做出规划部署。目标任务是：力争用 3 年时间，到 2017 年底，全面完成全省党政机关与所办企业脱钩改革工作，实现政企分开、政资分开、事企分开，所有权和经营权分离。

同日 山西儿科医联体成立。该联合体由省儿童医院、妇幼保健院牵头联合 10 所县级医院组建而成。

13 日 上海股权托管交易中心太原孵化基地揭牌。该基地由太原市民营经济发展促进会与上海股权交易托管中心等合作兴建。

13～14 日 2015 年首届中国便利店大会在太原召开，来自全国 200 多家便利店及相关企业的近 600 位代表与会，开展研讨、交流、展示活动。

13～15 日 中共中央政治局委员、中央政法委书记孟建柱在大同、忻州、太原等地就经济发展新常态下政法综治工作进行调研。

14 日 中国亚麻籽油产业联盟在繁峙县成立，全国 12 个省市的 28 家企业成为首批联盟成员。该联盟由中国粮油协会和山西宝山鼎盛科技有限公司发起成立。山西宝山鼎盛科技有限公司是全球最大的亚麻籽油生产厂家。

14～18 日 山西组团参加第十一届中国（深圳）国际文化产业博览交易会。山西展团以"文化三晋，美丽山西"为主题，展出代表性特色文化产品 40 多个系列 300 余件，并重点推出 113 个项目招商引资，涉及手工艺美术、广播影视、动漫游戏、文化旅游、新闻出版等多个文化领域。其间，现场销售总额达 56 万余元，80 余种文化产品与国内外客商洽谈达成合作意向，签订合作意向 1.6264 亿元。

15 日 山西省企业产业扶贫开发项目推介暨政策发布会在北京举行。此次发布会共推介了 58 个产业扶贫项目，总投资 101.32 亿元，建设内容涵盖规模养殖、设施农业、中药材、小杂粮等五大特色优势产业，以及光伏扶贫、旅游开发、电商扶贫三大新产业领域。

15～19 日 2015 年"山西品牌中华行"活动首站走进天津，与 2015 年中国·天津投资贸易洽谈会暨 PECC 国际贸易投资博览会（简称"津洽会"）同期举办，90 家企业携 16 大类 2200 种商品展销。此后，2015 年"山西品牌中华行"活动又先后走进西安（5 月 22～26 日），与第十九届中国东西部合作与投资贸易洽谈会暨丝绸之路国际博览会（西洽会暨丝博会）同期举行，62 家企业携 16 大类 1800 种产品展销；走进西宁（6 月 16～19 日），与 2015 年中国·青海绿色发展投资贸易洽谈会（青洽会）同期举办，33 家企业携 11 大类 800 余种商品展销；走进兰州（7 月 6～11 日），与第 21 届中国兰州投资贸易洽谈会（兰洽会）同期举行，46 家企业携 12 大类 1100 多种产品展销；走进乌鲁木齐（8 月 12～16 日），与 2015 年亚欧商品贸易博览会（商博会）同期举行，35 家企业携 8 大类近千种产品展销；走进长春（9 月 1～6 日），与第十届中国—东北亚博览会（东北亚博览会）同期举行，45 家企业携 12 大类近 1600 种产品参展展销；走进哈尔滨（9 月 17～21 日），与 2015 年黑龙江国际绿色有机食品产业博览会（绿博会）同期举行，28 家企业携 8 大类 900 多种产品参展展销。7 站活动，每站除了产品展销外，还开展了新闻发布、政务活动、启动仪式、专家访谈、媒体互动、招商引资、专家座谈、行业对接、现场洽谈、"非遗"表演等活动。

15～19 日 山西雁门关生态畜牧经济区特色农产品展销暨技术交流招商引资洽谈会在北京全国农业展览馆举行。其间，朔州、大同、忻州 3 市的 183 家企业、20 大类、980 多个产品参展；现场签约项目 34 个，总投资额 155.6 亿元，拟引资额 141.5 亿元。

16 日 省委召开电视电话会议，王儒林书记专题讲党课，部署启动全省开展"三严三实"专题教育工作。此前，省委办公厅于 4 月 30 日印发了《关于在全省县处级以上领导干部中开展"三严三实"专题教育实施方案》。

同日 省政府印发《关于规范省政府部门行政审批行为改进行政审批有关工作的实施意见》，对规范行政审批行为和改进行政审批工作、加强审批信息公开和强化制约监督问责做出更为明确细致的规定，包括严格落实"一个窗口"受理制度、严格落实受理告知制度、严格落实办理时限承诺制度、大力精简行政审批环节、制定审查工作细则、探索跨部门联审联批、主动公开行政审批信息、依法保障申请人知情权、强化监督检查、严格责任追究等。

同日 省政府印发《关于落实和承接国务院取消和调整一批行政审批项目等事项的通知》，决定落实和承接国务院53项行政审批项目等事项，其中取消行政审批项目9项，承接行政审批项目11项，取消职业资格许可和认定事项2项，改为后置审批的工商登记前置审批事项13项，保留工商登记前置审批事项18项。

18日 省政府办公厅印发《2015年省属国资国企改革工作计划》，部署了11项改革任务和时间节点，涉及推行企业财务等重大信息公开、企业负责人薪酬管理、履职待遇和业务支出、企业领导班子及领导人员综合考评、收益共享制度改革等。

同日 全省"以群众举报乡村干部腐败为切入点集中解决群众信访诉求问题"专项治理电视电话会议召开，对5月至8月底开展专项治理工作进行安排部署。此后，7月13日，又在临汾召开了专项治理推进会。

18~20日 第九届中国中部投资贸易博览会在湖北武汉举行，山西代表团和11市分团约600人参会，发布推介了1000个转型及新兴产业重点招商引资项目，投资总额11388亿元，涉及文化旅游、装备制造、新材料、新能源、食品医药、现代服务业、农业等行业和领域。其间，引资签约经济技术合作项目90个，投资总额达1222.3亿元。

18~22日 全球最大规模的世界大学生超级计算机竞赛ASC15总决赛在太原理工大学举行，来自泰国、美国、新加坡、匈牙利、俄罗斯以及中国大陆和香港、台湾的16支著名高校队伍参赛。

19日 阳泉盂县荣获"中国楹联文化县"称号，成为继运城闻喜县之后山西第二个获此殊荣的县份。

21日 省委、省政府印发《山西省新型城镇化规划（2015~2020年）》，从有序推进农业转移人口市民化、优化城镇布局和形态、提高城市可持续发展能力、强化城镇综合承载能力、推动城乡一体化、改革完善城镇化发展体制机制等方面做出规划部署。主要发展目标是：到 2020 年全省常住人口城镇化率达到 60% 以上，户籍人口城镇化率达到 43%，实现 350 万左右农业转移人口和其他常住人口在城镇落户。

同日　第 27 届中国戏剧梅花奖获奖名单揭晓，代表山西参赛的高平市上党梆子剧团创作编排的古装戏《长平绣娘》主演杜建萍获奖。

22 日　全省推进简政放权、放管结合、职能转变工作电视电话会议召开，会议对推进工作和任务落实进行动员部署。此后，7 月 20 日省政府印发了《山西省 2015 年推进简政放权放管结合转变政府职能工作方案》。

同日　省人大常委会启动《中华人民共和国水污染防治法》实施情况执法检查。此次执法检查采取省、市、县三级人大联动的方式，在全省范围内开展，至 10 月结束。

23 日　省政府办公厅印发《山西省全面改善贫困地区义务教育薄弱学校基本办学条件项目规划（2014～2018 年）》，对从 2014 年起五年内在全省 98 个县（市、区）启动实施改善 7992 所义务教育阶段公办学校基本办学条件的工作做出规划部署。

26 日　省政府办公厅印发《山西省推行环境污染第三方治理实施方案》，明确提出以市场化、专业化、社会化为导向，以城市污水、垃圾处理等环境公用设施、工业园区、电力、钢铁、煤炭、焦化等领域为重点，吸引社会资本投入，推进排污者付费、推行第三方治理的治污新机制的举措和办法。

28 日　阳泉北至大寨铁路工程开工。该铁路全长 79 千米，建设工期 3 年，是服务阳泉、晋中两市沿线客运和煤炭集运的客货共线铁路，同时与石太客专、石太铁路、阳涉铁路连在一起，向北与朔黄线、京原线、京包线相衔接，向南与邯长线、中南部铁路通道、太焦线相连通，将形成山西东纵铁路快速通道。

同日　全省"乡村文化记忆工程"工作会议在临县召开，启动试点工作。该项工程按照试点先行、以点带面、逐步推广的原则，到 2020 年覆盖全省，实现每个乡镇都有系统完整、图文并茂的文化发展记录，并依托乡镇文化站等设施加以展示；每个县（市、区）都有全面生动、翔实准确的县域历史文化资料数据库。

29 日 全省金融振兴推进大会召开，对推进金融振兴工作进行动员部署。此前，5 月 16 日省政府办公厅印发了《关于促进山西省融资担保行业健康发展的实施意见》。随后，6 月 8 日省委、省政府印发《关于促进山西金融振兴的意见》、省政府办公厅印发《促进山西金融振兴 2015 年行动计划》，7 月 2 日省政府办公厅印发《山西省金融改革发展总体规划（2015～2020 年）》《山西省地方金融改革框架方案》，9 月 30 日省政府办公厅印发《关于加快我省多层次资本市场发展的实施意见》。这一系列重大政策举措，规划出了金融振兴"路线图"，明确了改革发展的主攻方向和具体路径。

29 日～6 月 1 日 2015 年中国—东盟博览会文化展在广西南宁国际会展中心举行，山西展团由 30 余家文化贸易企业组成，展出 40 多个系列 200 余件极具山西特色和创新理念的工艺美术精品，并向海内外客商推介了 123 个重点项目，涉及手工艺美术、广播影视、动漫游戏、文化旅游、新闻出版等多个文化贸易领域。其间，有 8 个项目签订合作意向，签约金额达 2.34 亿元。

六月

1 日 省政府印发《关于促进旅游业改革发展的意见》，提出了推动全省旅游业转型升级、建设旅游经济强省的 11 条措施，主要涉及旅游基础设施建设、丰富旅游产品、整治旅游市场秩序、旅游宣传推广、景区（点）门票价格调整、旅游改革开放、政策支持保障、深化体制机制改革等八个方面的内容。

同日 2015 年国家"小微企业创业创新基地示范城市"名单公布，全国有 15 个城市入围，山西太原位列其中。入围省会城市中央财政每年支持 3 亿元，一般城市每年支持 2 亿元，连续支持 3 年，对示范成效显著的城市还将额外增加 10% 的资金奖励；省、市财政也将安排专项资金予以支持。

1～5 日 国务院第十一督察组就贯彻落实国务院重大政策措施情况在山西进行督导检查，重点督察了稳增长、促改革、调结构和保障改善民生等方面政策措施的落实情况。

2 日 中国信息通信研究院正式发布"2014 年中国工业百强县（市）发

展报告"，吕梁孝义市位居榜单第60位，是山西唯一入围的县（市）。

2～5日　2015年跨国公司入晋暨产业合作（上海）推介会举行。其间，以多种形式推出重点招商引资项目122个，总投资2207.8亿元，项目涉及材料工业、食品加工、新能源、装备制造、旅游等产业；签约项目23个，总投资1110.93亿元，达成合作意向项目18个，总投资223.76亿元。

3日　国家战略物资储备仓库一三八处与山西国盛有色金属交易中心在太原签署战略合作协议，并设立山西省首个有色金属交割库——国盛有色金属实物交割仓库。

5～6日　首届蒙山文化艺术与净土思想研讨会在太原举行。太原蒙山开化寺是佛教净土宗的早期道场，交城县的玄中寺是佛教净土宗公认的祖庭。

8日　山西省首次药品价格提醒告诫会召开，主要医疗单位以及16家医药生产、经销企业被提醒告诫，要求自觉维护药品市场价格秩序。

9日　省政府办公厅印发《山西省物流业发展中长期规划（2015～2020年)》，对全省物流业的空间布局、主要任务、重大工程、保障措施等做出规划部署。

10日　省政府办公厅印发《山西省新兴制造业三年推进计划（2015～2017年)》《山西省新兴制造业2015年行动计划》，对装备制造、新材料、节能环保、信息技术、食品、医药、轻工、纺织8大产业的发展做出规划布局，提出重点扶持举措，其中3年计划重点推进986个项目，总投资达4144亿元。

11日　省政府印发《关于创新重点领域投融资机制鼓励社会投资的实施意见》，对全省生态环保、农业水利、市政基础设施、铁路公路设施、能源设施、信息和民用空间基础设施、社会事业7个领域，实行统一市场准入、创新投资运营机制、扩大社会资本投资途径等做出部署。

12日　全省改善城市人居环境工作电视电话会议召开，对推进工作和落实任务进行动员部署。此前，5月19日省委、省政府印发了《山西省改善城市人居环境规划纲要（2015～2017年)》，5月20日省政府办公厅印发了《山西省改善城市人居环境2015年行动计划》，对实施设施提升、城市安居、城中村改造和环境提质"四大工程"做出3年规划和年度计划安排。

同日　省政府印发《山西省公共信用信息管理办法（试行)》，对规范全省范围公共信用信息的征集、披露和使用做出明确规定，其中社会法人公共信用信息通过公开、共享和查询的方式披露，个人公共信用信息不予公开和共享、只通过查询方式披露。

同日 2015年中期煤炭市场研讨会在中国（太原）煤炭交易中心举行，并开通上线国内首个专注于煤炭行业的大数据平台——中国煤炭大数据平台，发布填补国内外空白的煤炭质量升贴水标准，启动运营中国（太原）煤炭交易中心徐州港交割库。

同日 中宣部、全国妇联在运城市盐湖区召开"弘扬德孝文化·践行核心价值"现场交流会，来自全国30多个省（区、市）党委宣传部和妇联主要负责人等参加。

同日 2015年全国职业院校技能大赛高职组会计技能大赛在山西经贸职业学院举行，来自全国58支代表队的232名选手参赛。

15~19日 省长李小鹏率省政府代表团赴美国爱达荷州和怀俄明州访问，并与爱达荷州签署深化友好省州关系推进务实战略合作框架协议。其间李小鹏省长与西弗吉尼亚州州长艾尔·汤姆林以函签形式签署了《建立友好省州关系协议书》，标志着双方正式建立友好省州关系。

16日 丝绸之路旅游推广联盟在甘肃嘉峪关宣告成立。该联盟由山西等12省（区、市）及新疆建设兵团旅游部门共同成立。

同日 山西省光伏产业联盟在太原成立。全省光伏产业于2005年起步，除忻州市外，其余10市产业布局，企业数量已发展到19家。

16~19日 "山西品牌丝路行"首站匈牙利活动与国家商务部2015年中国品牌商品中东欧展在匈牙利首都布达佩斯同期举行，16家企业携8大类400余种产品参展展销。此后，"山西品牌丝路行"又在吉尔吉斯斯坦（8月24~26日），与2015年首届丝绸之路国家商品展暨第二届伊塞克湖经济论坛同期举行，34家企业携8大类1000余种特色产品参展展销；在俄罗斯（9月14~17日），与2015年俄罗斯莫斯科国际食品展览会同期举行，23家企业携4大类400余种产品参展展销；在意大利，借助意大利2015年米兰世博会的平台在世博园中国馆开展，28家企业携9大类400余种产品参展展销；在泰国（11月27~29日），与2015年东盟（曼谷）中国进出口商品博览会同期举行，34家企业携7大类200多种商品参展展销。在各地活动期间，除开展商品参展展销外，还开展了形象宣传、技艺表演等活动。"山西品牌丝路行"

在 5 个国家的活动，在商品展销、文化交流、品牌塑造等方面取得显著成效。

17 日　山西省司法体制改革全国试点工作动员部署会议召开，正式全面启动改革试点。根据部署，长治市、长治市城区、襄垣县、武乡县、尖草坪区、岢岚县、祁县、孝义市和高平市共 1 市 8 县（市、区）的法院、检察院、公安局先行开展改革试点。山西是全国 11 个第二批司法体制改革试点省份。

同日　省政府办公厅印发《山西省全面推开县级公立医院综合改革实施方案》，对 2012 年以来全省分两批累计 83 个县（市、区）开展改革试点的基础上，全面推开和推进县级公立医院综合改革做出部署。

18 日　中国社会科学院在国务院新闻办新闻发布厅举行"山西·陶寺遗址发掘成果新闻发布会"，确认陶寺遗址在年代、地理位置以及它所反映的文明程度等方面都与尧都相当契合，是实证 5000 年中华文明历程的重要支点。陶寺遗址位于山西南部临汾市襄汾县城东北约 7 千米的陶寺镇，1978 年开始考古发掘，面积 300 万平方米以上。此后，12 月 12 日在北京举行的"陶寺遗址与陶寺文化"暨《襄汾陶寺——1978～1985 年发掘报告》出版研讨会上，专家们认为该遗址的发掘是中国考古学和中华文明探源工程发展历程的一个缩影和里程碑，是已发现的中国最早的国都。

同日　历时两个月的"山西最美社区干部"推荐评选活动揭晓结果。随后于亚军等 10 人被授予"山西十佳最美社区干部"称号，王旭才等 10 人获"山西最美社区干部"提名奖。

19 日　全省农村土地承包经营权确权登记颁证工作推进会在晋中市召开，对全面启动农村产权流转交易市场建设进行动员部署。此前 3 月 17 日省政府办公厅印发《山西省农村土地承包经营权确权登记颁证工作方案》。

22 日　省人大常委会启动《山西省社会治安综合治理条例》实施情况的执法检查。执法检查组在大同、长治、晋城、吕梁、阳泉、晋中等 6 个市 12 个县（市、区）进行检查，一直持续到 7 月下旬结束。

同日　"中国投资蒙古国论坛"在蒙古国驻华大使馆举行，山西百强产业平台股份有限公司与蒙古国非亚矿业有限责任公司现场签订《关于蒙古国纳仁矿区和吉兰诺儿矿区项目投资框架协议》，山西省国际商会特色产业分会与蒙古国环保绿色发展旅游部签署《关于共建智慧旅游项目战略合作协议》。

23 日　省政府印发《关于贯彻落实〈国务院关于加快发展现代职业教育

的决定〉的实施意见》，对加快构建适应转型发展需要的现代职业教育体系、深入推进职业教育体制机制改革创新、大力实施职业教育水平提升工程做出规划部署。目标任务是：到 2020 年全省职业教育办学水平和服务转型发展能力得到明显提升，形成适应经济社会发展需要、产教深度融合、中职高职衔接、职教普教沟通、体现终身教育理念的具有山西特色的现代职业教育体系。

25 日 山西省政府与国家开发银行在太原签署《推进山西转型发展开发性金融合作备忘录》，双方将在山西棚户区改造、基础设施建设、产业结构调整、新型城镇化建设、资源整合和企业重组、民生工程等领域开展投融资合作。

同日 全国实施光伏产业"领跑者"计划首个基地——大同市采煤沉陷区国家先进技术光伏示范基地建设获批。该基地规划建设总装机容量为 300 万千瓦，分三年实施。

26 日 全省双拥模范城（县、区）命名暨双拥模范单位和个人表彰大会在太原召开，56 个（县、区）、91 个单位和 83 名个人受表彰。

26~28 日 "活力澳门推广周·山西太原"活动举行。该项活动以专题展示、名品展销、经贸推介、行业对接、特色表演为主要内容。

28 日 省政府印发《关于全面扩大开放的意见》，从牢牢把握"一带一路"战略机遇、深度融入京津冀协同发展、积极深化中原经济区合作、深入推进"沿黄经济带"协作、大力支持企业"走出去"、采取有力举措"引进来"、打造全球低碳环保经济开放高地、提升开放平台建设水平等方面提出 36 条扩大开放的具体举措。

29 日 晋北—江苏南京 ±800 千伏特高压直流输电工程开工建设。该项工程是首条以山西为起点的国家大气污染防治行动计划特高压重点输电通道项目。此前，途经山西的蒙西—晋北—北京西—天津南 1000 千伏特高压交流输变电工程于 3 月 27 日开工，榆横—晋中—石家庄—济南—潍坊 1000 千伏特高压交流输变电工程于 5 月 12 日开工。

30 日 省政府印发《关于取消下放和调整一批行政审批项目等事项的决定》，决定取消、下放和调整行政审批项目等事项 61 项，其中取消和下放 14 项行政许可审批项目等事项（取消 2 项、下放管理层级 9 项、部分下放管理层级 3 项）；取消和调整 47 项非行政许可审批事项（取消 2 项、调整 45 项），不再保留"非行政许可审批"类别;同时按照《国务院关于取消非行政许可审批事项的决定》,取消14项政府部门内部审批事项。

七月

1日 《山西省各级人民代表大会常务委员会规范性文件备案审查条例》施行。该条例于3月31日由省十二届人大常委会第19次会议通过。

同日 全省国有及国有控股A级景区景点门票由原来的打折优惠改为统一降价15%并保持3年稳定不变。

2日 省政府印发《山西省全面加强政府自身建设三年规划(2015~2017年)》(简称《三年规划》),省政府办公厅印发《山西省全面加强政府自身建设2015年行动计划》。《三年规划》提出全面正确履行政府职能、大力推进依法行政、创新政府治理方式、提高行政效能、加强反腐倡廉建设、切实转变政府作风等主要任务和措施。

同日 第一届山西省互联网大会在太原召开。大会以"互联网+新业态创新发展新引擎"为主题,举办了行业权威信息发布、主题演讲、论坛、高端对话、应用展示等活动。大会发布的《2014年山西省互联网发展报告》显示,2014年12月,山西网民规模达到1838万人,与北京、上海相当;光缆普及水平全国排名第7位,互联网普及水平全国排名第8位。

同日 山西"百人计划"第八批引进海外高层次人才100人获批。至此,山西从2009年启动实施的"百人计划"已累计引进海外高层次人才356名。

7~11日 香港媒体高层参访团在太原、临汾、运城3市,开展"中华文明之旅"活动,参访历史文化遗迹。

8日 《财富》(中文版)发布2015年中国500强排行榜,山西有10家企业上榜,分别是太钢不锈钢股份有限公司(第66位)、山煤国际能源集团股份有限公司(第93位)、大秦铁路股份有限公司(第117位)、山西西山煤电股份有限公司(第219位)、阳泉煤业(集团)股份有限公司(第248位)、阳煤化工股份有限公司(第256位)、山西潞安环保能源开发股份有限公司(第305位)、山西漳泽电力股份有限公司(第405位)、太原重工股份有限公司(第478位)、大同煤业股份有限公司(第486位)。

9 日　中煤平朔 2×660MW 低热值煤热电项目在朔州市平鲁区开工建设。该项目采用的是世界上单机容量最大的燃用高硫低热值煤的循环流化床锅炉发电机组，建成投产后年可消纳矿区低热值煤 510 万吨。

12 日　"2014 年度中国医药工业百强榜"发布，山西有亚宝药业（第 90 位）、振东集团（第 93 位）两家企业位列其中。

14 日　省政府第 89 次常务会议研究决定，省财政安排引导资金 1 亿元，按照 1∶2 的比例向社会募集资金，设立山西省农业产业发展基金，重点支持农业产业化龙头企业。

14～19 日　2015 年全省大中学生田径运动会在大同大学举行，61 支代表队 1400 余名运动员参赛。

15 日　《山西政务新媒体综合影响力报告》发布会在晋中市举行。该报告系统梳理山西省政务微博、微信在 2015 年 1 月 1 日至 6 月 30 日时段内的运营数据。数据显示，截至 2015 年 6 月 30 日，山西各级政府部门共开设认证政务微博账号 1600 余个，微信账号 400 余个，账号数量处在全国中下游水平；政务新媒体粉丝总数 2750 余万人，整体影响力偏弱。

同日　山西首家企业文化网站——山西省企业文化研究会门户网上线运行。

16 日　全省科技创新推进大会召开，动员部署全省推进科技创新工作。随后，省委、省政府于 8 月 17 日印发了《关于实施科技创新的若干意见》，从统筹推进全面创新、深化科技管理体制机制改革、强化企业技术创新主体地位、加速科技成果向现实生产力转化、建立重点人才团队和平台协同发展的机制、构建多元化科技投融资体系、实施重大科技创新工程、推动形成深度融合的开放创新局面、营造良好的创新创业环境九大方面，提出 35 条具体措施。主要目标任务是：到 2020 年，全省研究与试验发展经费（R&D）占地区生产总值（GDP）的比重达到 2.5% 以上；高新技术产业增加值占地区生产总值比重、科技成果转化率、科技进步对经济增长的贡献率力争达到全国平均水平。

17 日　省政府印发《关于进一步支持小型微型企业健康发展的措施》，从落实政策、财政支持、融资担保、基金投资、直接融资、吸纳就业、"小升规"奖励、创业基地建设、集群化发展、"两化"融合、技术创新等 13 个方面提出措施，其中，从 2015 年开始，省财政每年安排 3 亿元中小企业发展专项基金向小微企业"输血"。

19 日 在俄罗斯首都莫斯科举行的 2015 年世界击剑锦标赛女子重剑团体决赛中，中国女子重剑队夺冠，队员郝佳露获山西首枚世界击剑金牌。

20 日 省政府印发《关于健全重大行政决策机制的意见》，对县级以上人民政府重大行政决策范围、决策程序等做出了明确规范，其中决策程序要求严格按决策动议、公众参与、专家论证、风险评估、合法性审查、集体讨论决定、执行与后评估"七步走"实施。

同日 全国旅游资源规划开发质量评定委员会发布公告，批准 15 家景区为国家 5A 级旅游景区，山西晋中平遥古城位列其中，成为山西第 6 家国家 5A 级景区。

21 日 全国首家省级农业产业发展协会——山西省现代农业产业发展协会在太原成立。

21～25 日 国际水中机器人大赛在甘肃兰州交通大学举行，来自国内外 67 所高等院校 296 支代表队的 600 余名选手参赛，太原理工大学 TYUT 贝尔科学机器人团队 5 个项目全部获奖（一等奖 1 项、二等奖 2 项、三等奖 2 项）。此后，10 月 17～19 日在贵阳举行的 2015 年中国机器人大赛暨 Robocup 公开赛总决赛上，太原理工大学机器人团队还夺得机器人武术擂台、机器人 1v1 挑战赛两项冠军。

22 日 山西科技创新城综合服务平台一期工程开工，山西科创城建设由此进入全面开工建设阶段。

同日 财富中文网发布最新的《财富》世界 500 强排行榜，中国上榜企业达 106 家，山西有焦煤集团（第 264 位）、同煤集团（第 341 位）、潞安集团（第 358 位）、晋煤集团（第 379 位）、晋能集团（第 382 位）、阳煤集团（第 409 位）6 家企业上榜。

22～25 日 第十九届"中国少儿戏曲小梅花荟萃"大赛在山东济南举行，全国 22 个省（区、市）的 148 名选手参赛，山西 11 名选手全部获金奖。

22～31 日 2015 年中国技能大赛——山西省第五届职工职业技能大赛决赛在太原、长治举行。该项大赛从 5 月开赛，吸引了近百万名优秀职工参赛，经过层层选拔，11 个市 7 个产业的 204 名选手入选参加决赛，包括焊工、加工中心操作工、数控机床装调维修工、计算机程序设计员、动画绘制员、煤矿安全仪器监测工6个工种。经决赛，选出15名选手代表山西参加了全国大赛，有6人获奖。在12月22日的总结大会上，大赛各工种前三名选手被授予"山西省五一劳动奖章"，后三名选手被荣记一等功，同时取得相应等级的职业资格证书；授予煤矿安全仪器检测工、计算机程序设计员、加工中心操作工、焊工决赛前三名和动画绘制员、数控机床装调维修工的第一名选手"三晋技术能手"荣誉称号。

23～24日　中央巡视工作专项检查组对山西省巡视工作情况进行检查。

25～27日　2015年全国现代五项青年锦标赛暨第一届全国青年运动会现代五项资格赛在太原举行，12支代表队的110名运动员参加比赛。

29日　省政府与清华大学签署《关于共建清华大学山西清洁能源研究院的合作协议》。

同日　全省职业教育工作电视电话会议召开，对加快发展现代职业教育进行动员部署。会前，省政府于6月23日印发了《关于贯彻落实〈国务院关于加快发展现代职业教育的决定〉的实施意见》，省政府办公厅于7月27日印发了《山西省职业教育校企合作促进办法（试行）》《关于加强职业教育实训基地建设的意见》《关于加强职业院校"双师型"教师队伍建设的意见》。会后，省教育厅等六部门于8月6日又印发了《山西省现代职业教育体系建设规划（2015～2020年）》。

同日　中国地震局和山西省政府在太原召开合作联席会议，商讨共同推动山西防震减灾能力建设，并论证了"山西省防震减灾科普体验馆建设（初步）方案"。

同日　省政府印发《关于进一步做好为农民工服务工作的实施意见》，从促进农民工稳定就业、切实维护农民工合法权益、促进农民工融入城市等方面明确了具体措施和要求。主要目标任务是：到2020年全省农民工劳动合同、社会保险、城镇基本公共服务实现全覆盖，实现360万名左右的农村人口和其他常住人口在城镇落户。

31日　山西省党管武装工作述职电视电话会议在太原召开，安排部署加强和改进党管武装工作。

同日　省政府印发《关于加快发展体育产业促进体育消费的实施意见》，

从创造行业发展条件、推动改革创新、优化市场环境、培育多元市场主体、完善政策措施、加强行业监督等方面，提出了加快推进体育产业发展和促进体育消费的措施和要求。近期主要目标任务是：到2020年体育公共服务基本覆盖全民，人均体育场地面积达到1.5平方米，经常参加体育锻炼的人数达到1100万人，体育产业总规模超过320亿元。

同日 国家农业部发出《关于认定国家农产品质量安全县（市）创建试点单位的通知》，全国有103个县和4个市被认定为"国家农产品质量安全县、市"创建试点单位，山西省新绛县、太谷县、怀仁县3县位列其中。

同日 "互联网＋众创时代下的山西机会暨2015年电商产业创新和投资高峰论坛"在太原举行，开启山西电商中文"商城域名"时代。

同日 全省农村电子商务推进大会在太原召开，对进一步推进农村电子商务做出安排部署。垣曲、静乐、左权、兴县、武乡、陵川、侯马、清徐8县（市）为国家2015年电子商务进农村示范县。

八月

1日 山西历史上第一列一站直达式城际列车——太原至吕梁城际列车开通运营。

4日 省政府印发《关于促进云计算创新发展培育信息产业新业态的实施意见》，从基础设施、产业发展和普及应用等方面提出发展措施和要求。主要目标任务是：到2020年全省宽带网络全面覆盖城乡，固定宽带用户达到960万户，家庭普及率达到75%。

6日 由中国延安精神研究会等举办的"纪念抗日战争胜利70周年理论研讨会"在太原召开，250多名代表与会研讨。

7日 全省选派机关优秀干部到村任职"第一书记"工作电视电话会议召开，动员部署选派"第一书记"9395人，从即日起到15日前，赴村到岗。

8日 山西首家大型涉农电子商务综合服务平台——山西供销"农芯乐"商城上线运行。

同日 海内外唯一的"关公家庙"——运城常平关帝庙举办关帝诞辰1855周年祭拜暨首届庙会活动，来自海内外的众多信众前来祭祀朝拜。

12 日 省政府与国家电网公司在太原举行工作会商，共同商讨推进外送电通道、京津冀清洁能源供应基地和国家级新型综合能源基地建设等工作。

13～14 日 2015 年山西晋城"神利杯"全国传统武术邀请赛暨山西省第 29 届传统武术锦标赛在晋城市举行，来自全国各地的 58 支代表队近千名选手参赛。

14 日 省委召开全省煤矿安全生产工作暨与县（市、区）委书记、重点企业负责人集体谈心对话会议，分析存在的突出问题，强化安全生产责任，推动安全生产措施落实。

同日 省政府办公厅印发《关于整合建立统一规范的公共资源交易平台实施方案》，对 2015 年至 2016 年整合全省各级、各部门分散设立的工程建设项目招标投标、土地使用权和矿业权出让、国有产权交易、政府采购等交易市场，实现四类公共资源在统一规范的平台上进行交易做出部署。

同日 全省妇幼健康重点工作暨妇幼健康示范县创建推进会在太原召开，总结交流工作经验，安排部署推进工作。

16～21 日 "行走中国·海外华文媒体山西行"活动举行，来自美国、俄罗斯、委内瑞拉等 11 个国家和地区的 16 家华文媒体高层代表在太原、临汾、晋中等地参访采风，感受山西灿烂的华夏文明。

16～21 日 "2015 年驻外使节山西行"活动举行，中国驻 34 个国家和地区的使节一行 60 人在吕梁、晋中、太原、临汾、运城等地考察调研。

17 日 省政府印发《关于进一步做好新形势下就业创业工作的实施意见》，从落实就业优先战略、推动创业带动就业、做好重点群体就业工作、加强就业创业服务和职业培训、强化组织领导五大方面提出 30 条具体举措。

18 日 中国画学会五台山创作基地暨五台山佛教艺术村揭牌。

同日 第三届旅游业融合与创新（中国·延边）论坛召开，发布"2015 旅游业最美中国榜"（2015 旅游业最美中国目的地城市和 2015 旅游业最美中国目的地景区），全国有 100 家最美旅游目的地城市和景区上榜，山西大同云冈石窟景区入选景区榜，荣获"最美中国文化魅力、特色魅力旅游目的地景区"称号。

21 日 全省高等学校党的建设工作会议召开，安排部署加强和改进高校党的建设工作。

同日 省政府印发《山西省深化省级财政科技计划（专项、基金等）管理改革方案》，对 2015 年至 2017 年建立全省公开统一的科技管理平台、优化整合科技计划（专项、基金等）等做出部署。

22 日 由国家民政部、财政部、国家卫计委组成的纪念抗战胜利 70 周年山西慰问团在革命老区长治武乡县开展慰问活动。

22～24 日 省长李小鹏率领山西省党政代表团在新疆考察调研山西对口援疆工作。

23 日 第 73 届雨果奖在美国华盛顿州斯波坎会议中心揭晓，山西作家刘慈欣科幻小说《三体》获最佳长篇故事奖。这是亚洲人首次获得雨果奖。随后，小说《三体》又获得第 6 届全球华语科幻星云奖最高成就奖、第 26 届银河奖科幻功勋奖。

24 日 省政府印发《关于进一步促进工业稳增长的若干措施》，从支持企业开拓市场、鼓励企业加强管理、加大企业帮扶力度、促进重点行业稳定运行、切实加强组织领导五个方面提出 19 条具体措施，应对工业经济下行和支持工业稳增长。

25 日 全国首个超超临界低热值煤矸石发电项目——山西长治市赵庄金光 2×660MW 大型坑口低热值煤电厂开工建设。该项目由晋煤集团与山西国际能源集团（格盟国际）共同投资，规划总装机容量为 2×600MW＋2×1000MW，年耗煤 353.6 万吨，一期建设为 2×600MW，2017 年 8 月实现投产运营。项目产生的粉煤灰、渣、石膏等将 100% 综合利用，废水 100% 回收利用，实现"零排放"。

27 日 省政府印发《山西省煤炭行政审批制度改革方案》，在全省正式启动酝酿已久的煤炭行政审批制度改革。主要改革事项是：2020 年前，除"关小上大、减量置换"外，全省不再审批建设新的煤矿项目，同时停止审批年产 500 万吨以下的井工改露天开采项目；煤矿企业原需申领的"六证"统一取消简化为"三证"，即取消《煤炭生产许可证》、《煤矿矿长资格证》和矿长《安全资格证》，保留《采矿许可证》《安全生产许可证》《营业执照》。

同日 省人民政府与中国建设银行股份有限公司在太原签署《关于推进金融振兴的合作协议》，协议双方将重点在基础建设、产业转型、社会民生和其他服务领域加强合作。

同日　山西省国新能源集团与中国石油天然气管道局在太原签署战略合作框架协议。

28日　中国·山西首届"一带一路"古城古镇国际文化旅游暨第二届国际旅行商采购大会在太原召开，来自国内外的旅行商、旅行社、古城古镇、媒体等代表270余人与会采购。

29日　山西省—中央企业合作发展座谈会暨签约仪式在太原举行，"2015年央企山西行"活动正式启动。签约仪式上，省政府与中国兵器工业集团、中国电子科技集团等7家中央企业签署战略合作协议，合作内容涉及装备制造、能源开发、现代煤化工、低碳技术、军民融合、"互联网＋"和商贸物流等众多领域；部分中央企业与省属国有企业签署9项煤电联营合作协议。共完成47个合作项目的签约，总投资约1555亿元，拟引资973亿元。

31日　省政府办公厅印发《关于进一步加强乡村医生队伍建设的实施意见》，从明确乡村医生功能任务和配备标准、加强乡村医生管理、优化乡村医生队伍结构、提升乡村医生岗位吸引力、转变乡村医生服务模式、保障乡村医生合理收入、建立健全乡村医生养老和退出政策、改善乡村医生工作条件和执业环境等方面提出19项措施。目标任务是：通过10年左右的努力，力争使全省乡村医生总体取得中专及以上学历，逐步具备执业助理医师及以上资格，乡村医生合理待遇得到较好保障，基本建成一支素质较高、适应需要、结构逐步优化的乡村医生队伍，促进基层首诊、分级诊疗制度的建立，更好地为农村居民提供安全、有效、方便、价廉的基本医疗卫生服务。

同日　山西省产权交易中心与山西省林权服务中心签署战略合作协议，正式启动山西省林权流转交易平台建设工作。

九月

1日　全省民营经济发展推进大会召开，对推进工作进行动员部署。随后9月26日省委、省政府印发《关于加快民营经济发展的意见》，从拓展发展空间、扶持成长壮大、支持转型创新、加大要素支持、完善服务体系、加强组织领导六大方面，提出33条工作措施。目标任务是，到"十三五"末，全省民营经济增加值力争达到或接近全国平均水平，民营经济从业人员年均新增 30 万人以上，民间投资达到 65% 以上。

同日　省政府印发《关于进一步加强食品安全工作的意见》，从加强源头治理、实行全过程严格监管、加快健全监管体系、强化风险管理措施、全面推进社会共治、严格落实食品安全责任等方面，提出 24 条措施。

同日　国家农业部在太原召开粮改饲发展草食畜牧业试点工作部署会。该试点工作于 2015 年启动开展，山西朔州市是全国唯一整体推进的草牧业发展试验试点市，其中朔城区、山阴县、应县 3 个县（区）列为粮改饲试点，平鲁区、怀仁县、右玉县 3 个县（区）为草牧业发展试点。

同日　省人大常委会启动《中华人民共和国保守国家秘密法》实施情况的执法检查工作。该次执法检查，持续到 10 月下旬，对忻州、临汾、阳泉、晋中 4 市及部分省直单位进行了检查。

2 日　全省城中村改造现场推进会在太原召开，学习推广太原市先进经验，安排部署加快推进城中村改造工作。

3 日　省委办公厅、省政府办公厅印发《关于加强社会治安防控体系建设的实施意见》，对三年到五年深入推进平安山西建设做出部署。

5 日　首届"山西购物季"促消费活动在太原启动。活动以"扩消费、稳增长、惠民生、促发展"为主题，主要利用节庆、假日、展会等开展十大主题活动。包括家具、建材、家电、餐饮、汽车、摄影、美容美发、洗染、家政服务、石油在内的十大省级行业协会共同联手，开展"惠民卡"促消费活动。

6 日　省委办公厅、省政府办公厅印发《山西省贫困县党政领导班子和领导干部经济社会发展实绩考核办法》，对全省 36 个国家扶贫开发工作重点县和集中连片特殊困难地区县党政领导班子和领导干部，实施以扶贫开发为重点的新考核办法。

7 日　山西省纪念中国人民抗日战争暨世界反法西斯战争胜利 70 周年大会在武乡县八路军太行纪念馆广场隆重举行，各界代表 2000 余人参加。

同日　第 20 届晋绥儿女支持老区教育奖颁奖大会在太原举行，山西、内蒙古、陕西原晋绥边区 62 个县的 310 名优秀教师获"晋绥儿女支持老区教育奖"，其中山西有 220 名优秀教师获此殊荣。

8～10 日　省委第三轮专项巡视工作全面启动，8 个专项巡视组采取"一托二"的巡视方式，分别进驻省商务厅、同煤集团等 16 个省直和省属企事业单位，开展为期两个月的专项巡视。

9～15 日 第二届山西文化产业博览交易会在中国（太原）煤炭交易中心举办。博览交易会以"文化三晋美丽山西"为主题，来自亚、非、欧三大洲的 24 个国家、国内 31 个省（区、市）以及港澳台地区的 1000 余家企业、1 万余种文化产品参展。交易会期间，省、市、县共推出招商项目 356 个，涉及金额 688 亿元，签约项目 77 个，签约引资金额 182 亿元；观展群众达 25 万人次，现场成交额突破 1.6 亿元，达成合作意向突破 35 亿元。

10～11 日 山西"互联网＋"行动高峰论坛在太原举行，与会专家和业界代表交流探讨了"互联网＋政务"、"中国制造 2025"、"智慧公安"、"金融助力产业转型"和"互联网＋新 IT 技术趋势"等重要议题。

11 日 省委办公厅、省政府办公厅印发《关于进一步加强村级党组织书记队伍建设的意见》，从"选、育、管、用、保"五个方面就如何加强村党组织书记队伍建设做出明确具体部署。其中，要求各级财政要加大转移支付力度，逐步提高村党组织书记的报酬待遇，力争用 3 年时间达到不低于当地农民人均纯收入的两倍，并全面落实社会养老保险的有关规定。

同日 国家中医药管理局与山西省政府在太原签署共建山西中医学院合作协议。

12～19 日 第九届全国残疾人运动会暨第六届特殊奥林匹克运动会在四川举办，山西代表团 52 名运动员参加了 6 个大项 93 个小项的比赛，取得 7 金 8 银 12 铜的成绩，其中男子 T60 级 400 米栏打破全国纪录。

13 日 2015 年第六届太原国际马拉松赛举行，来自 13 个国家和地区的 3 万多名选手参赛。

14 日 省检察院召开电视电话会议，动员部署全省检察机关司法体制改革全国试点工作。

15 日 省委召开统战工作会议，对进一步加强和改进全省统战工作进行安排部署。随后，省委于 9 月 25 日印发《关于贯彻〈中国共产党统一战线工作条例（试行）〉的实施意见》。

同日 省政府办公厅印发《关于 2015 年促进消费增长若干措施的通知》，从促进网络消费、引导绿色消费等九个方面，提出 28 条政策举措，应对经济下行压力。

16~17日　第五届中国（太原）国际能源产业博览会2015年低碳发展高峰论坛在中国（太原）煤炭交易中心举行。高峰论坛由1个主论坛、1个分论坛和6场低碳发展讲座构成。来自美国、泰国、德国、俄罗斯、加拿大等19个国家和地区的嘉宾，国内清华大学等22所高校、中国科学院等155个科研院所和知名企业的专家学者800余人参加高峰论坛开幕式及主论坛。

17日　全省食药、环保、安全生产重点行业行政执法与刑事司法衔接中打击违法犯罪专项行动启动。

18日　省政府办公厅印发《山西省民营企业创新转型投资基金设立方案》，对设立山西省民营企业创新转型投资基金做出规范和部署，其中规定基金总规模50亿元，政府引导资金（母基金）10亿元（分3年出资，2015年3亿元、2016年3亿元、2017年4亿元），按照1∶4的比例募集社会资金40亿元。

同日　吕梁文水县工业园区山西国金2×350MW煤矸石综合利用发电工程1号机组完成168小时满负荷试运，正式投入商业运营，标志着世界首台350MW超临界循环流化床机组顺利发电。

18~20日　第三届中国中药材基地共建共享交流大会在长治召开，来自全国中药材科研、种植、生产等领域的代表800多人与会交流。

19~24日　2015年第15届平遥国际摄影大展举行。大展以"守望家园·放飞梦想"为主题，包括摄影艺术展览、学术交流、老照片及照相物件交易会、奖项评选、颁奖盛典等五大类活动，大会有国内外66位策展人、66家摄影机构、2116名摄影师参展，共展出展览483个，参展作品17827幅。其间，还举行了第十届平遥古城招商洽谈会、第五届（平遥）漆文化艺术博览会、第三届"追梦·平遥"微电影大赛。

21日　省武警总队召开宣布命令大会，宣布曾友成任武警山西总队司令员。

21~24日　2015年亚洲粉煤灰及脱硫石膏处理与技术国际交流大会在朔州市召开。大会以"创新驱动，绿色发展"为主题，来自美国粉煤灰协会、印度粉煤灰协会以及美国、德国、英国、荷兰、澳大利亚、加拿大、日本、印度、捷克、马来西亚等国家和中国的专家及企业代表600余人与会交流。

23 日 临汾民航机场试飞成功。该机场位于临汾市尧都区乔李镇，于2010 年 9 月 20 日奠基开工。

同日 中国工业固废交易平台在山西上线。该平台立足山西，辐射全国，是国内首家专门从事工业固废资源综合利用的互联网服务平台。

同日 "书香三晋·文明社会"全民阅读报刊行活动总结暨"最美读书人"报告会在省图书馆举行。活动于 5 月 15 日启动，全省 77 家报纸出版单位、200 家期刊出版单位参加，经过开展全民阅读公益宣传、走访和评选"最美读书人"等活动，共推荐出"最美读书人"301 人，最终评出 10 人获"最美读书人"奖、40 人获"最美读书人"提名奖。

23～24 日 第三届"岳池杯"中国曲艺之乡曲艺大赛在四川省岳池县举行，山西长治沁县的沁州三弦书《好支书龚来文》、长治县的潞安大鼓《一个都不许死》两个曲艺节目荣获金奖。

24 日 全省深化国有企业负责人薪酬制度改革电视电话会议召开，对省属国企负责人薪酬制度改革工作做出部署。此前，省委、省政府于 7 月 20 日印发了《关于深化省属国有企业负责人薪酬制度改革的意见》。

25 日 全省新实施 13 项节能地方标准。其中，7 项为强制性地方标准，分别为 DB14/1056—2015《红花提取液单位产品综合能耗限额》、DB14/1057—2015《大小容量注射剂单位产品综合能耗限额》、DB14/1058—2015《日用玻璃单位产品综合能耗限额》、DB14/1059—2015《烧结砖瓦单位产品综合能耗限额》、DB14/1060—2015《软饮料单位产品综合能耗限额》、DB14/1061—2015《陶粒压裂支撑剂单位产品综合能耗限额》、DB14/1062—2015《用于水泥和混凝土中的粒化高炉矿渣粉单位产品综合能耗限额》；6 项为推荐性地方标准，分别是 DB14/T1063—2015《低压电动机就地无功补偿系统使用规范》、DB14/T1064—2015《钢铁企业能源管理体系实施指南》、DB14/T1065—2015《电解铝企业能源管理体系实施指南》、DB14/T1066—2015《甲醇燃料调配规范》、DB14/T1067—2015《卓越能源绩效评价规范》、DB14/T1068—2015《企业能源管理体系评价规范》。至此，山西已先后制定并发布54 项节能地方标准，涉及能耗限额、监测方法、能源管理体系、节能标准体系、节能评价等方面，初步形成了覆盖全省主要耗能行业的节能标准体系。

同日 省委党的群团工作会议召开，学习贯彻中央党的群团工作会议精神，对加强和改进全省党的群团工作进行部署。随后，省委于 9 月 27 日印发《贯彻落实〈中共中央关于加强和改进党的群团工作的意见〉的实施方案》。

25～27 日 第二十五届全国图书交易博览会在山西举行。博览会以"文华三晋·书香九州"为主题，设太原主会场和大同、运城、长治三个分会场。太原主会场在中国（太原）煤炭交易中心共设 12 个展区、2300 个展位，包括港澳台在内的全国 1000 余家出版发行单位参展，举办各类活动 270 多项，参观总人流达到 29.1 万人次，出版物交易达到 12064 万册、交易额达 30.16 亿元，现场总销售 60.01 万册 1500.04 万元。大同、运城、长治三个分会场，有共计 68 家单位参展、展位 91 个，观展群众达 7.28 万人次，订货图书数量达 1.22 万册、24.35 万元，现场零售 1.39 万册 30.2 万元。

29 日 山西省工程机械行业协会在太原成立。

30 日 国家科技部公布批准建设第三批企业国家重点实验室名单，全国有 75 个实验室入选，其中山西有 2 个实验室入选，分别是太重集团承建的"矿山采掘装备及智能制造国家重点实验室"和晋煤集团承建的"煤与煤层气共采国家重点实验室"。至此，山西先后建有企业国家重点实验室 4 个，其余 2 个分别是 2010 年太钢集团建设的"先进不锈钢材料国家重点实验室"，2013 年晋煤集团建设的"国家能源煤与煤层气共采技术重点实验室"。

十月

1 日 《山西省城市公共客运条例》《山西省实施〈中华人民共和国水土保持法〉办法》（新修订）、《山西省女职工劳动保护条例》施行。其中《客运条例》于 5 月 28 日由省十二届人大常委会第 20 次会议通过；《办法》（新修订）和《保护条例》于 7 月 30 日由省第十二届人大常委会第 21 次会议通过。

5～12 日 2015 年全国乒乓球锦标赛（决赛阶段）在黑龙江哈尔滨举行，山西女乒在比赛中首次夺得全国团体冠军。

8 日 省委办公厅、省政府办公厅印发《关于加强我省红色文化资源保护开发利用工作的意见》，从资源保护、弘扬传承精神、整体开发、健全保障机制等方面做出规划部署。

同日　汾河流域生态修复工程——第五次大规模汾河治理工作全面启动。省政府在平遥县举行开工动员大会，沿线一带河道治理、调蓄截污、供水、生态修复等工程开工建设。此前，7月11日省委、省政府印发了《汾河流域生态修复规划纲要（2015～2030年)》，规划总投资达1300亿元。历史上，对汾河流域生态治理已先后大规模组织实施了四次。

9日　省政府办公厅印发《关于促进进出口稳定增长若干措施的通知》，推出加快出口退税进度、提升通关便利化水平、大力开拓国际市场、支持鼓励扩大进口、发展新型贸易业态、加大出口信用保险支持力度、拓宽金融服务渠道、清理规范进出口环节收费等8项措施，力促外贸稳定增长和转型升级。

同日　国家农业部发布2015年"中国最美休闲乡村"推介结果，全国有120个村入选特色民居村、特色民俗村、现代新村、历史古村四类最美休闲乡村。山西有4个村上榜，平遥县六河村、平定县上南茹村和忻府区北合索村、平顺县神龙湾村分别入选特色民居村、现代新村、历史古村名单。至此，全省"中国最美休闲乡村"累计达到8个。此前，2014年入选的4个村分别是：平顺县白杨坡村、朔城区东神头村和阳城县皇城村、平定县娘子关村。

10日　全省农村基层党建工作会议召开，学习贯彻全国农村基层党建工作座谈会精神，安排部署全省农村基层党建工作。

同日　临汾市与澳大利亚杰尔顿市正式缔结为友好城市。至此，山西各城市与国外缔结友城数量达到41对。

11日　省政府印发《关于支持社会力量发展养老服务业的若干政策措施》，从充分发挥社会力量的主体作用、加大财政资金支持力度、推进配套政策措施落实、实施产业创新驱动四个方面，提出了18条具体措施。

11～13日　2015年中国体育文化·体育旅游博览会在中国（太原）煤炭交易中心举行。博览会以"弘扬体育精神，建设体育强国"和"体育旅游，服务民生"为主题，包括展览、赛事、论坛、体验、评选、交易等活动，来自全国31个省（区、市）、全省11个市、国家体育总局系统十多家单位和全国近300家户外用品、体育文化、体育旅游企业参展。其间，约有17.5万人参观、参与。博览会在展商数量、展会规模、参观人数等方面均创历史之最。

12日　省政府办公厅印发《山西省完善公立医院药品集中采购工作实施

方案》，决定在全省县级以上公立医院及县级以上政府、国有企业、国有控股企业等所属的非营利性医院推行建立以省为单位的药品集中采购机制，实行一个平台、上下联动、公开透明、分类采购。

同日 省十二届人大常委会第 47 次主任会议召开，确定建立基层立法联系点制度，并选定首批 10 个基层立法联系点，分别为山西师范大学、山西大同大学、大同煤矿集团公司、太原重型机械集团有限公司、迎泽区人大常委会、孝义市人大常委会、平鲁区人大常委会、太谷县人大常委会、万荣县人大常委会、山西金贝（临汾）律师事务所。

同日 国家减灾委、民政部针对 6 月以来一段时期山西严重旱灾造成604.25 万人受灾的情况，启动国家 IV 级救灾应急响应，派出工作组赴灾区，协助和指导开展救灾救助工作。

13 日 全国"第五届全国道德模范"推荐评选结果揭晓，山西有 1 人入选全国道德模范，9 人获提名奖。其中，晋城市城区北石店镇南石店村村民刘平贵、李继林夫妇入选"全国诚实守信模范"，获"第五届全国道德模范"荣誉称号。

14 日 省政府印发《关于落实国务院取消一批职业资格许可和认定事项的通知》，决定取消 62 项职业资格许可和认定事项，其中包括专业技术人员职业资格许可和认定事项 25 项，技能人员职业资格许可和认定事项 37 项。

15 日 《山西省实施〈无障碍环境建设条例〉办法》施行。该办法于 9月 8 日由省政府第 97 次常务会议审议并通过，9 月 11 日第 243 号省人民政府令公布，是山西省第一部关于无障碍环境建设的政府规章。

同日 山西省科协新型智库建设线上平台——"山西省科技工作者线上协同创新平台"正式启动。

16 日 山西省旅游发展暨"互联网 + 旅游"大会在太原召开，来自相关领域的各界代表约 500 人参加会议。会上，发布了省政府办公厅印发的《山西省旅游发展大会申办暂行办法》，决定每年举办一次"全省旅游发展大会"，并自 2016 年起采取申办制；省旅游局与 10 家金融机构签署了《关于支持旅游业发展战略合作协议》，与互联网运营商和知名旅游电商 8 家单位就推动互联网与旅游业融合发展签署了战略合作协议；相关单位和企业现场签约 8 个旅游投资项目。会议结束后，省外投资企业、互联网企业、旅行社相关负责人分北线、南线分别对著名景区五台山、乔家大院、平遥古城进行了考察踩线。

同日 省政府办公厅印发《关于加快发展商业健康保险的实施意见》，提出推进商业健康保险产品和服务多样化、提高医疗执业保险覆盖面、完善城乡大病保险运行机制、推进参与医疗保险经办服务、完善与医疗卫生机构合作机制、提升专业服务力、信息化水平以及加强监督管理等八个方面的主要任务。主要目标是：到2020年力争实现商业健康保险保费收入占全省保费收入的10%，投保人数大幅增加，商业健康保险赔付支出占卫生总费用比重显著提高。

17日 省政府印发《关于深化铁路投融资体制改革加快推进铁路建设的实施意见》，对拓宽融资渠道和深化铁路投融资体制改革、鼓励支持铁路沿线土地综合开发利用、支持铁路相关产业发展等做出安排部署。

18日 省政府办公厅印发《关于加快建立企业信用信息互联互通交换共享机制推进企业信用体系建设的意见》《关于建立分级诊疗制度的实施意见》。其中，《意见》围绕构建市场主体信用监管长效机制，部署了加快建设市场主体信用信息公示（共享）系统，推进信用信息归集、共享、公示，建立四个方面12项重点任务，并规划到2016年底基本建成全省集中统一的市场主体信用信息公示（共享）系统并与省信用信息共享平台实现充分对接，实现对市场主体信用信息统一归集、集中披露。《实施意见》规定，分级诊疗遵循基层医疗卫生机构、县级医院、市级和（或）省级医院自下而上或自上而下的顺序转诊。

19～21日 全省举行"探索—2015"国防动员组织指挥研究性演练，对综合防卫背景下的国防动员能力进行检验。

19～21日 首届中国"互联网＋"大学生创新创业大赛全国总决赛在吉林大学举办，山西有4所高校的5个创业团队的5个创业项目参加角逐并获奖。其中，山西农业大学"智慧阳台蔬菜种植有限公司"和山西农业大学信息学院"音迈文化"项目分别获得创意组、实践组银奖，山西财经大学"楼梯间—基于校园物流的生活圈子"和"91寻戏网"、晋中学院"智能云服务平台"项目分别获得创意组、实践组铜奖。大赛从5月开始，以"'互联网＋'成就梦想，创新创业开辟未来"为主题，全国有1878所高校的57253

个团队参与比赛，山西有 31 所高校 413 个创业团队参与比赛。

21 日 省政府办公厅印发《关于进一步完善医疗救助制度全面开展重特大疾病医疗救助工作的实施意见》，从整合城乡医疗救助制度、科学确定医疗救助对象、进一步明确医疗救助形式、全面开展重特大疾病医疗救助、规范医疗救助程序等方面做出部署。其中规定：医疗救助的重点救助对象是城乡低保对象、特困供养人员和在乡不享受公费医疗待遇的重点优抚对象，儿童白血病等 24 类疾病为重特大疾病医疗救助病种。

同日 全省长城保护工作专题会召开，安排部署保护工作。

同日 2015 年三晋"最美家庭"评选结果揭晓，程彩萍等 100 个家庭荣获三晋"最美家庭"称号，郝英姣等 123 个家庭荣获三晋"最美提名家庭"称号。

22 日 2015 年国家级出口食品农产品质量安全示范区及品种名单公布，山西有昔阳县双孢菇、大宁县苹果桃梨、芮城苹果、翼城县苹果梨示范区新增入选。加上此前的万荣县苹果梨桃、永济市芦笋、临猗县苹果梨桃、吉县苹果、岢岚县红芸豆、祁县酥梨、平陆县苹果、隰县苹果梨、汾阳市核桃 9 个示范区，全省已有示范区 13 个，总数居全国第五位。

同日 忻州五台山机场试飞成功。五台山机场位于定襄县宏道镇无畏庄村，于 2010 年 6 月开工建设，是由军用机场扩建成的军民合用国内支线机场。

22～23 日 "2015 年海外高层次人才山西行"活动在太原举行，来自美国、澳大利亚、日本、比利时等国家的 20 余位海外高层次人才参加活动，签订合作协议 20 个。

23～27 日 第四届中国（山西）特色农产品交易博览会在中国（太原）煤炭交易中心举行，来自省内外的 1100 多家企业参展，展销产品涉及粮食、杂粮、干鲜果、蔬菜、畜产品、中药材、醋类、酒类、饮料、油脂、林产、水产、小型农机具、民间工艺、农业科技以及新型农药、肥料等 18 大类 6600 余种。展会期间，省政府与中国农业产业化龙头企业协会签署了战略合作框架协议，与中国中医科学院签署了合作框架协议；达成投资规模 10 亿元以上投资贸易签约项目 14 个，5 亿元以上投资贸易签约项目 26 个，亿元以上投资贸易签约项目共 70 个；达成贸易签约产品 5 亿元以上项目 3 个，亿元以上项目 37 个；现场销售产品 1200 余万元，现场达成合作贸易 15.3 亿元，其中北京新发地羊肉批发市场与怀仁肉羊协会签约的羊肉系列产品，贸易额 10 亿元，成为最大的贸易签约项目。展会期间，共接待观展群众 15 万人次。

26 日 国家质检总局公布第一批 210 家"中国出口质量安全示范企业"名单，永济新时速电机电器有限责任公司入选，成为山西省唯一获此殊荣的企业。

同日 山西省首批 4 个省级出口食品农产品质量安全示范区确定，分别是和顺县活牛、沁县沁州黄小米、天镇县小杂粮和右玉县小香葱示范区。

30 日 省政府办公厅印发《关于健全完善住房保障和供应体系促进房地产市场健康发展的意见》《山西省关于进一步推进排污权有偿使用和交易试点工作方案》。其中，该意见对全省房地产政策做出重大调整，包括取消商品房购房限制、优化住房供应套型结构、落实住房信贷政策等；该方案对进一步推进 2007 年以来开展的国家排污权有偿使用和交易试点做出部署。

同日 2015 年"妇幼健康中国行——走进山西"活动在太原启动，以"妇幼健康，情系三晋"为主题，开展健康知识讲座、专家义诊、健康咨询等活动。"妇幼健康中国行"是 2014 年国家卫生计生委和全国妇联共同组织在全国各省（区、市）开展的，旨在让全社会更加了解、关注妇女儿童健康。

同日 中国食用菌产业"十二五"百项优秀成果展示交易会在中国农业展览馆召开，全国 26 个县（区、市）被授予"全国优秀主产基地县（区、市）"称号。广灵县是山西唯一入选县。该县食用菌年总产量达 2 万吨，产值达 2.1 亿元。

十一月

2 日 省政府办公厅印发《关于促进中药产业发展若干措施的通知》《山西省中药材保护和发展实施方案》。该通知从加大资金引导力度、扶持种植基地建设、编制区域发展规划等 18 个方面，对促进中药产业发展做出部署。该方案对实施野生资源保护、优质中药材生产、中药材技术创新、中药材生产组织创新、中药材质量保障、中药材生产服务、中药材现代流通七大工程做出部署。

同日 国家旅游局发布2014年度全国旅行社百强排名名单，山西宝华盛世国际旅行社有限公司、山西红马国际旅行社有限公司入选，分别排第28名和第57名。这是山西旅行社首次入围全国旅行社百强。

4～5日 第十五届全国追求卓越大会暨2015年度华人品质论坛在京举行，山西太钢不锈钢股份有限公司获得全国质量奖。这是太钢自2006年获得该奖项以来再次获此殊荣，成为冶金行业先后两次获得全国质量奖的唯一企业。

5日 省政府办公厅印发《关于全面实施城乡居民大病保险的实施意见》。对2015年底前实现大病保险覆盖所有城镇居民基本医疗保险、新型农村合作医疗参保人群，到2017年建立起比较完善的大病保险制度等工作做出部署。

6日 "山西品牌网上行"活动启动。主要举措是：即日起至2016年1月31日组织有关电商企业分批、分期在各类电商平台（第三方平台、微商城、自营平台等）开展专题、日常促销活动，通过政府补贴企业发红包互动活动，吸引省内外消费者购买山西品牌产品。

同日 全省煤矿瓦斯抽采管路改造工作会议召开，对从源头上防范瓦斯抽采管路燃爆事故发生、全部改造98座矿井86万米非金属瓦斯抽放管路为金属管路进行动员部署。

同日 第二届（2014年度）全国十佳文物保护工程终评揭晓，山西省古建集团负责的太原市窦大夫祠保护工程入选。

8日 太原卫星发射中心用长征四号乙运载火箭成功将遥感28号卫星发射升空，该星主要用于科学试验、国土资源普查、农作物估产及防灾减灾等领域。

10日 吕梁环城高速公路正式通车运营。该环城高速公路是山西省"三纵十二横十二环"高速公路网规划中的重要一环，全长38.188千米，桥隧比例高达48.36%，2011年正式开工建设。

15日 太（原）兴（县）铁路太原至静游（娄烦静游镇）段全线双线贯通，为2014年12月30日通车的太兴铁路扩大运能奠定了坚实基础。该段铁路正线全长57.65千米，其中桥隧占全长的41%，2010年3月开工。

15～20日 国家教育督导检查组对山西申报的30个义务教育发展基本均

衡县（市、区）进行督导检查，认定全部达标。至此，从2013年开始，全省达标县（市、区）累计达到55个。

16日 中国民营企业联合会、中国管理科学研究院企业研究中心联合发布《2015年中国民营500强企业榜单》，山西有9家企业上榜，分别是：美锦能源集团（第234位）、山西大昌汽车集团（第252位）、山西建邦集团（第259位）、山西潞宝集团（第280位）、山西通达集团（第342位）、山西沁新能源集团（第374位）、山西通洲煤焦集团（第387位）、山西通才工贸有限公司（第460位）、山西立恒钢铁集团（第466位）。

17日 省政府办公厅印发《关于加强进口的实施意见》，从加强技术产品和服务进口、加大政策支持力度、优化进口服务环境等方面提出11项措施。

18日 大同至张家口高速铁路工程在大同开工建设。该高铁起自山西大同怀仁县，止于河北怀安县，与京张铁路、呼张铁路、大西客专衔接，是贯通京、津、冀、晋、陕的重要客运通道。项目全长140千米，其中山西境内124千米，设计行车速度250千米/小时，工期4年，2019年建成通车。

19日 山西中铝华润有限公司在太原揭牌成立。该公司由中国铝业股份有限公司和华润煤业（集团）有限公司合资组建，致力于构建矿产开发—电力电网—轻合金加工—综合利用—路港物流一体化产业链，打造大型现代化产业基地。

同日 省政府印发《山西省机关事业单位工作人员养老保险制度改革实施办法》，全省机关事业单位养老保险制度改革由此落地，并上溯到2014年10月1日起实施。主要举措是：改革机关事业单位工作人员退休保障制度，实行社会统筹与个人账户相结合的基本养老保险制度，逐步建立独立于机关事业单位之外、资金来源多渠道、保障方式多层次、管理服务社会化的养老保险体系。

19~20日 最高人民法院院长周强在太原、晋中等地调研司法工作。

22日 省委、省政府印发《关于加快推进生态文明建设实施方案》，从优化国土空间开发格局、转变经济发展方式、促进资源节约循环高效利用、加大自然生态系统和环境保护力度、健全生态文明制度体系、依法保障生态文明建设、加快形成推进生态文明建设的良好风尚等方面提出29条措施。主要目标任务是：到 2020 年，资源节约型和环境友好型社会建设取得重大进展，主体功能区布局基本形成，经济发展质量和效益得到显著提升，生态文明主流价值观在全社会得到推行，生态文明建设水平明显提高。

23～26 日　省十二届人大常委会第 23 次会议在太原举行。会议表决通过了《山西省法律援助条例（修订）》《山西省组织实施宪法宣誓办法》、关于批准《太原市人民代表大会常务委员会关于集中修改部分地方性法规的决定》的决定、关于修改《山西省地方立法条例》《山西省各级人民代表大会选举实施细则》《山西省乡镇人民代表大会工作条例》《山西省实施〈中华人民共和国全国人民代表大会和地方各级人民代表大会代表法〉办法》的决定、关于运城等设区的市人民代表大会及其常务委员会开始制定地方性法规的决定等，并于 26 日公布。其中，《山西省法律援助条例（修订）》《山西省组织实施宪法宣誓办法》自 2016 年 1 月 1 日起施行，其余从公布之日起施行。

24 日　省委、省政府印发《关于加快构建开放型经济新体制的实施意见》，从提升吸收外来投资质量和效益、增强企业国际化经营能力、促进外贸提质增效升级、加强与国内地区间深度合作、全面推进与"一带一路"沿线多层次交流合作、发挥各类平台示范作用等八个方面，提出了 31 条措施。

同日　2015 年度全国休闲农业与乡村旅游示范县、示范点认定名单揭晓。平顺、太谷 2 县入选全国示范县，长子县方兴现代农业园区、太谷县美宝农业观光园、灵丘县红石塄乡上北泉村、万荣县晋汉子农庄入选全国示范点。至此，山西省的全国示范县达到 7 个，示范点达到 17 个。

25 日　埃博拉出血热疫情防控工作表彰大会在京举行。山西医科大学第一医院感染管理科主任商临萍荣列先进个人。2014 年西非埃博拉病毒疫情暴发，根据国家统一安排，2015 年 1 月商临萍等山西公共卫生专家 3 人首次走出国门执行为期两个月的国际任务。

同日　省委办公厅发出《关于开展向李培斌同志学习的通知》。

25～27 日　2015 年省委第四轮专项巡视工作全面启动，6 个巡视组采取"一托三"的方式，分别进驻省委党校、太钢集团等 18 个省属企事业单位和高校，开展为期两个月左右的专项巡视。至此，省委巡视工作实现了对"市县""高校""国有骨干企业""金融企业"四个板块的全覆盖。

26 日　省十二届人大常委会第 23 次会议通过《关于运城等设区的市人民

代表大会及其常务委员会开始制定地方性法规的决定》并公布施行。即日起，运城、晋城2市人大及其常委会即拥有了地方立法权；忻州、吕梁、晋中、长治、临汾5市人大及其常委会在依法产生法制委员会之日起，即可拥有地方立法权。此前，全省只有太原、大同2市人大及其常委会拥有地方立法权。

同日　全省首批12个政府和社会资本合作（PPP）示范项目推介会召开，迎接社会资本投资合作。12个项目包括国家级3个、省级9个，涉及水务、医疗、市政、交通、环卫、文化设施等领域，总投资373.95亿元。

27日　省政府办公厅印发《关于加快推进电动车产业发展和推广应用的实施意见》。该意见于11月24日由省政府第104次常务会议原则通过，提出了大力发展电动客车、电动专用车、电动乘用车生产制造等产业，着力构建"煤－电－车"产业链，力争到2020年全省电动汽车生产能力达到12万辆以上等重大政策举措和目标任务。

同日　省政府办公厅印发《关于建立全省经济困难的高龄与失能老年人补贴制度及提高百岁以上老年人补贴标准的通知》，决定从2016年1月起，对城乡低保家庭中80周岁（含）至99周岁（含）的老年人，每人每月补贴30元；对城乡低保家庭中60周岁（含）至99周岁（含）的失能老年人，每人每月补贴60元；对100周岁（含）以上老年人的补贴标准由每人每月200元提高到300元。该项政策于11月17日由省政府第103次常务会议研究决定。

同日　太原卫星发射中心用长征四号丙运载火箭成功将遥感29号卫星发射升空，该卫星主要用于科学试验、国土资源普查、农作物估产及防灾减灾等领域。

29日　省政府印发《关于进一步推进标准化工作改革发展的实施意见》。主要任务是：优化完善标准体系结构、完善地方标准制修订工作机制、培育发展团体标准、放开搞活企业标准、加强标准实施监督、加强标准化技术委员会建设、加大标准"走出去"步伐、推进标准化示范试点建设、深入做好标准化人才培养。

同日　侯（马）平（陆）高速公路（S75）发生涉及29辆车相撞的特大交通事故，造成4人死亡、5人受伤。12月8日，太（原）长（治）高速公路太原方向王村桥路段发生涉及33辆车相撞的特大交通事故，造成6人死亡、4 人受伤。

30 日 省政府印发《关于推进科技服务业发展的实施意见》，从发展目标、重点任务、保障措施等方面，对全省推进科技服务业发展做出规划部署。主要目标任务是：到 2020 年全省科技服务机构超过 500 家，培育出 50 家省级示范服务机构，打造出 5 家功能强大、面向全省域的知名品牌服务机构，基本形成覆盖科技创新全链条的科技服务体系，服务科技创新能力大幅增强，科技服务市场化水平明显提升。

十二月

2 日 2015 年山西粮食（玉米、小杂粮）产销衔接会在太原召开，省内外 170 家知名粮企与会进行交流合作。其间，省粮食局与天津、吉林、黑龙江、山东、河南 5 省（市）粮食局签订了省际产销合作协议，各省粮企共签订粮油购销协议、合同 330 份，签约粮油购销总量 61.77 亿公斤。

同日 全省公安机关执法权力运行机制改革现场推进会在孝义市召开，全面推广孝义市公安局推行的立案制度改革和刑事案件"统一审核、统一出口"机制的工作经验，并安排部署全省公安机关全面推进执法权力运行机制改革。

4 日 省委十届七次全会召开，讨论《省委常委会工作报告》，审议并通过《中共山西省委关于制定国民经济和社会发展第十三个五年规划的建议》。

同日 国家质检总局公布新一批实施地理标志保护产品，山西高平大黄梨上榜。至此，全省拥有国家地理标志保护产品达到 24 个。

9 日 省委办公厅、省政府办公厅印发《关于深入推进农村社区建设试点工作的实施意见》，从规划布局、完善治理机制、畅通多元主体建设渠道、提升公共服务水平、加快信息化建设、加强公共服务设施建设管理、推进法治和平安建设、推动公益性和市场化服务创新发展、发展特色文化、改善人居环境等十个方面明确工作任务。目标要求是：到 2018 年打造出一批农村社区示范点，力争到 2020 年基本实现全省农村社区建设全覆盖。

同日 省政府与中国科协在太原签署《中国科学技术协会山西省人民政府战略合作协议》，协议双方在实施创新驱动发展战略、加强全民科学素质建设、提升地方科协服务经济社会发展能力等方面开展务实合作。

同日　省政府与中国农业发展银行在太原签署战略合作协议，安排"十三五"期间农业政策性金融支持山西经济发展工作。

同日　省科技厅与潞安矿业集团签约，联合设立"山西省煤基合成精细化学品专项研究基金"。该基金总额3000万元，由双方共同出资，其中省科技厅出资600万元、潞安集团出资2400万元，执行期3年。

同日　"2015年山西企业100强""山西制造业100强""山西服务业企业80强"评选揭晓。这是2004年以来第12次评选的排行榜。评选标准以上年度企业销售收入或营业收入为主要指标。100强企业资产总额24408.97亿元，较上年增加2.27%；营业收入总额18630.85亿元，较上年下降8.67%。排名前十的企业有：焦煤集团、同煤集团、潞安集团、晋煤集团、晋能集团、阳煤集团、山煤集团、太原铁路局、国新能源集团、建筑总公司，其中前7家企业营业收入上千亿元。

同日　太原重工新能源装备有限公司风电整机及关键零部件智能化工厂项目在太原经济技术开发区开工建设。该项目总投资20亿元，计划于2017年9月建成投产，可满足年产500台1.5MW～3MW风机的智能化生产需要。

10日　省政府印发《山西省大力推进大众创业万众创新的实施方案》《山西省万家寨引黄工程体制改革方案》。该实施方案从构建各具特色的创新创业载体、营造更为宽松的创新创业市场环境、培育和激活创新创业主体、加强创业创新的全方位支持、提升创新创业的公共服务能力五个方面，安排部署了21项重点任务。目标任务是：力争到2020年，全省创新创业政策环境、制度环境和公共服务体系更加健全，各类市场主体创业创新活力得到有效释放，创新创业主体从小众向大众转变，创新创业载体从重点布局向全面建设转变，初步实现以创新支持创业、创业带动就业的良性互动发展。《改革方案》决定撤销事业建制的山西省万家寨引黄工程管理局及其所属事业单位，按照现代企业制度要求，组建山西省黄河万家寨水务集团有限公司，为省管国有独资骨干企业。

11日　省政府办公厅印发《山西省贯彻落实〈国家贫困地区儿童发展规划（2014～2020年）〉实施方案》，对在全省国家集中连片特殊困难地区的21个县实现政府、家庭和社会对贫困地区儿童健康成长的全程关怀和全面保障做出规划部署。

14日　全省推进"六权治本"工作电视电话会议召开，总结交流经验，查找问题不足，动员部署全面推进实施"六权治本"工作。

15日　省政府印发《关于加快发展服务贸易的实施意见》，从重点工作、政策措施、保障体系等方面对加快发展全省服务贸易做出安排部署。主要目标任务是：服务贸易年均增长15%以上，到2020年全省服务进出口总额超过60亿美元，服务贸易占对外贸易的比重达到20%以上。

同日　山西公安交警"互联网交通安全综合服务管理平台"全面正式上线运行。

同日　省国税、地税部门与省内银行机构在太原举行银税合作集中签约仪式，全面推进深化银税合作。

16日　山西金融投资控股集团有限公司在太原挂牌。该公司是山西国有金融资本投资平台，是全牌照大型的集银行、证券、保险、信托、金融租赁、资产管理、担保、要素交易、互联网金融等金融业态于一体的综合性地方金融企业。公司筹组方案于11月3日由省政府第102次常务会议原则通过。

17日　山西省与国家国防科技工业局在北京举行工作会谈，双方签署《山西省人民政府国家国防科技工业局关于推动山西军民融合深度发展的战略合作框架协议》。

18日　2015年全国击剑冠军赛总决赛在佛山举行，山西女子重剑队夺冠。

19日　古村落与"一带一路"——2015年中国古村落保护与发展论坛暨"第六届中国景观村落"授牌颁证大会在西安举行。山西有8个古村落荣获"中国景观村落"称号。

21日　全省社会治安防控体系建设工作电视电话会议召开，对进一步完善全省立体化社会治安防控体系、提高维护公共安全能力进行安排部署。

22日　省政府和太原市政府分别与比亚迪股份有限公司签署战略合作和投资协议，合作推进新能源汽车等产业发展。

24日　2015年省委第五轮专项巡视工作全面启动，8个专项巡视组分别进驻省国资委、省环保厅、省审计厅等8个省直单位，开展为期1个月的专项巡视。

25 日　省政府印发《关于积极推进"互联网＋"行动的实施意见》《山西省煤炭资源矿业权出让转让管理办法》。该意见从加快网络基础设施建设、推动互联网创新成果与经济社会各领域的深度融合、完善"互联网＋"融合发展的体制机制等任务方面，对推进"互联网＋"行动做出安排部署。该办法自 2016 年 1 月 1 日起施行，共 6 章 77 条，以问题为导向，力推煤炭资源市场化配置，多方面改革创新矿业权管理，是推进煤炭改革、遏制腐败、促进煤炭经济持续健康发展的重大举措。

同日　省政府办公厅印发《山西省乡村教师支持计划实施办法》，从健全乡村教师补充机制、改善乡村教师工作生活条件、保障乡村学校教育教学需要、吸引优秀教师到乡村学校从教、推动城镇骨干教师向乡村学校流动、建立乡村教师荣誉制度等方面做出安排部署。

26 日　省政府印发《关于大力发展电子商务加快培育经济新动力的实施意见》，从主要任务、保障措施等方面对全省大力发展电子商务和加快培育经济新动力做出安排部署。主要目标任务是：到 2020 年培育形成一批具有国内竞争力的电子商务骨干企业，电子商务创新能力显著提高，电子商务制度体系基本健全，电子商务在现代服务业中的比例明显上升。

28 日　省政府印发《关于进一步加强新时期爱国卫生工作的实施意见》，从指导思想、总体目标、重点任务等做出部署。其中，重点任务包括城乡环境卫生整治、城乡饮用水安全、农村改厕、预防控制病媒生物、落实控烟各项措施、开展卫生城镇创建活动等。

同日　省政府印发《关于加快推进残疾人小康进程的实施意见》，对做好残疾人基本民生保障、促进残疾人及其家庭就业增收、提升残疾人基本公共服务水平等任务做出安排部署。

29 日　省政府召开第 107 次常务会议，原则通过《山西省国民经济和社会发展第十三个五年规划纲要（送审稿）》，通过山西科技创新城高端人才支持、平台管理、成果转化、首台（套）重大技术装备认定和扶持等四个暂行办法。

同日　山西省首届果商发展交流会在晋中市举行，大会宣布在榆次汇隆农产品综合市场内建设山西最大的精品水果集散中心，打造"中国北方精品水果集散中心"品牌。

同日 五台山风景名胜区管委会筹委会和临时党委成立，标志着五台山风景区管理体制改革正式实施。改革的主要举措是成立五台山风景名胜区管理委员会、撤销五台山风景区人民政府。

30日 省政府印发《山西省水污染防治工作方案》，对全省系统推进水污染防治、水生态保护和水资源管理做出规划部署。主要目标任务是：到2020年全省水环境质量得到阶段性改善，污染严重的水体较大幅度减少；到2030年力争全省水环境质量总体改善，水生态系统功能初步恢复。

同日 省委办公厅、省政府办公厅印发《关于加强全省城乡社区协商的实施意见》。目标要求是：到2018年，全省各地城乡社区协商制度全面建立，协商主体、协商内容全面明确，协商活动全面开展，基层民主更加健全。

同日 山西扶贫开发投资公司挂牌成立。该公司是省政府全额出资的公益性金融企业，主要开展全省扶贫开发特别是易地扶贫搬迁的投融资事项。

同日 经评定，太原迎泽区台骀山滑世界景区、大同城区大同城墙景区、忻州忻府区云中河景区、晋中介休市张壁古堡、晋中左权县太行龙泉风景区、吕梁方山县北武当山风景名胜区、吕梁孝义市金龙山风景区、运城永济市神潭大峡谷景区8家景区升级为国家4A级景区。至此，全省4A级景区达到86家。

30~31日 全省经济工作会议召开，分析经济形势，安排部署2016年经济工作。会议还就全省深入开展以"马上就办、真抓实干"为主题的"冬季行动"做出具体部署。

31日 全省脱贫攻坚大会召开，全面部署脱贫攻坚工作，动员全省上下齐心协力打赢脱贫攻坚硬仗。

同日 国家第二批生态文明先行示范区建设名单公布，全国有45个地区入选，山西朔州平鲁区、吕梁孝义市位列其中。

本年 全年全省地区生产总值12802.6亿元，比上年增长3.1%。人均地区生产总值35018元，按2015年平均汇率计算为5624美元。全省一般公共预算收入1642.2亿元，下降9.8%。粮食产量1259.6万吨，减少71.2万吨，减产5.4%。年末全省规模以上工业企业3731家，比上年末增加11家。规模以上工业增加值下降2.8%。全省一次能源生产折标准煤7.3亿吨，增长0.8%；二次能源生产折标准煤4.7亿吨，下降4.1%。全年向省外输送电力

720.2 亿千瓦时，下降 12.2%。全年全社会固定资产投资 14137.2 亿元。其中，固定资产投资（不含跨省、农户）13744.6 亿元，增长 14.8%。全省社会消费品零售总额 6030.0 亿元，增长 5.5%。年末全省公路线路里程 14.1 万千米，其中高速公路 5028 千米。全年全省居民人均可支配收入 17854 元，增长 8.0%。按常住地分，城镇居民人均可支配收入 25828 元，增长 7.3%，城镇居民人均消费支出 15819 元，增长 8.1%；农村居民人均可支配收入 9454元，增长 7.3%，农村居民人均消费支出 7421 元，增长 6.1%。年末全省大型水库蓄水量 11 亿立方米。年末全省森林面积 282.4 万公顷，森林覆盖率 18.0%。

附　录

2015 年山西省国民经济和社会发展统计公报

2015 年，面对经济下行压力持续加大的困难局面，山西省委、省政府团结带领全省人民，坚持稳中求进工作总基调，主动适应引领新常态，统筹推进稳增长、促改革、调结构、惠民生、防风险各项工作，全省经济社会发展取得新成就，向全面建成小康社会迈出坚实步伐。

一、综合

据 2015 年人口抽样调查，年末山西省常住人口 3664 万人，比上年末增加 16 万人。全年全省出生人口 36 万人，人口出生率 9.98‰；死亡人口 20 万人，死亡率 5.56‰；自然增长率 4.42‰。

初步核算，全年山西省生产总值 12802.6 亿元，按可比价格计算，比上年增长 3.1％。其中，第一产业增加值 788.1 亿元，增长 1.0％，占生产总值的比重为 6.2％；第二产业增加值 5224.3 亿元，下降 1.1％，占生产总值的比重为 40.8％；第三产业增加值 6790.2 亿元，增长 9.8％，占生产总值的比重为 53.0％。

人均地区生产总值 35018 元，按 2015 年平均汇率计算为 5624 美元。

全年全省一般公共预算收入 1642.2 亿元，下降 9.8％。税收收入 1056.5 亿元，下降 6.8％，其中，国内增值税、营业税、企业所得税、个人所得税、资源税和城市维护建设税共计完成税收 879.7 亿元，下降 4.8％。一般公共预算支出 3443.4 亿元，增长 11.2％。其中，教育、医疗卫生、社会保障和就业、住房保障、公共交通运输、节能环保、城乡社区事务等民生支出 2900 亿元，增长 12.3％，民生支出占全省一般公共预算支出的比重为 84.2％。

全年全省居民消费价格比上年上涨 0.6％，其中，食品价格上涨 0.4％。商品零售价格下降 0.7％。固定资产投资价格下降 1.8％。工业生产者出厂价格下降 12.3％，其中生产资料价格下降 12.8％，生活资料价格下降 0.7％。

工业生产者购进价格下降6.9%。农业生产资料价格下降0.4%。

全年全省城镇新增就业51.5万人。转移农村劳动力37.7万人。年末城镇登记失业率为3.5%。

二、农业

全年全省农作物种植面积3767.7千公顷，比上年减少15.7千公顷。其中，粮食种植面积3287.2千公顷，增加0.8千公顷；蔬菜种植面积256.7千公顷，减少0.4千公顷；油料种植面积121.2千公顷，减少8.5千公顷。在粮食种植面积中，玉米种植面积1676.9千公顷，增加0.3千公顷；小麦种植面积675.1千公顷，增加1.2千公顷。果园面积362.8千公顷，增加2.4千公顷。

全年粮食产量1259.6万吨，减少71.2万吨，减产5.4%。其中，夏粮272.8万吨，增产4.8%；秋粮986.8万吨，减产7.8%。

全年完成造林面积280.9千公顷，减少8.8%。其中，荒山荒地造林面积280.9千公顷，减少7.4%。全年木材产量14.3万立方米，减少8.5%。

全年全省猪牛羊肉总产量73.0万吨，下降4.7%。其中，猪肉产量60.3万吨，下降6.1%；牛肉产量5.9万吨，增长1.3%；羊肉产量6.9万吨，增长3.0%。年末生猪存栏485.9万头，生猪出栏783.7万头。牛奶产量91.9万吨，下降4.5%。禽蛋产量87.2万吨，增长4.3%。水产品产量5.2万吨，增长2.3%。

年末全省农业机械总动力3351.6万千瓦，增长2.0%。机械耕地面积2737.0千公顷，增长2.0%；机械播种面积2646.6千公顷，增长0.9%；机械收获面积1824.8千公顷，增长0.8%。全省农机化经营总收入133.5亿元，增长1.8%。

三、工业和建筑业

年末全省规模以上工业企业3731家，比上年末增加11家。全年全省规模以上工业增加值下降2.8%。

规模以上工业企业实现主营业务收入14393.7亿元，下降16.9%。其中，医药工业实现主营业务收入171.2亿元，增长4.0%；煤炭工业实现5759.7

亿元，下降15.7%；冶金工业实现2713.8亿元，下降28.6%；装备制造业实现1479.4亿元，下降9.3%；电力工业实现1458.7亿元，下降8.9%；焦炭工业实现776.9亿元，下降24.7%；化学工业实现740.5亿元，下降12.4%；食品工业实现648.6亿元，下降9.4%；建材工业实现310.2亿元，下降15.6%。

规模以上工业实现利税631.8亿元，下降35.7%；规模以上工业利润盈亏相抵后净亏损68.1亿元，其中，国有控股企业净亏损95.5亿元。

全年全省建筑业实现增加值847.2亿元，增长5.2%。具有建筑业资质等级的总承包和专业承包建筑业企业实现利润84亿元，下降10.5%。

四、能源

全年全省一次能源生产折标准煤7.3亿吨，增长0.8%；二次能源生产折标准煤4.7亿吨，下降4.1%。

全年向省外输送电力720.2亿千瓦时，下降12.2%。

全年全省全社会用电总量1737.2亿千瓦时。其中，第一产业用电41.0亿千瓦时，占全社会用电量的比重为2.4%；第二产业用电1373.3亿千瓦时，占全社会用电量的比重为79.1%，其中工业用电1356.5亿千瓦时；第三产业用电163.0亿千瓦时，占全社会用电量的比重为9.4%；城乡居民生活用电159.9亿千瓦时，占全社会用电量的比重为9.2%。

五、固定资产投资

全年全社会固定资产投资14137.2亿元。其中，固定资产投资（不含跨省、农户）13744.6亿元，增长14.8%。

在固定资产投资（不含跨省、农户）中，基础设施投资完成2316.2亿元，增长12.8%。

在固定资产投资（不含跨省、农户）中，国有及国有控股投资5230.5亿元，增长5.8%；民间投资8353.3亿元，增长21.0%。

分登记注册类型看，内资企业和个体经营投资13505.8亿元，增长14.5%；外商及港澳台商企业投资238.8亿元，增长34.9%。

分产业看，第一产业投资1500.0亿元，增长69.1%；第二产业投资

5205.0 亿元，增长 4.0%；第三产业投资 7039.5 亿元，增长 15.7%。

全省工业投资 5283.1 亿元，增长 4.6%。其中，煤炭工业投资 1048.2 亿元，下降 2.8%，非煤产业投资 4235.0 亿元，增长 6.6%；传统产业（煤炭、焦炭、冶金、电力）投资合计 2476.5 亿元，增长 7.8%，非传统产业投资合计 2806.7 亿元，增长 1.9%。

全年全省在建固定资产投资项目 17291 个。其中，亿元以上项目 2946 个，计划总投资 21653.3 亿元，完成投资 6673.5 亿元。

全年房地产开发投资 1494.9 亿元，增长 6.5%。其中，住宅投资 1098.3 亿元，增长 8.7%；商业营业用房投资 171.2 亿元，下降 10.5%。

六、国内贸易

全年全省社会消费品零售总额 6030.0 亿元，增长 5.5%。按经营地统计，城镇消费品零售额 4913.5 亿元，增长 5.4%；乡村消费品零售额 1116.5 亿元，增长 5.7%。按消费形态统计，商品零售额 5491.3 亿元，增长 5.5%；餐饮收入额 538.7 亿元，增长 5.0%。限额以上批发零售业单位网上零售额 14.6 亿元，增长 83.3%。

七、对外经济

全年全省海关进出口总额 147.1 亿美元，下降 9.3%。其中，进口额 62.9 亿美元，下降 13.7%；出口额 84.2 亿美元，下降 5.8%。

全年出口煤炭 23.2 万吨，下降 48.4%；出口焦炭 70.8 万吨，下降 28.4%；出口镁及其制品 5.8 万吨，下降 34.3%；出口钢材 146.1 万吨，增长 1.3%，其中不锈钢 72.4 万吨，增长 17.8%；出口机电产品 53.4 亿美元，增长 4.4%；出口高新技术产品 39.6 亿美元，增长 5.2%。

全年进口铁矿砂 1341.0 万吨，下降 17.0%，进口金额 7.7 亿美元，下降 50.1%；进口机电产品 31.7 亿美元，增长 11.1%。

全年全省新设立外商直接投资企业 36 家；按全口径统计实际使用外商直接投资金额 28.7 亿美元，增长 2.8%。

全年全省对外经济合作新签合同额 3.5 亿美元，增长 1.0%，完成营业额 7.4 亿美元，下降 0.3%。

八、交通、邮电和旅游

年末全省公路线路里程 14.1 万千米，其中高速公路 5028 千米。

年末全省民用汽车保有量 473.7 万辆（包括三轮汽车和低速货车 7.1 万辆），比上年末增长 10.2%，其中私人汽车 419.3 万辆，增长 12.6%。本年新注册汽车 60.7 万辆，增长 3.2%。年末轿车保有量 290.0 万辆，增长 13.7%，其中私人轿车 270.9 万辆，增长 15.4%。

全年全省完成邮电业务总量 511.3 亿元，增长 18.6%。其中，邮政业务总量 43.1 亿元，增长 18.0%；电信业务总量 468.2 亿元，增长 18.7%。年末移动电话用户 3337.3 万户，其中，3G 移动电话用户 721.4 万户，4G 移动电话用户 1198.2 万户。全省宽带接入用户 606.1 万户，增长 6.1%。

全年全省商业住宿设施接待入境过夜游客 59.4 万人次，接待国内旅游者 3.6 亿人次，分别增长 5.1% 和 20.2%；旅游外汇收入 3.0 亿美元，增长 5.8%；国内旅游收入 3428.9 亿元，增长 21.2%；旅游总收入 3447.5 亿元，增长 21.1%。

九、金融

年末全省金融机构本外币各项存款余额 28641.4 亿元，比年初增加 1602.9 亿元，比年初增长 5.9%。各项贷款余额 18574.8 亿元，比年初增加 2016.1 亿元，增长 12.2%。

年末全省农村金融合作机构（农村信用社、农村合作银行、农村商业银行）人民币存款余额 5650.1 亿元，比年初增加 380.7 亿元，比年初增长 7.2%；人民币贷款余额 3620.9 亿元，比年初增加 249.8 亿元，增长 7.4%。

年末全省共有上市公司 37 家。全省辖区证券市场各类证券成交额 56097.6 亿元，增长 174%。其中股票成交额 47001.6 亿元，增长 234%；基金成交额 1754 亿元，增长 140%；债券成交额 7342 亿元，增长 28.8%。年末投资者资金账户累计开户数 241.6 万户，增长 34.6%。

全年全省保费收入 586.7 亿元，增长 26.1%。其中，寿险业务保费收入 377.2 亿元，增长 38.1%；健康险业务保费收入 40.9 亿元，增长 42.3%；意外险业务保费收入 9.2 亿元，增长 4.9%；财产险业务保费收入 159.6 亿元，增长 2.3%。全年支付各类赔款及给付 200.2 亿元，增长 9.7%。

十、教育和科学技术

年末全省共有幼儿园 6450 所，小学 6403 所，普通初中 1895 所，普通高中 505 所，中等职业教育学校 542 所，普通高等学校 79 所，成人高等学校 12 所。全省学前教育毛入园率 87.0%，小学学龄儿童净入学率 99.9%，高中阶段毛入学率 93.4%，高等教育毛入学率 40.0%。

全年全省专利申请量 14949 件，下降 4.7%；其中发明专利申请量 5680 件，下降 7.0%。全省专利授权量 9863 件，增长 17.8%；其中发明专利授权量 2432 件，增长 56.0%。全年新登记科技成果 358 项。获得国家科学技术奖 6 项。国家级企业技术中心 26 家，省级企业技术中心 224 家。按照国家高新技术企业认定办法，年末累计高新技术企业 720 家。

全省 25 个经济开发区（包括高新区），全年区内税收收入 193.6 亿元，增长 0.8%；企业主营业务收入 6184.4 亿元，增长 4.4%。

年末全省共有省、市、县产品质量监督检验和计量检定技术机构 125 个，国家检测中心 2 个。全年监督抽查了 8781 家企业 61 类 228 种 11563 批次的产品和商品。全年完成强制检定计量器具 122.0 万台件。

全省有气象台站 121 个，开展电话天气自动答询的台站 11 个。全省气象系统开展人工影响天气业务的单位 119 个，防雹、增雨累计受益面积为山西省全省域内，增雨量 30 亿立方米。全省有天气预报服务 Intel 网站 1 个，卫星云图接收站 131 个。

全省有专业综合地震台站 10 个，省级地震台网中心 1 个，省级数字测震地震台网 1 个。全年发生 M3.0 ~ M3.9 级地震 2 次，最大震级 M3.1 级。

十一、文化、卫生和体育

年末全省共有群众艺术馆 12 个，文化馆 119 个，文化站 1409 个（其中乡镇综合文化站 1196 个），农村文化活动场所 2.8 万个。专业艺术表演团体 164 个。公共图书馆 126 个。出版报纸 60 种（不含高校校报）19.8 亿份，各类杂志 200 种、2682.1 万册，各类图书 4288 种、10632.7 万册。广播电视台 114 座，电视台 2 座，中短波转播发射台 15 座，调频转播发射台 119 座，一百瓦以上电视转播发射台145座。广播人口覆盖率98.47%，电视人口覆盖率99.31%，有线电视用户517.0万户。山西影视集团广电影视艺术传媒有限公司拍摄的电视剧《黄河在咆哮》，获得第30届中国电视剧"飞天奖"优秀电视剧提名奖；山西电影制片厂摄制的数字电影《土地志》获得第30届中国电影金鸡奖最佳中小成本故事片提名奖、电影《伞头和他的女人》编剧牛建荣入选第30届中国电影金鸡奖最佳编剧（原创）提名奖。

年末全省共有卫生机构4.1万个，床位18.3万张。卫生防疫、防治机构134个，妇幼保健院（所、站）133个。全省卫生机构共有卫生技术人员21.4万人。卫生院卫生技术人员2.2万人，其中农村乡镇卫生院卫生技术人员2.0万人；社区卫生服务中心（站）卫生技术人员1.0万人；防疫、防治卫生技术人员0.4万人，妇幼保健（所、站）卫生技术人员0.6万人。全省115个县（市、区）开展了新型农村合作医疗试点工作，有2167.2万农民参加了合作医疗。

全省有体育场101个，体育馆88个。全年全省运动员在国内外重大比赛中获金、银、铜牌分别为41枚、60枚和53枚（包括非奥运项目比赛）。全年全省销售中国体育彩票20.8亿元，增长9.9%。

十二、人民生活和社会保障

全年全省居民人均可支配收入17854元，增长8.0%。按常住地分，城镇居民人均可支配收入25828元，增长7.3%，城镇居民人均消费支出15819元，增长8.1%；农村居民人均可支配收入9454元，增长7.3%，农村居民人均消费支出7421元，增长6.1%。按全省居民五等份收入分组，城镇低收入组人均可支配收入10292元，增长8.5%；农村低收入组人均可支配收入3085元，增长13.5%。城镇居民家庭恩格尔系数（即居民家庭食品消费支出占家庭消费支出的比重）25.2%，农村居民家庭恩格尔系数29%。

年末参加城镇职工基本养老保险714.3万人，比上年末增加22.3万人；参加城乡居民基本养老保险1540.3万人，增加2.9万人；参加城镇基本医疗保险1113.7万人，增加13.0万人；参加失业保险411.3万人，增加3.6万人；参加工伤保险573.1万人，增加10.0万人；参加生育保险456.5万人，增加2.4万人。

全年得到城市最低生活保障救济人数 60 万人，全年共发放城市最低保障资金 23 亿元。15.4 万人纳入农村五保供养。

年末全省城镇有各种社区服务设施 3280 个，其中综合性社区服务中心 530 个。各类收养性单位床位数 66221 张，收养人数 37451 人。国家抚恤、补助各类优抚对象 18.0 万人。全年销售福利彩票 42.4 亿元，筹集社会福利资金 12.2 亿元，接受社会捐赠款 0.1 亿元。

十三、资源、环境和安全生产

年末全省大型水库蓄水量 11 亿立方米。

年末全省森林面积 282.4 万公顷，森林覆盖率 18.0%。

按《环境空气质量指数（AQI）技术规定（试行）（HJ633—2012）》评价，11 个地级城市环境空气达标天数范围在 216~292 天。

黄河、海河流域山西段共监测 100 个断面，达到Ⅲ类以上（包括Ⅰ、Ⅱ、Ⅲ类）水质标准的断面占 44.0%，达到Ⅳ类水质标准的断面占 18.0%，达到Ⅴ类水质标准的断面占 6.0%，有 32.0% 的断面为劣Ⅴ类水质标准。

全年各类自然灾害造成直接经济损失 102.2 亿元，比上年增长 100.2%；农作物受灾面积 142.1 万公顷，增长 97.5%，其中，绝收面积 29.8 万公顷，增长 162.4%。

全年全省共发生各类生产经营性事故 1758 起，下降 10.2%；死亡 1104 人，下降 3.2%。全年全省煤炭百万吨死亡率为 0.079。

注释：

1. 本公报部分数据为初步统计数据。

2. 地区生产总值、各产业增加值绝对数按现价计算，增长速度按不变价格计算。

3. 除注明外，所有增长或下降速度均为同上年相比较。

4. 部分数据因四舍五入的原因，存在与分项合计不等的情况。

5. 邮电业务总量（包括邮政业务总量和电信业务总量）按 2010 年不变价计算。

6. 森林资源数据为 2010 年山西省第八次森林资源清查结果。

7. 考虑到我国劳动年龄下限为 16 周岁，从 2015 年开始公布 16~59 岁

（含不满60周岁）人口数据。即人口构成中"0～14岁"和"15～59岁"指标变动为"0～15岁（含不满16周岁）"和"16～59岁（含不满60周岁）"。

8. 2012年第四季度，国家统计局实施了城乡一体化住户调查改革。原有指标"农村居民人均纯收入"和"城镇居民人均可支配收入"变更为"居民人均可支配收入"、"城镇居民人均可支配收入"和"农村居民人均可支配收入"。

9. 按照人民银行太原支行提供数据，"各项存款余额"指标体系与上年相比有变化。

山西省统计局　国家统计局山西调查总队

2016年2月23日

后 记

《山西省情报告（2016）》蓝皮书，是由省地方志办公室牵头，联合省政府发展研究中心、省社科院、省发改委宏观研究院、省统计局和各市有关部门的专家、专业工作者，在2014年启动按年度序列综合研究省情的"创新工程"以来，继2014年研创出版首部《山西省情报告（2014）》蓝皮书、2015年出版第二部《山西省情报告（2015）》蓝皮书之后，及时跟进研创出版的最新成果。该"创新工程"课题，由省地方志办公室主任李茂盛研究员、省政府发展研究中心主任李劲民研究员领衔主持，具体由省地方志办公室专志处处长冯林平研究员统筹研究和组织团队开展研究。

课题研究按照总体与部分相结合的方式展开，冯林平负责总体研究和部分子课题的研究，其他成员按分工负责各子课题的研究和组织协调研究。各部分子课题初稿完成后，冯林平逐一对各项子课题初稿进行了审改和充实提高，形成送审稿，送有关领导和专家审读、审改。省社科院资深研究员谭克俭对课题研究给予了有力指导，审改了部分文稿。省地方志办公室综合处处长杨建中、年鉴期刊处处长高生记、专志处调研员吴晓峰、专志处副处长石德亮、旧志处副处长冯翠兰，省发改委宏观经济研究院所长崔鸿雁，参与了部分文稿的审改。省地方志办公室党组书记张志仁、副主任赵群虎和刘益龄审改了部分文稿。李劲民、李茂盛审改了全部文稿，李茂盛最后审定。

全省性各项子课题具体研究和撰写者是：地理历史，冯林平、刘瑞花；经济建设，冯林平和李刚、张兴毅（省发改委宏观研究院）；政治建设，冯林平；文化建设，冯林平、郭秀兰（省社科院）；社会建设，冯林平、李小伟（省社科院）；生态建设，冯林平、崔晋生（省社科院）；居民生活，冯林平和崔云朋、刘澎（省政府发展研究中心）；发展比较，田振兴、陈培文（省统计局）；大事纪要，冯林平、高利佳（实习研究生）。各市子课题的研究，由冯林平提出思路和设计框架，指导并与各市课题研创人员一起协同研创撰稿。

各市子课题具体参与研究撰写者是：李芳和魏建庭（太原市政府发展研究中心），康辰和史波（大同市政府发展研究中心），曹刚和赵金山（朔州市政府发展研究中心），冯德生和薛双平（忻州市政府发展研究中心），郑敏和张红刚（阳泉市政府发展研究中心），刘悦、辛建文和权威（吕梁市发改委），孟辉、赵永宏和赵献春（晋中市发改委），王爱军和孙曙英（长治市政府办公厅），李娜和邵俊生（晋城市地方志办公室），李艳洁和靳水旺（临汾市地方志办公室），武建华和雷英铎（运城市地方志办公室）。

课题在研究过程中，得到了省直有关部、委、厅、局和各市有关部门的大力支持和帮助，参阅了相关研究者的文献资料。课题研究和文稿通改、通审、编辑过程中，省地方志办公室专志处调研员吴晓峰、副处长石德亮、主任科员刘瑞花和实习研究生高利佳、贾亿宝等帮助搜集、查阅了大量资料，核实了有关资料，核校了全部文稿。文稿送审出版过程中，社会科学文献出版社的领导给予了热情帮助，责任编辑陈颖对书稿进行了认真编校。在此一并表示感谢。

按年度序列综合研究山西省情，是一项涉及面很广且复杂的系统工程。受资料、水平所限，书中疏漏舛误之处在所难免，希望读者批评指正。

课题组

2016 年 11 月

图书在版编目（CIP）数据

山西省情报告. 2016 / 李茂盛，李劲民，张志仁主
编. -- 北京：社会科学文献出版社，2016. 12
（山西省情智库丛书）
ISBN 978 - 7 - 5201 - 0231 - 5

Ⅰ. ①山… Ⅱ. ①李… ②李… ③张… Ⅲ. ①区域经
济发展 - 研究报告 - 山西 - 2016 ②社会发展 - 研究报告 -
山西 - 2016 Ⅳ. ①F127. 25

中国版本图书馆 CIP 数据核字（2016）第 321860 号

· 山西省情智库丛书 ·

山西省情报告（2016）

主　　编 / 李茂盛　李劲民　张志仁
执行主编 / 冯林平

出 版 人 / 谢寿光
项目统筹 / 陈　颖
责任编辑 / 陈　颖

出　　版 / 社会科学文献出版社 · 皮书出版分社（010）59367127
　　　　　　地址：北京市北三环中路甲 29 号院华龙大厦　邮编：100029
　　　　　　网址：www. ssap. com. cn
发　　行 / 市场营销中心（010）59367081　59367018
印　　装 / 北京季蜂印刷有限公司

规　　格 / 开　本：787mm × 1092mm　1/16
　　　　　　印　张：27. 5　字　数：450 千字
版　　次 / 2016 年 12 月第 1 版　2016 年 12 月第 1 次印刷
书　　号 / ISBN 978 - 7 - 5201 - 0231 - 5
定　　价 / 99. 00 元

本书如有印装质量问题，请与读者服务中心（010 - 59367028）联系

▲ 版权所有 翻印必究